马克思列宁主义
哲学文献丛书

5

主　编　胡孝红

副主编　范　畅　郑来春　周德清　王　燕

人民日报出版社

北京

图书在版编目（CIP）数据

马克思列宁主义哲学文献丛书 . 5 / 胡孝红编 . –
北京 : 人民日报出版社 , 2020.12
ISBN 978-7-5115-6804-5

Ⅰ . ①马… Ⅱ . ①胡… Ⅲ . ①马列著作 – 哲学 – 汇编
Ⅳ . ① A563

中国版本图书馆 CIP 数据核字 (2020) 第 243779 号

书　　名：马克思列宁主义哲学文献丛书. 5
MAKESI LIENING ZHUYI ZHEXUE WENXIAN CONGSHU.5

主　　编：胡孝红

出 版 人：刘华新
责任编辑：刘　悦
封面设计：人文在线

出版发行：人民日报出版社
社　　址：北京金台西路 2 号
邮政编码：100733
发行热线：（010）65369527　65369512　65369509　65369510
邮购热线：（010）65369530
编辑热线：（010）65363105
网　　址：www.peopledailypress.com
经　　销：新华书店
印　　刷：天津雅泽印刷有限公司

开　　本：787mm × 1092mm　1/16
字　　数：327 千字
印　　张：41
版次印次：2020 年 12 月第 1 版　2020 年 12 月第 1 次印刷

书　　号：ISBN 978-7-5115-6804-5
定　　价：2980（全 5 册）

第五册

目录

社会哲学概论

赵一萍 编

生活书店一九三三年八月初版 …………………………… 1

史的唯物论

〔苏〕亚达米阳 著 康敏夫 译

南国出版社一九三七年三月初版 ……………………… 177

历史唯物论浅说

莫英 著

士林书店一九四八年十二月版 ………………………… 349

社会的经济构造

李达 著

新华书店一九四九年五月初版 ………………………… 481

社會哲學概論

趙一萍編著

上海生活書店發行

民國二十二年八月

社會哲學概論

每冊實價七角五分
外埠酌加寄費

編著者　趙一萍
發行者　生活書店　上海法租界陶爾斐司路
印刷者　生活印刷所

民國二十二年八月初版

自序

在這新舊意識形態鬥爭得最猛烈的時期，哲學底遭際最爲不幸，不獨瘋狂的文化毀壞者正在用中世紀僧侶們虐待科學思想家的野蠻手段來向新的哲學運動進攻，同時捍衞舊制度的俗流的學者們亦在毀謗和曲解革命的世界觀與方法論，甚至在 Marxism 的營壘裏面有許多戰士們對於哲學亦是取着漠視的態度。許多『善良的』科學家們將科學與哲學對立起來，他們幻想以科學代替哲學，碎割人類底智識總體爲各自孤立的部分。

可是在另一方面，新的哲學運動却隨着社會政治文化鬥爭底日益加劇而蓬蓬勃勃地發達起來了。許多文化運動者、社會科學家、自然科學家、乃至革命家政治家漸漸認識哲學底重要性，而極力闡發辯證法唯物論的世界觀，將過去爲機會主義者機械論者所掩蔽的 Marxist 哲學底光輝重新恢復而發揚起來，於是新興哲學成了指導人們底思想與行動的戰鬥的精神武器。

哲學乃是依據一定的方法論綜合各種科學的理論與法則以建立整個的世界觀的人類

智識之最高總匯，它在實質上本來是不能隨便分割的；但是在研究的便利上，爲了要和科學——自然科學與社會科學取得密切的聯繫，有時是可劃分爲自然哲學（Naturphilosophie）與社會哲學（Sozialphilosophie）——社會發展學說兩大部類的，這猶之辯證法本來是貫通自然史與社會史的哲學與科學底方法論，在研究的便利上可以劃分爲自然辯證法（Naturdialektik）與社會辯證法（Sozialdialektik）一樣。自然哲學是要綜合諸自然科學底結論而構成統一的自然史觀，而社會哲學却是要綜合諸社會科學底結論以構成整個的社會觀與歷史觀，這兩者不是彼此分離的，而是互相聯繫的，它們結合起來，就構成一統一的共通的世界發展觀。實際上不論是自然哲學或社會哲學，都是基於共同的世界觀與方法論底體系之上的。

在現今新興的哲學營壘中已經發生了許多次的論爭，每經過一次論爭，哲學就經過一次新的鍛冶，這種情形特別表現於社會發展學說上。機械論與一切機會主義的哲學論點在現在顯然是重新被清算了，而辯證法唯物論的觀點得以從濃重的機械主義的塵霧中顯露其眞正的面目。

我們應該正確地認識，在現今觀念分化得異常劇烈的時候，假借着辯證法唯物論底名義的哲學與社會科學學說不一定就是眞正站在辯證法唯物論觀點上的投機取巧的學者們，欺騙羣衆的理論家，在現在都用辯證法唯物論來標榜其理論，掩藏他們底狐尾。他們實際上是戰鬥的唯物論底曲解者，是朽腐的社會制度與反動的觀念形態底維護者。

在現今，我們不惟對於那些公開的反動的唯心論哲學學說應取着批判的態度，即對於許多以辯證法唯物論與唯物史觀爲幌子的學說也要予以毫不假借的批判。

我們這本小書就是要向國內青年們介紹一新的世界觀與社會觀，它並沒有包含高深的理論，而只是要將基本的關於社會發展與社會構成的理論用通俗的解說陳述出來，使哲學與社會科學取得密切的聯繫。在全書的理論上，是極力要避免舊的機械論的觀點而符合唯物辯證法的理論。

編者在本書出版之日，要向許多好友致誠摯的感謝，李君循鉞爲本稿盡保藏校閱之責，陳息塵、彭亢諸兄予以鼓勵與指教，都是令編者銘感難忘的。

韜奮寒松兩先生極力成全本書底出版，尤其是寒松先生過細審閱了原稿一遍，蒙指出訛誤缺漏多處，使編者得有及時改正的機會，謹一併誌謝。

目次

頁數

自序……一
第一章 哲學底性質及任務……一
第二章 辯證法的唯物論……九
第三章 社會哲學上的唯物論與唯心論……四四
第四章 因果律與目的論……七〇
第五章 歷史的决定論與意志自由問題……八六
第六章 歷史唯物論的社會觀……一〇八
第七章 社會底發展……一三九
第八章 社會底變革——社會革命論……一五〇

第一章　哲學底性質及任務

一切的哲學思想和哲學理論都是在鬥爭過程中生長發展的。人類和四週環境——自然界底鬥爭，以及社會內部之各式各樣的對立與鬥爭，都不絕反映到哲學上面去。因此所謂哲學，本來是人類用來說明與克服自然世界及解決人類社會生存問題之最必要的工具。然而自有哲學底歷史以來，這一工具——哲學往往給特權階級利用去鎮壓別的階級之最有力的精神武器，此種事實特別表現於哲學底宗教化的過程中。代表支配階級的哲學家們，在他們底著述中、言論中、乃至於日常生活中，都自覺地或不自覺地使哲學與宗教親切地結合起來；甚至於在好些時候，哲學簡直變成了宗教底附庸。這批哲學家從自己底頭腦中推論宇宙和人生，將哲學引到虛無縹緲的神祕窟中去。這樣，哲學在他們底

1　兩種哲學形態底對抗

手中除了桎梏人類智識之發展或空談些不着邊際的煩瑣問題外，什麼都說不上。

可是在每一種社會形態將要轉變的時候，被支配階級亦會跟着歷史巨輪底進展而形成他們底獨立的宇宙觀、歷史觀與社會觀，因此就必然會成立一種新的哲學體系。於是在社會上有兩種哲學形態彼此對峙着，一種是維護支配階級底利益及其統治制度的舊的世界觀與歷史觀，另一種是抨擊支配階級而爲被支配階級謀精神上的解放的新的世界觀與歷史觀，同時兩者都常是立足於兩種不同的方法論（Methodology）上的。固然在前一個哲學陣營裏，常常會出現許多五花八門派別紛紜的哲學學說，然而其實它們都是代表支配階級底利益與意識而向被榨取階級進攻的。因此它們不過是將要崩潰的支配階級底意識形態之各種不同的表現方式罷了。所以一般地說來，哲學正如其他一切的社會意識形態一樣，在階級的社會中，是爲各階級底生活條件所規定的；每一種獨立的主要哲學體系，祇是一個階級底現實生活底反映，同時是一個階級對於宇宙、歷史與社會底認識之獨立的體系。隨着階級對抗底日益尖銳化，哲學底分化，亦就愈益鮮明。

哲學既然常常爲支配階級底學者們所歪曲（distort）哲學底意義亦就給他們弄得迷離

惝恍起來，彷彿哲學是不可理喻，祇可意會的怪物。於是一般人對於哲學有兩種不同的態度：一種人以爲哲學乃是人類智慧的最高峯，是那些有卓特天聰的聖賢天才所研究的，普通人實在不得其門而入；另一種人以爲哲學是離開實際生活最遠，祇曉得談空理作玄想的書獃子式的學問，是一般人不必去過問的。這樣一來，哲學就陷在淵深的泥濘中去了。

哲學與社會生產係關

事實上，哲學並不是什麼離奇玄奧的東西，更不是與實際生活隔離爲少數人藉以賣弄小慧的學問。如果不是這樣，哲學就老早成爲無血肉無生命的臭皮囊，早已不是人類所需要的東西了。

一切的哲學都是一定的社會形態底產物，牠反映着每個特定的社會生活形態，質言之，哲學乃是取决於特定的社會生產關係的精神生活過程中最概括最基本的意識表現。誠然，哲學不像其他的社會生活形態如道德、宗教、藝術、政治等一樣，容易尋出牠的物質的基素來；因爲哲學在外觀上很不容易辨出牠的歷史的特徵來，牠乃是居於社會的上層構造底最高頂。不過無論如何，我們總可以探求出哲學和其他社會生活形態之間的連鎖，並且可以最後探求出哲學和社會的生產方法之間的終極關係。

自然哲學並不是直接受着社會生產方法的規定的。因爲社會生活關係異常複雜，彼此都可以互相影響、牽連、維繫、形成功一個龐大的統一的社會生活體系。哲學是要經過其他許多社會生活關係的媒介，才能感受到社會生產方法底影響的。例如十八世紀的自由主義的哲學乃是當時新興的資產階級要求解除封建的束縛的心理的表現，而這種心理又是當時的新興資產階級底生活情況之反映。再推論下去，造成當時的階級對抗形勢的，又是一般的社會經濟條件，而此種經濟條件却是取決於生產方法底變革。所以每一種哲學形態是層累地經過各種社會形態底變動然後才變動的，不過最後規定一種新的哲學形態的，却是社會生產方法。換言之，乃是生產過程中人們對於生產手段的一定編制與關係。

哲學受生產方法的規定底形樣，有如下圖：

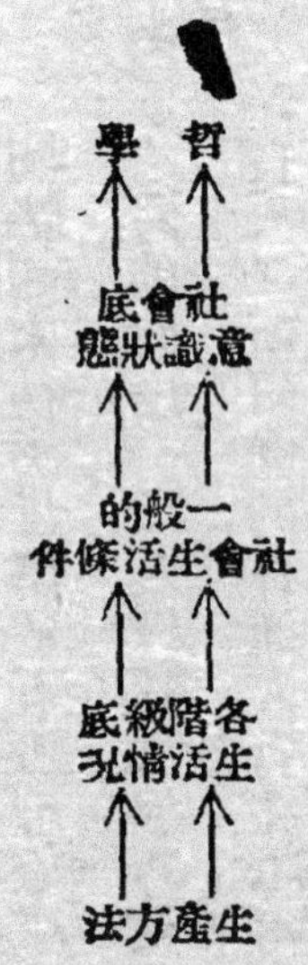

所以生產方法一變動，凡百社會生活形態都要跟着起變動，最後哲學也必然要爲之變色。反之，如果生產方法是停滯不動的，則哲學亦照應着其他諸社會條件而凝固化僵硬化了。這種定律對於任何時代的哲學都是適用的。

哲學底本質、功能和定義

哲學既然一向變成爲統治階級底代言人維護舊社會制度的痲醉劑，牠就往往變成了宗教底附庸，哲學底意義就往往被一般人誤解了。所以在我們研究社會哲學之先，須得給哲學下一個正確的定義

首先我們要判別哲學和科學，並闡明牠們相互的關係。

從來有許多人專門從形式上和方法上去區別科學和哲學：他們以爲科學是重實用的，而哲學是重理想的；科學是偏於實驗的，而哲學却是偏於抽象的；科學所研究的，是有形的現象，而哲學所研究的，是無形的事物。諸如此類的區分不僅將科學和哲學的關係掩蔽住了，而且將哲學底本質弄得曖昧起來了。

我們知道，一切的學問和知識都是因實際的社會需要而發生的，哲學亦不是憑空從人類的頭腦裏放射出來的幻影。假使人類對於他們所處的世界覺得十分滿意，假使人類對於自然

界、自身生活不會發生半點問題，那哲學就絕對不會發生。

實際上，哲學和科學是不能截然劃分彼此對立着的。並且牠們彼此間有一種不可割斷的聯繫，科學是探求特定的領域內的自然現象或社會現象底因果關係，從而確定各種運動與發展的過程之定律的作業，而哲學却是要總結諸科學底原理，求出牠們彼此間的通則，以形成一個爲各科學所共同歸依的最高的綜合。

一切的科學，都是一定範疇的人類經驗底積集。哲學就是要將人類經驗底各部門加以整理，溝通牠們彼此間的基本原則。所以哲學乃是人類經驗最後的總滙。人類不斷地在和自然鬭爭，由這個艱鉅的永恆的鬭爭，就加强人類對於他週遭的外界的認識能力，從此人類就不僅能分辨他自身和客觀世界的關係，就不僅能把握住過去和現在，而且能利用由他的經驗中濾出來的某些基本原則推度未來的世界。哲學正能給人類一整個兒的宇宙觀、社會觀、和人生觀，正能借助於各科學底已得知識解決人類和他的外圍世界的關係的問題，正能借助於某些爲一般科學所通用的基本定律來昭示人類以正確的歷史路綫和認識路綫。

所以哲學並不是龐雜地將許多繁複的雜亂無章的材料堆在人們面前，引人到幽玄的莫名其妙的路上去，而是要從許多材料和問題中濾出若干爲各科學所配合所適應的總的法則。近世所謂『科學的哲學』(Scientific philosophy) 就是要從一叢科學的材料中求得解釋宇宙、人類自身底生活以及人類底意識和外界的關係的**最基本最普徧的法則**。

可是哲學底任務還不止此。哲學不僅是要從一切科學求出普徧通用的公律，去解決一些基本的問題，換言之，哲學不僅是人類經驗的諸部門底單純的總結，而且要比科學更進一步依據牠已經發見了或綜合了系統化了的基本法則，借助已經整理好了的材料，去解決某些爲科學尚未整個地說明的問題。所以哲學一方面是要憑藉已經確定的諸科學底統一法則來探求自然與社會，物質與精神**存在與思維之間的依存關係**，另一方面却是要借助於已經存在的材料來測度正在進行的事變。牠**劃定了爲一切科學所遵守的主要路綫**。所以哲學不僅是一切人類經驗底結帳者，而且是一切科學底開路者和司令者。科學是人類探求宇宙秘密的分業，而哲學却是探求宇宙秘密的協業。

至此，我們對於哲學可以下一個這樣的定義：

哲學是人類對自然鬥爭的有系統的經驗底各部門之最高的綜合體和統一體。

哲學底預測究竟可能麼？

一切的科學既然都是人類的經驗的特定體系，所以每種科學就有對於牠所佔據的一定領域內的潛伏傾向預測（或預見）的可能。至於哲學是不是和科學一樣亦有預測的能力呢？如果是有這種能力哲學的預測程度究竟有多大呢？這是我們眼前急待解決的問題。

當然的，如果我們不把哲學置諸科學底度外，我們就不能否認哲學亦有和科學一樣的預測性。科學家所以能夠預測未來的現象並不是靠着什麼不可思議的神秘力量；反之他却是憑藉發見了的定律，憑藉他對於某種傾向的正確的觀察，去推求正在進行的或必然要出現的事變。天文學家能夠預測在某個時候會出現日蝕和月蝕；氣象學者能夠預測天氣底變動，——颶風、暴雨、寒熱、陰晴等；生物學者能夠預測某種動植物底遺傳結果；化學家能夠預言出尚未發見的原子（如孟德列葉夫底『原子量週期表』），甚至於在社會科學底領域中亦是如此。經濟學者能夠預言商品價格底降落和經濟恐慌底發生；社會學者能預言社會底變動；歷史學者能預測社會生活底未來情狀。所有這類的預言都證明自然科學和社會科學是可能的。

人類尚在缺乏科學的智識的時候，並不是沒有預測能力的，不過那時人類衹是靠着單純的經驗實行預測。例如在渡河的時候，看見天色發生了某種異常的徵象，就能知道有暴風雨起來；在狩獵時，看見地上有獸底足跡，就能預先知道有什麼野獸藏在某地。

可是單純的經驗只適用於某一個特定的場合，並且在好些時候，這種經驗如果利用得不合式，還容易引起人底錯誤。所以等到科學一發達起來了，就將人類過去無數的經驗分門別類整理成各個特殊的統系，那些條理過了抉擇過了的經驗，就成爲科學底法則。依據此等法則，科學就能實行更進一步的預測，卽是藉以預測許多新的事變，並且因此又可以擴大科學智識底領域，這便是科學發達的原因。

依據我們上面的說法，哲學能夠預測就毫無疑義了。除非哲學脫離了科學，跑到虛無縹渺的烟雲裏去，哲學總是站在科學底當中，實行其指導的開路的預測作業的。歷來許多哲學的唯物論者就作出了許多很合乎科學的預言。例如德謨頡利圖在兩千多年以前，就已預示出後世的物質不滅律、能力不滅律以及原子運動律。固然他的學說有好些地方還和近世的科學相去甚遠，然他所標出的幾條獨到的定律和近世科學所發見的不約而同，這當然不是偶然的。馬克思在七十多年前，就預言歷史底大轉變，預言資本主義必然由紊亂而趨於沒落，普羅列塔雷亞必然趨勢。恩格斯在一八八八年預言世界大戰的性質與情況。此等合於科學的預言，當然不是靠着他們的空想，而是完全借助於哲學底預測性。

所謂哲學底預測性，就是某些基本的眞理法則底一貫性或統一性底展開。

宇宙間一切的現象都是具有統一性的，如物質底運動、繁殖和變化等都會顯示出牠們底統一類型來，科學家和哲學家發見了此等統一的類型，就構成功一貫的統一的法則。此等法則底統一性，就是現實的統一性底反映。科學家和哲學家認識了這種統一性，抓住了某些中心的基礎的法則，就可以隨時隨地發見新的眞理，推求更大範圍內的運動和事變。例如馬克思就能很靈巧地運用唯物辯證法；他分析商品生產社會底內容，就是從商品底使用價值和價值兩者的對立出發的，依據這一對立，就推求出勞働底二重性質、普通商品和貨幣商品的對立、相對價值和等價的對立、商品（包括勞働力）底出賣者和購置者的對立，最後就歸結到勞働者階級和資本家階級的對立。馬克思的階級鬥爭說，就是依據唯物辯證法，用以和客觀的歷史的事態相應證而構成的。所以一個眞正的哲學家是能舉一反三的運用一般的法則去一貫地探索歷史底主要路綫，因而預示着尚未顯露出來的潛在傾向的。

每種科學是用牠自己領域內的一個或若干定律來預測一定範疇的未來事態的；而哲學却是應用一個或若干爲一切科學所通用的法則來測度宇宙間某些潛在的可能運動的。

自然科學底預測較之哲學底預測是更微細更特殊的。哲學底預測任務，只是要指出宇宙間的一切運動底大概路綫，換言之，牠只要指點此等運動在什麼條件之下，取着什麼方向和主要形式進行。在他一方面哲學却能先於科學闡明一切運動的相互關係，從此等互動關係中找出預言底可能性來。不過我們切不要忘記了，哲學雖然可以超在科學的前面，開闢眞理底途徑，然哲學和科學的關聯，並不因此斷絕，反之哲學所預言的，都要借助科學來證明。所以哲學和科學之間實繫了一根交相連繫的繩子。誰割斷了這根繩子，誰便是反科學的哲學者。

自然哲學與社會哲學

哲學雖然是人類經驗底最高綜合，可是在這一個廣大的領域中，有許多性質不同的問題龐雜地呈現着，因此把這所有的問題劃分部門來分別解決，就成爲研究上的必要。這種分劃嚴格地說來，亦是人類智識發達底必然的結果，在最初，人類底一切經驗和智慧都包括在一個龐雜的體系裏，舉凡哲學、科學、宗教、道德、藝術等都連結在一塊，不能判然分開。因爲在那時，人類對於外圍世界及自身生活尙不能分辨清楚。並且那時人類底實際生活異常簡單，沒有將混合的經驗和智識劃分部門的必要。這種情況正是當時的社會生活底反映。往後人類底勞動經驗擴大了，社會關係亦繁複起來，於是刺戟人們對於自然現象和社會現象作更進一步的精細的研究，從此不僅宗教、道德、藝術、和哲學彼此分開了，科學亦同哲學分爲兩個領野了。（但兩者並非對立的。）因着人類生活底實際需要，科學就分出了許多支流；在每一個支流中又分出了許多更小的支流。這便是近世的科學底分工。

然不獨科學如此，在今日哲學亦需要更進一步的分工。這裏我們可以就哲學底對象將哲學分爲二大部門，那就是自然哲學和社會哲學。有人將哲學劃分爲許多更細小的部門，如物理哲學、生物哲學、經濟哲學、歷史哲學、藝術哲學……等，不過這是不大需要的，我們現在用不着計較此等哲學底分類，我們只需就這兩種哲學的性質與關係作一個簡括的說明。

自然哲學完全建築在人類對於自然界的認識和經驗上，牠的目的，是要貫通一切自然科學底眞理，是要發見一切自然現象——天文現象、物理化學現象、生物現象等彼此間的統一性，和牠們彼此間的依存關係，卽牠們的矛盾，相互聯繫與運動的內在規律，以求出若干可以解說自然世界運動的綜合法則。自然哲學闡明一切物質現象在自然過程中互相適應的道理，指出自然界一切主要運動底趨向、形式和關係，並解說精神底性質及其依附，換言之，是要解決一向在哲學中成爲中心爭論的物質與心靈的關係的問題。這些就是自然哲學所擔任的中心作業。

促進自然哲學的發達的很顯然的是近世自然科學的理論和法則趨向於統一的途徑。一切自然現象，在現在已經有用一貫法則解釋的可能——在將來，這種統一性必更發展——因此自然哲學的理論的體系，在一切自然科學的法則向着共同的路綫進展時，就擔負起結算人類一切關於自然現象的經驗和知識的總帳的重大任務了。無疑的，自然哲學必將推動一切自然科學照着統一的軌道發展，一切在自然科學的領域中不幸殘留着的矛盾都將要消除了。

可是不幸得很，自然哲學至今尚爲那班在客觀上做了自然科學的叛徒的學者們所玩弄，表現了許多弱點，不但不能領導科學的發展，並且在事實上，幫助了宗教和一切庸俗見解作最後的掙扎，這是何等地玷污自然哲學呵。他們不去從統一的科學法則上去把捉住自然世界的矛盾性與統一性，不能使這一集自然科學的真理的大成的自然哲學站在自然科學當中起核心的指導作用，因此，他們就定會陷於矛盾的泥坑中不可救拔了。

就因爲這樣，我們才喊出一個迫切的口號來：『重新建立起新的自然哲學的體系呵！』

我們今後對於自然哲學的要求，乃是要根據科學的方法和法則，從繁複紛紜的自然現象中求出可以解決整個兒的宇宙問題的普通法則，以統一自然科學對宗教以及一切神學的營壘作戰的陣綫。

自然哲學的樹立，同時可以幫助社會哲學——社會發展學說的發展。因爲人類社會是自然界的一部份，人類社會許多基礎的現象，毫無疑義的是可以用自然的物質現象的法則解釋清楚的。人類社會既然是建築在物質的基礎上，那就很顯然的，它在某種程度上和自然世界的運動是有共通的類似之點的，雖然這並不妨礙社會具有它的特質。因此貫通基本的自然法則和基本的社會法則，換言之，溝通自然哲學和社會哲學，就成爲絕對必要的事了。

所謂社會哲學——社會發展學說本身就是一個自然科學和社會科學之間的中介者。在這一點上，牠是與自然科學結不解緣的。誠然，在自然科學沒有發達甚至尚很幼稚的時候，就有了社會哲學的斷片思想出現。可是在客觀上，社會哲學的思想是每每和人類對於自然現象變動的經驗有關係的，並且有時候是和各時代的人的宇宙觀混在一道的。譬如泰里斯（Thales約生當紀元前七世紀至六世紀）和德謨頡利圖（Democritus 460?—362?）等人的唯物論就有時以水與火的原子說來解釋人類的心靈現象。等到自然科學發展以後，社會哲學和自然科學就更結不解緣了。

社會哲學在社會現象的知識領域裏而所擔負的使命，正如自然哲學在自然現象的知識領域中所擔負的使命一樣。自然哲學是要溝通一切自然科學的法則，求出一些可以解釋最基本的自然現象——自然運動的通則來；同樣，社會哲學也是要溝通一切社會科學的法則，求出一些可以解釋最基本的社會現象——社會運動的通則來。

社會哲學所要解決的問題，是那些關於社會發展運動最基本的問題。正因爲這樣，牠在人類的思想上才佔了極高的位置。可是社會哲學並不是人類經驗或斷片思想之單純的積集，牠乃是基於已經發見了的科學法則和最完備最統一的科學方法上，將許多基本的社會現象，有系統的放在一個統一的領域裏面來分析，來解釋。因此牠不僅是要集各科學之大成，造成一個總的學問體系，而且要從各個社會科學的部門中抽出爲各科學所共通的中心法則，形成一座最精緻的關於社會現象理解的結晶體。所以無疑的，社會哲學是居於一切社會科學的指導者的地位。社會科學雖然在多方面幫助社會哲學的發展，鞏固牠的基礎，可是在決定總的理論的路綫這一點上，社會哲學實擔負着最重大的使命，一切的基本問題，不站在正確的社會哲學的立場上來解決，社會科學卽使不陷於謬誤百出的泥坑裏，亦會不能向着一個統一的路綫，採取同一的步調進行。從這一點上說來，社會哲學是居於怎樣重要的地位呵！

在現在，社會哲學所要解答的許多問題，因着科學向着統一路綫發展的原故，往往和自然哲學所要解決的問題在本質上趨於一致，這種一致性尤其在現在已經很明顯的表現出來了。譬如運動法則、矛盾法則、質與量的關係、必然與偶然、突變與漸變、現象的相對性、因果規律——必然性的認識與把握、現象的統一性、以及最根本的物與心的關係等一類的問題，在兩個哲學領域中都如火如荼的湧現出來，急待人們去解決。正是在這個關係上，社會哲學與自然哲學才向着一條路綫馳驅。唯一的分界點，不過是一個以社會發展運動爲研究的中心對象，一個以自然發展運動爲研究的中心對象罷了。

既然如此，我們是不是可以將自然哲學和社會哲學統一到一個最概括最綜合的體系裏面呢？換言之，我們是不是可以依據於兩者所獲得的收穫作出一個更廣大更高等的總的哲學體系呢？當然是可以的！並且我們可以肯定地說，將這兩根主要的棟柱造成一座最帶有指導性的哲學的殿堂，在目前而且是非常必要的。

可是事實是怎樣呢？一切的布爾喬亞的學者們，都走到與嚴整的哲學體系背道而馳的道路上去了。他們是在怎樣說呢？「哲學是先驗的理性的綜合！」就這樣，宣布了他們的學說的破產！

不僅布爾喬亞的學者們在那裏強姦了哲學，就是在反布爾喬亞的陣營裏，亦常常會伸出些拍賣哲學的學者的頭而來。這些人不是疏遠了實踐的科學，便是爲形式的科學所壓倒了。這是如何攪亂我們的陣綫和步武呵！

要得到正確的整個的宇宙觀，必須從確定總的哲學路綫着手，同樣，要得到正確的整個兒的社會觀，非從確定社會哲學的路綫下手不可，但是兩者在實質上是統一的。

社會哲學是階級意識底最高表現

無疑的，在現在的哲學領域裏，有許多種的矛盾問題是要急待解決的。這些矛盾若果仔細分析起來，很顯然的是社會的矛盾的反映。各個階級在社會生活上都必然會形成一個獨立的意識體系，這個意識體系，經過一個相當程度的鍛治，就成功一種社會哲學，所以社會哲學，嚴格地說來，乃是一個階級意識和階級思想最高的表現任何思想家和哲學家都有意地和無意地將他的階級意識煊染在他的哲學思想上。儘管一班布爾喬亞的學者們喊得震天價響一口咬定哲學是超階級(!)甚至於超社會(!)的，可是一經拿他們所說的話來作一度化學的分析，一定可以暴露出他們的階級根性來。實際上，他們否認哲學的階級性的存在，就證明他是站在垂死的布爾喬亞階級上講話的，因爲布爾喬亞本來就否認社會有階級（他們只承認那些階級的形式）存在的，他們分明在剝削普羅列塔雷亞，分明在和後者作激烈的爭鬥，可是他們死也不承認階級剝削和階級爭鬥的事實。這樣的一種頑執，就成爲一切反動的哲學家的觀念的根源。

擺在我們面前的，有兩條路：一條是否認社會現象的因果律，否認客觀的存在性的唯心論哲學，另一條是承認並且努力發見社會現象的因果律，認定存在決定人類意識的唯物論哲學。這兩種哲學的對立，已經有兩三千年之久了，並且改變了許多次的基本形式與主要內容了。我們敢於相信，這個對立，不能長久繼續下去了，經過了一番决鬥，前者必有沒落之一日。

第二章　辯證法的唯物論

社會發展學說在現在顯然是向着一個新的方向進展。儘管布爾喬亞的學者們在那裏用盡全副的氣力，企圖挽救他們的哲學的頹運，咒詛社會哲學的推進者，阻撓社會哲學的前進，然一般的事實已經告訴大衆，布爾喬亞的學說已經隨着他們所賴以生息的資本制度的衰落而趨於破產了。

哲學底統一傾向與階級對抗底尖銳化

現代社會哲學不僅是朝着嶄新的理論道路繼續不斷地發展，並且在事實上已經向着一個統一的路線完成其最大的歷史任務。這一統一的傾向乃是普羅列塔雷亞取着同一步調向資本主義進攻的確切的反映。一切停留在布爾喬亞的意識形態上的學者們都不能看出這種統一的步調之偉大的歷史意義，他們甚至於從而對此種傾向加以蔑視和嘲笑。在他們看來，這種統一的傾向正是表示普羅列塔雷亞哲學的『貧乏』與『單調無味，』不能標榜出什麼新奇(?)的學理。

歷史的事實告訴我們，每一代被壓迫階級在準備或開始和壓迫階級作殘酷的戰爭的時候，都不能不在各方面統一牠的戰線。牠的一切意識形態不能不隨着階級鬥爭的尖銳化而趨向於統一。哲學思想是牠在意識方面和壓迫階級作戰的一個總的匯合，因此嚴密並統一此種總的思想的組織，就不僅是必要的，而且是歷史上的必然了。十八世紀資產階級爲要推翻封建統治，在哲學上很顯然的暫時取着了一致的步調。可是當時的階級爭鬥在事實上的確不及今日這樣尖銳，這樣劇烈；一方面是封建的統治階級鎮壓革命的力量遠不及今日的資產階級——因爲今日的資產階級有深刻的階級鬥爭經驗，有科學的組織，有不易攻破的各種各樣的欺騙，另一方面是當時新興的資產階級在經濟上政治上所受的剝削和壓迫，其程度遠不如今日的普羅列塔雷亞之深。因此表現在哲學的鬥爭上，就不及今日這樣的尖銳。在今日，一切都捲入於劇烈的階級鬥爭中，普羅列塔雷亞不僅要在政治上努力顛覆他的階級敵人，而且在思想上要無情的揭破布爾喬亞的虛妄和欺騙，統一它自己內部的階級意識，建立它自己獨立的宇宙

觀、社會觀、和人生觀，這一偉大的歷史作業就是辯證法的唯物論的體系之建立，

也許有人要問，辯證法的唯物論能夠概括現代社會哲學的全部麽？對於這一疑問，我們的答覆是肯定的。辯證法的唯物論在事實上不僅奠定了社會發展學說的基礎，而且牠是全部哲學體系和科學體系的總司令。辯證法的唯物論已經確定了一個嶄新的宇宙觀（世界觀），給舊時的宇宙觀一個致命的打擊自然，這一任務在十八世紀就爲偉大的唯物論哲學家完成了一部份，但根本肅清對於宇宙不正確的認識的，卻是辯證法的唯物論。至於在歷史方面和社會方面駁斥舊的社會觀和歷史觀而建立普羅列塔雷亞的社會哲學體系的，乃是辯證法的唯物論與唯物史觀。

辯證法的唯物論是在普羅列塔雷亞和布爾喬亞兩個階級達到了不可調和的對抗的形勢之下產生出來的，這一個偉大的哲學體系，當然是以唯物論哲學和自然科學的發達做依據的。在十九世紀，工業資本主義已發展到了很高的程度，資本主義社會運動的矛盾性充分地暴露出來了，生產的無政府狀態支配了整個的資本主義社會。資本的生產與流通都是繞着一個極大的不可解決的矛盾進行，勞働生產的社會性與生產關係已經走到了一個不可調和的衝

突，首先發見此種矛盾性，而以唯物論的觀點和辯證法從歷史過程中推論資本主義的發展與沒落的必然性的，就是馬克思和恩格斯。這兩位偉大的思想家雖然是以資本主義社會為他們解剖的對象，可是他們對於全部的人類歷史和整個的人類社會都有一貫的解釋和說明。他們倆不獨發見了資本主義社會運動的法則，而且確立了一般的歷史變動和社會運動的法則。

大批的布爾喬亞的學者們都在那裏否認馬克思和恩格斯在哲學上的貢獻，否認他們兩人是十九世紀的哲學家。在他們的哲學著書中，馬克思和恩格斯不能佔到一角地位。即使偶爾為他們順筆提及一下，也只是把他們看做無足輕重的學者。在他們看來，馬克思不過是一個和他們對抗的經濟學者罷了，至於恩格斯的名字他們連提都不提及。這便是布爾喬亞的學者們對於這兩位大哲學家的蔑視態度！

不僅為布爾喬亞豢養着的學者們是取着如是的認識，就是一般所謂服膺馬克思恩格斯主義的人，亦往往認為這兩位大思想家唯一的造詣是在於經濟學和一般的社會科學，哲學不過是他們附帶的學問。甚至於認為馬克思和恩格斯沒有建立獨立的哲學體系，因此僅僅把社會科學家或經濟學的功勞歸之於他們。這實在是對於辯證法唯物論的創始者一種莫大的侮

序

其實，馬克思和恩格斯之所以偉大，並不單在他們對於經濟學和社會科學揭出了獨創的理論，而是在他們於建立了新的社會科學和經濟學的體系之外，更完成了他們偉大的哲學的工程。他們是最初確立普羅列塔雷亞的宇宙觀、歷史觀、和社會觀的人。他們的一生都充滿了新的哲學的精神，無論是在他們的經濟學、社會學、歷史、政治、革命的著述裏面，我們都可以窺到此種精神之活躍。資本論是一般人認為最偉大的經濟學鉅著，不論在那一篇，那一章裏我們都可以找出馬克思的哲學思想。我們可以說，一部資本論，就是以新的哲學思想做骨幹運用最靈巧的哲學方法寫出來的（參看第一章）。否認了這一點，便不能而且不配研究馬克思學說。至於恩格斯也是一樣，他的每一種著作，都是新的哲學思想的結晶。他正如馬克思一樣，不但在理論上，而且在實踐上處處表現出他的哲學精神之深入。所以馬克思和恩格斯在近代的哲學史上要佔據一個新的卷册，也並非過分的。

馬克思和恩格斯的學說當然不是他們憑空創造出來的，他們的哲學思想正是當時普羅列塔雷亞的意識形態的最高表現，是暴露出整個的資本主義社會乃至全部的人類歷史的眞正運動過程的他們建立起來的辯證法唯物論，乃是歷史的必然產物。在這一點上說來，馬克思和恩格斯學說的偉大，乃是因爲他們能正確的反映出現實的社會生活和社會運動。

辯證法唯物論不是唯物論與辯證法底單純湊合

無疑的，辯證法的唯物論是結合辯證法和唯物論成功的。黑格爾佛爾巴哈等人就是最初予馬克思朝向辯證法唯物論進行的啓示的先驅，然而我們決不能懷着這樣的觀念，卽以爲辯證法的唯物論，僅僅是辯證法和唯物論兩個要素之單純的結合，以爲馬克思和恩格斯不過是將這兩個要素湊合起來而加以發揮罷了。其實呢，辯證法唯物論自有其在哲學上獨特的建樹，牠不獨是辯證法和唯物論的繼續展開，而且成了一支獨立的哲學思想的活流。人們往往看不到這一點，就得出這樣的呆板的結論：馬克思和恩格斯就是黑格爾和佛爾巴哈的調合者，洞曉黑格爾的辯證法和佛爾巴哈的唯物論，同樣就可以了解馬克思主義的主要內容。

這是大大的不然的。辯證法唯物論如果僅僅是兩三個前輩哲學家的學說的湊合，牠就失去了牠特有的意義。根據這一命題得出來的結論就必然成爲這樣：普羅列塔雷亞的意識形態乃是布爾喬亞各種意識形態的湊合，因此在客觀上並未建立牠獨立的世界觀和歷史觀。

事實是怎樣呢？馬克思和恩格斯根本推翻了布爾喬亞的哲學體系，給了康德、黑格爾、佛爾巴哈等人一種嚴峻不貸的批判。可是對於此等哲學家所顛倒運用了或模糊矇混了的眞理方法和眞理內容却爲他們重新提煉出來了。黑格爾的辯證法（Dialectic）和培根、霍布士、斯賓羅沙、佛爾巴哈等人的唯物論經過了馬克思和黑格爾的蒸溜作用，就奠定了辯證法唯物論的基礎。所以馬克思和恩格斯的哲學雖然有許多的先驅，可是他們却能以批判的精神和辯證的方法建立他們自己的哲學體系。

人底思維是辯證法的發展過程

辯證法本來起源很早，在希臘時代，辯證法原來是一種辯論的論理方法。善於運用這種方法的人，往往可以使得對手的言辭陷於矛盾。這種辯證法驟看起來，好像是異常深奧的；其實我們的思維，就是不斷地循着辯證法的方式進行的。

在思維過程中，往往可以發見我們思想內部的矛盾，這些矛盾可以說，就是帶有彈性作用的思維的原子一切思維的發展，都是靠着此等矛盾不斷地互相鬥爭，所以思維過程，用辯證法的術語來解釋，就是思想內部的矛盾不斷的設定和解決，而這種運動又是反映外界的現實生活的。人類的思想內部如果沒有包含此種矛盾性，沒有矛盾的原子之互鬥，人類思想就永遠不會進步。並且人類思想進步的程度常是和此等矛盾的設定及解決的速度成正比例的。野蠻人的思想和文明人的思想相去很遠，就是因爲野蠻人的思想不能很快的設定並解決矛盾。一切的現象在野蠻人的頭腦中，不會很快的由肯定進到否定，再由否定進到否定之否定。

但是思維的發展是以什麼來決定的呢？文明人難道是天生的比野蠻人善於思想嗎？不然，不然。一切的思想都是由實際的經驗得來的。在中國有些俗諺，如『物極必反』、『否極泰來』、『樂極生悲』、『塞翁失馬，安知非福，』這就是表明一切的現象事物、禍福、都是在那裏變動不居的。因此，人類的思維無疑的是客觀世界的運動過程或現實的生活過程的反映。

由此，我們遂得着一個推論了，就是不僅人類思想是循着辯證法發展的，並且一切的宇宙現象和人類的現實生活都是因矛盾的鬥爭然後才有運動，才有發展的。沒有此種鬥爭，就根本沒有『存在』，所謂存在就是矛盾的鬥爭之不斷的連續過程。

自然現象中的辯證法

星球的運動如果沒有兩種力的矛盾，就不能始終循着一個軌道往前進行。植物的生長如果沒有種子的破壞，就成爲不可能。地面的水分如果不被太陽光蒸發去，就不能下雨。這一切都證明自然現象都是循着辯證法運動及變化的。

社會現象中的辯證法

其實不僅自然現象是如此，人類社會的一切活動和變動，無一不是依照辯證法表現出來的，社會的發展過程，就是矛盾不斷地展開和解決的過程，甚至於我們的日常生活也可以發見出此種矛盾性。這種社會現象的矛盾在很早就爲許多哲學家自覺地或不自覺地指示出來，不過這種矛盾性的發見，一向還是偶然的、局部的。對於矛盾法則具有整個的理解，將辯證法來建立起整個的哲學體系的，在十九世紀初端，只有一個黑格爾。

黑格爾是最初完成辯證法的體系的人，可是他的全部哲學都是建築在觀念論上。因此在他看來，一切的社會發展，乃至宇宙發展，都是『觀念』的互相矛盾的繼續發展。這便是黑格爾的唯心的社會觀和宇宙觀。

馬克思採取了黑格爾的方法，承認辯證法是對的，可是對於他的唯心論則不能不加以排拒。因此黑格爾的唯心論的辯證法，就變爲馬克思的唯物論的辯證法了。

馬克思說，不是觀念支配着客觀的世界，恰恰相反，人的觀念是受着客觀世界的規定的。物質應居於第一位，觀念不過是物質現象的反映。所以認爲觀念的發展過程即是宇宙的社會發展過程的唯心論，完全是顛倒了事實。辯證法是正確無誤的，不過牠並不是從人的頭腦中顯示出來的，却是從客觀的自然現象和社會現象顯示出來的。辯證法決不是人的頭腦的產物，乃是存在於宇宙和人類社會的一切運動當中經人藉經驗發見出來的；正如萬有引力是存在於宇宙間經人藉經驗發見出來一樣。

辯證法的唯物論一般地說來，是要解釋自然世界的變動和運動的基本方式、人類社會的變動和發展的基本原因、和人類的思維發展等問題的。所以它乃是一個完整的哲學體系。不過辯證法的唯物論並不是固滯不動的，反之，它却是隨着一般科學的發展永續地向前擴大、向前發展的，恩格斯（F. Engels 1820-1895）說『唯物論將隨着每一代科學的變動而改變其面貌。』這就是說，唯物論的基本原則雖然不能更改，可是牠的內容和形態是可以跟着科學的發達不斷地擴充的。如果認為辯證法的唯物論到現在已經不需要發揮和擴充，那便是陷於學院式的狹隘主義當中，其實辯證法的唯物論現在正是要盡量地擴大它的版圖，克服偏狹的和保守的觀念的時期。並且我們不能不相信，馬克思和恩格斯死後的最近幾十年當中，辯證法的唯物論因着許多科學的發見而益發得到了許多可

辯證法的唯物論底內容是可以變動的

靠的證據。每一次科學的新發見都證實了辯證法唯物論的顛撲不破，使脫離科學領域的觀念論愈益陷於破產的境地。因此，辯證法的唯物論將來不但要在社會科學方面得到驚人的發展，而且在自然科學方面，也要握着極大的權威。

辯證法的唯物論概括自然哲學與社會哲學

在辯證法的唯物論這一個總的系統之下，有一個主要的探求一般社會現象的最基本的因果關係的部門，那就是歷史的唯物論或唯物論的歷史觀（簡譯為唯物史觀）。常有人把辯證法的唯物論和歷史的唯物論混而為一，甚至用經濟史觀這個名稱來代替辯證法的唯物論，其實這未免把辯證法的唯物論看得太狹隘了。誠然，在到現在關於自然的辯證法在新的哲學上的應用還異常貧乏，但我們不能因此便把辯證法的唯物論從自然科學的領域內撤回，而退守到社會科學的界域裏而去。我們當前的任務，是要在辯證法唯物論這一總的體綱之下建立起兩個平立而又互相關聯的哲學體系，即自然哲學和社會哲學。只有這樣，才能擴大『科學的哲學』的陣容，才能壓倒寄生在自然科學的臟腑當中的各種形態的觀念論。

自然，歷史的唯物論也是離開不了辯證法的應用的。歷史的唯物論之所以異於機械的唯物論，正是因爲牠是一貫地寄托在辯證法身上。例如解釋歷史的變動、社會的發展和進化、以及一切社會的活動現象，歷史的唯物論者就不能不借助於辯證法。辯證法的特點，就在教人從動的關係中去解釋一切的社會現象。

辯證法在自然哲學上的應用和社會哲學上的應用究竟在本質上有沒有差異呢？這是我們首先要解答的問題。因爲有許多人不明瞭這一點，就認爲辯證法是只能專用於社會哲學或社會科學上的。其實，辯證法乃是自然哲學和社會哲學所共同的基本方法。牠是從自然現象和社會現象中發見出來的最普徧的法則，牠決不限於某一個特殊的範疇當中。因此辯證法首先應認爲一切理論的一般研究法，無論應用到自然哲學上，抑或應用到社會哲學上，在本質上都沒有什麼根本的差別。若果有人要問爲什麼辯證法能夠一般地應用於自然哲學和社會哲學兩個界域呢？我們可以回答說：這是因爲自然現象和社會現象都有一定的因果法則，並且自然的變動和社會的變動都是循着辯證法而進行的。

辯證法底分類

照上面所說，我們就可於一般的辯證法之下，列出兩個主要的部門，即自然的辯證法和社會（發展）的辯證法。此外我們還可加上一個關於思維運動的辯證法，以研究人類思維的一般發展和作用，名之曰思維的辯證法。這種分類法我們認為是可以適用的，為使讀者便利明瞭起見，我們可以把這種分類法列表如下：

一般的辯證法
1. 自然的辯證法（Natural dialectic）〔說明自然界的運動，變化與演進的內在規律，以確立辯證法的宇宙觀。〕
2. 社會的辯證法（Social dialectic）〔說明人類社會之史的發展與演變及社會內部一切互動關係，以確立辯證法的歷史觀〕
3. 思維的辯證法（Thinking dialectic）〔說明思辯的形成與發展的基本規律，確立辯證法的思維律。〕

這樣的劃分法，當然並不是要割裂辯證法底整個體系，因為辯證法本是一個統一的有機體構。我們現在來考察一下，究竟上列的三種辯證法形式是否在本質上一致的呢？究竟一般的辯證法的基本原則是否通用於自然界、社會界和思維界呢？

辯證法底基本法則

辯證法既是一統一的方法論體系，那末它底基本法則是什麼呢？換言之，那些法則是否通用於一切範疇與領域中的呢？我們現在分條指出如下：第一、一切事物都是在不斷地流變着發展着的，運動乃是萬有底存在形態，靜止祇是運動底一個特殊的形式這種運動又是事物內部的對立之不絕的相互轉變底過程；因此第二、一切事物都含有矛盾，由於矛盾之不絕發生與解決纔發生運動。所謂運動決不能認爲同一事象底前後反覆，它底全部過程，就是舊的低級的形態之不斷揚棄與新的高級的形態之不絕建立。當一種事物形態發展到了某一階段，它就發生矛盾而否定自己，當矛盾一經解決，否定自身又被否定了。這種由肯定(正)而到否定(反)，再由否定而到否定的否定(合)，就是事物發展的實相；第三、一切現象都是互相聯繫而發展，它們決不是相互孤立的，自然的世界乃至人類社會都具有統一性。最單純的物質與事象之間正有着常爲我們所看不見的關聯存在着，同樣分子（或個體）與總和(或全體)之間，亦是彼此聯繫着的。這樣纔構成統一的宇宙體系；第四、一切新的存在形式必須要經過量（Quantity）到質(Quality)底轉變，始能發生。單純的量底變更集積到一定之點，必然要引起質底變動，這種變動是取着突變的形式的。不論在自然界與社會，飛躍總是發展底必然的形式。量底變化引起質底變更，同樣，質底變更亦引起量底變動。這四個基本法則自身亦是彼此相聯繫的，它們決不能互相孤立存在，如果我們將它們割裂，顯然是破壞辯證法底統一法則的。不過我們爲了要說明辯證法所由構成的基本規律，我們始有上面的分析。

總之辯證法主要地是要把一切事物看作活的流變的過程，說明事物內部怎樣發生對立，此等對立在何種條件之下統一起來而相互轉變，同時說明一切事象都是在互相聯繫的統一過程中，以突變的或飛躍的形式發展着——說明量的質的變動的相互影響怎樣成爲事物發展底主要內容。

唯物辯證法與機械論

唯物辯證法既然將一切事物當作流變發展底過程看待，它在本質上就是與機械論（Mechanism）反對的。機械論最主要的一個特徵，就是忽視事物運動之內部的原因，即是不了解事物底運動是其自身內部對立底不絕發生與相互轉變底結果，而以爲運動是由環境與體系之間的矛盾引起的。例如有一部分社會學者就以爲社會底變動常是社會與其環境——自然失却了均勢之表現。這種觀點在哲學上就發展成爲這樣的一種運動觀，即運動是均勢破壞所生的結果。在另一方面，辯證法却以爲事物運動是由其自身底內部的對立鬥爭形成的，運動底來源並不是在事物體系之外，而是在其內部，一切現象都是對立底統一。機械論底第二個特徵，就是否認量與質底差異，以爲量與質底差別祇存在於人底概念中，客觀上量與質是沒有本質上的差別的。例如有機現象與無機現象在機械論看來，是沒有什麼質的不同的，人類社會與動物界亦復如此，這就是不了解量與質底相互關係。反之，辯證法却告訴我們量與質的統一，量底發展可以引起質底變革，兩者之間雖是互相關聯的相對的，但質在客觀上是存在的。例如當我們說及人類社會與一般動物界底區別時，我們就不能否認人類社會不只是在程度上（量的方面）優於一般動物界，在性質上（質的方面）兩者亦是不可同日而語的。又如利用鐵器的社會，不僅在文化程度上高過利用石器的社會，即在社會的組織方面，兩者亦不能等量齊觀。機械論底第三個特徵，就是忽視事物與事物之間底聯繫。雖然它有時注意到個體與總體（或體系與環境）間底關係，但它却不能看見體系內部各分子間的聯繫與此等聯繫之不絕的互相轉變，它雖然承認因果法則底存在，但它却不能認識因果並不是機械地對立的，而是時常在交互轉變的。反之，辯證法却是立足於總體與個體個體與個體以及因與果的相互關聯與轉變的觀點之上，這在上面已經詳述了。

辯證法的普徧有效性與齊一性

正因爲辯證法是最高的方法論之體系，它就不能視作一種尋常的思想法則或科學研究方法，我們在上面，已經指出了辯證法可以通用於自然界、人類社會與思維界，由是可見辯證法是具有一種普偏有效性與齊一性的。這種普偏有效性是在什麼條件之下成立的呢？這很顯然的，是因爲辯證法本身就是一切現象——無論自然的、社會的、心理的現象中客觀存在的法則，在它爲人們所發見以後，它就變成了人類理解自然、社會與各種心理現象之最便利的鎖鑰。所以辯證法乃是自然與人類社會所發生的現實的過程最普徧最完全的反映。

我們現在試就上述的第一個辯證法法則來說，來看看這個法則是否適用於自然界人類社會與思維領域三者之中。

在自然界中，大至於天體底運行，小至於電子底運動，無一不表示着宇宙間一切物體都是在永續的變動不居的過程中的。如果天體完全停止了運動，整個的宇宙就立刻要毀滅。同樣，如果一切的生物體沒有細胞底死亡與新生之不斷的代謝，牠們底生命亦就要宣告終絕了。我們再來觀察人類社會。顯然亦看見一切社會制度、社會組織與社會意識總是在不斷或徐或急的變動的，例如革命、經濟恐慌、政變、戰爭……所有這些都是社會變動底具體表現。假使一個社會沒有變動，它就要停滯它底文化發展了。但人類社會底變動與自然界底變動是有着本質上的差別的，即前者是要通過人底意志而實現的，而後者是完全盲目的。至於人類底思維，顯然亦是同樣可以適用這個法則來解釋的。因爲思維運動本身就是反映外界事物與現象底現實過程之各種觀念不斷的銜接與連續，換言之思維就是對於外界的各種刺戟底繁複的反應之流。所以思維自身就是一種永續的流變過程，否則，它就不能存在，更不必說解決外界的問題了。

再拿辯證法底第二個法則來說。我們首先來觀察自然現象，有那一種自然物體不是包含着矛盾（或對立）呢？有那一種自然界底運動不是此等矛盾不絕發生與相互轉變底結果呢？例如離心力與向心力、吸引力與排拒力、陽電與陰電、細胞的生長與死滅……此等對立常是在相補充而又互相轉變的，正是因爲如此，在自然界才有不絕的運動與變動，至於在天體與生物的進化上，我們更顯然地可以看見此種法則之正確了。例如假使沒有星雲底相互激撞與吸引，天體就不會成立，假使沒有物種底競爭與淘汰，生物就沒有進化可言。至於在人類社會中，亦何莫不然。例如生產力與生產關係底對立與衝突常引起革命，階級與階級底爭鬥常引起全社會底生產關係之重新改編。又如資本主義社會中底商品就包含着使用價值（Use-value）與價值（Value）兩極底對立，這就構成商品運動底必要條件。說到人類底思維，亦是不斷地反映着外界矛盾而發生各種的矛盾。當一個人思維的時候，在他底意識界並不是平直地進展的，他常是要發生兩種以上的對立觀念，當他摒棄了錯誤的或不大正確的觀念時，他就進到了一個較高的認識，這即是說，他底思維是由觀念底矛盾轉變發展出來的。

就上述的辯證法底第三個法則來說，這對於自然界、人類社會與思維界，亦是無所軒輊的。在自然界中我們看見許多天體之間，都有着交互的聯繫不僅在一個恆星系統中（例如太陽系）中各個行星之間及其與恆星自身之間是彼此相吸引相牽連的，即各個恆星相互之間亦有着相互的吸引與排拒關係。如果在它們之間沒有一種相互的吸引力與排拒力，造成天體之間的運動均衡，那整個的宇宙系統就無法成立了。在生物界，這種例子亦極其衆多；各種生物體不僅與其週遭的自然環境有着聯繫，即在牠們自身之間亦是互相聯繫影響的。在人類社會中，亦是如此，一切制度與社會變動之間，都存在着交互的聯繫，如果一種物體脫離了一般的社會的關係，它就完全喪失了它底社會意義，例如貨幣如果窖藏起來，它在流通界底作用就失去了；一部機器如果聽其放在無人煙的曠野中，它就不復成爲現實的生產手段了。一個社會中某部分的組織或設施缺少了，就立刻要引起全社會組織底恐慌；某一種變動發生了，在別的方面就要立刻受到影響，例如假使資本主義國家的軍警，一旦解除了武裝，資產階級底政府就立刻無法維持。美國底金融恐慌可以波及到全世界，英國底停止金本位，可以打擊好些國家底貿易，擾亂全世界底金融市場。這不是極明顯的例證是什麼？拿人類的思維來說，如果頭腦裏底許多觀念是個個孤立，不相聯貫的，就不會有而且不能有思維運動。全部的意識過程就是觀念與思想互相聯繫構成的。

最後，我們要說到上述的第四個辯證法底規律，即量與質底相互轉變。我們看，在自然界，到處都可以找着這種例證。水（液體）燒熱到了沸騰點（例如攝氏表一百度），就可以變為汽（氣體）。在這裏我們不僅可以看到一種質底突變——水突然代為汽，而且還可以看到質底變更又引起了量底變動。在生物底變種與發展上，我們亦往往看見這種由量底增加引起質底突變的現象，荷蘭底植物學家得·甫里斯（de Vries 1848- ）已經證明這個生物突變法則了。在人類社會中，是否有這種量底增加引起質底突變的事象呢？我們且看，當一個手工業工廠底工人之數目增加到了一定的限度，在勞動能率上就會發生質底變動。商品生產超過了消費界底需要限度，就會突然引起商品價格底暴跌和鉅大的經濟恐慌。社會生產力增大到了為一個社會生產關係所不能容納的時候，就會引起社會革命來。在人類底思維領域中，我們亦常看見此種現象例如在中國有所謂『豁然貫通』『霍然澈悟』一類的話，就是說人底思想常是在究變的過程中發展的。科學家底各種發見往往不是由一點一滴的發見堆積成功的，而是達到了一定的研究與思考底程度，突然獲得的。

辯證法的運用之具體性

照上面所說，辯證法無疑地是可通用於自然界、人類社會與思維三大領域的。恩格斯說：「辯證法是自然、社會及人類底思維一般的運動律和發展律的科學」。這實在是對於辯證法所下的確當沒有的定義。

不過，當我們運用辯證法，我們首先要注意每一種對象底具體內容，這即是說，辯證法對於一定範疇底現象——如自然現象、社會現象等——之解釋，是各有其特殊內容的歷史的辯證法與自然的辯證法，雖然在本質上並無二致，然在實際的運用當中，是不能不各有些不同之點的。譬如自然界底運動與人類社會中各種運動在性質上就不同，要完全用自然界的運動法則來解釋人類社會底諸活動當然是不可能的。我們在上面已經說過，人類社會底變動與自然現象底變動不同之點，就在於一個是要通過人底意志活動的，一個則反是。又如由量底變動引起質底變更，這種現象在自然科學上簡直可以用很精密的數字計算測量出來，而在社會科學上，就不能這樣了，我們能夠計算在何種溫度氣壓之下，可以引起某種特殊的物理現象與化學現象，但是我們却很難精確地計算在那一個時間那一個地方會發生革命。

我們已在上面論及了辯證法之普徧有效性，此處我們要逐步討論辯證法在上述的三大領域中顯示出來的特殊法則與運動方法。

自然的辯證法之法則

所謂自然的辯證法當然是指解釋自然現象底全部過程的。如果將上文底法則具體分析出來，我們就得出下列諸律。

第一、一切的自然現象——天體、生物現象、物理化學現象、地理現象等，自始就是在不絕地變動發展的。此等不絕的運動就是宇宙存在底本質形態。運動底形態約可分爲機械的運動，物理的運動、化學的變化、生物的演變諸種。

第二、一切自然現象自身都會有矛盾，此等矛盾的不絕展開與解決，一方面形成物體底運動，另一方面引起物體之質底變化。

第三、各種自然現象之間都存在着交互的聯繫，此等聯繫底總和，就構成整個的自然界體系或宇宙體。自然現象的相互聯繫，一方面意味着自然現象底統一，另一方面意味着各個自然物體之間的互動影響。

第四、自然界底變動乃是由量到質或由質到量底轉變，它們常是以突變形態表現出來的。當自然的物質或能力在數量上增加到一定程度，就要引起質底變動，反之質底變更亦影響到量底變動。

歷史的辯證法之法則

在這一個情勢之下，我們就有確定社會的辯證法的法則內容之必要了。

第一、社會的運動與發展基礎，乃是物質生活，物質生產力和一切的社會制度、社會關係、以及精神文化、社會意識等都是不斷地在流動的變化的過程中發展生長的。人類的社會歷史祇是一個永續的變動不居的過程。

第二、一切的社會現象之間，都是有互相交織的關係的，某方面發生變動，必然影響到另一方面，乃至全體。

第三、社會是時刻不斷地在發生內外矛盾的，此等矛盾常表現於人類和自然的鬥爭過程中，生產力和生產關係的對抗中，階級的衝突和鬥爭中。社會內部矛盾到達了某一個鬥爭階段，就必然要被解決，使社會向着一個更高的階梯發展。

第四、社會是取着飛躍的突變的形式向前發展的。社會的物質生產力發達到了某一種程度，社會生產關係不能再桎梏牠時，後者就要爲前者突破而現出一個新的配合——生產力與新生產關係底重新適應。

辯證法思維法

辯證法一方面是顯現於客觀的現象——自然的與社會現象中的普徧法則——運動法則與發展法則，另一方面這種法則一經爲我們認識以後，就可作爲我們思維底方法之準則。我們怎樣去把握事象，怎樣去解決實際的問題，這是需要運用辯證法的方法的。

所謂辯證法的方法（Dialectic method）就是思維的最高法則，其主要內容如下：

第一、從運動與發展底過程中去把握事物，不能將事物作爲固定不變的靜止的陳死的東西看待，而必須將它們當作流動的變化的過程來觀察。

第二、從矛盾（或對立）底發展與其相互轉變的過程中去把握事物，即將事物之不絕的展開與解決而向前發展的過程看待。

第三、從相互聯繫中去把握事物底實相，認定各種事物都不是彼此孤立的，而是彼此關聯牽制與影響的。

第四、從全部體構去觀察各個表面分散的現象，不能將各種事物或體構割裂之一部分來觀察。

第五、從具體環境與相對情況中來觀察事物，抽象的眞理是不存在的，每一種理論與法則都是在一定的條件之下始能成立的。

第六、從實踐中把握事物底實相，祇有實踐是足以證明並加强眞理的，離開了實踐，正確的理論與法則就不能建立。

第三章　社會哲學上的唯物論與唯心論

每一種哲學或科學首先必須解決它最基本最中心的問題，才能確立一個健全的體系，社會哲學既然是總的哲學體系底一部分，它所要解決的最基本問題，當然是橫亘在哲學上兩千餘年來佔據人們底思想的精神與物質或思維與存在底關係的問題。

心物問題是哲學問題上最根本的問題

這一問題是一切哲學上的問題所環繞的中心樞軸，所有哲學思想上的爭辯都集中到這一點上來。因此這一問題底解決，就成爲一切哲學問題解決的基礎。

對於這個問題底檢討和解決企圖，在哲學史上一向可分爲兩個對立的陣營：一個是主張物質佔優勢，精神爲從屬的，即所謂唯物論派；另一個是主張精神爲根本，物質是副本，即所謂唯心論派。這兩個對立的學派在人類歷史上鬥爭得非常激烈。那些在名目上彼此不相同的學派，實際上都劃分到這兩個營陣裏。因爲他們所爭辯的總逃不出這一中心問題底範圍之外。自然，在每一個時代裏，都有介於這兩個學說之間，居於調和地位的學說，卽所謂懷疑論，或不可知論，然這種學說在歷史上都是與唯心論不能絕緣的。因爲它模稜兩可，蒙蔽一般人的認識，有時比唯心論有過之無不及，牠客觀上是在那裏維護唯心論，破壞唯物論的發展的。

唯物論與唯心論底鬥爭和階級戰鬥

唯物論與唯心論的鬥爭，在歷史上往往反映着階級的最激烈的戰鬥。支配階級爲要維持它自己的統治往往借助唯心論（在認識上稱爲觀念論）來做它的護身符，以掩蔽大多數被壓迫者的眼睛。因爲唯心論主張『觀念支配着世界』，主張『客觀的現實世界不過是觀念世界的幻影』一方面可以抬高支配階級的地位，他方面又可以消滅被壓迫者的反抗心。就在這一層上，唯心論變成了支配階級固守它的堡壘愚弄它的對敵階級的强有力的武器。中世紀的歐洲封建統治階級就是慣於利用唯心論的哲學對一切『異端思想』施行最嚴酷的摧殘的，所謂『經院學派』（亦譯煩瑣學派）的哲學就是當時集唯心論的大成的一個東西。直到唯物論勃起，這種唯心論哲學才隨着封建制度的沒落而漸漸消沈下去。可是等到資產階級握着政權以後，燦爛一時的唯物論又陷入於可怕的命運當中了。雖然自然科學的進步，在客觀上鞏固了唯物論的基礎，可是在哲學方面，唯物論却遭受無情的排擠。甚至於許多自然科學家或是有自然科學興趣的哲學家亦在多方面阻撓唯物論的發展，有意地或無意地標出他們的唯心論的觀念，這當然不僅是哲學上的一筆鉅大的損失，而且是在科學上的一筆不可饒恕的罪過呵！

這類的歷史事件證明着什麽呢？很顯然的，證明哲學是階級意識以至階級生活的反映，階級關係的轉變，決定了階級內容的轉變。

於是在這裏有人要提出質問了：布爾喬亞汜首先對於唯物論熱烈的接受，可是在它變成社會的支配階級以後，就開始對唯物論表示反動的態度；在普羅列塔雷亞取得政權以後，實行迪克推多時，是否會和布爾喬亞一樣，背叛唯物論，而走到唯心論的道路上去呢？關於這一個疑問的答覆，無論在理論上和實際上，都提供得很充分了。這裏我們所要說明的是：第一、普羅列塔雷亞的獨裁是和布爾喬亞汜的握着政權在本質上完全兩樣的；前者的目的，是要逐漸消滅階級對抗和國家制度，所以在奪取政權以後，它爲社會進步的鬥爭是繼續地進行的，直到最後實現無階級的社會（Classless society）爲止。因此它必須堅決地和一切反動的唯心論鬥爭，無情地予殘餘的布爾喬亞汜以嚴重的打擊，必須暴露布爾喬亞汜哲學欺騙大衆的虛妄，同時又必須揭出科學的宇宙觀和社會觀，指示人類社會發展的動向和途徑，以及將來人類和自然的關係。在這樣的一種情形之下，唯物論在普羅列塔雷亞手中就只有繼續向前發展的前途了。後者却不然了，在它取得政權以後，它本身就變了榨取另一個階級（普羅列塔雷亞）爲生的主要的剝削階級；階級對抗的形勢比以前更緊張，同時它自己本身所造成的許多矛盾，無法解決，在這樣的一種形勢之下，它如果仍舊繼續維持唯物論的發展，那就不啻是它自己宣告它自己將要死滅。第二，普羅列塔雷亞的唯物論在內容上，和從前的布爾喬亞汜的唯物論有幾個根本的差異，因爲前者是辯證法、歷史的；而後者却是非辯證法的，機械的。因爲前者不僅注意到感性，同時還注重於實踐，而後者却只能把捉住感性，對於實踐就看成另外一回事了；因爲前者是站在鬥爭上的，是一種革命階級意識的表現的繼續向前的展開，而後者却在許多方面是避免鬥爭的，所以很容易給布爾喬亞汜的學者染上唯心論的顏色；最後因爲前者的理論是統一的，所以很便利於普羅列塔雷亞的運用，而後者却不能一貫地表現它統一的思想。這些就是新唯物論優於舊唯物論的地方，亦就是新唯物論對於舊唯物論的克服。

唯物論與唯心論底分界點

唯物論和唯心論在理論上的分界點，就是對於宇宙的本質與現實性之認識。這一個認識問題，也可以說是哲學上的最基本的問題。自然，關於這種認識能力的程度，是隨着人類的系統的經驗的增長而提高的。原始人類就不能了解外界的事物和自己的感覺的關係，他們不能辨出何者是被感覺的給人以印象和表象的東西，何者才是自己的感覺。因此他們不能將事物的本身與事物的概念分辨清楚。他們往往把各種的錯覺和幻覺當做眞實存在的事物，把外界的事物和現象看作是和自己的感覺內容一樣的東西。至於人類的感覺是怎樣起源的，還是先有外界物質的存在？抑是先有感覺的存在？還是客觀的環境決定人的觀念？抑是人的觀念支配客觀的環境？這些問題在他們頭腦裏是異常模糊，甚至不會有的。

可是往後，物質與心靈的關係這一個問題，就成爲人類思想上最重要最引起興趣的問題了。因着這一個問題的解答不同，就引起了人們觀念的分化，在其間就促成了兩種根本思想的分裂和對抗，這便是唯物論和唯心論。

在唯心論說來，精神是宇宙的根本，一切的物質現象祇是人的觀念的產物。所謂觀念是一種最高尙永久不變易的東西。宇宙間一切事物都常常在那裏變化、破壞、消滅，祇有觀念是永遠始終如一，不會變化、破壞、消滅的。因此，人的觀念不僅是優於物質，而且有支配整個宇宙的力量。我們看見一件東西名之曰樹木，這棵樹木遲早是要死滅的。但是樹木的觀念却永遠存留着。所以樹木，乃至一切的事物都不過是人的觀念之物質的表現，是後者的渾濁的影子。不但如此，宇宙間一切的事物和現象，都是按照牠們一定的模型表現出來的，這些模型就是永久的絕對的觀念或理想。譬如太陽按照四季的順序日夜運行，這就是『完善』的觀念的反映；樹木在一定的季節開着芬芳馥郁的花，這就是『美』的觀念之表現。總之，觀念是宇宙間一切事物的眞正的摹本，後者是前者的模糊的粗麤的複寫。

這種唯心論常常會引出它的二元論的世界觀，卽把世界分爲兩個：其一是『觀念的世界』，這是最高尙的模範世界；其一是『物質的世界』，這是我們每日所居住充滿了罪惡和缺陷的世界。後一個世界不斷地在那裏歷刼經變，牠只有模仿前者才能夠朝着善的方向進步。這種哲學的二元論，看起來雖然使人感覺到深奧難懂，實質上却是和宗教的靈肉二元論沒有什麼根本差別的靈肉二元論認為人類的靈魂是可以離開肉體而存在的，靈魂是先肉體而有，肉體死滅了，而靈魂依然存留着，所以只有靈魂的世界才是永生的世界，肉體的世界是靠不住的，是虛幻的。這一種宗教的思想我們試一和哲學的二元論對照一下，不是可以發見牠們彼此間的類同點麽？二元論的世界觀不是可以幫助宗教的靈肉二元論的發展麽？

如果我們要對此種二元論的世界觀加以歷史的分析，我們顯然看見它最初正是現實的社會生活的反映。唯心論的最早揭櫫者，乃是希臘的柏拉圖。柏拉圖本身原是一個貴族出身，他所處的時代正是聖賢睿哲高高在上，奴隸勞働者卑屈在下的時代，因此他以為只有哲學家能管理國家，觀念支配着世界，這種思想遂自然而然地形成了。

在中國，這種唯心論的觀念很早就普徧地散佈於一般所謂聖賢的哲學思想中，不過還未明顯地形成二元論的宇宙觀罷了。這批所謂聖賢常常把人的心看做一切善惡價值和治亂與亡的根本。所謂『天下之本在國，國之本在家，家之本在身，身之本在心』，便是他們從唯心論的觀點去推論治亂與亡的一個典型的例子。至於孟子所說的『勞心者治人，勞力者治於人』，更是他的唯心論的一貫的表現，證明了『階級生活決定着哲學思想』這個原則是對的了。

主觀的唯心論〔現象論與感覺論〕

在唯心論方面，還有一種比上述的唯心論更進一步的理論，它根本否認客觀的現實世界的存在，認爲除『自我』之外，沒有別的第二個世界，所謂宇宙就是自我。世界是由『我』從自己的精神中創造出來的，我自己的觀念和感覺的法則，即是這個被創造出來的世界的法則。這就是哲學上所謂『主觀的唯心論』例如英國的巴克烈 (George Berkeley, 1685-1753)、休謨 (David Hume, 1711-1776)、德國的費希特 (Johann Gottlieb Fichte, 1762-1814) 便是這種唯心論的代表。我們試就巴克烈的學說來述說一下。

巴克烈根本否認唯物論，與實在論，完全立足於心理主義的立場。他認爲物質世界不過是感官的知覺的綜合，這種空洞的感覺論終於使他陷於絕對的唯心論的阱中去。不但如此，巴克烈在他的哲學中並且否認客觀的物質的獨立存在。在他物質不過是主觀的性質的抽象物。感覺或直接被賦與的體驗構成並引出客觀的質（或第一質）。這樣，他就把客觀的存在底一切內容，移轉於人的意識界中，使一切的存在物轉化爲心理的現象了，換言之，他已把物質的一切客觀性質根本主觀化了。巴克烈在他的名著人類知覺原理概論中說：『一切存在物，只是在精神中存在着，只是當作單純的表象而出現。』巴克烈既排除了物質的獨立的存在，就把宇宙間的全部內容轉化爲表象的積集和綜合，把物質世界都分解爲心理現象了。正因爲這樣，就使他不得不在感覺論和現象論的前提之下，追求出知覺的原因爲精神的實體了。我們之所以能知覺，能把知覺轉化爲表象，就是因爲有神的作用。這樣，巴克烈的感覺論就與企圖建立唯心論基礎的神學者的理論結不解緣了。神學者因此利用巴克烈的唯心論和『無神論』及『唯物論』抵抗了。

『批判哲學』的創始者康德（Immanuel Kant, 1724-1804），雖然是高唱其二元論的哲學，但實際上康德寧可說是一個引人走入迷霧中的不可知論者。康德認爲宇宙的本體，卽所謂『物的自體』（Thing in itself舊譯『物如』）是不能由我們的感覺認識的。我們所能接觸體驗的，祇是和實在世界對立的現象世界。因此康德把物質世界披上了一件精神的外套。康德死後，他的一部份信徒所標榜着的『新康德主義』（Neo-Kantianism），完全復活了現象論與感覺論，這種依據康德主義的觀點出發的主觀的唯心論，就形成了一種更頑執的內在論哲學。馬黑主義（Machism）和秀柏主義（Schuppeism）（馬黑主義完全是根據休謨哲學出發的，形成了馬黑的『經驗批評論』；秀柏主義是立足於康德主義，而大體的接受休謨主義的）就是此種內在論哲學的典型學說。依照內在論哲學，物質的自體是不存在的。內在論使物質世界成為感覺的要素的複合物。馬黑說：『自然是由被加諸感覺的諸要素構成的。』實在世界既然是包含於意識內容中，成為感覺的集合體，全部的物質世界就不能不分解為心理的原素了。

黑格爾的唯心論

黑格爾（George William Friedrich Hegel, 1770-1830），是以絕對的唯心論的奠定者的權威集唯心論哲學的大成的一個唯心論的化身。他主張宇宙的實質根本是一個論理的過程，即是人的觀念發展的過程，觀念和思想的運動形式及發展形式在外在的世界表演出來，就成為宇宙運動和發展的法則。不論是宇宙，人生和社會，牠們的本質乃是因內在矛盾的鬥爭而發展的觀念形式的展開。一切的外在的和內在的運動都是遵循這種觀念運動律和發展律在那裏永續地進行的。宇宙和人類歷史的發展是基於矛盾的不斷地鬥爭和解決上，然而這些矛盾的鬥爭和解決，並不是來自物質世界的內部的，反之，卻是發源於我們的觀念界的。一切的外界的變化都可以歸因於這種潛在於觀念中的矛盾衝突。因此只有觀念是絕對實在的，觀念支配着一切，任何事物和運動都不能外於觀念而存在。所有我們之外和我們之內的現象都不過是這種觀念過程——精神的發展過程的反映。所以由內在矛盾的繼續展開而向前發展的思維過程，實質上，乃是一切外界的流動現象的張本。

唯心論的基本論點

我們在這裏不能敍述各派的唯心論，假使要詳細的敍論下去，可以寫成一部很長的唯心論哲學史，因此我們只能將唯心論的根本主張和主要內容說一說。

不論唯心論的派別如何繁多，我們可以指出唯心論的共同點和根本主張如下：

第一、所有的唯心論都主張精神是唯一的實在體，是先有精神然後有其他的現象的，換言之，是先有思維然後才有存在的。

第二、所有的唯心論都認爲只有精神的實體是永遠不變的，精神以外的世界是在那裏不斷地變幻，和消滅的。

第三、所有的唯心論都認爲客觀是主觀的反映，是先有主觀的運動形式，然後轉移到客觀世界，成爲宇宙的發展公律。

第四、所有的唯心論都承認觀念支配着人類社會，人類歷史的發展，不過是觀念在向前發展。

第五、所有的唯心論都主張人類的意志是絕對自由的，縱使客觀的自然世界是循着一定的因果法則運動和發展的，而人的意志却不受因果規律的支配。這一觀點反映到社會科學上，就是以爲人類社會和自然界不同，社會的一切活動和變動是沒有規律可求的。

古代的唯物論

現在我們要論到哲學上的唯物論了。德國哲學家郎格（Friedrich Albert Lange, 1828-1875）說：『自有哲學史來，就有唯物論的出現。』這是不錯的。因爲最初的哲學是要解決宇宙的由來和本質的問題，所以必然會有人拿宇宙中最帶有特性而又最普徧的物質來企圖解決這一個奧謎。於是有泰里斯（Thales〔希臘唯物派哲學家，約生於紀元前七世紀至六世紀間〕）、德謨頡利圖（Democritus〔希臘唯物派哲學家，460?-362? B.C.〕）等等的唯物論者出世。這時期的唯物論的特點，就是從某一種或若干種物體推論宇宙的一般實質。這種古代的唯物論自然亦有其不可磨滅的貢獻。例如德謨頡利圖就在二千多年以前標出了好些與現在的科學公律不謀而合的道理。德謨頡利圖主張：『無中不會生有，有亦不會變成無，所有的變動只是諸部分的離合聚散。』這已預示了今日的『物質不滅律』和『能量不滅律』。他又主張『一切事情都有其必然的原因和必要，決沒有偶然的事情發生』這已說到了科學的一切法則的由來。他又認爲宇宙間充滿了無數的原子，這無數的原子在那裏不斷地游動牠們彼此衝突和接觸，使牠們最後形成功一個最大的結合；這個結合成功，就是宇宙的構成，所以任何物質，都是不斷的發生和破壞，不斷的生長和消滅的，宇宙就是這種物質繼續生滅的永動過程，甚至於我們的精神也是由於許多微小的原子構成功的，心靈的活動，完全是此等原子的游動和跳躍。這與近代的原子說和電子說若合符節。由此可以證明，唯物論在歷史上的任何發展階段都是朝着科學的方向發展的，並且它自身就含得有科學的啓示和潛在傾向，縱然是素樸的唯物論在其理論的一般傾向上，亦不會違反科學的原則的。

培根底唯物論的方法論

唯物論在人類歷史上，大半是受着殘酷的壓迫和虐待的。因爲唯物論本來就是最易暴露支配階級所賴以生存的護身符——宗教、道德等的虛妄的。在科學開始勃興的時候，唯物論往往和新興的科學同其命運，遭受最無理最橫暴的凌虐，許多唯物論者爲神甫僧侶活活的處死。然而這樣，並不阻滯唯物論的發展，相反的，唯物論在嚴重的壓迫之下，在人類的思想史上漸漸抬起頭來，佔着很重要的地位。

自然，唯物論在其發展過程中，不惟受着反動勢力的摧殘和蹂躪，而且在觀念上很容易受着唯心論的侵凌往往不能得着純正的發展，例如培根（Francis Bacon〔英國哲學家，1561-1626〕）、笛卡兒（Descartes René〔法國哲學家 1596-1650〕）和洛克（John Locke〔英國哲學家，1632-1704〕），就是在唯物論哲學史中很有地位的人，可是他們的思想往往陷於二元論的矛盾當中。不過雖然如此，他們底學說中的唯物論的方法論的光澤是不能掩沒的。

馬克思稱培根爲近代唯物論哲學的創始人，這並不是無所根據的，培根對於唯物論哲學最特色的貢獻，是他有名的唯·物·論·的方法，這是盡人皆知的。培根底學說，發生於中古的經院哲學底廢墟上。培根底時代，正是封建的經濟制度逐漸破壞，布爾喬亞的意識形態代替封建的僧侶的意識形態的時候。培根首先站在唯物論的認識方法上攻擊經院學派底思維方法，在哲學的方法論上，他實在植下了科學底勝利底基礎。培根在他的名著新工具論(Novum Organon)中說，『如果在物質世界無限地被擴大被認識的時候，智識世界依然停滯於爲古代的愚闇無知支配着的範圍內，這簡直是人類莫大的恥辱』這句話一方面表明了培根所處的時代，正是社會的生產力發展，自然科學勃興和各種發見及發明打破人類的迷信思想的時代，另一方面說明了培根是怎樣地致力於人類智識的革命。培根認爲要使人類的智識適合於物質世界的進步要求，必須完全以客觀的態度來研究自然並且求出自然現象內在的規律性。科學的最後目的，是人類支配自然。人類愈能認識物質內部的相互聯繫與法則，愈能保證人類對於自然的支配權。

培根認為研究自然，應觀察並理解自然的整個體系，不能局限於自然現象的某一處所。如此才能建立起一切自然現象所共通的法則。因此自然全體是應當作一個統一的有機體來觀察。研究自然的方法，首先應以觀察和實驗為媒介，換言之，只有實際的經驗能給人以關於自然的最正確的認識，一切由主觀的頭腦所構成的論理概念都是完全靠不住的。照培根的學說一般地檢討起來，培根是承認物質的世界是現實存在的，並不是感覺的綜合或意識狀態的表現，因此只有客觀的物體是人類認識的標準。人類不是萬物的尺度，相反的，人種必須以客觀的事物來估價，在這樣的條件之下——即是承認物質是與宇宙相始終的，承認物質世界的客觀的存在，不把直接體驗而把外界的客體看作認識的規準，這位新的科學基礎的奠定者，同時就是一個偉大的唯物論方法的創始者了。

英國是物質的生產力發達最早資本主義最初勃興的地方，正因為這樣，唯物論哲學在英國十六七世紀也就特別昌盛，培根既然開闢了一個新的唯物論的門徑——揭櫫了唯物論的方法論，一方面就刺戟英國乃至歐洲的自然科學的發達，他方面就使唯物論哲學得到一個鞏固的基礎。這時候繼培根而起在唯物論哲學的陣營中最露頭角的，就是湯馬士・浩布斯（Thomas Hobbes〔英國哲學家 1588-1679〕）。

浩布斯底唯物論底方法論

浩布斯是唯名論健將奧坎・威廉（Occam William〔英國經院派哲學家1270?-1349?〕）底弟子。他底唯物論思想得之於唯名論哲學頗爲不少。唯名論（Nominalism）是與所謂實在論（Realism）反對的。實在論以爲普遍卽實在，而唯名論則認爲普遍祇是名目而非實在。所謂神祇是一個名目，一個普徧的概念，神底實體是不存在的。又如普徧之教會，不過一名目，惟組成教會的個人，纔是實在。唯名論到了奧坎・威廉始在哲學上漸佔勢力。奧坎底唯名論主張單個物體是實在，知識是由抽取個體物的共同性得來的普徧概念。唯名論雖不是純正的唯物論，但在其發展中不惟不能阻礙唯物論底發展，而且有時是後者發展的有力的推進者，所以唯名論至少是接近於唯物論的。就在這種情況之下，浩布斯建立了比培根更進一步的唯物論底體系。

浩布斯底方法論，多半是與培根底學說一致的。培根主張要客觀地觀察自然，努力於自然現象底內在法則之發見。浩布斯則以爲科學底目的，在於諸現象底因果關係之認識。他以爲人類要支配自然力，首先必須理解自然底內在因果規律。只有當我們明察一現象對於他現象底依存關係的時候，才能使我們取得自然底支配權。所以照浩布斯底觀點來說，認識就是對於客觀的物質世界底因果關係之系統的理解與探求。

浩布斯主張物質世界是科學底研究問題中底唯一的實在體。存在的東西，乃是充塞宇宙的物質體；物質的運動就形成功宇宙的發展過程和一切現象的變化。人的觀念並不是可以獨立存在的，牠必經受着外界的物質形式和物質運動的支配，並且牠本身就是爲外界的物質對象對於我們的感官作用所引起的，在這裏浩布斯就是以唯物論的感覺論闡明物質現象對於精神作用——物質對於心靈的關係了。

當然的，唯物論的唯覺論是和觀念論的『純粹感覺論』根本不可同日而語的。前者承認物質世界是我們的感覺的原因，感覺是外界的物質現象投射的結果；而後者則否定了外在的物質世界，以爲感覺是離開物質獨立存在的。浩布斯就是從唯物論出發，解釋感覺對於客觀的物質世界的依存關係的澈底的感覺論者，是和純粹感覺論者或感覺論的現象論者背道而馳的。

浩布斯的感覺論是毫不懷疑客觀的世界的眞實的存在的並且主張這樣客觀的世界是感覺的客體。感官的知覺就是我們認識外界的對象的媒介，但是感官的知覺是絕不能代替我們知覺底原因的對象的，否則就顚倒了我們的感覺運動的因果關係。物質是離開我們的感覺獨立地存在着的物質的客觀的眞實運動，喚起我們客觀的精神反應和思維過程。所以並不是思維決定着存在，相反的，存在給予思維的可能，非物質的實體是完全不能喚起感覺的運動的，因此感覺本身亦是物質底運動狀態，這和那以物質世界本身是精神底表象的主觀的唯心論者完全站在兩個對立的尖端。

斯賓羅沙底唯物論

在唯物論的運動當中十七世紀還有一個最大的健將，那就是猶太人斯賓羅沙（Baruch Spinoza〔荷蘭籍哲學家 1632-1677〕）。從表面上看來，斯賓羅沙只不過是一個汎神論者，但是他對於一元的唯物論的偉大功績是永遠不可磨滅的，當時笛卡兒（他對於唯物論的方法論的建立，是和培根有着同樣的功績的）為要支持他的先天的觀念論，主張思維是離開客觀世界而獨立存在着的，認為心靈就是思維的實體，他的有名的『我思維故我存在』（Cogito, ergo sum）的論題，就是由人類的思維去證明人類的存在的。斯賓羅沙鋒銳地和笛卡兒論爭着，他根本否認思維的實體——心的存在，因此將笛卡兒認爲獨立存在着的實體的思維降於屬性的地位，在他思維不過是物質的屬性罷了，思維不能離開物質獨立地存在，它必須受着後者的規定。所以『我思維，故我存在』應改爲『我存在，故我思維。』我們的思維反映着實在的世界，然現實世界必須以肉體爲媒介，始能反映於精神世界，精神底內容是肉體所形成，肉體如果消滅了，精神便失了其寄托。在這一點上，斯賓羅沙是和浩布斯一致的。浩布斯主張思維只是肉體的機能，是這種機能的運動形式。他們兩人都給了笛卡兒的先天的觀念論（唯理論）一個强有力的打擊。

在斯賓羅沙的著作中，我們常常看到他慣用『神』這一個名詞。但他的所謂『神』是與宗教上的爲一般僧侶教士崇拜着的神迥異的，在他的意思，神就是合一的實體——本質的世界底代名詞。如果因爲這一點而把他當做一個護衛宗教的觀念論者看待，那便是極大的錯誤。一般地說來，斯賓羅沙和浩布斯一樣，超脫了二元論的圈阱，替唯物論的一元論奠定了鞏固的基礎。

十八世紀唯物論之發展

唯物論在十八世紀顯示了長足的發展。因爲當時正値新興的資產階級不滿意於現存的封建經濟制度，要求自由和民主的聲浪非常高，因此遂有代表這一個階級起來向舊社會提出抗議的哲學家出現。他們完全是站在唯物論的戰綫上攻擊當時代表封建勢力的唯心論的神學和哲學。這些學者尤以法蘭西的唯物論者見稱於世，因爲法國在十八世紀正是資產階級預備舉行革命推翻封建政府的時代。其中如狄德羅、(Denis Diderot 1713-1784)赫爾佛齊、（C. D. Holvetius1716-1771）費爾巴哈、（Le Baron D'Holbach 1723-1771）以及臘梅悅蕾等都是極力發揮唯物論，建立了布爾喬亞哲學底完整體系。這時期唯物論即是所謂機械的唯物論，其特點在於將世界人類乃至社會當作機械看待。法國的唯物論者認爲感覺能力是物質的一種特性，他們却將存在與感覺思維之間的關係割斷了，他們認爲社會是一部機械，社會的運動是由人的生理——依照機械法則的——決定的。因此他們否定社會的規律性。這種機械的世界觀與社會觀完全是建基於形而上學的方法論上的。

費爾巴哈底唯物論

唯物論到了十九世紀已經和唯心論對立得異常顯明。這時期重視人類精神的唯心論差不多發達到了最高峯，它支配了各國底哲學思想。就在這樣的一種情勢之下出現了與此平行發展的唯物論哲學。費爾巴哈就是此時期特出的唯物論哲學底代表。他反對黑格爾底唯心論哲學，獨立地建樹了唯物論底理論之體系，費爾巴哈完全拋棄了黑格爾底唯心論思想，他否定了從人底頭腦想像中產出來的『神』底存在。他說只有自然是眞實存在的，是先人類底精神而存在的。甚至精神也是物質底最高表現，精神並不是從物質獨立的，至於人類自然應歸之於自然界底一部分，人類本身祇是一個現實的實體，所以人類是主觀的，同時又是客觀的。眞正存在的只有自然與人類，除此而外，別無所有。至於所謂『神』完全是人底頭腦中創造出來的。人底一切觀念都不能不是自然底物質運動底反映。這樣費爾巴哈就將『存在』與『思維』二者底關係完全以唯物論的見地確定了。費爾巴哈以物質底優越代替了精神底優越，以人代替了神，將唯心論與宗教擊得粉碎。費爾巴哈底唯物論與黑格爾底辯證法一樣，無疑的是給予馬克思和恩格斯底辯證法的唯物論以强有力的根據的。

辯證法的唯物論的樹立

馬克思以前的唯物論，都是非辯證法的。因此只是對於物質和精神的一般關係加了唯物論的解說，可是關於物質底運動法則，特別是人類社會底歷史的發展，就沒有澈底的闡明，因爲此等唯物論都是依據於形而上學的方法論的。馬克思和恩格斯就補足了這一缺憾。他們採取了黑格爾哲學中的辯證法，形成了最高的唯物論的理論的體系——辯證法的唯物論。

辯證法的唯物論在與唯心論的鬥爭中，在糾正並克服舊唯物論的錯誤和缺陷中，顯示了一種新的革命精神完成了哲學的一大歷史轉變——哲學革命。

自然辯證法的唯物論在對於心物關係的理解上，是和舊唯物論沒有什麼牴觸的。可是在運用的方法上，在唯物論的理論一貫的樹立上，在理論和實踐的關係上，辯證法的唯物論都顯示了和舊唯物論絕大的不同之點。（辯證法唯物論的理論詳第二章）

企圖狹隘化辯證法唯物論的人們否認建立整個的宇宙觀的可能性，我們必須與之作堅決的鬥爭。我們必須承認普羅列塔雷亞有建立它自己獨立的哲學體統——新唯物論的宇宙觀的絕對可能與必要。

唯物論的根本主張

所有的唯物論在它反對唯心論的運動中，大體上表現了一致的步調。它們的共同主張不外下列幾點：

第一、主張物質是先於精神而存在的，自有宇宙以來，就有了物質的存在。所以物質世界是離開人的精神獨立的。

第二、認爲物質是唯一的實體，精神不過是物質的作用或一種物質狀態。

第三、認爲人的感覺和觀念等並不是先天的賦與的，而是客觀世界的現實的反映。有了某種物質條件然後有某種意識狀態。

第四、認爲宇宙的發展乃是物質的運動形態的表現，並不是先有了觀念的發展，然後才有宇宙的發展的。

第五、認爲人類社會的歷史的發展，並不是受着觀念的支配的，恰恰相反，社會是爲物質的運動律規定的。在社會的變動中，一定可以找出牠的物質的原因來。

至於辯證法唯物論則不但承認物質先於精神而存在，而且認爲物質世界是由其自身所包含的矛盾或對立而不絕向前運動發展的，一切事物都是永續的交互聯繫的流變過程，當牠們的量發展到一定階段時，就引起質的突變，同時質的變更又引起量的變化。物質的世界（包括自然與社會）之運動又常反映到人的意識上；所以意識是受着外在的世界之規定的，但人的意識却同樣能改變世界，使之適應自己。

第四章　因果律與目的論

科學所要研究的，是存在於諸現象間的因果關係。一定的原因必然發生一定的結果，由某種結果可以推求它的特定原因，這是一般科學所確定的總的原則。

原因論和目的論在哲學上的鬥爭

在哲學領域裏一向就有了這樣的一種鬥爭，卽是有的人主張哲學是和科學一樣的，它的最終任務，是探求一般現象的最後因果規律，哲學不過是綜合諸科學的一般因果規律，使人類得以處理他自己和自然的關係以及一切的社會活動；另外有的人主張哲學應該和科學區別出來，它的任務不在探討現象和現象間的因果關係，而是在追求此等現象發生的終極目的，卽是要研究一切事物依照何種的預定目的發展和變動；這便是哲學上的因果論和目的論的論爭。這一門爭表現在社會發展觀和社會科學中特別劇烈，我們必須對於這個問題加以精確的分析和决然的解答。因爲這是緊接着前述的問題——物質和精神的關係問題而來的，這一問題的解决，對於解决社會哲學上的其他問題乃是十分必要的。

原始人的目的論的觀念

原始的野蠻人對於一切現象都認爲和人類一樣有牠們自己的精神作用或是受着神力的支配的。因爲這樣就使他們發生一種『萬物有目的』的觀念，樹木的開花結果、水的流動、雷電的發光發響，都是暗中有神意在那裏驅使的，並且都有牠們爲所當爲的預定目的存在的。樹木爲什麼開花結果呢？是爲的要供給鳥獸和人類的採食；水爲什麼要流動呢？爲的是要養活水內的魚蝦；雷電爲什麼發光作響呢？爲的是要表示神的威嚴和震怒。總之，無論在那種現象背後，都有一種促成這種現象的目的存在，這個目的，是爲神所預定的，不可違背的。

目的論與宗教

這一種目的論的觀念就成爲宗教發生的根源。宗教掩蔽了一般人對於宇宙眞相的認識；它不要人去探求一切發展和事變的原因，却教人去認識事物發生和變動的目的爲的是什麼。上帝爲什麼造了亞當，再造夏娃？爲的是要繁殖人的種類；爲什麼要預先創造日月、星辰、空氣和水以及一切的禽獸植物？爲的是要養活人類；上帝爲什麼要基督耶穌釘死在十字架上？爲的是要替世人贖罪。因此從宗教的觀點說來，整個的宇宙都是受着神意——神的目的的支配的。

目的論發生底原因

目的論的觀念之所以發生，無疑的是由於人類對於環繞他四周的一切現象無法解釋。原始的野蠻人類只是就個個的現象作孤立的觀察，不能把各種事物和現象聯繫起來，找出牠們彼此的依存關係。這是造成他們的目的論觀念的根本原因。倘使他們知道太陽和水分的關係，便不會對於雨存着一種神的命令的觀念；倘使他們能夠知道地球和太陽的運動關係，便不會誤認太陽的出沒是神的驅策。所以目的論就是人類對於自己所處的環境的不認識，就是對於現象的認識的因果觀念的缺乏。

因果律的觀念必須要等到人類對於外界有一般的深切的認識，才能漸漸發達起來。在缺乏因果概念的人類的頭腦裏，祇認識一切外界現象的外廓。他們祇看到宇宙萬物構造的精巧周密，驚歎造物的偉大宏奇，却不能找出造成此等境界的根本原因。譬如行星總是依着一定的軌道運行着，樹木按照一定的時季開花結果，動物的自身構造非常精緻完備，所有一切的自然現象莫不是在一定的完善的模型中呈現在吾人面前，這難道不足以證明宇宙間的一切事物都是按照牠們的預定目的進行的麼？難道不足以證明偉大的神力的存在麼？假使沒有神意在那裏支配着，何以會有如此精巧完備的宇宙構造呢？一切的事物何以能夠依照一定的秩序並存着呢？於是目的論者由此種推論中求出了他們的結論，自己以爲是對反目的論奏了凱歌。

目的是人類滿足一定慾望須定的觀念

其實目的論者根本就將自己的主觀代替了客觀，完全是和觀念論結成一氣的。觀念論者把事物的關係顚倒過來了，把自己的概念移置於客觀的世界，以爲客觀世界是依照主觀的觀念模型運動和發展的。同樣，目的論者也設想着自然界是和人類一樣，有牠一定的目的，殊不知這完全是一種毫無根據的幻想。目的是什麼呢？目的乃是人類爲要滿足某一種慾求或願望的一種預定的概念。這一個概念只是有思慮，有慾望的人類才具有的。並且人類常常利用這種概念來征服那沒有目的的自然界。至於宇宙間的太陽、行星、恆星系，動植物等根本就沒有目的之可言。所以自然的目的論者，完全是把自己的目的概念加到自然界。

人類要形成一個完整的目的概念，必須要預先對於所處理的問題有一個全盤的計畫。建

人類底目的與動物底本能

築師在建造一座房屋之先必須有一個周密的工程計畫。只有按照這個計畫進行他的工作，才能達到他所預定的目的。所以眞正的目的概念，是包含了有達到這個目的的方法的概念的。在自然界中，我們無論如何不能證明所有的自然現象都具有此種目的概念。縱使是在動物界中，我們也只能發見牠們的本能作用，絕對不能認爲牠們的活動是按照自己預定的目的進行的。譬如蜜蜂之建築蠟巢，牠們事先並沒有一個計畫，按照這個計畫來進行其工作。牠們不過是在反應其本能的衝動中表現其機械的動作而已。在人類，預定的目的底內容是時常變換的。同一個建造房屋的目的，而得出來的結果可以依照所定的計畫彼此不同。至於動物界中就沒有此種情形。蜜蜂的築巢與蜘蛛的織網始終是不改變牠們的一定方式的。這就可以證明蜜蜂和蜘蛛乃至一切的動物都是不能和人類一樣由自己的意志設定目的的。除了動物以外，那許多沒有生機的自然物更不消說了。

新目的論──內在目的論底發生

上面所述的目的論顯然是與宗教沆瀣一氣，不能折服一般有思索底人底頭腦。因爲它說來說去始終跳不出神底圈子。認爲主持及規劃宇宙底目的的是神。因此一般的目的論底最後結論是神的意志支配了宇宙底一切。神底意旨要如此所以萬事萬物不能不如此進行，就在這樣一種荒誕無稽的結論之下，宣告了目的論的陷於不可挽救的危境，因此一種新的目的論就代之而起了。

這種新目的論否認神力底存在，認爲神底意旨並不能很周到很普徧地預定一切事物進行底目的。那種『外在的』神祕力量決不是宇宙運動底推動者。在這樣的一種否定之下，新目的論就漂亮地宣布宇宙間的一切進化和發展，是有它們一定的動機的，這種動機就是爲進化和發展所遵循的目的之繼續的展開，所以目的底內涵是和進化與發展底動機相契合的。目的包含於事物自身，和宇宙間的一切現象相結合。而在進化過程中顯示出來。進化底程度愈高，目的底內容就愈加顯現。例如動物的軀體漸漸發育，生理組織日臻完備，植物逐漸生長，由開花而至於結果，以及天體的進化和一切物質的滋長莫不是循着這一個『內在目的』進行的。所以每種事物是包含得有一個爲牠特有的進化動機的，這個動機表現於進化的過程中，就成爲目的。這種目的不是上帝或任何神祕力量規定的，不受着任何外力底支配，它乃是與事物相始終，生來具有的。地球爲什麼繞太陽而運行呢？是因爲地球有牠不能不如此運行的內在目的在驅動着。樹木爲什麼會生長呢？也是因爲牠有一個生長底動機——目的存在着。這樣說來，宇宙間底一切物質若果沒有牠們內在的目的底繼續展開，不是沒有進化和發展，甚至沒有運動嗎？目的論不是和宇宙進化論在實質上彼此㗎合嗎？

這便是哲學中出現的所謂『內在目的論』，主張此說者企圖將進化的意義輕輕地一筆撇開，企圖塗抹宇宙中存在的因果規律。在它的理論底皮相上，未嘗不可眩惑一般人底耳目呵。

社會哲學上的目的論

目的論不僅對於一般的自然現象底解釋印上了它底足印，在社會發展學說和社會科學上，尤其表現了它底影響。目的論者最初當然是以一般的目的論侵入社會發展學說和社會科學底領域內。在他們看來，社會現象也和自然現象一樣，必須遵循着牠們一定的目的活動；此等目的也是為神所預定的。社會上為什麼要有國家制度底設立呢？是因為神要維持人間底秩序與和平，默示人依照善良和秩序的目的建立起來的。世界上為什麼會時常發生戰爭呢？也是神底意思，因為神要滅絕犯罪的不義的人。古代為什麼有奴隸制度底存在呢？是因為神要懲罰那些犯罪的人（羅馬的許多辯護奴隸制度的人常常這樣說。）於是一切社會現象都歸之於神，對於任何不能解釋的問題都只有一個回答：這是神底意旨要如此罷了。

一切要擁護現存的社會制度反對任何改革的學者們都把目的論當做他們唯一的法寶。因爲任何社會制度和社會現象既然是遵照神所規定的目的，就不能對牠們加以任何批判和否定，否則就是違背了神底律則。目的論在這一點上，就無疑的幫助了舊社會制度底維護力量，阻止了社會的進化和發展。

內在目的論在社會哲學中底活躍

於是『內在目的論』代替着舊目的論在社會發展學說中活躍起來了。內在目的論否認了社會發展過程中的神底作用。神並不能事先替一切社會現象規定着任何目的，社會現象自有牠們活動的內在目的存在着，這種目的是在社會底進化過程中顯示出來的。社會之所以不斷地向前發展，正是因爲包含有進化底這種目的。所以人類社會恰如整個的宇宙一樣，是照着牠自身所特具的目的進化的。

柏拉圖就曾標出了類似的內在目的論底思想。他把世界分爲兩個：一個是我們生存其中的肉體世界，是在那裏變幻不已的；另一個是永久不變的觀念世界，即是做我們底模範的理想世界。趨向這個理想世界，便愈能接近善的境界，這是我們底主要職任。這種『觀念世界論』在客觀上顯然是一種目的論的幻想。

目的論是社會階級關係底反映

我們若果要把目的論當做一種社會意識形態來考察，我們就應當承認它是一個社會底階級關係在哲學上的反映。因爲在人類社會中一方面是存在着治理者，支配者和命令者；另一方面是存在着被治理者，被支配者，和受命令者。這兩個懸隔的階級地位遂使人容易類比到整個的宇宙中去。在塵世間既然有治者和被治者，在宇宙間當然一樣。因此人們把現實的社會階級關係移轉到宇宙，認爲宇宙是具有意志的神靈（造物主）底創造物。神靈規定着許多目的，預定出各種的計畫，宇宙間的一切事物就是按照此等目的和計畫進行着的。神底意志既然支配了一切，當然會表現在宇宙間。一切現象底秩序和律則——齊一性和均衡——就是神底預定的目的之表現。世界底一切組織、排列、聯繫之顯示出井然有序的形式，正是表明神底偉大力量。歷來有許多大哲學家都懷抱着這種思想。如亞里士多德就承認自然即是目的。自然底規律性正是表明這種偉大的目的底存在。

內在的目的論在表面上雖然比舊目的論更進步些，但是它不過是從舊目的論轉變過來的一種變種罷了，在實質上牠和後者並沒有什麽分別，因爲它們都是把宇宙間一切現象底規律當作目的底表現看待；它們取消了現象之間的規律性，換言之，它們掩蔽了諸現象之間的因果關係；它們在阻礙着變動和改革上，是處於同一地位的。

重農學派(Physiocrats)在十八世紀高唱其自然秩序和自然定律說，主張人類社會要始終維持着對於此種自然秩序和自然定律底遵守，國家底法律應與自然法相契合，有了此種契合，才可以保持社會底秩序和進步。重農學派所唱道的自然律說，主要的是要以自由主義的口號來抨擊當時的專制制度，是代表自由的新興資產階級說話的。他們借了自然律的目的論來辯護資本主義自由競爭制度，建立了最初的資產階級底宇宙觀、社會觀、和國家觀。

目的論之駁斥

目的論佔據了許多哲學家底頭腦，他們爲要證明神底存在，爲要否認宇宙間的因果法則，就構成了一種觀念論的宇宙目的論。然而目的論究竟說明了什麼呢？除了說明它本身是一個階級的隸屬關係底反映而外，並沒有說明什麼。

眞正的唯物論者是根本否認現象間的目的性底存在的，是要無情地揭破目的論底虛僞和錯誤的。目的論教人去追求事物底終極目的是什麼，而唯物論者却是要教人探求發生某種現象的原因是什麼。只有認識了一切事物底必然法則，才可以提高人類征服自然的力量。

如果我們認清楚了目的論底宗教性質，我們就會知道牠決不能解釋現象，因爲目的論是拒絕和現象底因果規律接近的。因果論恰恰相反，它根本指出目的論者所說的宇宙間一切現象底目的，完全是與客觀事實不相干的臆想。

因果律與「目的律」之區別

因果論告訴我們什麼呢？它告訴我們支配着自然現象與社會現象的，乃是因果律，這種因果律是獨立於我們底意志之外客觀地存在着的，換言之，無論我們願意不願意，自覺的或不自覺的，自然界和社會界底一切現象都是有一定的因果律在那裏支配着的。

因此，因果律在這裏就根本從目的律區別出來了。目的律完全是人底主觀的規範觀念之移轉於外界的一種臆設的定律，是要依賴着人底目的觀念底存在才存在的；而因果律卻本來——自有宇宙和人類社會以來就離開精神而存在着，維繫着自然界和社會界底一切現象相互間的關係，經人從紛紜複雜的自然現象和社會現象中發見出來的。簡單的說來，一個是主觀的概念，一個是客觀的存在。

因果律底意義

因果律是什麼呢？因果律乃是事物與事物之間一種必然的依存關係。無論是自然界或社會界，其中一切的現象都不是偶然發生的。必須先有甲種現象，然後才能發生乙種現象。世界上決沒有憑空發生的事情，任何事情或現象的發生，我們只能把它們當着某些原因底結果看待。自然，有些現象底原因是顯而易見的，有些現象底原因卻非加以精密的分析不能發見出來，所以即使是一種看起來很偶然的事，我們也不能否認牠底原因底存在。牠的原因一定是有的，不過因爲某些條件把牠弄得非常複雜，不易到達於我們底知覺來，使我們很難形成這一個因果關係的概念罷了，所以我們認定了這一點，就可以說，因果律是一種離開人底意志獨立存在於諸現象之間的必然的活動關係。

因果律是在一定條件之下帶有恆久性的，第一、是因爲非如此則不能確定諸現象之間的相互關係，形成一個有秩序的綜合體，譬如物體加熱，假使有時其容積膨大，有時縮小，則熱與物體底容積之間就不能確定一種經常的必然關係，二者之間的必然的因果規律就無從建立起來了、由此推論下去，整個的自然體系就不能按照一定的秩序建立起來了。

因果律又是在一定條件之下具有普偏性的，這就是說一切的原因於相同的條件之下，無論在那一個空間場所，都必然會發生同樣的結果；反之，同樣的結果，在任何場所，都可以推求出牠們在某些特定的條件之下發生的同樣的原因。假如物體加熱，在某一個地方膨大，在另一個地方又縮小，則我們就無論如何建立不起物體底容積隨溫度底增加而增加這一定律來。

因果律底發見與分析法

當然，在好些時候，看起來彷彿是相同的原因，而往往得不出相同的結果出來，甚至所得的結果與我們所期望的完全相反，這又怎麼解說呢？然而這並不妨害因果律之鞏固性。我們所以不能說我們所期望的與實際的結果完全相符，這並不是因為結果違反了原因，乃是如我們上述的，因為原因過於複雜，使我們不能抓住這一實在的因果關係來。這種情形特別對於社會現象是常見不鮮的，例如生產過剩，商品底價格必然下落，這是商品生產社會底一種不變的定律。可是有時候，商品底生產縱然是超過國民底需要程度，而牠在國內市場上的價格並不下跌。在這一個場合，我們就必須要尋求阻止商品價格下跌的原因來。我們最後就會知道，商品價格之所以不跌落，或是由於資本家底壟斷操縱，或是由於找着了國外的市場，或是由於貨幣底價格（例如因為金銀供給量底增加）同時下跌。一經把些相反的因素抽象掉了，我們就會發見商品底價格因生產過剩必然下跌這一個定律是正確無爽的。所以對於現象底因果性之發見，必須借助於精密的分析法，不僅要分析造成某種結果底**正的**原因來，而且要分析阻止某種結果發生的**負的**原因來。

因果關係中的量的關係

原因和結果之間還存在了一種量的關係，這一點是我們必須特地指出來的。當某種原因有引起某種特定的結果的傾向，如果牠尚未生長到一定的成熟階段，我們還不能認爲某一種結果必然會發生出來。所以判斷一種結果底發生，首先必須估計到引起這種結果的原因底增加程度；對於這一點如果估計不足，就不能豫測某一種事象底發生，因此一般的科學公式不僅要確定事物之間的必然的因果關係，而且要決定構成此關係的分量底限度。舉例來說，冷水遇熱必化爲蒸汽，這一個定律是不變的，但是假如不指出冷水在何種溫度之下才化爲汽，這一個因果關係底概念還不能明確的形成起來，因爲水不燒熱至一定溫度，是不能化爲汽的。又如某種毒物（如砒霜）吃下去是必然喪命的，但是如果吃下去非常少，就不會殺人。安眠藥也是這樣，如果吃得很多，就可以斷絕人的呼息，但是如果吃得很少，牠只能使人睡眠而已。在人類社會中有許多事象也是如此。例如帝國主義競爭市場的衝突，必然會引起帝國主義底戰爭，這一個因果法則差不多是大家都承認的。但是帝國主義底矛盾尚未發達到一定的程度的時候，這個戰爭是還不能爆發的。第二次世界大戰大家都預料會發生的，但在資本主義底矛盾尚未發達到最高的程度的時候，而有別的各種原因阻礙了，這個戰爭尚不會立刻發生。又如生產過剩必然會引起經濟恐慌，這已成為資本主義運動底週期律，可是這個生產過剩底程度如果尚未達到足以引起巨大的經濟恐慌之點，那種生產均勢之急劇的破壞是還不會出現的。階級鬥爭達到了一定的歷史階段，必然會引起革命暴動；但是當這種鬥爭尚未十分擴大和深入，一方面統治階級底勢力尚未削弱，他方面革命階級底主觀力量和戰鬥決心尚未提高到足以和支配階級作殊死戰的程度的時候，革命暴動是還不會到來的。由此說來，一切現象之間存在着的因果關係底必然性，是依存於因果兩端底量的比例上的，故因果規律乃是在一定條件之下事物和事物之間表現出來的質和量底必然的一定的永恆的類型。

因果關係祇是相對的

在這裏，我們還得把因果關係之本質底概念弄清楚。第一、我們必須了解因果關係在牠底歷史過程中並不是孤立的。全般的因果關係乃是一個極長的歷史系列。每一個因果關係乃是這一極長的鎖鏈中底一個環子。所以因果兩個原素在一般的歷史進程中，僅有其相對的意義，決不是絕對的出現着的。這就是說，對於某一種事象認為是因的，對於另一種事象又要認作是果；反之，對於某一種事象充當着果的，對於另一種事象又要充當着因了。例如生產過剩是資本主義發生恐慌底原因。然而它——生產過剩又同時是資本主義的無政府狀態底結果；而這種無政府狀態又是由於資本家爭取利潤底增加發生的。所以我們決不能把生產過剩當做絕對的孤立的原因看待；然而我們同時又不能把它當作絕對的和孤立的結果看待，我們只要確定它和某一種特定的事物的關係就夠了。這樣說來，因果律乃是事物和事物之間的必然的相對的依存關係。我們人類衹是對於某些特定的事物構成着永恆的因果關係的概念。這乃是因果論和機械的宿命論底主要的不同之點。

因果關係和繼起關係的區別

第二、我們要將因果關係——現象的依存關係和繼起關係區別清楚。所謂繼起關係，就是說若干事象或運動交替的出現着構成一個有秩序的連續。比方晝夜相續、四季代謝，這並不是自然界的因果關係底表現。在人類社會中也是如此。例如不斷的再生產底繼續，人口底死亡和生殖，商品或貨幣價格底上漲和下降等等都衹能認爲交替關係或繼起關係，因爲這些現象之間並未存在着什麼連帶的關係。所謂因果關係，必然意味着甲種現象當作乙種現象底發生的原因出現，和乙種現象當作爲甲種現象招致的結果出現，並且它們只要是在相同的條件之下就必然會重演着同一過程。所以因果關係底主要特點，就在於兩種現象——因與果之間有一種邏輯的聯絡。繼起關係雖然在外表上和因果關係一樣，在時間上顯出先後的順序來，但是後起的現象和先起的現象之間並沒有實質上的聯絡，它不過表示一整個的體系底按照秩序的繼續向前運動罷了。

因果關係底複合性

此外，我們還要注意到因果兩個原素底複合性。在好些個場合，因果關係決不是很單純的。有時候，許多原因組合起來產生出一種共同的結果；有時候一個單純的原因又產生出許多大同小異的結果來。這特別對於社會現象是如此。例如我們研究商品價格下跌，我們就可以條分縷析的指出生產底過剩、國民購買力底降低、市場競爭底猛烈，貨幣價格增高等……是造成商品價格降低底原因。生產過剩這一個總的原因會造成大批的工人失業、工廠停閉、商品價格下跌、股票跌價，帝國主義底矛盾加緊等結果。所以社會上底許多因果關係並不是單純的、個別的，而是異常繁複、帶有多樣性的。然而這並不妨害社會現象底因果規律底確定。不過我們在分析諸現象底原因的時候，我們應辨出那是主宰的根本的原因，那是從屬的次要的原因來。比方在上面所舉的商品價格下跌底許多原因中，我們就可以看出生產過剩是總的原因，其餘的都是副因素，甚至於它們本身亦是這個總原因所產生的結果所以實質上生產過剩才是商品價格下跌底眞正的原因。我們再引唯物史觀最基本的論理來說罷，唯物史觀指出物質的生產力底變動是社會變動底根本原因，這當然並不是抹煞了造成社會變動的其他因素，例如政變、法律改革、宗教革命、戰爭等都足以促成社會底變動。然物質的生產力始終是要當作總的原因看待，爲什麼呢？因爲政變、法律改革、戰爭等它們本身亦是由於生產力的變動招致的。物質的生產力一變化，凡百社會關係都要跟着起變化，這已成爲鐵一般的公律了。所以把捉住一切社會變動底根本原因，才能對此等變動加以澈底的解釋。那種多元論的因果觀必須從社會哲學和社會科學中掃盪出去。然而這決不妨礙我們對於一切社會現象底原因底分析。

因果律底必要和功用

因果規律何以成爲絕對的必要呢？現在我們就要解答這個問題了。

我們已經說過，因果律是客觀地天然存在於自然界和社會界的，經人憑經驗分析從實在的世界中發見出來的。因此，因果律決不是一個先天的概念，恰恰相反，因果律概念乃是存在於自然和社會現象之間的固有的規律性底確切的反映。即使人類沒有這一概念，它還是現實地存在着的。大家試想想，假使宇宙間和人類社會中沒有這種本來具有的因果規律，結果會怎樣呢？毫無疑義的，宇宙和人類社會根本不能存在。爲什麼？一切事物都不能按照牠們一定的軌道進行。今年底夏天草木葱蘢，炎威逼人，明年的夏天却草木枯死，寒氣凜冽，今天液體遇熱化爲汽體，明天加熱却凝成冰塊；上午麵包可以吃飽肚皮，下午麵包却變成了殺人的毒物；今天二加二等於四，明天二加二却等於五。試問在這樣的一種亂七八糟一塌糊塗的狀態之下，還有宇宙底存在嗎？自然科學底建立是更不消說了。在我們底社會中，假如一切現象不是具有一定的規律性的，我想不但嚴整的社會科學建立不起來，連社會本身不久也要消滅。因爲一切事情既然不是按照一定的秩序進行，當然無規律之可言，人類怎能使自己適合此種紊亂顛倒的狀態呢？比方說生產與消費之間如果沒有一定的規律可求，社會根本就要潰滅，縱然是在極無組織的社會——如像資本主義社會——中，生產雖然不是按照有秩序的計畫進行，然而生產界和消費界底因果規律還是存在着的。商品和貨幣底價格在資本主義社會中是常常動搖不定的，然而價格變動底原因還是可以尋求的，否則經濟界便要天天陷於恐慌當中。人壽保險家能夠平均計算出在一定的條件之下人口底死亡率，所以能夠經營保險事業；商人能夠估計貨物底供給量與需求量，所以可以囤積貨物，博取利潤。某一生產部門底資本過剩了，資本家就要投資於別的生產部門，而使一般的利潤率平均起來。所有這些都證明社會諸現象之間的規律對於類底生存乃是非常必要的。沒有這社會生活就不能按照一定的規程進行。

社會科學家和哲學家能夠預測正在進行的尚未發生的事變；這完全是根據於社會底因果規律。生產過剩一達到了相當的程度，大家都能夠斷定它必然會引起經濟恐慌；資本主義的經濟一發達起來了，勞動階級必然要壯大起來，釀成勞資底鬥爭。殖民地或半殖民地一爲國際資本主義所侵入，農業與小手工業必然要被破壞。紙幣一濫發了，貨幣價格必然要跌落。這種種的現象都表現出其不變的因果規律性來。社會科學和社會哲學底任務就在於探求社會現象之間的規律性，確定一般的社會運動法則，這樣才能使社會科學和社會哲學由理論的學問轉變爲實踐的學問。

因果論採取之必要

社會哲學既然是要建立一般的社會現象底總的法則，牠就應站在純粹的客觀的立場上，綜合社會科學底理論去探求社會運動底因果律，指出社會變革的必然性，使大衆明瞭社會底一切事變都不是由人底頭腦中空想出來，而是由於一定社會的物質因素底變動所招致的。一切底社會現象只有在被看作社會運動不可避免的必然產物，才有其客觀存在的意味。那怕是極微小的社會生活底變化都是附隸於基本的社會生活底變化上的。在這樣的一種見地之下，社會哲學就顯然要拋棄那由人底主觀概念造作的目的論，而採取純科學的純客觀的因果律了。

第五章　歷史的決定論與意志自由問題

意志自由論底決定論之發生

在上面我們已經討論過了因果論與目的論底鬥爭問題，我們已經指出了社會正如自然界一樣，不是循着目的底定律運動和發展的，而是爲一定的因果規律支配着規定着的。我們所得到的結論是：目的律是憑人底頭腦構造出來的主觀概念，在社會（和自然界）中是並不存在的，只有因果律才是客觀地存在於人類社會（和自然界）中的不變的運動及進化底規律，因此我們要以因果論去克服目的論，破除那和宗教結合的目的論底幻想。

在這裏我們就發生了一個與上面相關聯的問題，即人類底意志在社會中是不是自由的？換言之，人類在社會中還是隨心所欲，憑自己的意志自由活動，毫不受任何社會運動律底支配呢？抑是意志要受制於一定的歷史條件和社會條件，人類不能隨便超過此等條件而活動呢？這在社會哲學上就稱爲人類意志有定和無定的問題。這個問題在前面已有大體的解答，這裏只要加以更進一步的闡明就夠了。

布爾喬亞的學者們底「意志自由說」

布爾喬亞的學者們在他們一討論到人類意志自由的問題的時候，他們總是將人類社會從自然界截然分開，以爲因果律只適合於自然界，人類社會是有思慮的個人集合而成的，牠之與自然界不同，就好像超自然的神與現世界的人彼此不同一樣。因此他們所得的結論是：人類底意志在社會中是絕對自由的，歷史乃是人類底自由意志活動底產物，社會底運動和發展是毫不受制於任何規律和條件的。『我想怎樣就怎樣，』人類意志是不受客觀條件底干涉的呵。

人類社會與自然界

這種意志自由說表現了布爾喬亞的學者們對於人類社會本質底不認識，他們忽略了這一點：人類社會是自然界中的一部份，人類不能超脫自然而存在，變成『幽靈』與『神仙』。其實，因果規律是普徧地適用的，自然現象既不能不受一定的因果律之決定，人類底意志和活動乃至一切底社會生活也不能逃出這一個因果規律底範圍之外，否則人類就會變成一種不可思議的怪物。

誠然，我們並不否認人類社會所具有的特性。不否認人類的意志之作用。社會是有思慮有意志的人底集合體，這是不能否認的事實。比方說，自然界是機械地遵照自然運動律向前運動的，人類却是用他自己意志適應他底環境而活動的，一個是盲目的、機械的，一個是有目的的，有計畫的，這就將人類社會從自然界區別出來了。但是這是不是將人類社會放在因果法則底世界以外呢？當然不是的。人類社會和自然界不同，祇是就牠們兩者底運動形態而言，只是表明人類社會自有牠和自然界相異的特徵，然決不是將因果規律從人類社會中取消了。事實是不能用人底主觀思想排除的呵。

意志自由說否定了社會科學底可能性

假如我們否認社會現象具有因果規律，假如我們堅持人類意志無定論，認定意志是絕對自由的，我們是不是等於否認人類是自然界底一部份呢？我們既然一方面承認自然界底因果規律，一方面又否認人類社會受制於因果規定，怎樣來解釋社會底本質呢？毫無疑義的，我們底這種論調一定會引到一種宗教式的違反科學的結論上去，即除了用看不見摸不着的神來做支配社會的力量以外，不能用其他的說法來解說社會底性質因爲宗教是只要信仰的，不要法則的。在這樣的一種情況之下，我們就不會宣告社會科學建立之不可能。於是只有自然現象可用科學來解釋，社會現象祇有訴諸宗教了。所以意志自由說在客觀上是幫助宗教來壓抑科學，甚至於它本身就是宗教底一種形式。

感覺底自由與意志底自由

有人自然要對有定論發生一種誤解。他們一定要說，這種學說把人類當做一部機械看待了，人類底願望和活動處處要受着社會定律底會限，人類不是變成了『法則』底奴隸，絲毫沒有自由可言嗎？拿我們底日常生活和社會底全部生活來說，人類不是常常有處理他自己底行爲的自由嗎？我要到跳舞場去跳舞，我要去拍網球，或是我要吃一杯冰淇淋，難道不完全是由於在自己底願望表現出來的自由行爲麼？誰說人底意志不是絕對自由的呢？

發生這種誤解底根源在什麼地方呢？很顯然的，是由於將人的意志作用和因果規律對立起來了。其實進一步研究，我們雖然有抉擇的自由，但我們自己底感覺也是要受客觀的和主觀的條件之決定的，外界的或身體內部的刺戟引起生理上的各種複雜的反應，這便是感覺底眞實源流。當我們想要飲一杯冰淇淋，或是喝一杯葡萄酒的時候，我們是可以從生理上找出此種願望的原因的,但這並不是否定我們抉擇的自由。又如當我們想要打一個人,這種行爲看起來好像是沒有原因可尋的,然而其實打人的動機本來就是由種種的條件所規定的。我不會無故地打一個人,必定是因爲被打者在某種場合引起了我底憤怒,使我不得不如此。因此我打人這種行爲不過是對方給了我一種刺戟後的反應罷了。自然,一個瘋狂者也可以平白地打一個人;這似乎是沒有因果律之可言的。然而徹底分析起來,瘋狂者底打人行爲亦是有原因可求的。瘋狂者底腦神經失了常態,容易發生錯覺,他只要受了外界的或內在的刺戟,就有發生打人的行爲底可能。當然,瘋子底感覺是極其自由的。然而在客觀上看來,他底這種失却常態的行爲,也不是沒有原因的,於此我們便可以證明不僅是常態人底行爲是受制於因果規律,就是變態的人底行爲也超脫不了這種因果律底決定。這正如馬克思在資本論所分析的,價值不僅在它和價格一致的時候受着勞動量的決定,就是在貴賣賤買的時候,也逃不脫這種規定的。總之,因果規律是離開人底意志獨立存在,與人底主觀感覺毫不相干的。我們不能感覺到我們底意志和行爲之受制於因果法則,但我們可以用純客觀的態度尋求出決定着我們底意志和行爲的原因來;這種原因不是當作一種外界底刺戟喚起我們底某種行爲,便是當作一種內在的刺戟(如

飢渴、性底要求等）引起我們底某種舉動，

偶然的因果律觀念是不澈底的

人類行爲之受着因果律底決定這種觀念，在一般人底頭腦中也並不是沒有的。韓愈說：『大凡物不得其平則鳴，草木之無聲，風撓之鳴，水之無聲，風盪之鳴……其於人性也亦然。』這就是一種斷片的因果律觀念底表現。然一般人祇是偶然地發覺此種因果關係，不能構成一般的因果律概念，應用於全部的人類底社會生活。因此他們始終拋棄不了意志無定論。甚至有些人對於某些問題承認有因果性，對於其餘的問題則又堅持着意志無定論，這自然不能引到澈底的決定論。因此社會哲學最主要的任務就是澈底的推翻意志無定論，樹立人類行爲底一般因果法則。

決定論與宿命論的差異

社會的決定論是探求人類底一切社會行爲和社會生活底因果關係的學說。它是建立社會科學最主要的一根支柱，尤其是社會哲學樹立底基礎。然而決定論決不能與宿命論混同。宿命論完全依附於宗教的信仰，是和決定論根本相反的。宿命論主張宇宙間的一切事物都是由神主宰的，一切事物底命運都預先由神決定。人類在社會中底命運也是爲天神注定了的。神底意旨一決定好了，人類就沒有方法翻脫他底命運底掌握。這樣說來，人類底一切行爲和生活也不過是盲目的受着宿命底支配罷了。人類是野蠻，是文明，是幸福，是苦痛，都是早已由天神決定了的。就是殘酷的流血戰爭、可怖的經濟危機、國家和種族底衰落滅亡、社會底大革命、大轉變，也是預先由神規定好了的。第一次世界大戰之所以不能避免，也就是這個原因。這種主張驟看起來，好像是和決定論相似的。因爲決定論亦主張一切事物底發生、變動和消滅，是不得不然的，都是受着一定的條件底規定的。然決定論和宿命論根本的差異點是不難一眼看穿的。第一、決定論是主張一切事物（包括人類底意志和行動）受制於可以分析出來本來存在於事物之間的因果規律的，是與任何神祕力量毫不相干的；而宿命論却不是如此，它把支配人類底意志和行爲乃至一切社會生活的力量歸之於頭腦中的想像底產物——神；第二、決定論說事物之受因果規律底規定，並沒含得有事情發生以前就預先由某種神秘力量鑄成了一個模型，然後照着這個模型實現的這種意思，它祇是主張一切事物都是在歷史的過程中由一定的原因產生的；而宿命論却堅持一切事物都是按照它們底預先注定了的命運發生、變化與消滅的；第三、決定論是不否認人類底意志底作用的，它祇不過是說明人類底意志不能超於規律之上，反對絕對的意志無定論，而宿命論根本忽視人類底意志之力量，以爲人類祇是一種在神底掌握中任意玩弄的渺小不堪的可憐蟲，人類創造着歷史是根本被否認了的。因此宿命論沒有絲毫和決定論的相似點，除非是眼光短小或有意誣蔑決定論的人，是不會把決定論和宿命論混爲一談的。

歷史的宿命論與歷史的決定論

宿命論底觀念不僅支配了一般人底頭腦，就連一班歷史學者和社會學者亦常自覺的或不自覺的表現這種宿命論的傾向，他們根本不了解歷史底必然過程底意義是什麼。固然他們在表面上比較那種素樸的宿命論來得更漂亮些，不固執於天神和宗教的思想，然他們往往不自覺的表現出來了：在歷史底過程中總有一種不可思議的力量在那裏支配着人類社會。因此他們相信歷史底合理性，認爲歷史總是正確的，有道理的，戰爭、資本主義、法西斯蒂、金融寡頭獨裁，都不必去反對牠，讓牠們自己消滅好了。因爲牠們都是歷史早已安排好了的。至於社會革命、普羅列塔雷亞獨裁、大暴動，在他們看來却不是歷史底必然表現，僅僅是社會進化底定律以外的帶有試驗性的人類底活動罷了。這樣他們就把歷史變成了一具偶像，成了他們底歷史宿命論（Historical fatalism）了。他們在客觀上是擁護着現存的必須顛覆的社會制度。他們底理論底危險性比一般的宗教宿命論(Religious fatalism)更來得大因爲歷史的宿命論是容易和歷史的決定論(Historical determinism)混同的，然後者顯然是辯證法的，而前者顯然是機械論的。一個主張歷史必須通過人類底意志而進行，人類有依照歷史的法則改造自己底環境——變革世界的可能，一個却是把歷史看作是一個機械的過程，人類底一切變革社會的企圖都是無效的，一切重新創造歷史的努力都是徒勞的。於是歷史除了拘束人類底活動而外，是與人底意志不相關的。歷史的宿命論雖然以歷史來欺騙大衆，但這種機械的歷史觀祇要和辯證法的歷史觀——歷史的唯物的決定論對照一下，就會暴露它底錯誤。我們必須特別指出這一錯誤，以歷史的決定論來克服歷史的宿命論，將歷史從庸俗的機械論底泥坑中救拔出來。

必然性與偶然性

歷史的決定論在與一切不正確的反因果規律的觀念鬥爭的時候，應不厭重複的指出歷史的必然法則在人類社會中的確實性，應該把這一必然法則普徧地應用於一切歷史事變和社會現象上。因此在這裏我們對於必然性與偶然性的關係必須有一種正確的認識。

否認因果必然性與規律的觀念，在一般人甚至於在一般社會哲學家底頭腦中是常常活躍着的。雖然他們承認有必然的世界底存在，但他們底必然論底觀念却是非常狹隘的。他們只承認那些顯而易見的事變帶有因果性，而忽略了因果規律之普徧的適用這一事實。他們對於許多重要的歷史事變都剝奪了牠們固有的必然性質。歷史在他們看來，不過是少數出衆的英雄偉人創造着的罷了。他們絕對不了解一切的歷史變動都有其必然的規律性。不論這些變動是好是壞，是否適合人底需要，都是必然地要到來的。許多布爾喬亞的歷史學者都不能把捉住歷史的必然法則，不能把一切歷史事變同整個的社會生活基礎底變化聯繫起來。這樣研究歷史，是把歷史學變成簿記學了。

其實人類社會生活乃是爲許多必然的因果規律交織着的。但是如果將必然和偶然機械地對立起來，這亦是不正確的，抹煞了偶然的作用，那是和否認必然的規律之存在同樣錯誤的，偶然乃是必然的一個特殊形態。不過偶然却不能解釋爲超於因果律的世界之外而存在的『隨意狀態』。因爲因果律的支配，不論在何時何地都是不失去它的作用的。舉例來說罷，市場上的價格是不是一些人頭腦中想像出來的呢？當然不是的。價格在牠變動的時候，一定存在了許多原因，這種原因就決定商品或貨幣底漲價和跌價。假使有一個人想在市場買賣競爭的時候隨意抬高他的價格行不行呢？當然是不容許的。所以就是價格底變化，也決不是可以隨人的意志左右的，而是受着因果法則底精確規定的。假使我們事先能懂得促成價格變化的各種具體原因和這些原因底交互關係，我們就不難預測價格底漲落。一班經濟事業投機家就是靠此種預測來實行投機的。拿最近的世界經濟恐慌來說，這一次恐慌牽動了全世界底經濟界，工廠底停閉和休歇、生產底減少、工人底大批失業，其結果是農業經濟也受到嚴重的影響了，發生着極可怖的農業危機。這一震撼全世界的經濟危機目前正在轉變爲嚴重的革命危機，一切存在於資本主義底社會組織之中的矛盾都日益加深了，日益擴大了。如果我們要對這一歷史的事態加以歷史的解釋，我們決不能把牠看作一回偶發的現象。我們一定要從各方面找出造成此種現象的原因來。此次世界經濟危機底根本原因不外是：（一）戰後各資本主義的國家爲竭力恢復或增高其本國底繁榮，榨取更多的剩餘價值，拼命實行『產業的合理化』，使生產底無政府狀態愈益擴大了，因而引起可怖的生產過剩現象，結果是生產停頓，工人大批的失業，商品價格下降；（二）產業合理化的政策施行底結果愈益提高了對於廣大的無產階級和勞苦羣衆底剝削，使後者日益陷於貧困化，國民購買力因之降低，於是發生了商品相對的過剩現象；（三）

資本主義國家為要補償牠們本國底經濟衰落，祇有加緊對殖民地和半殖民地底剝削和榨取，使殖民地和半殖民地底民衆日益貧困化，因而減低各資本主義國家底商品輸出量；（四）蘇聯社會主義經濟底發展，使各資本主義國家對於蘇聯底商業日益縮小，輸入蘇聯的商品額因而大大減少。這四個原因一綜合起來，就造成戰後世界資本主義底第三時期恐慌。所以此次世界經濟恐慌底發生，在本質上完全是受資本主義底運動律底決定的。馬克思主義的經濟學者在很早就預料到了，並且指出來了這一經濟恐慌之必然要發生。由此可見此次世界恐慌之爆發，乃是資本主義沒落底前夜之不可避免的一幕。必須要以這種觀點去研究資本主義底變化，才可以正確地了解資本主義底運動法則；必須要以這種態度來研究人類社會歷史，才能使此種研究成為科學的研究。

偶然的意義與作用

上面已經說過，偶然是客觀地存在的，它決不能認為一種主觀的範疇，將偶然與必然完全對立起來，這乃是機械論的觀點。馬克思曾說過：『倘使在歷史上無所謂偶然的作用，那歷史就要成為不可思議的東西』。恩格斯亦說：『在人類社會裏，自來就為必然所支配，但這種必然是為偶然所補充所表現的。』這正是用辯證法的觀點來說明偶然在歷史上的意義。我們舉例來說吧，太平天國運動，卽使沒有廣西底饑饉，亦遲早是要勃起的。五卅革命運動，卽使沒有工人顧正紅底被殺，也是不可免的要爆發的。歐戰沒有奧太子底被刺，也是要以別的事情引起的。俄羅斯革命卽使沒有歐戰，也是遲早要發作的。但是廣西的饑饉、顧正紅的被殺，奧太子的被刺、以及歐戰，等等却是和上述的歷史事變有着很大的關係的，所以歷史的偶然往往是當作歷史的必然發展的契機（Moment）而起作用的。不過偶然是不能與必然割離的，必須要歷史發展到相當的階段與程度，偶然才能在歷史上表現其強有力的作用。比方說，如果在前幾十年刺殺了一個奧國皇儲，至多也只能引起兩個底國際交涉，或兩國底報復戰爭罷了，決不會引起空前的世界大戰的。又假如工人顧正紅在前十幾年被日帝國主義者殺了，也不會引起全上海乃至全國的反帝國主義運動。但偶然是不能和無原因性混爲一談的，偶然本身亦就是一個必然的結果。廣西饑饉、奧太子被刺、顧正紅被殺，這些事情如果分析起來，當然也有牠們底原因可求。不過這些原因沒有什麼重大的歷史意義罷了。

必然及偶然的關係

必然與偶然底根本意義現在我們可以了解了。**必然乃是各種歷史的原因，以一個總的原因爲中心集中化了，配合化了之一個可以預測的活躍。必然法則**

乃是由我們對於客觀的必然性之認識而得出來的，雖然這並不排斥客觀的偶然性的存在，所謂偶然乃是在歷史的必然法則之下出現的補充的副的作用或力量，它決不能與必然的法則對立，同時亦不是人們對於客觀事物的不了解而生的抽象概念。例如一九一七年的俄國十月革命，這當然是歷史的必然事變，但是在這一革命中有了列寧的領導，革命中最有能力的指導者是列寧，而不是別人，這却是一種偶然。法西斯蒂運動也是資產階級虛偽的議會政治不能挽救資本主義的危亡時一種歷史的必然，但是在意大利剛剛出現了一個墨索里尼，在德國剛剛出現了一個希特勒，這亦不能不說是偶然。假使歷史完全沒有偶然，那歷史本身就要成為不可思議了。偶然是必然的特殊形態，正和靜止是運動的特殊形態一樣。

個人在社會中生存底意義

通常一般歷史學者及哲學家不是把個人看得太神怪，以為一部歷史不過是少數英雄偉人創造出來的；便是把個人看得太低微，以為個人在歷史的機械中是無足輕重，毫無變更自己底環境底可能的。這種不合乎歷史底法則的論斷，使我們不能不作一度批判的研究。

個人是什麼？個人僅僅是全部的社會生活中底一員。社會固然是由於個人集合而成的，但是如果這種集合不附有一定的條件，換言之，如果每個人不首先成立一定的社會生產關係，決不能組成社會。個人既然加入了此種社會關係，他就毫無疑義的要受着此種一定的社會關係底決定，這就是說，不管他願不願意，他底一切思想、感情、行爲和各種生活已經不能獨立存在，必須爲整個的社會生活和社會組織所規制了。由此說來，人底意志在社會中不能不受客觀環境的決定，也是自明之理了。

個人和社會底關係是怎樣的呢？

第一、個人底一切觀念和意識形態乃是現實的社會生活底反映，個人不會天然地賦有觀念及各種意識作用。在某種一定的社會條件之下，個人就會發生與此適應的觀念和意識。沒有資本主義底條件存在的社會，決不會使個人發生資本主義的觀念；沒有大規模的軍隊和資本主義的戰爭，不會使人發生軍國主義的思想。誠然，歷史上往往也有些烏托邦的哲學家和文藝家常常臆擬着各種烏托邦的國家形態和社會形態，如柏拉圖底『共和國』、莫爾底『烏托邦』、康盤尼拉底『太陽城』、培根底『紐阿特底地斯』都是。但是我們是不是可以說所有這些烏托邦的思想都毫無社會生活底根據呢？當然不能這樣說。因爲柏拉圖、莫爾諸人底烏托邦思想也是有牠們底現實的來源的。並且他們底思想底內容都是隨着時代而不同的。這只要拿柏拉圖底『共和國』和莫爾底『烏托邦』比較一下，就可以看出兩者不僅在內容上不相同，而且牠們底背景亦各異了。並且所有的烏托邦思想都是反映着社會組織底缺陷的，如果社會是完善無缺的，當然不會產生那種烏托邦的思想。因此，即使是看起來離現實社會很遠的各種觀念形態，也不得不依據於現實的社會生活。歷史上儘管有許多烏托邦的思想出現，却沒有超脫現實的社會生活的烏托邦思想者。

第二、個人底理想和一切歷史事實必須依照一定的歷史條件和社會條件而實現。在歷史的和社會的條件還沒有成熟起來的時候，任何優美善良的理想，都是不能實現的。盧騷諸人底思想如果不是在封建勢力崩潰、資本主義興起、和資產階級強盛的時候，是不能成爲法國大革命底吶喊的；馬克思底思想，如果不是在資本主義底矛盾日益增加資本家階級和勞動者階級鬥爭得很劇烈的時期，是不會引起各國勞動者底革命運動的，歷史上許多烏托邦者底思想和企圖所以每每歸於失敗，這當然不是偶然的，乃是因爲在當時尙沒有實現他們底思想的歷史條件和社會條件。所以歷史上決沒有憑自己底頭腦底空想不顧社會實際情況而成功偉大事業的英雄聖賢把十九世紀和二十世紀底社會主義移到中世紀去一定是格格不相入的，把封建時代底禮教思想移到資本主義社會中來當然同樣是行不通的。所以每一種社會意識形態都是要受一定的社會條件底規定的，在某一種特定的生產方法之下，祇能產生某一種特定的社會意識形態和所謂英雄偉人。至於一種思想學說是否能在一個社會中實現成爲實際行動底指鍼，這亦是要取决於一定的社會環境的。我們再就社會革命這問題來研究。當我們研究十八世紀末的法國大革命時，我們知道這是法國資本主義與起底必然結果，當法國底資產階級有了解除封建勢力對於產業自由的束縛和爭取政權的要求的時候，革命就必然地爆發起來了。再詳細分析起來造成法國革命的社會條件，第一、是法國底資本主義生產之受封建生產關係底桎梏；第二、是法國資產階級底自覺與團結力底增大；第三、是封建的支配勢力無法照舊維持其現狀；第四、是當時的勞動階級感覺在舊的統治階級之下沒有出路，而願與新興的資產階級聯合起來和封建勢力搏戰。這種種的條件就促成了法國大革命底爆發。不但法國革命是這樣，一切的革命都是在無可避免的情景之下發生起來的。我們再來考察一九一七年的俄國十月革命。這一次革命有許多人認爲只是儌倖成功的，因爲俄國底資本主義並不像西歐各國那麼發達。其實這是極膚淺的不正確的認識。俄國革命一方面是在世界資本主義底內在矛盾發展到了無法解決的情況之下必然爆發的，另一方面俄國社會本身亦具備了革命發生的條件。第一、俄國底資產階級與封建統治者對於勞動者農民的壓迫與搾取比西歐各國還要殘酷，早已激起了被壓迫階級底反抗；第二、此等支配階級在世界大戰中已明顯地呈現崩潰的形勢；比西歐資產階級更無法維持他們底統治地位；第三、俄國勞動階級底組織與鬥爭經過了長期的發展，力量大大加强起來，並且已取得了與農民的聯絡；第四、世界大戰使俄國底國民經濟遭到殘酷的破壞，提高了俄國勞苦民衆底革命情緒；第五、俄國勞動階級有了强有力的領導者——革命的政黨，領導勞動者農民底革命鬥爭。所以俄國革命在當時完全有了可能，是毫不足怪的，我們決不能『刻舟求劍』的機械地觀察一切歷史事變，必須從全部的社會生活關聯去考察問題，這是歷史的唯物論最重要的一個原則。

根據上面的理論，人底意志與社會生活底關係如何，也就不難明瞭了。但是

人底意志之作用

在另一方面，我們並不是說人底意志對於社會底進化是沒有作用的。恰恰相反，歷史的唯物論決不否認人底意志之作用，它僅僅是解釋意志和外界的社會生

活底關係說明意志在什麼條件之下活動。只有機械論者才否認人底意志是社會進化不可缺少的一個因素。歷史的唯物論不但承認意志底不可缺少而且要探求規定人底意志活動的各種法則。一方面認定一切社會變動要受客觀的社會物質條件底決定，另一方面却認爲這種變動不能自然而然的實現，必須要通過人底意志由人底努力促其實現。因此一切歷史事變，都是由人們在一定的社會條件之下用自己的努力完成的。十八世紀的資產階級革命如果沒有資產階級的努力，是不會發生的；一九一七年的俄國革命，如果沒有布爾塞維克黨人的熱烈活動，亦是不會成功的。所以人們只是坐待社會底變化，是絕對不行的。這裏就將人類社會和自然界區別出來了。自然界底一切運動和變化是不要通過任何生物底意志，就會自然而然的實現的。人類社會則不然，光是有客觀的條件是不夠的，必須要在此等條件之下，加上人底力量，一切事變才會得出一個結果來。並且我們還要進一層的認識清楚人底力量底大小，有決定歷史事變底性質和成敗的可能。假如俄國底革命沒有布爾塞維克底領導，遲早也會爆發的，不過在革命底組織上一定要薄弱，許多失敗底可能性更多罷了。又如太平天國運動和義和團運動，很明顯的是中國原始的農民暴動，但因爲沒有一個很好的領導力量，結果就失敗了。假使當時有一個革命的領導機關，運用很正確的策略指揮這兩個暴動，揭出號召廣大羣衆的政綱來，一定可以轉變爲偉大的革命運動。不過問題就在這裏，卽在當時那樣的社會條件之下，是不容易產生出很强有力的革命組織來的。歷史上許多階級鬥爭底事實，有的是被壓迫階級失敗，有的是被壓迫階級勝利，有的是兩個階級兩敗俱傷。這表明什麼呢？一方面表明階級鬥爭底結果是由社會底歷史的條件決定的，另一方面表明各階級底主觀力量底大小有決定階級鬥爭底勝負底可能。羅馬時代底奴隸階級暴動底失敗、十八世紀資產階級革命底勝利、一九一七年俄國普羅列塔雷亞奪取政權底成功、以及一九一八年德國工人階級革命底失敗，就是很好的例證。所以人底主觀的努力對於實現一切的歷史事變乃是非常必要的，人們底意志底總和創造出人類自己底歷史，這是我們不能否認的。

歷史的唯物論告訴我們，人類最主要的任務是認識歷史的必然性，懂得社會進化底法則，然後用自己底努力去實現歷史上必然要到來的事變。只有在認識了這種必然的法則以後，才可以減除自己底盲動，有組織有計畫的去解決一切問題，取得眞正的自由。所以『自由就是認識的必然。』

第六章　歷史唯物論的社會觀

引論——社會哲學底戰鬥性

在前幾章裏，我們是論究社會發展之一般的基本問題。我們已經指出了唯物論與唯心論底區別，辯證法底基本法則、因果律對於目的論底克服以及歷史底必然性與偶然性底實質與關係，我們已經完全站在辯證法的唯物論底觀點之下進行我們底論辯與研究。固然本書底篇幅不容許我們對於許多哲學上的問題作更詳細更縝密的分析，但我們已經從這些基本問題底解決中取得了我們底結論，此等結論毫無疑義的是帶有戰鬥性的。在今日要研究哲學上的各種問題，我們以為除了抱定與敵對的學說決戰的決心外，我們絲毫不能開闢眞理的途徑。特別是在目前階級戰鬥演得最劇烈的時候，更加添起了我們在學術上作戰的任務。我們如其把哲學看作超階級的東西，那根本是夢囈哲學——

特別是社會哲學乃是階級與階級作戰的最有力的武器。我們如果還不認清楚這一點，還以為不要戰鬥就可以建立一個階級底哲學體系，那是陷於不可饒恕的錯誤。當然，我們在進行哲學的戰鬥的過程中，並不需要那種無聊的强辯，我們應該依據我們已得的戰績，用最客觀的態度把各種的哲學上的問題加以擴大的分析，只有如此，才能發揚新的哲學與社會科學底光輝，才能在這一個新的哲學體系底四周團聚着那已經為支配階級剝奪了學術權的羣衆。因此，我們所需要的社會哲學，是戰鬥的切合廣大羣衆底需要的社會哲學。站在這一個出發點上，我們就有進行我們底第二步工程——研究社會哲學上一些關於社會底本質與運動的諸實際問題之必要。

宇宙觀和社會觀底一致

我們現在首先要研究的，是人類社會底特質這個問題。這一問題固然應屬於社會學去研究，可是社會哲學為要解決許多實際的社會運動諸問題，是不能不對此問題加以正確的分析的。社會哲學祇是要將此問題列入許多的社會哲學問題中，給以綜合而概括的解釋。

人類社會究竟是什麼？這個問題底解答是應伴着宇宙究竟是什麼這個問題底解答而來

的各個階級對於宇宙和社會都有不同的認識，所以產生各種不同的宇宙觀與社會觀，此等不同的宇宙觀與社會觀的鬥爭，常是反映各階級鬥爭，並且宇宙問題與社會問題在牠們底解決中一定是採取着同一的步調的，卽是說，對於宇宙問題的解決假使是站在某個立場上，對於社會問題亦必同樣是站在某個立場上，關於兩者所得的結論雖然在形式上不同，而在實質上，必然是一致的。唯心論者認爲宇宙祇是觀念底發展過程，因此形成他們底唯心宇宙觀，同樣，他們認爲社會也是由人底心靈構成功的，社會底進化，祇是精神底向前發展，因此形成他們底唯心社會觀，至於唯物論者却認爲宇宙是一個物質不斷的運動過程，因此建立起他們底唯物宇宙觀，同樣他們認爲社會是以物質的生活爲基礎的，社會底進化，乃是物質的生產力在那裏不斷地發展，因此就建起他們底唯物社會觀。由此看來，宇宙觀和社會觀底確立，是必然取着一貫的理論的。自然，我們往往也看見有好些人對於宇宙則取着唯物論的解釋，而對於社會則取着唯心論的見解。然而這種人底唯物論一定是狹隘的，不澈底的。爲什麼呢？因爲他們把人類從自然界除外，不把人類社會看作是物質的世界一部份。澈底的唯物論者是用一貫的唯物論的理論來解釋宇宙運動和社會發展的。因此，在這裏我們不得不採取辯證法的唯物論來解決社會是什麼這個問題，因爲只有辯證法的唯物論是貫通了自然現象底法則和社會現象底法則的，它是把宇宙問題和社會問題放在一貫的統一的解釋之下的。

社會究竟是什麼這個問題，的確在今日的社會學和社會哲學上成爲一個爭辯的問題。許多布爾喬亞的學者們總把社會解做一個奇怪難懂的東西，他們根本的錯誤，在於不能把握人類社會底特質，因而往往有把社會和各種自由團體甚至於和一個普通結合相混的傾向。你要問他們社會是什麼，他總是不假思索地回答你：社會是人類底精神底結合物，或是說社會是人類底各種心靈關係底表現。這種理論底錯誤我們現在姑不置問，我們首先要認識清楚的，就是這種見解絲毫不能將這個問題底核心檢點出來，不能指出人類社會這一個結合體底特性在那裏。這樣解決問題是絲毫不會使人滿意的。譬如我們要問一個生物學者生物是什麼，如果他回答你生物是有生命的東西，或是說生物是與無機物相反的有機物，我們會覺得這種解釋滿意麼？當然不會的。

研究人類社會首先要找出它底特徵

因此我們不解釋社會底意義則已，如果要把它當作一個問題研究，一定要首先找出社會底特徵來。因爲每一種組織在牠成爲一種獨立的體系之時，一定有牠獨特的性質表現出來。自然界既然有自然界底特質，人類社會當然也有人類社會底特質，如果把此等特質找出來了，對於許多問題就可以迎刃而解。

有人說，社會底特徵，在於有精神文化，因爲精神文化是動物所沒有的。這種說法我們暫時把它認爲是對的。但是如果我們要更進一步的問：精神文化是寄托在什麼上面的呢？人類自有社會以來，就已顯出社會底特質來了，然而人類社會在最初的原始時代，是無所謂精神文化的，然則精神文化是怎樣產出的呢？這樣一問，上面的說法就要暴露出它底淺薄了。

一切的問題都要歸到其根本問題。人類社會我們固然不能把牠當做神祕古怪的東西，然而同時我們亦不能把牠當做一個普通的結合體看待，因爲假使是如此，則什麼東西都可以稱爲社會，社會底獨立性就立刻要喪失，社會科學就沒有建立的必要，而且根本亦不能建立起來了。在社會中，我們看見各種各樣的結合體，如政黨、俱樂部、學校、學術研究會、協作社、國家、家庭等，但是我們爲什麼不能稱它們爲社會呢？若要說，社會僅僅是心靈底交互關係底表現，那末這些結合體難道不是由具有心靈作用的人類組成的麼？難道它們沒具有精神作用麼？所以唯心論的社會解釋是根本不通的。在生物界中，我們亦看見各式各樣的結合，如蜜蜂、螞蟻、燕雁、都是善營共同生活的動物，甚至於海裏面最微小的蟲，亦會團聚成珊瑚。但是牠們爲什麼不能像人類一樣成立社會呢？若是要說社會僅僅是共同生活的結合，那末這許多動物不也是過着共同生活的嗎？這樣仍是不能把人類社會和生物的結合區別出來。因此在這裏就迫得我們對於社會底本質不得不作更縝密的研究。

製造並使用工具是人類底特點

人類和一般的動物不同之點在什麼地方呢？這是我們首先要來說明的。人類智力優於一切動物，人類有思慮，有理想，人類知道互助，這些事情自然是區別人類和一般動物的各種條件，然而這樣的區別法，是很皮相、很空泛的，因爲它不能截然地將人類優於動物的根本特質指示出來，並且這些條件還是經過了許久許久的年代演進的結果，決不能當做區劃人類社會和動物界的唯一的界標。我們決不採取這種庸俗的區別法。我們現在所要深刻地注意的，是**人類和一般動物對於他們底各自環境的生存關係**。

人類怎樣去適應他底環境呢？他與動物適應環境的方式不同之點在什麼地方呢？只要把這一個問題解答出來了，我們就可以把人類和動物界區別出來。

很顯然的，人類是積極地自主地和自然界發生關係，而動物却是消極地被動地適應自然的環境的。但是何以會引起這一個絕然不同的劃分呢？這自然是因爲人類能夠運用工具和製造工具。運用工具這種能力固然爲某些動物所具有，例如類人猿和猩猩等高等動物就能夠用木棍和石塊抵抗敵人，擊取菓實。然而這些動物僅僅是能夠把現成的很簡單的東西當做工具使用，並且是很偶然地使用的。至於人類便不然了，他不僅會利用現有的工具來滿足他底各種慾望，而且能變更並創造工具，使工具適應自己底各種需要。這一點自有人類歷史以來，便將人類和動物劃分爲兩個不同的領野了。人類不斷地在那裏利用自然界原有的物質，來製造各式各樣的工具，爲的是要使這種工具能夠做他和自然界發生交換關係的媒介物，使自然的環境適應自己。至於人類什麼時候能夠運用工具並製造工具和動物區別出來呢？這自然不是我們在這裏所要回答的。但我們在這裏要指出來的，就是人類底製造工具並利用工具是和兩手底發達有密切的關係的。人類最初毫無疑義的是四足動物，決不是如聖經所說，一由上帝創造出來，就是有兩手兩脚的，這是任何人都知道的。但是往後爲什麼會使前肢變成兩手呢？我們可以說這是許許多多的年代進化底結果。大概最初人類這種動物採取樹上的食物，往往以前肢攀在高處，而以後肢落地，這種習慣經過了不知多久時間就格外顯著起來，並且使人類生理上起了相當的變化，逐漸由長久的經驗使他感覺到直立底便利，因此直立這種習慣就由暫時的，而漸漸變成經常的了。於是前肢底各部份——趾、掌、臂、肘等——逐漸變得靈敏起來，變成了生理上最主要的一種工具。這便是兩手發達底由來。兩手一發達，同時人類底腦筋也靈敏起來了。往後經驗使他知道利用工具，並且更進一步的製造工具了。於是人類底生理底各部份更加便捷，更加能夠適宜於勞働，這便是人類進化底起點，亦就是人類社會歷史底發端。由此看來，人類社會底成立，決不是很偶然的，實在是任各種的自然條件——生理的和環境的條件底配合之下、經過了悠久的鬥爭、適應自然的環境的結果。只有等到人類能夠製造及運用工具以後，才開始

人類社會底進化史

生產的勞動

人類既然知道製造工具，就從事各種生產的勞働，這就是說，人類用工具去採取自然界底各種物料，來改變牠們底形態或位置，滿足自己底慾望。所以勞働就是人類和自然發生物質和能力底交換過程。人類將自己所有的物質和能力加到自然界，再從自然界取得物質與能力來變更牠們、消耗牠們，這樣的不斷地行着物質代謝，就是人類和自然界發生適應的關係的特點，這是為任何動物所沒有的。動物只能消費自然界

現有的物質，却不知道變更牠們或增多牠們，所以動物不能夠和自然界實行鬥爭。至於人類在他和自然界發生交換關係時，同時就不斷地和自然界進行鬥爭，所以這種繼續不絕的勞動過程，同時就是人類和自然界的艱苦的鬥爭過程。

人類不獨要生產直接的生活資料，如像食物、衣服、器皿等物，而且要生產各式各樣的勞動工具，如像弓、箭、網、罟、刀、斧等物。因爲人類要繼續不絕的和自然界發生適應的關係，光靠生產直接維持自己底生活的東西是不夠的。必須要時常去改進，增加補充他底各種勞動工具。勞動工具愈精良，愈能增進勞動的生產量，這種生產勞動工具的勞動隨着生產範圍底繼續擴大而增加起來。在最初人們所製造的勞動工具自然是非常簡單的，那時人類征服自然的力量是非常薄弱的。往後那種不精銳的不靈便的簡陋的勞動工具不適用了，於是代之而起的，是比較複雜比較精巧的勞動工具，同時勞動工具底種類也逐漸增多了。隨着勞動工具底種類底增多，人類底分工就開始發達。於是每一種特殊的勞動都有專門的工具，——在最初，一種勞動工具往往應用於各種不同的勞動過程中。例如石斧這項東西，可以伐木、劈果、獵獸、殺獸，同時又可以製造工具，抵抗敵人。所以一方面勞動工具不斷地改良、增多、補充，另一方面直接的生活資料不斷地生產，如此就構成人類底全部生產過程，這種生產活動是人類所特有的。人類底進化程度——征服自然底力量之大小，就是由此種生產底範圍和效率決定的。

勞働的生產關係

人類在從事生產勞働時，同時就必須發生各種各樣的關係，因爲人類決不能孤獨地生產，在生產過程中一定要不可免的結成許多關係。此種生產關係在最初是非常簡單明瞭的，人與人所發生的勞働關係不受任何東西底掩蔽。那時候尚沒有剝削者與被剝削者，佔有者與被支配者。往後發生了私有財產，社會上有了階級底存在，於是生產關係，不像從前那樣單純明瞭，生產關係主要的以階級關係底形態表現出來。到了商品生產時代，這種生產關係愈益掩蔽起來了，大家看不見人與人所發生的勞働關係，祇看見商品和商品的交換關係，所謂商品拜物教就是此期底生產關係底特徵。

因此所謂生產關係並不是固定不變的，而是常常在那裏改變其形態。歷史上多有一次生產關係底改變，社會上就多一次變動。從有人類以來，生產關係是改變了許多次。

生產關係既然是人與人之間所形成的生存關係——人類對自然界共同的適應關係，故任何人都不可避免地要加入一定的生產關係。這種生產關係是離開人底意志獨立的，換言之，人類一經加入了社會的生產關係，就不能用自己底意志來隨便處置它，反之他必須受着它底規定，只有到了某種生產關係發達到了一定的階段，才會破壞，重新構成一個新的生產關係。

人類社會與動物羣體底區別

由上面的分析講來，人類社會是顯然和動物羣體有很大的區別的，這種區別不僅僅是分量上的，而且是性質上的。動物雖然有時能夠營着合羣的共同的生活，但這完全是一種本能的結合，在牠們相互之間並沒有存在着可以變動的生產關係。至於人類社會便是建築在這種生產關係上，人與人之間一定要締結一定的生產關係，此種生產關係是常常在那裏變動的。動物和動物之間縱然能夠實行天然的分工——如蜂、蟻、燕、雁之類，但牠們彼此間的生存關係是固定的、不變的，我們絕對不會發見『動物社會』中有什麼改變『生產關係』的革命發生，雄蟻不會推翻雌蟻，雄蜂不會打倒蜂王，牠們從來就是秉着遺傳的本能從事生存的活動，沒有任何變更的，——當然，牠們底生理構造是不絕地在那裏變化的。同時，動物不能預測正在進行的變動，因此只要自然界發生了一個巨大的變動，便不能繼續生存下去。地球上有許多滅亡了的動物，都是因為不能應付環境所致。至於人類便能憑着他的經驗，實行對於環境的各種預測，進而去加以防禦，並且這種經驗又一代一代的傳遞下來，積蓄起來，人類之所以能夠抵抗並且控制自然，之所以能夠進步，就全靠着此種經驗底蓄積。當然的，要把各種適應環境的經驗傳遞下來，一定需要言語（包括文字）；而語言卻是在勞動過程中發達出來的。人類在勞動過程中，需要了解彼此底意思，需要了解自己對事物底關係，迫得非使語言發達不可。

根據上面的區別，我們對於人類就有了一個正確的概念了：人類乃是能夠製造並使用工具而以勞動經驗自覺地適應環境的動物。

社會現象底重複性與社會科學

但是我們在上面僅僅把人類社會底特點指出來了，對於社會底意義並沒有加以說明。在這裏，我們就得替社會下一個界說。

社會在一般人底頭腦裏，好像是一個龐雜紛紜茫無頭緒的東西，甚至於有許多人認為社會是不能當作科學底對象來研究的。因為人類社會不比自然界，自然界有重複的現象（類型），從此等重複現象中可以求出因果關係及其規律性來，至於人類社會便沒有此種重複現象可言，所以要建立社會科學是不可能的。

讓我們來考察一下。

人類社會間的一切現象，驟看起來，好像不如自然現象那樣有規律的，但是如果我們用那和自然科學所用的方法一樣的方法去仔細考察一下，我們就可以從這無數的龐雜紛紜的現象中尋出牠們底重複性來。試就商品底生產過剩這種現象來考察，每一次生產過剩達到了一定的程度，就必然會引起經濟恐慌，因此在經濟恐慌尚未發生之前，我們就可以預測經濟恐慌之必然要發生。由此可以看出生產過剩和經濟恐慌之間實存在了一個必然的因果聯繫。並且這種危機在資本主義社會裏是以很準確的時間行着重複的，這難道不足爲社會有重複現象的證明嗎?拿我們中國底歷史來說，在每一個朝代裏都有各種的平民暴動和社會變亂發生。考察這種變亂發生底原因，總是由於社會底生產力底破壞與降低，不能維持社會全部人員底生活。這就可以看見生產力破壞與低落和平民暴動是有着因果關係的。我們研究中國歷史，就應該考察發見此種因果規律。照這樣說來，人類底歷史是有重複現象的。這種重複底程度雖然不能說是十分準確的，即是說，社會中雖然沒有絕對重複的現象，但是我們從許多看起來茫無頭緒的現象找出牠們底類同性是可能的。並且我們還要知道，所謂絕對的重複現象就是在自然界中也是沒有的。天文現象底規律性算是很準確的了，然而星體運行底速度，旋轉底時間亦不是永遠不改變的。至於氣象界、生物界等現象是更不消說了。人類社會底重複現象當然祇是比較的。但是如果有兩個重複的現象彼此是在相同的條件配合之下發生的，牠們類似的程度一定比較大。假設第一次經濟恐慌發生之前，生產過剩底程度是等於九十九，第二次經濟恐慌發生之前，生產過剩底程度是等於一百，並且兩次的各種社會條件彼此恰恰相當，那這兩次經濟恐慌底程度一定是差不多。然而事實上，社會上不會有如此巧合的事。一切重複的社會現象不過呈出大致相似的類型罷了。科學底任務就在發見此種類型。所以社會科學底建立，是完全可能的。

勞働底意義

在前面我們已經指出了勞働——生產的活動是人類社會成立底主要特點。但是我們要認識清楚，所謂勞働決不是狹義的專指那種從事生活資料和生產工具底直接生產活動而言，凡是足以促進生產效率底增進、生產技術底改良的活動都包括在勞働範圍之內。所以我們對於勞働底定義應該這樣說明：勞働乃是人類為要和自然界適應維持全部的社會生活的有目的的一切生產活動。所以勞動是應該包括體力勞働與精神勞働而計的，體力勞働與精神勞働底分離，這並非人類社會生活所必要的現象，這不過是社會發生了階級底分化以後一種反常的狀態。在階級制度消滅了以後，一切的勞働都要使每個社會人員自覺的參加，那時候的勞働是體力與精神平均的運用，使勞働者在肉體上和心智上都得到平均的發展。固然那時候，對於勞働底組織還是需要人去預先設計，但是每個勞働者在勞働過程中是了解勞働底目的與計畫，使肉體底活動和精神底活動適當的配合起來，而絲毫不感覺枯燥無味的。由此我們對於勞働底概念是弄清楚了。

勞働關係是一切社會關係底基礎

生產的勞働是任何社會生活底主要內容。在這一龐大複雜的集體——社會中，我們固然看見人類相互之間發生了各式各樣的活動關係，我們又看見了這許許多多的活動都是互相影響，互相依存的。從戀愛、生殖等活動起一直到暴動戰爭革命爲止，我們都看見牠們都不是孤立存在的。牠們都是爲別的活動聯繫着的。然則這許許多多的活動關係是以什麼做牠們底基本條件呢？換言之，這許許多多的活動關係是靠着什麼條件來維持牠們底均勢呢？如果我們通盤的觀察一下，我們就不難看出勞働是任何社會活動底總的線索。

勞働關係將所有的社會人員都聯結起來，我們無論什麼行動、什麼生活、什麼組織都一刻不能離開這種勞働關係。即使世界上有魯濱孫那樣的一種人離羣索居，然而他們無論如何超脫不了這廣泛的勞働關係以外，正如任何生物都不能超脫地球上底氣圈以外一樣。因爲任何人卽使不參加生產，不和其他的人發生直接的關係，然而他不能不生存，他底所有的一切，如衣服、食物、武器、乃至思想與語言、文字等都是社會勞働底產物。所以社會的勞働關係實在將所有的人都網羅在內，這種勞働關係愈廣泛，社會底範圍愈廣大。我們不難看出原始時代的氏族社會和部落社會底勞働關係比較封建社會底勞働關係要狹小許多；我們又不難看出封建社會底勞働關係不及資本主義社會底勞働關係之複雜廣闊。特別是在今日，全世界都籠罩在一個極廣大的勞働網中。這個勞働網將中國底工人農民和美國底資本家聯結起來，將倫敦底銀行家、企業家、政府官僚和上海底勞動階級聯結起來；甚至將蒙古底王公、貴族、騎士和世界資本主義國家底勞苦工人羣衆聯結起來。這就可以表明勞働關係之不絕地擴大和加多，就是社會進化底具體表現。

勞働關係是由於許多個勞働單位組合起來的，這許多勞働單位彼此間存在了無數看不見的錯綜聯繫。這就是說，社會上所有的生產者都是你爲我我爲你生產着的。這種相互的生產關係雖然在商品生產社會中爲商品底關係掩蔽住了，然而只要一加分析，就可以看出牠是人類社會構成的線索。

這樣看來，勞働關係是人類社會構成底骨幹和脈絡，沒有勞働關係，就沒有社會的存在。但是在這裏還得要特別指出，社會是建築於永恆的勞働關係上的。勞働關係必須帶有永恆性才能成爲一個社會。譬如在古代有兩個集團曾經爲了一時的需要，發生了一度的交易關係，以後就斷絕往來，這兩個集團還不能成爲一個社會，因爲在事實上，這兩個集團底生活，是彼此不發生關係的。社會是人類和自然繼續不斷地鬥爭適應一定的生產力水平而構成的特殊的生產關係之集合體；奴隸主人與奴隸的生產關係，造成奴隸社會，封建地主與農民的關係，造成封建社會，資本家與勞動者的關係造成資本主義社會。

人類社會構成底三大要素

因此社會決不是許許多多的個人堆積成功的總體，牠底成立是有一定的條件的。構成社會的主要原素，我們可以劃分爲三大類：第一是有生命有意識的人類；第二是人類底生產勞働；第三是物質的生活資料和生產手段。這三大要素是缺一不可的，並且是互相關聯着的。人類是成立社會底主角，是創造社會生活和社會文化的卡動力。但是假使他們不知道和自然實行物質的交換，卽是從事各種的生產活動，他們决不能從一般的動物區別出來成立人類特有的社會。最後，假使人類沒有維持生活的各種生活品，就不能產生新的勞働力，延續他們的生命，如果沒有各種的生產工具——勞働對象和勞働器具，他就不能從事生產的勞働。所以人類，勞働和物質三者是不能片刻分離的。人類是生產過程中的主動者，物質是人類生產底目標和手段，勞働則是媒介人類和物質，使之發生關係的中介。這三種要素，無論在人類歷史上的那一個階段，無論在什麼樣的社會，都是萬不可缺少的。

生產技術決定社會變動

但是這三種要素除了人類（人類是在生理上變化）以外，其餘兩種要素——勞働和物質是不斷地在那裏起變化作用的勞働底效率、方法和形態總是時常在變換，生活資料和生產手段也是一樣的在改變着。所以我們必須從這些原素中去找出社會變動底原因來。

社會爲什麼會變動和進化呢？唯心論者往往歸之於人類底心靈，以爲人類底意志和願望可以左右社會底變動和發展，這種見解是唯物論所絕不能容的。唯物論者認爲社會底一切變動和發展，都是受着物質的原因底規定的。特別是歷史的唯物論者指出人類社會是靠着物質的生產力底變化而變化的。所謂物質的生產力就是維持人類生存供給人類以生產底對象和動力（包括人類自己底勞動）的東西。物質的生產力如果發展，社會就向前發展；反之物質的生產力如果降低，社會就只有走向退化以至於沒落。

但是物質的生產力是包括勞動力、勞動對象、勞動工具等條件的，實質上只有一種因素是最帶有決定力的，那就是勞動工具。勞動工具是社會進化程度底測量器。勞動工具如果一改良，生產力必然要擴大起來，接着全部的社會生活也要跟着起變化。石器時代只能容許漁獵、游牧的生活，鐵器一發明了，原始的母權共產社會就不能不崩潰，蒸汽機一發明了，產業界就發生空前的大革命，以至引起全部社會關係底改編。這就是勞動工具改變引起全部社會變動的絕好例證。所以一切社會制度和社會關係都是依據於生產的技術——勞動工具底配合與總和，生產技術乃是社會構成底真實基礎，一切政治、法律、宗教、道德、藝術，和種種的意識形態不過是社會構造底上層築物。牠們底形態和性質是不能不受着生產的技術底規定的。這是歷史的唯物論很重要的一個原則。

然而我們切不能抱着這樣的一種狹隘觀念，即是以為生產技術是決定社會生活形態底

自然條件對於人類社會底影響

唯一因素。這種見解是和歷史的唯物論沒有絲毫的共同點的。歷史的唯物論並不否認物質的生產力以外的一切物質條件對於社會生活底影響。譬如地理、氣候、人種等等對一個社會底生活是有很大的影響的。人底氣質和生理、社會底生產性質，乃至於一切文化經濟宗教都不能超脫這些自然條件的影響。例如寒帶的人氣質剛强堅忍，體格健碩矯捷，但因天氣過於寒冷，人類費了很多的勞動力，而所得的收獲並不大，因此一切的文化都不易發展。至於在熱帶的人，人底氣質非常萎靡懶怠，因為天然物產很豐富，人不必費很多的勞動力，就可以飽食優游自得，所以一切的生產也不易發展起來。只有溫帶的地方，既不過於豐饒，又不過於貧瘠，很適宜於生產力底發展。由此可見氣候對於人類社會底影響了。此外地面底構造，如山地或平原、濕地或沙漠、河流底多少，海岸底曲折等等都足以影響一個社會底生活。所有這些自然條件底影響，歷史的唯物論都是不否認的。恰恰相反，歷史的唯物論正反對那把它本身狹隘化了的各種近視的狹義的經濟唯物論思想，只有機械論者才抹煞自然條件對於人類社會底作用。因此，歷史的唯物論是不能與『經濟史觀』混同的。一般的所謂狹義『經濟史觀』只在於忽略了物質底廣泛含義一點上犯了錯誤。

生產方法能說明歷史底變動

但是在他一方面，歷史的唯物論却反對地理決定論、自然決定論和人種決定論底思想，它並不承認自然條件和地理條件等是決定社會生活形態的基本條件。雖然歷史的唯物論絲毫不隱諱一切自然條件對於人類社會的各種影響，然而它認為這些並不是規定社會底運動和發展的最後因素。眞正規定社會底變動的，却是物質的生產力，特別是生產技術。各種自然條件僅僅能給人類社會生活一個最初的決定，却不能永續地決定人類社會底變化。例如寒滯底氣候雖然對於俄國人底體格和氣質、生產性質等有決定的力量，然而牠並不能說明俄國社會何以由農奴制的社會進到資本主義社會，再由資本主義社會進到國家資本主義，以至於社會主義的社會；至於生產力就能夠說明這些變動。因此一切自然條件都不能說明人類社會底歷史進程，只有生產力是歷史底唯一解釋者。歷史的唯物論主要的意義就在這裡。由此可知道什麼是人類社會變動底根本動力了。

第七章　社會底發展

我們在前面已經討論過了，人類社會正如自然界一樣，一切的事物都是在不斷地呈出變動的。社會——任何形態的社會在歷史進程中總是時常變易其形態、關係、和實質。不論一個社會是向前發展，抑是向後退化，它總是永恆地顯示出各種的變化。因此我們研究人類社會底一切現象，都必須以動的觀點來分析、解說，否則便不能得到任何正確的結論。

以動的觀點來研究社會現象

當然，社會底變動已經如上面所說，是有一定的因果規律可尋的。不管社會是在生長、是在衰落、是在崩壞，總是可以用歷史的唯物論底原則解釋得清楚的。因此，我們主要的任務，是要從社會底變動中求出其根本的因果法則。

上面已經說過生產力是解釋一切社會變動的基本要素。但是牠爲什麼會成爲社會變動底根本條件呢？這只是因爲人類社會是基於物質的生產上，生產形態就是社會生活底基本形態，而這一生產形態又是要受着社會底物質生產力的規定的。因此，在這種情況之下，生產力就成爲規定一切社會發展和變動的基因了。

社會底上層架物亦可影響到社會底基礎

然而歷史的唯物論並不機械地認爲只有生產力是促進社會進化和發展的唯一因素。政治、法律、宗教、文化、哲學、藝術等在社會的發展中都有相當作用的，並且它們還能夠促進生產力底發展。例如法國大革命後，政權握在資產階級手裏，政治制度完全是適合於資本主義底發展的，所以對於法國底社會生產力推進了不少。俄國實行農奴解放後，封建的經濟制度受着一個很大的打擊，資本主義得以乘機發展；在一九一七年革命後，普羅列塔雷亞握着政權，社會底經濟又走向社會主義的發展前途，農業和工業的生產力都大大提高。所有這些事實都足以證明政治是能夠幫助社會生產力底發展的。至於宗教、藝術、哲學等等對於社會都是有相當的影響的。歷史的唯物論不但不隱諱這些影響，而且要很嚴正的很精確的加以說明。歷史的唯物論認爲社會中的一切現象都是互相推動互相影響的。

不僅社會底諸上層築物——法律、政治、宗教、哲學、藝術等會彼此影響着，而且上層築物和社會底基礎——生產方法之間也絕不是機械地對立，只是生產方法單方面的決定一切上層築物底活動的。否認了這一點，就是機械的唯物論。

然而這絕不能引起這樣的觀念，即是以爲政治、法律等是和經濟一樣，在社會生活中演着同樣重要的角色，社會構造不能分爲下層基礎和上層築物。歷史的唯物論堅決的反對這種多元論的思想，它告訴我們一切的社會生活和社會構造都要以生產方法爲依歸，生產方法決定着各式各樣的經濟結構（如封建的經濟制度，資本主義的經濟制度等）一切社會生活和社會意識形態——政治、法律、宗教哲學等都是建築在這經濟構造上面的。當生產力一經發生變動，生產方法也就跟着變動，接着是全部的社會經濟構造以至於整個的社會組織也不能不起變化。這就是歷史的唯物論底基本理論。因此歷史的唯物論是始終以社會底生產力爲樞軸來解釋社會歷史變動的，它始終是辯證法的一元論。

人類社會與有機體底區別

在前面我們已經分析過，社會是靠着物質的生產而存在的。這種生產如果停止了，社會就根本要消滅。因此社會是在繼續不斷的生產過程中發展和擴大的。

人類社會和一切有機體不同的地方，就是前者是永續地無限制的發展的，而後者到了某一個階段，就不免要由衰老而趨於死亡。例如壽命最長的動植物總一定要經過產生、生長、衰老、和死亡的幾個階段。但是人類社會却不是這樣機械地生活下去的。固然，人類社會在某種變態的情況之下，也是要由衰弱而趨於沒落的，但是這種現象並不是在正常的條件之下發生的，只能去找出牠所以衰弱和沒落底原因，但決不能把牠和有機物一例看待，以爲社會是一定要經過衰老和死亡的階段的。社會有機論者每每歡喜把人類社會和有機物相比擬，以爲社會發展到了某一個階段，就要逐漸消沉下來以至於死亡的，其實這是絕大的錯誤。歷史的唯物論認爲社會是和有機體根本兩樣的，雖然有許多地方人類社會和有機體有相似之處，然而這不過是人們依自己的主觀意見比擬出來的罷了，在實質上，有機體和社會是絲毫不相干的兩個東西。有機體之所以不能不死亡，這完全是一種生理上的關係，是因爲牠內部的生命質素已逐漸耗竭了，不能使牠底體構適應着環境。至於人類社會並不是如此的。社會底生產力總是無限制地在向前發展着的。除非在特殊的情況之下——如不可抵抗的天災和固執的生產關係束縛着生產力底發展，生產力不能突破牠時——這種繼續不斷往前發展着的生產力總是推進社會底向前進展的。因此凡是認為社會底進化是由低而高由高而低的循環論的思想是和歷史的唯物論根本不相容的。我們要認定人類社會是永遠繼續不斷的發展過程。

人口繁殖與社會發展

在我們討論到社會底發展這個問題時，我們首先就看到人口底繁殖與一個社會底發展有很密切的關係。人口是組成社會的主要基素，人口假使是繼續不斷的向下減少，即是死亡率不斷地超過生殖率，當然是表明這個社會向下衰落，以至於消滅。因此人口論者就把人口底增減和生殖率與死亡率底差比來測量社會底發展。驟眼看來這好像是對的。因為人口底增加，毫無問題的是表示一個社會底向上發展。但是我們在這裏立刻發生一個問題了，就是人口底增加和減少即生殖率和死亡率底變動是以什麼條件來決定的呢？這是否完全屬於自然的過程，沒有社會的原因的呢？祇要不是瞎子，大家總不會否認人口底增減是和社會狀況有密切的關係的吧。但是什麼是人口增加底社會原因呢？道德論者以為人口底增加是和一個社會底道德程度底高低有關係的。心理主義者以為是同一個社會底心理狀態有關係的，還有的人以為一個社會的政治和法律是有決定人口增減的效力。

這些解答似乎都有一部份理由。但是如果要拿它們來說明人口增減底原因，是行不通的。這爲什麼？因爲它們祇見到人口增減底表面的原因，是極其皮相的。譬如道德（或文化）固然足以影響到人口底增減，但是同一個國家，何以各階級底生殖率和死亡率（例如勞働階級底人口死亡率就比別的階級來得高）絕不一樣，何以在同一個社會經濟衰落和大恐慌的時期底人口增減率和經濟繁榮時期絕不一樣呢？對於這些問題，就絕不是拿道德或文化來解釋得清楚的。心理主義者認爲人類底心理底變化足以影響到人口底增減，譬如在婦女和男子不喜歡生殖的國度裏，人口底生殖率是很低的；又如在喜歡遲婚的社會裏，生殖率就不若實行早婚的社會來得高，然而這些絲毫沒有說明人口底增減。爲什麼？因爲心理主義者不知道一個社會底心理狀態是由該社會底經濟狀態規定的。例如法國底資產階級和小資產階級的婦女多主張節育，保持她們底美態，這種心理難道不是由於她們底階級生活狀況決定的麼？而這種階級生活狀況不又是由於資本主義的生產方法規定的麼？由此看來，一個社會底人口底升降，是和該社會底經濟生活狀況有關係的。社會底物質供給量如果能滿足社會底需要，這個社會底人口，除非遇到特別的意外的災變，是要繁殖的；反之，物質的生產量如果在社會底需要底水平線之下，這個社會底人口數量當然要逐漸減少。我們在中國底歷史上就可以看到中國歷代底人口總是隨着社會底生產力底伸縮而增減的。假使中國社會生產力一向是不斷的向前發展的，中國底人口死亡率決不會很大（不斷的暴動和戰爭是促成社會人口減少底很大的原因），而今日的人口也許不止『四萬萬』。並且我們還要知道，一個社會底各階級底人口增減率絕不是一致的，人口數目底變動總是隨着各階級底生活狀況而不同的。

人口底繁殖固然是一個社會發展所不可少的條件，但我們切不可把人口底增加看作社會發展底原動力。相反的，人口增加本身還是由於社會底物質生產力底發展決定的。所以我們要考察社會底發展過程，是不能不着眼於物質的生產發展底程度。

生產的勞働量與社會底發展

前面我們已經說過，人類社會要適應自然界，就不能不從自然界取得營養資料，即是和自然實行物力的交換——將人底勞動力憑藉着勞動工具加到自然界，而由自然界吸取多種製造生活資料和生產工具的物材。一個社會對於自然界的吸取力愈大，換言之，它從自然界吸取的物材和能力愈多，則抵抗自然界的力量愈大，同時，它就愈能克服並適應自然界。

、但是人類社會和自然界發生物力的交換，決不是憑空可以實行的，在交換的過程中，必須具備着三大條件：第一是活的人類勞動力；第二是生產手段；第三是供給勞動力底生活資料。人底勞動力要加到自然的生產對象上去，使牠變成原料，必須要憑藉生產手段做媒介。但是人底勞動力是怎樣生長起來的呢？大家都知道生活資料是維持勞動力所不可缺少的。假使勞動者沒有生活資料底繼續供給，則勞動力不久就要涸竭。所以一定量的生活資料是維持社會底勞動量所必需的。由此說來，勞動力、生產手段和生活資料三者是有不可分離的關係的，無論在何種形態的社會中，這三種要素都是缺一不可的。

同時，這三個要素在量的比例上是互相配合互相適應的。勞動力和生活資料在量的關係上說來，彼此總是不能相差很遠的。維持生產的人類的必須生活資料，是供給一定量的勞動力的原料。此等生活資料底分量固然應隨着社會底文明程度高低而不同，但牠們無論如何，至少必須要以維持從事生產者底生活為限。至於勞動量和生產工具底發達則是成反比例的。生產手段——特別是勞動工具如果具有很大的生產力，則人類所費於生產上的勞動量就愈少，反之，如果這種生產力量很微弱，則費於生產上的勞動量必愈大。所以勞動力、生產手段、和生活資料三者不僅在維持社會底生存這一點上是互相聯繫的，而且在牠們對於社會底發展上在量的關係上亦是爲一定的比例所調節的。

生產力與生產關係——生產方法

社會底發展由勞働生產力底狀態所決定，既已毫無疑問，而勞働生產力又是由兩種要素決定的，其一就是我們已經說過的生產技術，其一乃是勞働的組織、生產技術一改進，勞働生產力必提高，同樣，勞働組織一改變，生產力亦必發生變動。例如蒸汽機的發明固然使工業上的生產力大大增進，而十七八世紀的手工工場製造業在技術上與小手工業差不多；只因爲在同一場所，在同一指揮之下實行協業的分工，勞働生產力是比以前提高了。然而生產力並不是一種抽象的東西，它本身乃是由勞働工具、勞働力及勞働對象三者組成的有機體系，這三者彼此相適應，相關聯，只有在一定的生產方法之下，它們才能配合起來成爲社會的實在的生產力。在社會的生產過程中，生產手段（包括勞働工具、勞働對象等）與勞働力的分配是足以規定勞働生產組織的狀態與性質的，這樣就形成各種特定的生產關係。所謂生產關係在人類社會的初期是僅僅由勞働的技術關係——在共同的勞働過程中使勞働者彼此聯絡及與勞働工具聯結的關係——表現出來的。可是當私有財產發生，除了技術的生產關係而外，還有特定的財產關係（或所有關係）即是生產手段的私有形式。社會的變革通常總是財產關係底改變。這種財產關係當然並不是永久存在的，在私有財產制完全消滅了之後，財產關係亦跟着消滅，而剩下來的將只是技術的生產關係。在有財產關係的社會中，社會總是分裂而爲兩個對立的集團，一個是生產手段的佔有階級，另一個是僅有勞動力的生產者階級。規定生產手段的私有形態之財產關係，在任何社會中總構成階級與國家的關係之基礎。一個社會的生產過程是由勞動力與生產手段的聯結形成的。勞動力與生產手段結合的方式，就稱爲生產方法。生產方法實即是一種特定的生產關係，成了社會生產過程的經常的主要的基礎以後的社會經濟制度。馬克思將歷史上的生產方法劃分爲四大種，即是亞細亞的生產方法、（如上古巴比倫、埃及、中國、印度的）古代的生產方法、（如古希臘羅馬的）封建的生產方法（如中世歐洲的）及資本主義的生產方法。其各別特質如下：

亞細亞的生產方法：
- 發源於大河流域（如幼發拉底底格里士、尼羅河、黃河、長江、恆河諸流域）。
- 農業經營是基於廣大的水利組織上。
- 帝王、祭司、官僚、武士爲主要生產手段的所有者，農民對於治者階級須負擔徭貢。

古代的生產方法
- 廣大的奴隸勞動、
- 自由民爲生產手段及奴隸的所有者、
- 小手工業佔優勢。
- 戰爭與生產過程有着密切的關係。

封建的生產方法
- 社會的主要生產手段爲封建階級所有、
- 全部生產是在等級的隸屬的關係之下進行、
- 農民附著於土地，納賦貢於封建領主。
- 手工業者在行會制度之下實行生產。

資本主義的生產方法
- 資產階級成爲生產手段的佔有者。
- 一切生產品都當作商品生產並交換，
- 勞動者與生產手段分離，勞動力當作一種商品出賣於資本家，生產剩餘價值。
- 工資制度隱蔽了資本對於勞動的榨取。

三種生產過程

現在我們要來討論到社會底再生產過程。

在前面我們已經論到了社會底生產過程是社會全部生活底基本內容。但是我們要知道社會不獨要實行單純的生產，而且要繼續不斷的行着再生產。任何人都明白，如果一個社會斷絕了物質的生產，不到幾久就要歸於消滅。所以再生產是社會繼續存在所萬不可少的。所謂再生產過程，就是人類社會和自然界繼續不斷的物力交換過程。

但是再生產過程是可以分爲好幾種形態的。第一就是單純的再生產過程，第二是擴大的再生產過程，第三是反擴大的再生產過程或稱爲縮小的生產再過程。這三種生產過程是足以決定社會底發展水平的。我們現在要拿第一個生產過程，即是單純的生產過程來說一說。

單純的再生產過程與社會停滯

一個社會如果僅僅行着單純的再生產，即是不將生產的輪盤繼續向前擴大，結果會怎樣呢？這個社會是否會向前發展呢？當然是不會朝着發展的道路上走的。因爲單純的再生產僅僅能夠維持着社會底現狀，僅僅能夠從自然界攝取和從前一樣多的物質資料來補償那已被消耗去了的物質資料。在這樣的一種情形之下，社會雖不會向下沒落，但是同時却不能有什麼擴大的希望。其結果，是社會陷於停滯的狀態。因爲社會生產的規模始終是不向前擴大的，社會文化當然不易有很大的進展，但是所謂停頓並不是社會底活動機能停止了，不能有所活動，這只是指社會底再生產範圍不能繼續向前擴大，社會不會呈現出進步的現象。

自然，單純的再生產過程是不能永久繼續下去的。到了某一個階段，這個單純的再生產過程如果不轉變爲擴大的再生產過程，便要轉向於反擴大的再生產過程。換言之，社會是不能長久的陷於不進不退的狀態的，當物質的生產力和社會的生產關係衝突，有了一個最後的結果時，社會不向前發展，便要向後退化，以致於凋落下去。

不過也有這樣的一種情形，卽是當物質的生產力底上壓力和社會的生產關係底下壓力在衝突的過程中，暫時成爲平衡的時候，社會必暫時的陷於停頓狀態。比方一個社會底生產關係非常頑執，正在發展的生產力一時不能衝破它，這兩種力量暫時的互相頡頏着，這時社會便沒有出路。但是到了最後，必然有一種力量戰勝。要是生產關係非常頑固，生產力不能夠把他突破，並且前者不斷地對於後者發生反動，使後者繼續退減下去，那末社會就只有向後退化以至於沒落。例如當兩個階級彼此對抗的力量相等，沒有那一個階級有戰勝別的階級之可能時，社會就只好由停頓而趨於消滅之一途。反之，要是生產力發展得非常猛烈，不是生產關係所能遏制的時候，生產關係就必然要爲這種上壓力——生產力底發展所攻破，結果就形成一個更適合於生產力底發展的新生產關係，這就是所謂社會革命。所以社會底停頓不過是暫時的現象，當社會有一個什麼變動時，它會立刻消除而換過一個新的局面——或是轉向於進化，或是趨向於退化。因此單純的再生產和所謂固定的均勢在事實上是絕對不會持久的。

擴大的再生產之積極的表現

單純的再生產既不能促進社會的向前發展，構成社會發展底基本內容的，當然是擴大的再生產過程了。單純的再生產過程是表明人類社會向自然界取得的物質資料始終不能增加，所生產的，與所消耗的恰恰相稱，所消耗的，又恰恰與所再生產的相稱，所以生產力在單純的再生產中是不變的。但是等到生產力向前擴大了，情形就不同了。社會底全部勞動不僅用於補償被消耗了的物質的生產上面，換言之，不僅是夠維持和以前一樣的社會生活，而且因爲勞動生產力底增大而有了相當的剩餘；這一部份剩餘的勞動就會用到擴大社會底生產這一方面上去。因此不但舊的生產要素爲這一部份餘剩下來的勞動所增補了，而且在再生產的圈子裏添上了新的生產要素。所以在這種情況之下，社會與自然之間的物力交換關係是繼續地建築在新的擴大的基礎上面，即是社會與自然之間的物質交換過程繼續向前擴大了。這種再生產底向前擴大，就表明社會在繼續向前發展，表明社會對自然界的適應能力繼續增大。這就是擴大的再生產之積極的表現，凡是一個向前發展的社會總是基於此種積極的擴大的再生產上面的。

擴大的再生產底二重的意義

但是擴大的再生產過程，是有二重的意義的。第一、所謂擴大的再生產是指物質的生活資料和一切的物質的生產條件之擴大的生產的循環運動。譬如布疋，糧食和一切生產布疋與糧食的原料、肥料、勞動工具等等都是不斷地在那裏被消耗了的，社會就不但要利用勞動來恢復此等被消耗的生活資料和生產條件，而且要利用多餘的勞動來擴大此等物質底生產量，並且創造新的生產部門，添加各種新的生產要素。這是物質的生產物之擴大的再生產過程；第二、擴大的生產過程，同時是指一定的社會經濟關係之擴大的再生產。每當物質的生產物之再生產擴大一次，生產關係也就必然跟着擴大的再生產一次。勞動的生產力一增大了，物質的生產量就跟着增大，同時階級與階級底對抗關係也再擴大一次。例如在工業資本主義的時期中，資本階級與勞働階級底對抗關係是基於某一種分配關係上，而到了金融資本主義時期，資本集中底程度更加顯著起來，一方面資本家階級底收入是相對地增多，而另一方面勞働者階級底收入却相對地減少，因此兩個階級底對抗就是建築在另一種新的分配關係上。這種階級對抗底基礎不斷地在那裏改變，就不斷地使一定的生產關係底內容改變。就全部社會的經濟結構來說，不斷的擴大的再生產過程是使一定的生產關係和正在發展的生產力發生新的適應關係。在擴大的再生產過程中，勞動者底結合、勞動力底分配，生產工具底配置等等都是有一個重新的編制的。這一新的編制就是要使得社會的生產力和生產關係底適應關係更加建築在一個擴大的基礎上。但是我們要注意，除非社會的生產關係不能包容正在發展的新生產力，換言之，除非達到了社會革命的階段，在這種無限制的擴大的再生產過程中，生產關係底基本構造是不會變動的。我們試引上面的例子來說明：由工業資本主義進到金融資本主義，其間是必然引起了生產關係與生產力——擴大的生產力的新的適應關係，資本集中底形勢、勞動力底分配、生產手段底配置、以及資本家相互間的關係，資本家和勞動者底對抗形勢，都發生了許多無可否認的變化，然而資本主義的生產關係底基礎構造，即資本家對於勞動者底剩餘勞動（產生剩餘價值的勞動）底剝削關係，爲增殖利潤而生產及再生產，這種根本的實質是並沒有變更的。反過來說，假使資本主義的經濟制度被推翻了，而代以社會主義的經濟制度，其結果是怎樣呢？舊的生產關係已經消滅了，而重新換過了一種新的生產關係。在這樣的一種情況之下，就不是『原有的』生產關係在擴大的圈子裏的再生產，而是生產關係之根本改變了。所以，舊的生產關係隨着社會物質的生產物之再生產底擴大而繼續的再生產它自身到了某一個歷史的轉灣點，是必然要引起正在發展的生產力衝破它自身歷史底外殼的。

總之，擴大的再生產過程，一方面是物質底再生產之向前擴大，一方面是社會生產關係底再生產之向前發展。於此就可見擴大的物質再生產過程是社會底發展底基礎了。

反擴大的再生產過程

現在我們要討論到再生產底第三種形態了，那就是反擴大的再生產過程，反擴大的再生產過程是同擴大的再生產過程恰恰取着相反的方向進行的。擴大的再生產過程是生產力不斷的向前發展，表明人類社會和自然界之間的物力代謝關係永續地往前擴大，這樣就使社會的文化內容日益豐蔚起來。但是反擴大的再生產過程却是表明社會底生產力底退減，即社會不復以略進的形式向前發展，而是基於一種不斷縮小的規模上向後退步。

一個社會如果朝着反擴大的再生產過程走，其結果一定和行着正擴大的再生產的社會相反。社會本身不斷地適應着繼續向後縮小的基礎——與自然的物質交換的基礎，每適應一次自身卽退縮一次。

我們若果考察此種反擴大的再生產底原因，我們就要歸返到生產力與生產關係底對抗上。

我們知道社會是充滿着矛盾性的，而這種矛盾底根本來源，就是社會內部底物質生產力與生產關係底衝突。生產力本是來繼續向前發展着的，但是生產關係却往往束縛着生產力底發展，因此二者遂發生不斷的矛盾。這種矛盾發達到了一個最高點，就決定全社會底命運——或是推動社會向前發展，或是使得社會向下凋落。

當社會底生產關係非常堅硬，在社會進化過程中變成爲物質生產力發展底障礙物，後者沒有力量突破它時，它就會對後者發生不斷的反動，使後者——生產力繼續縮減。

在歷史上，我們常常不難看見社會的生產關係壓迫着物質的生產力，使社會陷於沒落和崩潰的狀態。例如古代的埃及、巴比倫、希臘、羅馬等國，曾經一度發生過類似資本主義底經濟生產形態。當時這些古國底貨幣資本甚爲發達，並且各種的智識和文化也很有可觀。但是結果，這些古國都一個一個凋落下來，以至於消滅了。我們考察她們沒落底原因，就要從當時的生產力與生產關係底狀態着眼。我們知道這些古代的文明國家在當時一面受着海上商業的刺戟，大發展其貨幣資本；一方面却盛行着一種奴隸制度。這種奴隸制度起初本來是幫助生產力底發展的，因爲奴隸人口一增加，無償的勞働力也就跟着增加，古代的幼稚的資本主義就是建築在這種奴隸制度——奴隸所有關係上。但是這種奴隸制度往後竟變成桎梏生產力底發展的障礙物了。因爲奴隸制度一發達，就造成了下面的幾種現象：

第一、原來在勞働過程中的生產指揮者當剩餘的生產物一增多，占有慾就逐漸增大起來，脫離了直接的生產勞働，另外形成了一個世襲的剝削階級，他們不惟不能促進生產力底向前發展，而且爲維持本階級底支配起見，極力維護那阻礙生產力發展的舊制度。

第二、一切的勞動既由奴隸去擔負，勞動在一般人底心目中就漸漸視爲可恥的事情。一般有智識的貴族身分都鄙視生產事業，這樣就造成了牢不可破的隸屬制度。握有生產手段支配權的寄生階級既不屑注意到生產技術底改進，被支配的奴隸階級又在殘酷的榨取之下，沒有餘力去改進生產技術，社會底勞動生產力就不斷地減退了。

第三、隨着支配階級底慾望之亢進，各種的榨取亦就愈益强化起來（如羅馬在帝政建立以後，）工商業逐漸衰落，手工業與技藝都在高利貸底榨取之下，不斷地趨於衰頹。同時因着戰爭的頻仍，各都市日漸凋落，奴隸生產出來的農產品，就不能為各都市底市場所容納，奴隸制度就不能再支持下去了。

因此所有此等古代的奴隸制國家，多在此種情勢之下沒落下去了。若果我們拿中國底歷史來考察，我們同樣可以找出歷代社會經濟衰落底原因來。中國在古代本來亦曾有過很繁榮的奴隸制度，物質的生產力也有相當的發展，不過沒有海上商業罷了。可是中國古代的隸屬制度和身分制度束縛了生產技術底發展，所以曾經發生過好多次的變亂，充分的表現出社會生產力底衰落。在中國歷史上，每每有異族入寇中國的事變，這都表現中國社會經濟底凋落，並不能單純的以軍事的勢力來考察它們。當蒙古族人併吞中國、建立蒙古帝國的時候，表示中國底社會已呈現凋敝的狀態，但是蒙古帝國不久就崩潰了。崩潰的原因在那裏呢？很顯然的，是當時蒙古帝國底財產制度束縛了生產力底發展，使生產量一天一天的退減下去。

所以當我們觀察一個社會底凋落與崩潰的時候，我們唯一的路線，是要尋求生產力與社會底生產關係之間的關係，要從生產力受着生產關係底反動不斷地向後退減這一方面去考察，才會得出正確的結論。

第八章　社會底變革——社會革命論

我們在前面屢次說到過了，社會是一個永遠流動不息和變動不居的進程，

矛盾是一切社會運動底根源

但是什麼叫做社會底運動呢？社會底運動之實質是什麼呢？當然，如果我們不避開辯證法的唯物論的觀點，我們就可以說社會底運動過程，卽是社會內部的矛盾繼續向前發展的過程—一切的運動——不論是自然界的，抑是社會界的，都是由於矛盾的力量在那裏不絕的展開和同時解決形成的。從天空中的行星底遊動到電子底運動爲止，我們都可看出矛盾的互相對抗，是自然界底一切運動底基本內容。至於說到人類社會底運動當然亦是基於這種矛盾底對抗形式上。沒有矛盾，就沒有運動，這是辯證法底根本法則。

我們知道世界的發展是由於對立的互鬥及對立物間矛盾的成熟與解決而完成的，人類

社會當然是世界的一部分，它和自然界一樣是不斷地經過內在矛盾的展開與解決而往前發展的。在社會的發展史上，我們看見充滿了各種複雜的矛盾，每一時代的矛盾以各種特殊的形式表現出來，當它們達到一定之點，就以突變的形式——革命或社會的巨大變動（如蠻族侵入羅馬等）來解決的，每經過一次矛盾的總解決，社會就被推進到一個新的階段，於是新的矛盾又以異樣的形式表現出來了。

社會的發展與變更是內部矛盾的結果

我們知道人類社會有外部的與內部的矛盾兩種，外部的矛盾就是人類在勞動過程中對自然的不絕鬥爭，只要人類社會存在一天，這種矛盾總是不停止的，因為停止對自然的鬥爭，就等於社會自身底生存宣告終止；內部的矛盾就是存在於生產力與生產關係之間，階級、各種生產形態、政治、法律、宗教、文化各方面的矛盾，在有階級的社會中，這許多複雜的矛盾是無法消滅的。它們常常成為社會發展的推動力。在這裏，我們就立刻發生一個問題了，就是社會的運動與發展是由社會自身內部的矛盾推進的呢？抑僅僅由外部的矛盾刺戟的呢？換言之，社會體系運動的泉源存於它自己內部呢？抑只是存於它底環境中呢？這就是辯證法唯物論者與機械論者爭論的一個問題。機械論者以為社會好像一部機械它自身是不能運動的，必須受外力的推動始能運動。所謂運動在機械論者看來，只是由於方向不同的力量之對抗相反的力量之對抗造成現象的均勢（Equilibrium），均勢的破壞與恢復就繼續不斷地造成運動，社會就是由它自身與自然的均勢之變動而變動的，所以結局機械論者承認社會體系內部的發展與變更是完全由外部的矛盾——社會與自然之間的矛盾決定的，至於辯證法唯物論者則認為社會的運動與發展是由社會自身所包含的對立之發生與相互轉變，社會自身就是不斷地由一種對立進到別種對立的轉變的過程，這樣就造成它自己的運動。社會內部所含有的對立是統一的、聯繫的、並相互轉變的。資本主義否定封建制度，是由於封建生產關係自身底矛盾展開的結果，資本主義並不是從封建社會的外部代替封建制度的，同樣社會主義否定資本主義，也是資本主義自身矛盾發展的結果，資本主義在它發展的過程中就造成了它自己的否定——社會主義成立的條件（如生產手段集中與勞働社會化等，）原來成為促進社會生產力發展的資本主義的所有關係（生產關係）到頭就轉變為生產力發展的桎梏，這正是說明社會發展與變更是由它自身的矛盾招致的。

在社會內部的矛盾之間，我們可以尋出總的矛盾來，這一總的矛盾就是物質的生產力底變動與社會的生產關係之間的矛盾。若果我們要考究這一矛盾底作用，我們就可以看出它是變更現存的社會生產關係乃至一切的社會構造、創造新的社會構造的原動力。

生產力與現存的生產關係之矛盾是社會底總矛盾

社會內部底一切矛盾都是反映着生產力底變動與社會之經濟的構造和社會的構造之間的矛盾，並且都是以後者爲基礎的。由於這一矛盾就發生階級與階級之間的對抗和矛盾，再由階級底矛盾就發生政治上的、觀念上的、宗教上的、以及一切社會現象的矛盾來。

當生產力與新的生產關係暫時相適應的時候，二者之間的矛盾是尙不顯著的。因此階級與階級的矛盾亦是不十分顯露的。同時政治、觀念等等的矛盾也是不至於十分激烈的。自然，在這一種場合社會底矛盾性並不是消滅了，而是在那裏繼續不斷的醞釀著。並且舊的殘餘的社會勢力和政治勢力等還是和新的社會制度衝突的，如革命後復辟勢力底活動和反攻等等都是。所以實際上，在有階級的社會中，社會內部是片刻不會消失矛盾性的，不過有的時候較爲明顯，有的時候較爲隱晦罷了。當生產力逐漸向前發展，而社會生產關係處處阻礙牠時，社會底矛盾就逐漸展開了。於是不僅每一現象部類內部之間呈現矛盾的狀態，即諸現象部類相互之間也發生矛盾鬥爭的情形來。例如當封建的財產關係——封建土地私有關係、行會制度、商業的獨占，封建的稅則等等和新生的生產力衝突最激烈的時候，封建階級和資本家階級的鬥爭也就同時猛烈的發展起來。這種階級鬥爭不獨表現於各種的政治運動和政治鬥爭中，而且表現於社會底心理和觀念的衝突中。同時封建階級又用政治的力量和法律的限制來進攻當時的資產階級，限制其各種的經濟活動與自由。因此當時新興的資產階級提出來的鬥爭口號，就是『自由』、『平等』，這完全是針對着當時的封建獨占與專制和身分制度而發的。經過了這一個偉大的鬥爭，才將全部的社會關係轉變過來了。

因此，我們可以看到生產力和社會的生產關係的矛盾是一切社會內部底總根源。爲要說明社會內部底諸矛盾相互的依存關係，我們可以列表說明如下：

第一表　封建時代末期的社會矛盾狀態

（觀念方面之矛盾）

- 舊教與新教之鬥爭。
- 宗教戰爭之蔓延。
- 宗教之專制化。
- 自然神教之發生。

（政治方面之矛盾）

- 封建階級的獨占特權與新興資產階級自由與權利的要求之衝突。
- 身分制度與平民利益之矛盾。
- 封建君主底獨裁與民主要求之鬥爭。
- 新興資產階級與封建階級在政治上的各種鬥爭。

（藝術方面之矛盾）

- 宗教思想與科學思想之鬥爭。
- 專制主義思想與自由主義思想之衝突。
- 君主思想與民主思想之鬥爭。
- 經院學派底哲學與唯物論哲學之鬥爭。
- 封建的道德思想與新道德思想之衝突。

（階級之矛盾）

- 封建階級（君主、貴族、僧侶等）與新興的資產階級之衝突。
- 封建階級內部底矛盾（君主與教王貴族與君主之爭）。

（生產力與現存的生產關係之矛盾）

- 封建的土地獨占和割據與民族工商業發展之矛盾。
- 行會制度與生產技術發展之矛盾。
- 商業獨占與自由貿易之衝突。
- 各種貴族特權與中等階級底經濟事業之衝突。
- 各種封建的稅則束縛工商業底自由發展。
- 自給經濟與商品生產之矛盾。
- ……

第二表　資本主義社會的矛盾狀態

（藝術方面之矛盾）

- 浪漫主義與新寫實主義之鬥爭。
- 頹廢的藝術與革命的藝術之鬥爭。
- 享樂的藝術與大衆的藝術之鬥爭。

（政治方面之矛盾）

- 政黨的鬥爭與分化。
- 國際的衝突與戰爭。
- 殖民地的獨立運動。
- 國內的革命運動與紛亂。
- 法西主義與議會政治的鬥爭。

（觀念方面之矛盾）

- 新唯物論哲學與觀念論哲學的鬥爭。
- 社會革命思想與反革命思想的鬥爭。
- 革命思想與改良思想的鬥爭。
- 社會主義與個人主義的鬥爭。

（階級之矛盾）

- 資產階級與無產階級的矛盾（資本主義國內的階級鬥爭與資本主義國家和社會主義國家間的矛盾）。
- 資產階級本身底矛盾（各國及各派資產階級的鬥爭與戰爭。）

（生產力與現存的生產關係之矛盾）

- 生產手段私有與勞動社會化之矛盾。
- 無計畫的生產購買力之矛盾。
- 勞動力底需要與供給之不平衡。
- 各種壟斷與專利，與技術改進的狹隘化。
- 各個生產部門之不平衡的發展。
- 各種無生產代價之浪費、資本家增殖利潤的慾望對於生產技術改良之遏抑、資本可變部分相對減少，獨占與自由競爭的矛盾（但前者並不消滅後者。）

這兩個表解是表明兩種社會——末期的封建社會和資本社會底矛盾依存狀態，我們可以從這兩個表解中看出社會內部底各種矛盾並不是獨立存在，而是有所依附和聯繫的，它們都有一個共同的基礎，即是生產力與現存的生產關係（財產關係）之對立與衝突；由於這一總的對立與衝突（或矛盾），就生出階級與階級底衝突，乃至政治觀念、宗教藝術等等矛盾來。

社會矛盾之實際的作用

在有階級的社會中，這種內部的矛盾本來是不可免的，並且社會底進化和發展，全是靠着此等矛盾不斷的發生和解決推動的。階級鬥爭就是促進社會發展的一個原動力。在人類歷史上，我們每每看見階級鬥爭往往引起社會底變動，使社會朝着一個新的方向發展。假使沒有這種不絕的階級鬥爭發生，社會底進化一定很慢，或竟向後退化以至於沒落。為什麼？因為沒有階級鬥爭，就表明一個社會生產關係不能變革，勢必變成為束縛生產力發展的障礙物。並且我們還可以指出，一個階級鬥爭不劇烈的社會，一定要比一個階級鬥爭激烈的社會進步得遲慢。自然，階級鬥爭不一定就是能夠引起社會底進步的，它要在一定的條件之下，即是當革命的被支配階級有力量戰勝支配階級的時候才會如此。如果在這一種相反的情形之下，譬如當彼此反對的階級勢均力敵，沒有那個階級能夠戰勝別的階級時，結果必定是兩敗俱傷，使社會歸於沒落。然而在歷史上，階級鬥爭大多數是促進社會底改革的。

但是有人要問，在將來社會各階級底界限消滅了，即是沒有私有制度的社會中，人類不是不會向後退化嗎？社會不是要慢慢地歸於凋落以至於消滅嗎？對於這種疑問的回答應該是這樣：階級鬥爭乃是私有制度造成的，在有私有制度的社會，階級鬥爭是必然要發生，而且是不可少的。爲什麼呢？因爲第一、社會有了私有財產，就會有支配階級——財產占有者和被支配階級底對抗和鬥爭；第二、假使沒有這種鬥爭，則支配階級爲維持其階級利益起見，決不肯對於那種阻礙生產力發展的社會制度根本改變，結果，社會的生產關係對於生產力不斷的發生反動，社會就要跟着生產力底退減凋落下去。但是在私有制度完全消滅了以後，階級底矛盾當然不會有，因爲社會上根本就沒有階級底存在。那時候，社會內部底階級矛盾雖然消除了，但是社會和自然的鬥爭還是永遠存在的。人類社會將要用全副的力量去征服自然，使自然完全在人類底支配之下，所以社會底進步是非常迅速的。總之，在有階級矛盾的社會中，人類是無法集中全力來和自然鬥爭的，階級鬥爭一方面固然是社會發展的動力，另一方面又是社會文化的浪費，這種浪費只有在階級消滅了之後才不存在。

階級矛盾的消滅不是一蹴可就的

我們在這裏應該特別注意的，就是階級的矛盾並不是在勞動階級革命後一下子就可消滅的。階級的差歧長期地支配了社會底發展過程，即是悠久地支配了人類底生活與頭腦，要消滅這種根深柢固的差歧，那是非經過長期的艱困的鬥爭莫辦的。舊的剝削階級（資產階級）傳統的觀念與習慣渲染了社會一切的人羣，連勞動階級也受到它底影響，其他諸社會階級層——小資產階級、農民等更是不消說了。剝削階級喪失了政權後，它在社會上殘餘的勢力仍然存在，並且它常要企圖死灰復燃，顛覆革命的政權，例如俄國革命後的白黨的陰謀反動層出不窮，就是一個顯著的例證。不但如此，在勞動階級取得政權之後，舊有的私有關係依然是殘存着的，此等殘存的私有制度常與財富的社會化相矛盾相衝突，例如俄國革命後的富農商人等就是私有制度的眷戀者，他們是不願澈底消滅財產關係的。蘇聯反富農的鬥爭正是國內的階級爭鬥的一種，即普羅列塔雷亞的社會化路線與農村布爾喬亞底私有制的鬥爭。所以，如果認爲勞動階級底革命勝利以後，國內的社會階級矛盾就已歸於消滅，或是從此減輕了，那是異常錯誤的。右傾機會主義者忽視革命的階級矛盾，正是由於他們不了解辯證法的社會發展觀。

均衡論與社會發展的辯證法觀

矛盾是社會發展的基礎，這在上面已經反覆申述過了。我們現在要問，均衡在現實中是否存在呢？社會內部是否有所謂均衡存在？當然是有的。但是辯證法的均衡觀與機械論的均衡觀是不相同的。機械論者以爲均衡就是兩種相反的力量機械的對峙或頡頏體系（社會）與其環境（自然）的均衡之建立、破壞與恢復就構成社會發展的基礎，所以社會內部的矛盾是由外在的矛盾來決定的。照此推論下去，社會內部的階級鬥爭也是取決於社會與自然的矛盾了。這顯然是荒謬絕倫的。辯證法的唯物論却認爲均衡乃是運動的一個特殊形態，均衡不是外於矛盾與運動而抽象地獨立存在的，它本身就是種矛盾。均衡是無法與運動分離的，它是相對的暫時的。個別的運動可以趨向於均衡的狀態，但整個的總的運動過程却不斷破壞此種均衡，在社會內部中，我們看見有時生產力與生產關係是處於互相適應的狀態，但是全部的社會却依然是處於發展運動中，這種情形不絕地反映到社會階級上來，就造成階級的鬥爭。資本主義的社會生產關係在最初是促進生產力底發展的，然生產力與生產關係的二者相適應，同時就包含有二者的矛盾。兩個階級（例如初期的資產階級與無產階級）在最初是處於暫時的聯合中（如共同反對封建勢力），但是這兩個階級的矛盾並不是消滅了，恰恰相反，當它們底利害一進到不能相容的狀態，衝突與鬥爭就立刻發生了。例如在法國大革命時，爲了要結成聯合戰線推倒封建的反動統治，資產階級與勞動階級是互相攜手的，可是當勞動階級的勢力一膨脹起來要求政權與生存權時，資產階級就立刻惶恐起來了，甚至不惜勾結封建的殘餘勢力來向勞働階級進攻，這就可以看出資產階級與勞働階級的矛盾是天然的，是自始就存在的。又如俄國革命時，勞働階級與農民是互相聯合反對沙皇主義與資產階級的，工農聯合戰線成爲俄國革命的主要戰略，但是當勞働階級建立革命的獨裁，決定向社會主義的道路進行以後，在農民諸層間馬上起了分化，貧農與一部分中農起來與勞働階級合作，而富農則與勞働階級底社會主義路綫處於反對的地位，這種情形在五年計劃實施以後是格外明顯，蘇聯的肅清富農運動就是蘇聯國內階級矛盾達到極緊張階段的一個例證。所以在有階級的社會中，各個階級之間以及各種制度觀念之間在某種特殊的情況之下，雖然可以暫時保持着一種相對的均衡，但這種均衡並不消滅階級與各種制度觀念的矛盾，而是剛剛相反，均衡是以矛盾爲基礎的。我們再拿一九二四年以後世界資本主義的相對穩定來說，這種穩定雖然是資產階級與勞働階級以及各帝國主義之間暫時保持一種表面的均衡，但這均衡狀態顯然是基於極複雜的錯綜的矛盾之上的，這種矛盾不久就隨着資本主義的『合理化生產』與蘇聯的社會主義發展而展開了，這樣就造成了一九二八年以來的戰後資本主義第三期的恐慌。這又是均衡以矛盾發展爲基礎的一個有力的佐證，在這裏我們絲毫不能如機械論者那樣，以爲社會是在社會體系與其環境（自然）以及社會體系內部各種要素相互之間的均衡之建立、破壞與恢復上面發展的。辯證法底『正』『反』『合』三級法（Triade）的社會發展觀並不能解釋爲均衡的建立、破壞與恢復，因爲三級法本身乃是表明事物是在其自身的對立之展開與相互轉變中運動發展的，而機械的均衡論則不了解對立的統一法則。例如財富共有爲人類社會最初的經濟狀態，往後這種共有制爲私有財產制所代替了，最後私有制又將爲共同制所代替，這既不能解作一種循環，亦不能以爲這是社會與其環境的均衡變動的結果，正確的理解應是：這樣原始的共有制在其發展的過程中隨着剩餘生產的增大就轉變爲自己的反對物——私有制，私有制在經歷了許多變形的階段以後（如奴隸制、封建制、資本主義制等），到頭又在其內部造成了否定的基礎，於是私有制轉變爲共有制了。我們在研究社會革命時，亦不能認爲這是均衡被攪亂了的結果，而應理解爲這是社會內部矛盾發展到一定階段由量轉變爲質的一種突變。

辯證法唯物論認爲一切存在都是不斷地變更着發展着的，此種發展總是由於對立的鬥爭來完成的。每一種社會制度都是包含着它自身的否定因素的，在達到一定的階段，就以突變的形式爆發革命。革命就是社會發展過程中底決定點。

社會革命底根源與兩種形式

社會革命是由於社會的生產力與生產關係發生衝突，即是由於現存的階級的生產關係阻遏物質生產力的發展而由量轉變爲質的飛躍變革。在革命爆發之前，支配階級總是用盡各種方法——如改良政策來消弭革命，但是支配階級畢竟不能阻止革命的到來，被支配階級爲要完成社會革命，首先必須破壞保護舊的生產關係（財產關係）的國家組織，即是從支配階級手中奪取政權，而建立新的政權，所以一切革命都是政治革命『政治是經濟集中的表現』不摧毀支配階級的政治權力，是不能達到革命的勝利的。在歷史上我們看見有兩種主要的社會革命形式：其一就是資產階級的革命，其一是勞働階級的革命，前者通稱爲民主主義的革命，後者則可稱爲社會主義的革命。資產階級的革命是在十七世紀至十九世紀活躍着的，在這一時期各國的資產階級爲要消滅那阻遏社會生產力發展的封建生產關係，先後對封建的統治階級作戰，有的是純粹由資產階級奪取了政權建立了完全的資產階級國家，有的是資產階級因封建階級的讓步而獲得了參政權，與封建階級平分春色後來再逐漸居於優越的地位。十七世紀的英國革命，十八九世紀的法國大革命、以及俄國一九〇五年及一九一七年二月的革命，都可以說是資產階級的革命。至於勞動階級的革命力量則是在資本主義社會中發展的。勞動階級革命與資產階級主要不同之點，在於前者是要消滅私有制度，消滅階級底存在，而後者僅僅是要變更支配階級，以資產階級底利益來代替封建階級底利益。所以勞動階級底社會主義革命擔負着極重大的歷史使命，與資產階級底革命是不可同日而語的。自然，勞動階級爲要清除社會主義革命的阻礙，在有些國家是必須完成反封建勢力的資產階級革命的，然這並不是爲資產階級底利益而革命，而是要由這種革命轉變到社會主義，以消滅階級底存在。

社會革命發生的物質條件

一個革命底爆發，決不是一蹴可就的，必須要以新的生產關係所依存的物質條件底成熟爲前提。這裏就使我們認清社會變動底程序了。一切社會形態底存在，必須依附於一定的物和人的結合狀態。由一種社會形態——低級的社會形態過渡到另一種社會形態——高級的社會形態，決不僅僅是人底結合關係——階級的關係底轉變，而且首先是種種的物質條件底轉變，舊的社會形態——社會生產關係總是替新的社會形態預備物質的基礎的。譬如封建社會是替資本主義社會預備基礎的，因爲如果在封建時代底末期沒有城市商業與手工工廠業底發達，資本主義就無從勃興起來。同樣，近世的資本主義是替未來的社會主義預備基礎的，因爲如果沒有生產手段底集中和勞働底社會化，社會主義的經濟構造就無從建立起來。所以明明是兩個性質相反的社會形態，而在一個新的社會生產構成之前，必須要舊的社會形態內部首先孕育着爲這種新的生產關係所依附的物質基礎。沒有這種基礎，不僅是新的社會生產關係建立不起來，社會底根本變動——革命亦不會發生。譬如資本主義社會底生產手段不集中，則就不會造成勞働者底極度貧困化現象，不會引起資本家階級和勞働者階級底激烈對抗；沒有勞働底社會化，則勞働者就不能形成一個強有力的集團的作戰陣營，不會使他們發生深刻的階級自覺。所謂無產階級底革命當然不會發生。

不僅如此，一個舊社會形態中，尚有生產力發達的餘地，其中所包含的一切生產力尚未達到全部的發展時，這個社會是不能夠消滅的。這就是說，舊的社會組織構造內部尚容許生產力底向前發展生產力還未受着現存的生產關係底什麼大的阻礙時，是不會引起顛覆這種舊社會底革命的。為什麼呢？因為現存的社會既能包容生產力底發展，社會底矛盾尚不能攪亂社會底全部，被支配階級也就不容易發生一種革命的心理與觀念。譬如奴隸社會如果尚有生產力發達的餘地，即是奴隸制度不妨礙生產技術底發展，奴隸社會是不會消滅的，封建社會底土地占有關係，各種的身分與特權制度，如果不過於遏阻生產力底自由發展，封建社會也不易消滅；同樣，現在的資本主義社會，資產階級對於生產手段及一切物質財富底支配，如果不造成大量的勞働者底貧困化、大批的失業人口、以及種種表示生產力受着阻遏底現象，顛覆資本主義制度的革命當然不易發生。

資本主義發達底程度與革命先後無關

然而我們不能根據這一個法則作這樣的推論，即是以為資本主義愈發達的國家，其革命應該愈早，至於在資本主義經濟落後的國家是不能發生革命，即使發生革命，亦應是很遲的。事實上是怎樣呢？一九一七年俄國已發生革命了，而資本主義比較俄國發達的英、美、法諸國尚未發生社會革命。讓我們來對這個問題加以解釋罷。

我們知道資本主義已經成為一個世界的經濟體系了。在這一個體系之下，無論那一個民族那一個國家都無不受着資本主義底支配。資本主義到處造成了普羅列塔雷亞與布爾喬亞底對立現象，所以只要是有了資本主義經濟存在的國家當世界資本主義內部發生了生產力與生產關係底激烈衝突而動搖到這個國家底全部社會生活時，革命就要成爲不可避免的事情。一個國家底資本主義即使沒有發達到最高的程度，然而世界資本主義底根本矛盾和它本國內底根本矛盾一結合起來，就會引起革命。所以我們決不能機械的把現在底革命單純的看做一個國家底事變，事實上，一切革命運動都是和世界底資本主義有關係的。在現在，不僅是一國的社會革命離開不了世界底經濟關係，即使是資產階級性的民主革命也與世界底整個經濟體系相聯繫着。所以一九一七年的俄國革命決不僅僅是俄國本國底革命，而是世界革命底一部分。當時俄國底勞働階級與農民因帝國主義大戰，處於極端危迫和窘困的狀態，國內政治經濟底恐慌與世界底經濟矛盾一結合起來，就釀成這次空前的大革命。俄國在當時是世界資本主義底內外矛盾最集中的國家，是世界資本主義統治最薄弱的一環，俄國底革命爆發得最早，也就是這個原因。

由此看來，各國資本主義發達程度底高低是與革命爆發底遲早無關係的。不過資本主義的經濟愈發達的國家，建立社會主義的物質條件愈完備，比較容易進行社會主義底建設罷了。

總之，當我們研究現代的社會革命時，應該觀察它和世界資本主義的關係，不能單注意到一國資本主義經濟發達底程度，這是萬分緊要的。

人類底主觀努力與革命底關係

如上所說，社會革命是由生產力和生產關係所發生的衝突造成的。然而這是不是說革命如同一種機械的運動一樣，不經過人底努力，自己自然而然的發生出來的呢？如果我們不是機械論者，當然回答說：『否！』

所謂物質的生產力和生產關係衝突，並不是單純地借物質表現出來的，還得通過人類底意志，由人與物的矛盾及人與人的衝突表現出來的。當現存的所有權關係桎梏生產力發展的時候，同時各階級底對抗與衝突也就日益顯著起來，這種對抗和衝突一達到了相當的歷史階段，革命底動亂就要爆發起來。

革命不僅是需要客觀的歷史的物質條件底成熟，同時還需要一個階級主觀的努力，不過後者是受前者決定的罷了。

史的唯物論

蘇聯・亞達米陽著

康敏夫譯

1937

神州國光社總經售

史的唯物論

每册實價三角
外埠酌加寄費

著者 蘇聯·亞達米陽
譯者 康敏夫
發行者 南國出版社
總經售 神州國光社 上海福州路三七八號

中華民國廿六年三月初版

史的唯物論目次

日譯者序……一
譯後記……一
第一章　馬克思和恩格斯之前的思想家底唯物史觀要素……一
一　唯物史觀發見之意義……一
二　亞里士多德底唯物史觀的要素……二
三　十七八世紀布爾喬亞思想家之歷史觀的根本缺陷……五
四　十七八世紀之史的觀念論的進步性……一〇
五　空想社會主義者的唯物史觀要素……一四
六　王政復古時代之歷史家們和英國古典經濟學派……一六
七　黑格爾的歷史哲學……一八

八 費爾巴哈……………………………………二一
第二章 形成馬克思和恩格斯之唯物史觀問題的見解……二三
一 史的唯物論的形成過程……………………………二三
二 唯物史觀的誕生……………………………………二五
第三章 辯證法的唯物論和唯物史觀………………三三
一 辯證法的唯物論與唯物史觀之內在的聯結……三三
二 唯物史觀最初的根本問題…………………………三六
三 社會經濟的構成態概念……………………………三九
第四章 社會的合法則性問題…………………………四三
一 社會的法則和自然的法則…………………………四三
二 社會法則的特質……………………………………四五

三 社會發展的一般法則和特殊法則……五一
第五章 當作社會科學與實踐的行動方法的史的唯物論……六一
一 史的唯物論與其他社會科學……六一
二 史的唯物論與歷史之關係……六三
三 當作實踐的行動之方法看的史的唯物論……六七
第六章 構成態、生產樣式、制度……七三
一 社會的經濟構成態底規定……七三
二 生產樣式……七五
三 原始共產的構成態……八一
四 奴隸所有者的構成態……八五
五 封建的構成態……八八
六 資本主義的構成態……九〇

三　和主觀主義的鬥爭……一三八
四　和少數派、修正主義的鬥爭……一四〇
五　和普列哈諾夫的論爭……一四四
六　伊里奇階段底史的唯物論的發展……一四六
七　史太林階段底史的唯物論的發展……一四九

七 社會主義的構成態……九二
八 構成態和制度……九五
第七章 社會發展的理論……九九
一 世界史之統一和生產力……九九
二 技術和生產力……一〇一
三 當作生產力發展形式看的生產關係……一〇五
四 當作社會發展的起動力看的生產力和生產關係之矛盾……一一一
五 當作敵對構成態的發展及交代法則看的階級鬥爭……一一六
六 上部構造的能動性和相對的獨立性……一二五
第八章 史的唯物論的最近發展……一三三
一 和布爾喬亞社會學的鬥爭……一三三
二 和客觀主義的鬥爭……一三七

日譯者序

這已經是遠在十五年前的事情了。當我最初接觸到唯物史觀的斷片知識時的欣樂，至今還鮮明地殘留着作爲燃起我前途的希望之學生時代的追憶。

那時候，自己初從文學的觀點來觀察世間的眼光是比較擴大一點了，但爲人類生存的眞正道路，却無時不在我的腦海中苦惱着。跟着接近文學的思想，我就和現代現實生活離開，而另外幻想出很像蜃樓海市的一個新思想的世界。而且，越是在思想的世界中追求甜密的夢，就我的關心似乎越加離開現實社會了；最後走上禪道，甚至在破曉的時候，還在旅館樓上的禪座拚命地作苦心的修道。在這個時代，作爲觀察世界，觀察社會指針的唯物史觀的知識，對我曾發生了怎樣的影響呢？這簡直是我思想的一大轉變；發見自己在世上生存的意義底欣樂，實在是不能用什麼譬如所能形容的。

知識雖是斷片的，但那時我對唯物史觀已有了新鮮的印象。而且深深地感到：發見唯物史觀，就是明顯地反映出人類今後應走的途徑。思想的殿堂崩潰後，目前的世界就顯現出各各不同的意義，而社會的問題也成爲我的研究中心了其後，對於史的唯物論的研究外，還同時從各事種著作的翻譯；當時，雖然企圖積蓄一點唯物史觀的知識，可是，這個時期，有體系化的唯物史觀的理論，在我的腦海中還是飄飄然擺盪着，我當時爲什麼會來幹這樣不合身份的事情呢？在我自己也是不明白的。

現在蘇聯的科學者們，大半是由於教育事業的必要，而將史的唯物論完成爲一個科學的體系，那麼在今日，我們對於學習有系統的唯物論的知識，是比較容易得多了。史的唯物論的根本命題和範疇裏頭有着怎麼樣的東西；它有怎樣的內容；由怎樣的順序來配列，這在大體上都決定出來了。而且古典家們的各個解說和命題，也由一定的順序來配列，那對於我們學習史的唯物論的概念和範疇的意味內容，是更加便利了；雖然我們從書本中來學習史的唯物論，是很容易的，但反過來說，却淡薄了我們對史的唯物論的印象；消失了我們從日常淺近之現實生動的運動中，吸取史的唯物論之內容底熱意，而成爲濃厚的圖式化，形式化的傾向；沒有反省自己在知識，經驗和人物方面，較之古典家們惡劣過百倍，而尤常常傾向於古典家們的各個學說公式化；從事解釋來替代眞實的批判。

在古典家們的場合，雖然有了對活生生的社會的現實運動底具體的態度，有了從這現實運動中，發見其後應走的方向底實踐的努力；但在我們今日的場合——最少在我——也有了蘇聯科學者所體系化了的史的唯物論的知識，有了具備理論形式的體系。在古典家們的場合，雖然是有了從時時刻刻地變化發展的，活生生的人類集團所形成的現實運動在先，其後為了解釋接近這現實運動的關係和問題，史的唯物論的範疇和概念，才當作一個理論形式而生長出來；但在我們的場合，就是首先在我們的腦海中有了具備史的唯物論的概念和範疇，理論形式；然後才使我們反覆地在存在現實的社會的地方探求史的唯物論的知識。在古典家們的場合，雖然唯物史觀是決定數百萬大衆命運底科學武器；但在我們的場合，却也有言詞的解釋，理論概念的游戲。理論的進行，要不是好好地嵌入到現實的社會運動，那也只好算是糊亂的空跑罷了。

我們為什麼需要唯物史觀呢？就是因為我們想一目了然人類歷史發展的全體；認定現在繼續發展的非常複雜的世界史的具體進行；洞察以世界為舞台的這個發展的內在的聯結；同時想知道日本通過這世界史的聯結，今後將發展到怎樣的歷史的方向。正為這樣，我們又要在一切具體性中來研究日本的現實；闡明它制約着歷史底必然的發展方向底階級關係；就是我們自身非站在創造日本歷史的見地不可，但這是一件非常偉大的工作！雖然我們實際地幹着的事情是極渺小的；這也許是希望偉大的小布爾喬亞的空想吧可是我們既然開口就說唯物史觀，那末我們就非使它和世界史的現階段打成一片不可的。惟有這樣，才不難成爲一個誠實的史的唯物論者！

唯物史觀雖是人類社會的歷史認識的總和，但其歷史既然是以世界當作一個單位而現在還繼續進步的，就現在還不是從世界史的現階段解除歷史發展的結節點的時期嗎？現在就是應該我們從現世界史的發展及對內在聯結底活動的認識開始，使唯物史觀一步一步地具體地生長起來的時期了。

在唯物史觀創始者們的場合，爲了要使社會主義在科學的基礎上發展，唯物史觀的發見是非常必要的；那末在我們今日的場合，不就是要使這唯物史觀具體化到和我們日常接近的人們的社會結合去嗎？我們無論拿任何一個人來說，這個人總是一定的社會關係的代表者。現在我們在社會上，也是每天結合着一定的社會關係。我們確實是無時無刻不創造着歷史。現在不就是我們從這新的自覺從現在自己所處的社會地位底正確認識，使唯物史觀的理解發展到和我們接近的人們發生更密切的關係的時期嗎？唯物史觀也不外是從人們社會的日常經驗和知識的積蓄中所提取出來的。唯物史觀不是離開地上

的人類生活的科學的殿堂。說不能從日常的生活關係中來學習唯物史觀的人們，這不在於不能學習，而是沒有知道學習的方法

我並不是否定蘇聯的科學者們的史的唯物論之科學化的功績的人。我以爲它是起於社會主義建設途上底一個科學的運動；國民全體的生活意義，被改造爲社會主義的時候，這個別的科學化的運動，是再次轉換到綜合普遍化的方向；但憑着他們之努力研鑽的功績，總算把史的唯物論的體系整理了，而且其個別的知識也成爲顯著地豐富起來了。既然只有史的唯物論，是以人類社會的歷史的發展進行作爲其內容；內容是世界史底認識的總計及結論；那末，它就必須拿世界史新的具體研究結果來作爲它更新的內容。當作科學看的史的唯物論，決不是一刻就要達到具備化的體系的。

在蘇聯裏頭的世界史研究，近來已經是設法脫離引用，解釋，論爭的領域，而出版了很多關於各個部門的研究的值得注意的著作。現在雖然還沒有十分完善的世界史著作，但以「物質文化史研究所」作中心的這方面的研究，這要我們刮目以待於將來了。當作科學的史的唯物論的研究，雖然是必須不絕地採取這方面的具體研究的成果，可是到現在爲止，關於史的唯物論的著作，不都是缺乏具體史料之研究嗎？米定、拉茲莫夫斯基共著的

「史的唯物論，」若說到當作該書譯者看的我底感想，就它用正確的方針來指導研究當作科學的史的唯物論的這一點上，我承認它是有功績的；但從具體史料的結論來說，就它有很多的缺點，特別是引用文過多；文章也似乎累贅難讀。文章之所以累贅難讀，是由於筆者自己沒有清楚問題採納的方法，知識和材料的剪裁也都不夠的緣故。這是我近來這樣想到的。

本書在具體的史料的結論這一點上，在最近也算是收了相當的成果，可是因爲它是在蘇聯「大百科辭典」（一九三五年版第卅九卷）中的一小項目來寫的，所以在敍述說明的範圍，似乎都受到一定的限制。然而正爲這樣，把它作爲入門書來讀，却是最適合不過的！

關於翻譯，因爲考慮目下的情勢，而將原文省略削除的部分也不少；對於各個的譯語也不得已加以多少增減；還有各章中的分節的標題，那大部分差不多都是譯者加進去的。

廣島定吉　一九三六年五月二十一日

譯後記

目前，我們在中國所能看到的史的唯物論讀物是很少數的，就有也都是帶着不大正確之論點。爲了糾正我們過去對於史的唯物論的錯誤見解，爲了積蓄我們今後對於史的唯物論的知識糧食，我們都須要一本有系統的正確的，科學的史的唯物論出現。這也就是本書翻譯的目的。

本書是在蘇聯的哲學威權者米定所鑑修的「大百科全書」中之一小部分。它主要的是依據蘇聯新社會建設的寶貴材料而寫成的，在這點上爲過去的唯物史觀著作開一個新紀元，證明它隨着客觀社會發展而發展，揭破社會學的「圖式主義」的謬誤。其他如史料的豐富，及內容的「短少精悍」都爲本書的特色。我相信它出現在中國的現階段，其影響也許會不小吧！我在希望着！

日譯者廣島定吉先生在其譯序上，對於史的唯物論的重要性及意義都已很淸楚地闡明了，所以這里用不着我再來饒舌！

本書是據日譯本轉譯，其中有×的地方，都特別請日譯者廣島定吉先生塡進去的，所以這里要特別感謝他的好意！

本書雖然只不過是數萬字，可是自着手翻譯到現在爲止，也花了四個月的工夫。雖然中間因爲生活奔忙，把工作稍爲停頓一下，此外都盡了十足的氣力經過四五次的修改，然誤解誤譯，當不在少數，請讀者指正！

我不希望這本書賣得太貴，同時這本書的讀者對象幷不希望是貴家子弟，只要有很低工資的人或苦學生都能夠得讀這個鬬爭的武器。本書的出版費大牛是從友人募來的，所以我敢大聲向讀者說句便宜。但要是有人要拿『好物不便宜；便宜不是好物』這話來傷害時，那麼先請他讀過內容才說吧！

最後我要向子銓、林策二兄道謝一下，爲的是他們對這本譯本無論在精神上，物質上，都曾給過我莫大幫助。

康敏夫　一九三六年十月　日

第一章　馬克思和恩格斯之前的思想家底唯物史觀要素

一　唯物史觀發見之意義

唯物史觀（或稱史的唯物論）之發見，是馬克思和恩格斯底偉大功績之一。『馬克思正像達爾文發見有機界進化底法則一樣，他發見了人類史的發展法則。』馬克思所發見的是這個：『人類在參與政治、學問、藝術、宗教等等之前，首先是非飲食，構造房子，穿衣服不可的。因此物質的生活資料底直接生產，同時，某民族或某時代底各一定的經濟發展階段，就形成爲該人類底國家制度，法律觀，藝術及宗教觀念發達的基礎；所以，這一切都應該從這個基礎來說明，而不能像過去那樣地叛逆爲意識形態底成層所蒙蔽了的單純的事實了。』爲了唯物史觀的被發見，『從來歷史觀和政治觀所專橫的混沌和獨斷，才由指示社會生活底一個制度，作爲生產力底發展的結果，怎樣的發展到其他更高級的制度（例如從農奴制度生長出來的資本主義）底可驚的，完全的，整然的，科學的理論來替代了。』說明。

史的唯物論底發見的最大意義，就是最初使人類史的全進行能夠用唯一的科學的說明，可是由馬克思看來，史的唯物論不僅是說明人類史的進行，而且說明，在勞動者階級，必須知道『他們自身底地位和欲求的理解；他們自身解放之諸條件的理解。』（恩格斯）這樣地來抓住大衆，史的唯物論就必然地要成爲變革改造現存社會關係的批判力。這樣一來，爲了史的唯物論底發見，在人類史上，才最初產生出說明人類史全體的，眞正的科學的理論；以此爲基礎，又產生出了以科學爲基礎的人類史變革的理論。

二　亞里士多德底唯物史觀的要素

在馬克思以前，也已經有人企圖說明社會的歷史發展底合法則性的嘗試了。例如希臘的亞里士多德，十四世紀亞拉伯的思想家哈爾士，十七世紀的霍布士，十八世紀初的威哥及其他的思想家們都嘗試過了。這些思想家們，以爲支配人類社會的歷史的法則解說，是社會科學底根本任務之一，他們用各種的形式，提出而且解決了社會之合法則的問題；可是，他們對於社會生活的說明，到底還是觀念論者，所以不至創造出社會的發展之現實的進行，其現實的合法則性。只有唯物史觀發見後，觀念論才從歷史中被放逐出去了，同時，在社會的思想史上實行了根本的變革（等於哥白尼的轉換）而產生出了眞正科學的，社會的歷史的世界觀。布爾喬亞的社會思想，甚至在其發展的古典向上期（雖然和中世紀的鬬爭中，完成了一定的積極的任務，）還是不能進展到唯物史觀的。

在古代世界底思想家之中，能夠特別地強有力地表現唯物史觀之要素的，是亞里士多德底社會的歷史的見解。亞里士多德第一的把國家形態的差異，從人們的財產不平等和階級鬬爭中來說明。在構成國家底多數的家族中，『某人是豐富，別人是貧乏，第三者是有中等的財產。普通的國民是由農民、商人、手工業者組織成的。高貴的人們，還是從富的程度來區別的。』統治形態，首先是由怎樣的社會羣掌握權力而區別的。亞里士多德特別提及民主政治和寡頭政治，而如次地指出：『寡頭政治和民主政治底眞正的差異標幟，是貧富底差異。所以權力——無論是少數者，多數者，任何方面都行——以富爲基礎的時候，就成立寡頭政治；在無產者支配的時候，就出現民主政治。』民主政治之各種形態，也是由民衆（無產者）之何種階級，就是說在農民，手工業者及日傭人中，誰占優勢而制定的。』關於帝王權，也是『從民衆爲了擁護特權階級』而產生出來的東西。帝王是由這特權階級

中任命的

企圖把統治形態和階級的存在及其鬥爭相結合着，在當時已經是天才以上的嘗試了；並且亞里士多德極力主張在國民生活中之經濟的發達底任務和意義。在共同態底最初的發展階段——家族——中；還沒有交換的必要，交換最初發生的時候，就是在統一的大家族分成爲幾個家族，人類感覺需要自己沒有的東西的時候。可是交換在這個發展階段中只限於滿足人們的日常欲望。後來，從交易中交換發達爲『發財的技術』從交易發生的必要，貨幣也發生了。

馬克思在『資本論』中，再三地強調亞里士多德底著作中之史的唯物論底每個要素，或接近於史的唯物論的論點。『亞里士多德底天才，是閃晃在從商品底價值表現中，發見同等關係這一點上。只不過，他生活着的社會之歷史的界限，妨礙了他發見這個同等關係，其「現實」是存在在什麼地方呢？』在別的地方，馬克思也引用亞里士多德這樣的引用文：「古代最大的思想家亞里士多德夢想過——『若果一切器具，都像那個德達拉斯底作品自己會運轉；黑菲斯特底三脚椅子自己會進行，做起事來像神仙一樣，根據命令，或自己豫知而完成當然的事業，就是說若果梭自己能轉運機織，那麼，工頭就不須要助手，主人不要奴隸了。」

雖然亞里士多德底每個言論，推測，無論怎麼樣是天才的，可是他底社會歷史觀根本的還是觀念論的。

三 十七八世紀布爾喬亞思想家之歷史觀的根本缺陷

到了中世的時代，在古代的思想家們（茲基提德斯、亞里士多德、普爾俾及其他）之著作中所創造出來的社會的歷史的智識要素已經烟沒了，於是，它讓席給基督教的神意說，卽是對於支配人類和民族底歷史的命運之神的攝理的信仰。布爾喬亞社會學底思想的覺醒，是和科學及文藝復興時代同時的。新興布爾喬亞在與中世的意識形態底鬬爭中，作爲理論底中心問題之一而提唱了決定論的問題。卽是人類的行爲，民族底歷史的生活，不是視爲通過偉人、帝王、皇帝、或神的選擇的民族，來實現豫定目的之神底攝理的結果，而視爲依自然法則的人類自身活動之結果。專受自然科學之發達而有了力量，被機械地解釋了的所謂諸現象之嚴格的因果性的原理，都可擴張到無論社會現象的領域，或人類的行爲之上。自然法的學說，給與社會學底思想之發達以很大的刺戟，在與封建的秩序鬬爭中，又成爲以布爾喬亞制度之「自然性，」「永久性」及「合理性」爲基礎的理論武器了。然而，依照馬克思以前的一切思想家底社會之合法則性的解釋，總離不開有許多本質的缺陷的。第一是當他們底一切說明社會現象的時候，根本的是站在觀念論的立場。

「在歷史的領域中，舊唯物論以作用於歷史上之觀念的衝動力斷定爲諸事件之究極原因，其背後是以什麼爲基因呢？因爲沒有研究這衝動力原來是什麼東西，所以也反叛了自己。承認觀念的衝動力之存在不是不徹底的，但停留在這裏，不更求深進，不追究發生這衝動力的原因才是不徹底的。』所謂有着自然的永久不變「性質」的人類，當作依照同樣法則的自然之一部而考察出來的，那麼，理想的社會制度，非依照人性，依照理性之命令來建設不可了。「總之，從來的社會形態，國家形態，一切傳統的概念，都承認爲不合理的東西，都應該如塵芥一樣地捨棄。世界向來是被偏見所領導了。一切的過去僅值得憐憫和侮蔑罷了。」事實上不過是布爾喬亞理想化的天國的合理的社會制度，僅是依從人類底永久不變的，「自然的本性」而建設起來的。十七八世紀的布爾喬亞思想家們，雖然在這「人間性」的解釋中是不同的，但在這一點上，他們底一切都是一致的。所謂「人間性」的概念，就是布爾喬亞的，布爾喬亞社會的個人的反映或理想像。當新興布爾喬亞的觀念形態者們說明社會底政治之現象的時候因爲是從具備了感情和利害的這個「人間性」出發，所以不能更深進到『觀念的衝動力」以上沒有明白這衝動力底物質之根源和原因，所以在歷史上，還是停留在觀念論的立場。

第十八世紀的法國唯物論者們，以爲人類的歷史全體都是誤謬和無知的結果，當爲人類不知道他們自身的本性的結果。法國唯物論者們從意見支配世界之觀念論的立場出發，同時又主張反對環境決定意見，所以也撞到躲不了的矛盾。法國唯物論者們，像小孩轉磨磨兒一樣，總不能脫出這個圈套。甚至由地理的條件首先由氣候的影響來說明國民和人類的生活（例如蒙特斯基）的思想家，也想克服一切布爾喬亞思想家共通的史的觀念論，但他們在歷史上，還沒有到採取唯物論的立場。社會現象底自然主義的說明，雖然以地理的環境之直接的影響視爲人類的性格行爲以及社會全體底組織之規定的原因，可是這種自然主義底見地也不是社會的存在，國民生活之物質的條件；以國民性，國民道德，所謂國民底「一般精神」做爲社會的政治的事象底說明的出發點的，是在於和那個史的觀念論密接的合法則的關聯之中。但是在社會學上之地理學派的代表者的主張，雖然國民的「一般精神」其法則是由地理的環境之特定的條件所制約着的，可是社會生活本身就直接被「國民精神」所制約着了。所謂進步論的信奉者們（康德、黑爾德魯、捷爾可、孔特爾賽及其他）也不能跨出史的觀念論的立場。卽是他們以爲依從永久不變的法則，與反覆「常常一樣的變化循環」（捷爾可）的自然現象不同，人類底歷史是漸次地越向完成更偉大的前進的。可是當他們注意到人類漸進之運動的究極原因時候，却把它當作是人類底精神之本性的完成，知識的進步。

與十七八世紀底思想家們的觀念論有過密接的關係的，他們底社會歷史觀還有一個根本缺陷，就是對社會現象底機械的見解了。在這個時代，一切的科學中最發達的是地球及天體的力學。支配這力學的法則被普遍化了，被移到爲數學的，力學的思想所侵潤了的所有的科學領域之上了。在社會政治的現象分析中，作爲出發點的東西是具有從自己保存的感情發出來的熱情和志望的個人。「在十八世紀的豫言者們的頭腦裏……這十八世紀的個人——它一方面是封建社會形態之解體的所產；他方面是從十六世紀以來所發達了的新的生產力之所產——是作爲理想而溢露出來的，然而這理想的存在已成爲過去的東西了。就是說這樣的個人不是作爲歷史的結果，而是歷史的出發點。」將社會底全體當作其構成要素底個人之算術的總和來考察，在這全體中，諸種的社會力，卽是在人們的熱情與志望之間，成爲某種均衡而被確定了的東西。這樣一來，在機械的原子論底布爾喬亞世界觀之上，建築起了十七八世紀底一切的「社會契約」說，特別是盧梭的學說。這樣的見解底社會的政治的意味，是爲了布爾喬亞「自由的個人」（由封建的束縛的，）爲了給與這個個人在經濟的活動中絕對無拘束的自由而鬪爭。

十七八世紀的思想家們，對於社會現象底研究，採取了形而上學的態度；和社會之合法則性的自然主義機械論的解釋有着密切的關係。在每個思想家中的每個推測，都是分歧的，大體是因爲在十七八世紀還不能夠曉得發展的觀念吧！「在歷史的領域中，缺乏了對於事物底歷史的見解（恩格斯。）十七八世紀的思想家們，把人類看做從屬和自然全體同一法則的自然之一部分；以社會底自然的秩序，視爲與自然的秩序是同樣不變的確乎不動的東西，相應於這樣的見解，而應該變革改造社會的政治制度的任務，也就所謂哲學者認識和發見人間的本性；若果以這樣的知識爲基礎，由立法者表示實現適當的社會的政治制度，就一切事情都可妥當地解決了。這樣的社會歷史觀，是帶着觀照的性格，而忽視社會底物質的實踐，妨礙了作爲社會發展之起動力的國民大衆的鬪爭的，階級及政黨之鬪爭的重大任務之理解。

四　十七八世紀之史的觀念論的進步性

以上是十七八世紀思想家們底社會的歷史觀之根本缺陷。各思想家都因爲他們自己之階級的局限性，和其時代之知識的局限性，不能達到完成唯物論的歷史觀，發見社會現象之質的特性。可是在社會現象底領域中，他們底觀念論是帶着特殊的性質的。與現代布爾喬亞社會學之觀念論不同，十七八世紀思想家底觀念論者有着如次本質的特徵：（1）一方面和人類底精神的本質，其行爲以及作爲社會力之第一次底基礎的熱情的合法則性的自然主義的解釋，密切不可分地結合着；另方面這個史的觀念論，是本質的傾向於神學及宗教的形而上學的。它能夠從正面來否定神學嗎？（法國唯物論者）不然則要打破封建的宗教的形而上學的基礎，而創造出適應於布爾喬亞底欲望的新宗教了。這個史的觀念論底哲學的基礎，在十七八世紀思想家底大多數的場合，都是機械的唯物論。在歷史的領域中，這機械的唯物論就以論理的必要性，作爲自然主義的機械論對社會現象之見解的結果，而變成觀念論了。（2）十七八世紀的史的觀念論，當新興布爾喬亞階級以布爾喬亞制度之「合理性」及「自然性」爲基礎，而和封建的秩序鬬爭的時候，也當作他們有用之理論的武器而完成了一個進步的任務（３）最後這個史的觀念論的每個代表者，有着向唯物史觀的某種接近和其若干的要素。而且，這個要素的現存，是和在封建社會之懷胎中的階級鬪爭底尖銳化的程度連繫着，和布爾喬亞階級實行對任何封建秩序的鬪爭結合着。以這個鬪爭的理論底概括爲基礎，布爾喬亞階級底每個思想家們，都達到階級鬪爭和法制的及政治的形態底聯結的思想；傾向了經濟的說明歷史事件底斷片的嘗試。例如：馬基夫利分析意大利國家及古代羅馬的歷史時，是使封建貴族和國民之鬪爭密切地相關聯而研究國家形態及法律形式底變遷的，而且他也把貴族和加特力教會視爲意大利底衰微，市民的不平等，住民之間底美德衰頹，道德頹廢的根本原因。我們知道，馬克思是很高的評價了馬基夫利的著作的。他說「佛羅連斯的歷史是傑作。」從馬基夫利的「君主論」中抄錄了的，馬克思青年時代底筆記的大部分，都是關於階級鬪爭的問題，和階級鬥爭與政治形態之關係，革命的暴力的意義，政治與經濟之關係的東西。

威哥更明白地描寫着階級鬪爭，和法制的及政治形態之關係。在威哥看來，階級底集團的鬪爭，在創造國家及法律的諸形態這一點上，演着決定的任務。並且他也有着歷史事件底經濟之說明的萌芽。威哥區分人類史爲三大時代，（１）神代，是原始的野蠻的時代，那時還沒有階級和國家。（2）英雄時代，是貴族的封建制度的時代。（3）人類時代，是市民的政治的平等時代，而且在這時代的末期，成爲道德的頹廢和淫蕩的結果，活潑新鮮的野蠻民族不能征服國家，既不是發展的新的循環之開始，則人類再陷於蒙昧的狀態。從這個見地來觀察的時候，就歷史成爲一個循環作爲反覆循環的向上和後退的交代來考察。西歐諸民族，和希臘人及羅馬人再從同樣的地方開始，通過了同樣的根本的階段。當從一個階段推移到其他的階段的時候，在威哥看來，就負起決定底任務的，是以經濟的利害爲基礎的集團階級鬬爭。

在法國唯物論者之中，能認爲多少接近唯物論之歷史觀的，特別是在愛維西斯和他的後繼者們的場合。愛維西斯認感覺爲我們一切知識的源泉，認人類的感情思想是由外在的環境所制約的；從而又爲社會上的人類地位，特定集團的所屬關係等等所制約着的；這樣，他又主張：人類底見解，道德是爲他們底利害所左右着的，而向唯物史觀的方向進上數步。馬克思如次強調着：即是在愛維西斯唯物論是直接被適用於社會生活上的（愛維西斯「人間論」）爲感銘、自愛、享樂、正當所理解的私利形成道德的基礎。然而愛維西斯，在歷史中也同樣不至克服觀念論。一面更徹底的貫徹了，說人類是環境的產物的十八世紀底唯物論的定理，他方也和其他一切法國唯物論者同樣，以爲社會的環境是意見底所產，所謂眞正的社會力是熱情，社會是立法者創造出來的人爲的形成物。而且把國民及國家之安寧幸福，視爲是完全以人間性的知識爲基礎的立法。

唯物史觀的要素，在十八世紀的法國布爾喬亞階級革命之頃，和王政復古時代的布爾喬亞思想學說中表現得最明瞭。這時代的布爾喬亞的觀念形態者，以第三身分對封建貴族之階級鬬爭爲理論的基礎，所以不得不證明布爾喬亞制度之歷史的必然性和進步性了。在捷爾可、納凱爾、重農學派（該涅）的場合，我們可看出關於階級及階段鬬爭的觀念來。在愛維西斯之社會的政治的學說中之唯物論的傾向，特別是把政治形態的變化，作爲密切地依存於各種社會集團，和階級（關聯於手工業之發達和人口增加）鬬爭來觀察，描寫人類社會底歷史的發展的一般形像底他的嘗試，在波爾涅、安捷安·巴爾那夫以及其他的著作中，能使其更加的發展着；在巴爾那夫的著作中更能使其更高級的發展。在巴爾那夫的著作中，唯物史觀的要素表現得特別明瞭。巴爾那夫從各種所有形態底變遷的視角中，考察人類的歷史；於是他把這個所有的形態，理解爲法制規範所確認了的財產關係。雖然在人類史的黎明期——民族民主政治的時代——人類幾乎還沒有知道所有物，可是其後移到牧畜業（人口增加的結果）同時財產發生了，而且政治制度也成立了。因爲人口更加增加而產生出農業土地也就成爲私有；適應這個私有，在政治的領域中，就成立了土地貴族的支配。然而跟手工業及商業發達同時，也就產生了富的新分配；產生了權力的新分配。像土地領有——巴爾那夫指出——使貴族出現了一樣，工業財產增高國民的權力，國民收回其自由而開始政治活動了。即是說巴爾那夫在種種的所有形態底變遷中，給與階級鬭爭（貴族政治和民主政治）很大的意義。

五　空想社會主義者的唯物史觀要素

強調社會發展中之階級鬭爭及經濟的意義和任務，是在空想社會主義底學說中特別鮮明地表現着的。作爲科學的社會主義之發生的一個源泉，恩格斯舉出了聖·西蒙和傅利埃及渦文底空想社會主義。聖·西蒙在歷史上，是根本的站在觀念論的立場。他以爲社會發展的根本原因，是漸次地通過三個發展階段（神學的，形而上學的反實證的）的人心底進步。但在這觀念論的學說中，也被表現出很強的唯物史觀之要素。聖·西蒙視爲由人心底進步所決定發生出來的經濟發達，它繼後又是制約和規定政治制度之交代的。

例如聖·西蒙由財產是從這方面移到其他方面之手來說明武門凋落和產業家底成長，這時，產業家底政治的勢力是伴着他們經濟力底不斷地增進而成長的。聖·西蒙以產業家和封建領主底兩個社會的階級鬬爭，作爲十五世紀以來的歷史的過程之主要內容。可是和布爾喬亞的啓蒙家，歷史家及經濟學者不同，空想社會主義者們，指出封建領主與布爾喬亞階級底對立抗爭，同時也指出第三身分內部底新的對立，布爾喬亞和普羅烈塔利亞的鬬爭。聖·西蒙在他晚年的著作中，是站在布爾喬亞社會中之「最多數，」「最貧乏」底階級的見地，來證明社會將移向新社會的政治的制度與其必然性。

傅利埃銳敏地批判了布爾喬亞的制度，文明，特別是商業。

他把一切從來的人類史底進步，總共區分爲蒙味期，野蠻時代，家長制度和文明之四個發展階段；於是他以文明期解釋十六世紀開始以來的布爾喬亞制度底意義。傅利埃把布爾喬亞的文明同「欺詐的傀儡」一樣看待，「不忌憚地暴露布爾喬亞世界底物質的及道德的貧乏。」指出了在文明時代「貧乏是由過剩本身產生出來的。」「在一定社會中的婦女解放底程度，是一般的解放底自然的尺度，這是他最初說破了的。」

還有一個偉大的空想社會主義者——渦文——他使社會主義的事業和現實勞働

運動所發生出來的形態結合着。他從「人類底性格一方面是天賦底產物，他方面是特殊的在發育期中之環境底產物」的十八世紀底唯物論的學說出發，實際的着手於社會關係底改革，反對作爲阻礙社會改革之道路的三大障害的私有財產，宗教及現在的結婚形態。創造出了許多徹廢階級差別及社會主義的社會改造的草案。但在歷史的領域中，空想社會主義者們到底是觀念論者，他們沒有使社會主義底實現和普羅烈塔利亞底階級鬪爭結合着，他們以爲社會主義是每個思想家啓示錯誤的人類，由上流階級底慈善家的協力而和平地實現的；同時是某種絕對的眞理。

六　王政復古時代之歷史家們和英國古典經濟學派

階級鬪爭底觀念，及在歷史中之經濟的要因底任務和意義的強調，在王政復古時代之法國歷史家們（狄愛利、希索、狄愛爾、米寧以及其他）的著作中，都有相當的表現。關於階級和階級鬪爭，在王政復古時代的歷史家的見解是極度狹隘，偏狹的。縱然他們首先在布爾喬亞和封建領主的鬪爭中，找尋法國史說明的關鍵，然而他們同時却歪曲地描寫了這個鬪爭。他們一方面，把這個鬪爭作爲被征服者哥爾羅馬人（第三身分的祖先）對征服者法國人（貴族的祖先）底一般民族的鬬爭來敍述；在他方面，一提出第三身分底內部鬬爭，即是布爾喬亞和普羅烈塔利亞之鬬爭的問題時，他們就僅作了「內部的和平，各市民階級間的和平，社會的和平」的說教。

在史的唯物論底準備期中負起了極重大底任務的，是英國古典派經濟學者們；他們想以布爾喬亞之經濟諸關係的分析爲基礎，而克服十八世紀之思想家的自然主義和合理主義。我們知道，在十七世紀底後半期，英國經濟學者彼登已經主張：社會底富的基礎，是勞働而不是貨幣了。關於價值，剩餘價值，價值和價格之差異等問題，威廉·彼登所陳述了的革命思想，到英國經濟學者，特別是斯密斯和李嘉圖使其更加發展了。斯密斯和李嘉圖研究經濟的制度，開闢了勞働價值說之初端。如依照李嘉圖的主張，布爾喬亞體系的生理學——其內在的有機的聯結和生活過程之理解——的基礎，出發點，就是價值·是由勞働·時間·所·規·定·的。李嘉圖從這里出發，捨除一切舊的習慣，科學地要求明白地理解這個科學所展開了的其他的範疇——生產關係和流通——是怎麼樣的跟這個基礎，這個出發點一致，或跟它矛盾……唯在這一點上，李嘉圖對於這科學才有歷史意義的存在。

七　黑格爾的歷史哲學

李嘉圖恰像黑格爾完成了布爾喬亞哲學的古典時代一樣，他完成了布爾喬亞經濟學的古典時代。在馬克思以前，根本的站在觀念論的歷史觀的立場的，以上社會學思想的代表者們的學說中每個學說都有着某程度的接近於唯物史觀，有着某種「合理的核心」。而且在這一點上，它是首先強調在歷史中之階級鬬爭的任務和意義；確定法制的及政治的形態之階級鬬爭及向經濟的發展的緊密的依存關係。雖然每個都是天才的推測，然而這些思想家們還是不理解社會發展底觀念的。尤其是在各個思想家的場合（進步論之信奉者——巴爾那夫和其他，）他們都有着這個的嘗試，就是企圖克服否定社會發展底觀念的十八世紀合理主義的學說；或以爲人類史如反覆的循環一樣的循環論（威哥、加姆巴涅拉及其他，）但這個嘗試把其發展解釋爲漸次的量的增減，也不出形而上學的進化論之圈套以上。雖然辨證法的發展觀念，也是以觀念論作爲基礎，但是最初意識的給與定式化的人是德國哲學者黑格爾。黑格爾比較他以前的思想家，最優勝的地方就是：第一，把社會的現象作爲歷史的處理；企圖使辨證法的原理也擴大到社會關係領域之上；發見社會發展之內在的合法則性。在這一點上，黑格爾進到第十八世紀合理主義的理論以上了。黑格爾如次主張着——在歷史中，人們「自己雖然想完成其利害的滿足，正因爲這樣，在歷史中就隱藏着一種較滿足自己利害更高的東西，這種他們不認識，不在他們的意圖中的東西已經在歷史中被實現着了」（歷史哲學。）黑格爾「最初在發展的歷史中發現內在的聯結。」（恩格斯）

然而，黑格爾哲學的根本缺陷（他的觀念論，革命的方法和保守體系的矛盾，）也是宿命的影響到黑格爾底社會的政治的見解。黑格爾把理念底自己發展，視爲歷史底過程之眞正的基礎。馬克思指出他「把發展過程當作一切……人類的發展過程」來考察。這實在是從以後代平均個人置換過去的時代的人類，以後世的意識抑制前代的個人而來的。因爲忽視了實在的諸條件的原故，這個空想，故能把歷史全體化爲意識的發展過程了。於是，黑格爾以爲絕對的世界精神是歷史的造物主；歷史本身是理性無限的展開，是理念的發展。「爲了自己的發現各種原理才有了自己特別的世紀。」而且，在這個場合是「原理創造歷史，而不是歷史創造原理。」

在黑格爾看來，歷史上的活動家正像世界精神的「事務員；」正像這神祕的抽象的自己意識的，人間一般的盲目的器具。世界史，若從理論的見地看來，就是在黑格爾的哲學體系中完成的；若從政治的見地看來，就是在黑格爾時代之身分的普魯士君主制中完成的。黑格爾「歷史哲學」的辨證方法，較之黑格爾「精神現象學」「論理學」更爲黑格爾哲學的保守方面所壓倒了，因此伊里奇一方面強調黑格爾在發展之觀念作成（雖然他站在觀念論的基礎上）的功績，可是同時也指出了這樣的事實：「一般的歷史哲學至多僅能給與極少數的東西——這是萬二分明白的事情。蓋因爲在這里，就是在這個科學部門中，只有馬克思和恩格斯完成了最大前進的緣故。所以在現在看來，黑格爾是時代的落後者，而且是最陳腐的」可是，當黑格爾說明各個歷史事變的時候，偉大的歷史眼光，使他傾向到唯物史觀的某種萌芽了。例如：他主張「國家是地上的神的理念」同時黑格爾這樣寫着：「只有在身分的差別已經存在，在貧富亦甚懸殊，大多數的人們，用從來的方法，已經不能滿足自己的欲望的這樣的狀態出現的時候，現實的國家和現實的政府才能發生」（歷史哲學。）在其他的場所，黑格爾也強調着人間勞働的特性——當作自然征服的手段的工具發明。關於黑格爾，伊里奇舉出了史的唯物論這些的各個萌芽。

八 費爾巴哈

費爾巴哈雖然放棄了黑格爾的觀念論，採取唯物論的立場，可是他也和一切布爾喬亞的思想家同樣，不至克服在歷史中的觀念論。他的社會的歷史的學說出發點，是離開了時間與空間，在特定的生產樣式之外的抽象的人間。費爾巴哈的「人間」不是具體的歷史的人間。這個人間，若照恩格斯的尖銳批評，就不是一個女人生出來的，它像蝶從蛹中飛出來一樣，這個人間是從一神教的神中飛出來的。因此，費爾巴哈的人間「還尾隨着抽象的神學的後光。」因此無論自然和人類，在費爾巴哈看來都是空虛的言辭吧了。「爲要從費爾巴哈的抽象的人間移到產生現實的人間，我們是必要在歷史的行動中去研究人間的。」費爾巴哈是不曉得從歷史的行動中去研究人間的。縱然有各個正當的言說，然而費爾巴哈還是用乾燥的空虛的抽象方法做事，而從其「本質」中引出人間一切的欲求。正因爲這樣，關於社會及政治的學說，到處都是使他感到難於深入的領域。所以以費爾巴哈當作事實上唯物史觀的創始者的德波林主張，也是錯誤的。在他的場合，也僅可認爲停留在史的觀念論的一般的地盤，個別的接近唯物史觀吧了。論費爾巴哈的概論中，伊里奇記着他的史的唯物論這些的個別的「萌芽」的「胚種。」

這樣，從以上所敍述了的一切事情，我們可以說，在馬克思以前，布爾喬亞的社會的歷史的思想，是不能進到眞正科學的歷史觀；不能進到唯物史觀的。在布爾喬亞和封建制度最尖銳化的階級戰時代，每個代表者們，至多也只能接近於史的唯物論的個別的命題（階級鬬爭的觀念，經濟的發展和法制的及政治的形態的聯結，社會現象的歷史主義及決定論的觀念。）成爲布爾喬亞社會學潮流的這樣性格的根本原因，除其時代的社會科學（及自然科學）的局限性，和不充分的發達以外，其餘都是他們底階級的局限性了。布爾喬亞的社會的歷史的理論之歷史的意義，就是在批判和論駁封建秩序，以及論證了資本主義之社會關係的「永遠性」和「合理性」。這個事實表示着：在布爾喬亞社會學思想的發展中，已經有了怎麼樣的界限？

第二章 形成馬克思和恩格斯之唯物史觀問題的見解

一 史的唯物論的形成過程

唯物史觀首先是馬克思和恩格斯，基於先進資本主義諸國家中的普羅烈塔利亞底實踐鬥爭的經驗全體之理論的普遍化而發見出來的。勞働者階級之批判的實踐，在一般的是馬——伊主義理論，在特殊的是唯物史觀最深的基礎一直到現在還是這樣。不以資本主義的諸關係的保存爲利益的勢働者階級，他們是不會爲布爾喬亞的視野之特色的局限性和主觀主義所煩惱的。他們的根本利害是要求社會發展的合法則性，特別是資本主義的一切矛盾的最徹底的，客觀的，正確的理解。在人類思想史上，最初只有馬克思和恩格斯能以人類的全體歷史，和普羅烈塔利亞運動之經驗的理論的普遍化爲基礎，批判地克服了布爾喬亞底理論的思想全體的局限性，完成正確的科學的社會發展理論。馬克思和恩格斯所完成了的科學的說明人類史全體發展的合法則性的進行之唯物史觀這次（全體的和馬——伊主義理論同樣）更作爲最大批判的實踐力作爲實踐的行動方法論而出現；它把意識性灌注入自然發生的勞働運動，指示和照明出勞動者階級他們鬥爭的道路。我們知道，恩格斯曾說過：「因爲有了唯物史觀和剩餘價値學說的二大發見，社會主義才成爲科學的。」爲勞働者階級底意識形態的唯物史觀，在原則上是和一切布爾喬亞社會的學說不同的。就是說在這個唯物史觀之中，和在整個馬克思主義中同樣，無論如何也不像那個從世界文明發展的大道中脫離而發生的，被閉鎖和骨化了的學說，有這樣意味的『宗派主義。』

馬克思主義是人類思想一切積極的成果底正當的承繼者。若從思想的承繼的見地看來，就馬克思主義是以德國古典哲學，英國古典經濟學和法國空想社會主義底批判的克服和改作爲基礎而成長的。因此，爲馬克思主義底構成部分的史的唯物論，也意味着布爾喬亞科學一切積極的成果的，首先是馬克思主義底三個主要源泉的科學的，全內容的批判的攝取。馬克思和恩格斯底史的唯物論的形成，是在整個馬克思主義理論底發展的密切不可分的關係中產生的。在這個場合，這些見解，並不像少數派的觀念論者們所敍述的一樣，是作爲純理論的思想過程之結果而展開與形成的；它是基於馬克思和恩格斯底實踐的活動；是由他們從急進民主主義的立場移向到勞働者階級的見地同時又是由他們在勞働者階級對資本主義底鬥爭的許多實踐的指導的時候理論的把握人類的全體歷史，理論的概括勞働者階級運動的全經驗所形成的。

二　唯物史觀的誕生

馬克思和恩格斯在其發展初期階段中，是作爲急進民主主義者而活躍；他們尖銳地批判現存封建的與布爾喬亞的秩序，擁護都市及農村的勤勞大衆的廣泛階層的利害。政治，法律，宗教的問題，是馬克思和恩格斯注意的中心。馬克思和恩格斯在這個時期中，以自己的政治見解爲哲學的基礎，看出了黑格爾學說革命的測面。他們從最初起就反對老人。黑格爾學派，努力『從黑格爾哲學中引出無神論的革命結論』（伊里奇）馬克思和恩格斯雖參與青年。黑格爾學派，然而他們却反對費爾巴哈的主張，在許多重大的問題中，和青年黑格爾學派分開了；他們從黑格爾脫離出來後，則進行和青年黑格爾學派之方向原則不同的獨自的道路，在馬克思當「萊茵新聞」編輯的時候，他在實踐上碰到了各種階級鬥爭的焦眉的問題，同時，馬克思一步一步地確信以黑格爾哲學及歷史哲學爲謀國民大衆底眞正的利害之鬥爭的理論基礎，是不中用的。例如：是處理關於出版自由的討論批判，山林盜伐法等等論文中，馬克思都這樣寫着：各身分和階級都欲把國家化成擁護自己的經濟利益機關，「把國家底全機關變成耳、眼、手足、來幫助它聽、看守、評價、警備、避免森林所有者的利益。」馬克思在這個時期，還說國家是表現國民精神底一般的自由，這樣固然可以說馬克思是站在黑格爾派的觀念論的見地，但馬克思參加階級鬥爭的實踐，直接的參加政治鬥爭的實踐，越發使馬克思（和青年黑格爾學派不同）從黑格爾哲學底抽象的高厦降下來；使他傾向到經濟關係的實在地盤，次第的探出國家及法律形態的地上的根源。無論政治，法律的問題以及這時代的極緊急的問題——宗教問題，馬克思和青年黑格爾學派不同，他並沒有把宗教作抽象的理論的批判。卽是，馬克思這樣指出——「反宗教鬥爭，間接上是對於爲宗教它的精神泉源的世界鬥爭。」宗教當其原理倒轉了的實在性的消滅時候，同時宗教也自己使自己死滅了。根據前頭的話，固可以說馬克思無論在哲學中，在歷史哲學中，都還站在觀念論的立場；但在「萊茵新聞」（一八四二——一八四三年）的時代，他已經漸次的從黑格爾離開；漸漸地知覺從黑格爾底抽象的自己意識走向實在的社會關係和一切社會關係之基礎的社會經濟構造的道路了。

馬克思主義創始者的這個方向的決定的前進，在「德法年報」特別是在「神聖家族」中實行了。若從政治的見地看來，就馬克思和恩格斯的這個發展，就是他們兩人從急進民主主義的見地移行到普羅烈塔利亞的立場時代。在「黑格爾法律哲學批判」的論文中，馬克思最初清楚地採取了普羅烈塔利亞的立場。又從哲學的見地看來，就這個時代，是馬克思和恩格斯從黑格爾底觀念論的立場移行向唯物論哲學立場的時代。他們這個推移，是受費爾巴哈底決定的影響而發生的。費爾巴哈是與黑格爾的觀念論和靑年黑格爾學派分手之最初的一個人。馬克思和恩格斯也決不能夠否定，在十九世紀底三四十年的德國，對於黑格爾底思辨哲學的優勢和支配翻起了叛旗的，費爾巴哈底唯物論之偉大解放的革命的意義的。但是我們和普列哈諾夫少數派的觀念論的主張反對，馬克思和恩格斯還未曾是徹底的費爾巴哈主義者。他們雖然受費爾巴哈唯物論一定的影響，但同時對於費爾巴哈的局限性，缺陷，抽象的人類的崇拜和他的唯物論底觀照的性質，都採取了批判的態度。

在「萊茵新聞」的時代，若果說是馬克思主義創始者們，已經探出了從所謂觀念的合理的國家法的黑格爾理論底抽象的絕頂，移行到唯物史觀方向的道路的話，那麼，在繼續的時代，就是馬克思和恩格斯採取普羅烈塔利亞的立場，整理唯物論哲學，淸楚地和黑格爾底社會哲學分手，到達唯物史觀完成之道路的時代了。在各種著作中，馬克思和恩格斯，把黑格爾的國家哲學及法律哲學做爲德國歷史的理想的繼續；把這個哲學做嚴格的致命的批判了。爲了改造現實，馬克思曾強調了批判的實踐的意義。他主張普羅烈塔利亞在哲學中，非找出對現存制度鬥爭的「精神的武器」不可；同時強調了現存制度，只有在批判的實踐的過程中，才能夠粉碎的。「批判的武器，當然是不能以武器的批判去代替的。雖然物質的力量必須由同樣的物質力量所轉覆，但理論一抓住大衆，它就會變成一個物質的力量。」在「黑格爾法律哲學批判」中，馬克思淸算而且克服了在一切布爾喬亞世界觀中，固有的理論和實踐的分離。

關於這個時期（「德法年報」時代）之馬克思的經濟和哲學原稿中，馬克思並沒有把他和同時代的國家當作理性和自由的表現；而是把它作爲十八世紀之法國革命的結果而發生；作爲特定的社會諸關係的結果來考察。同時馬克思在經濟學的原稿中，暴露了勞動和資本對立之不相容的關係；把當作資本主義諸關係的辯護論看的布爾喬亞經濟學加以批判。馬克思於是確認生產過程是一切社會關係的基礎。在這樣的意義中，馬克思又這樣地指出：「在勞働者對生產的關係中，包含着一切人類的奴隸制。一切的隸屬關係，不外是這關係的變相或其結果。」這樣從普羅烈塔利亞的立場來批判布爾喬亞的經濟學，馬克思是接近到史的唯物論的根本觀念——生產關係的觀念了。這個根本觀念，在「神聖家族」中，尚且可以找出更明確的徹底的告成。在這個著作中，無論是普通人的觀念（如法國唯物論者的場合）或是像黑格爾一樣被外化，被神祕化了的形態觀念，總之，是以觀念看做社會發展的根本原因的，觀念論的社會的歷史的理論，馬克思和恩格斯都把它加以詳細的批判了。和這個觀念論的社會學說相反對，馬克思和恩格斯是從「人類的活動，」從人類對自然的實踐關係，從當作一切社會現象之最深的基礎看的物質的生產出發的。「批判的批判——馬克思和恩格斯指出——以爲從歷史的運動中除出人類對自然的理論的及實踐的關係，自然科學和產業，也可以到達歷史的現實性的認識初端。他們以爲：例如不認識當時代的產業，生活自身的直接生產樣式，也可以實際的認識是怎麼樣的歷史時期。」伊里奇在「神聖家族」的概論中，添寫了馬克思這樣的話：「當作對人的存在看的，當作人間之對象的存在看的對象，同時是爲了他人的人類的存在，是他對他人的人類的關係，是人類對人類之社會的行爲。」伊里奇對於馬克思這樣的命題，這樣附註着：「這個地方是很値得我們注意的。因爲它表示着馬克思怎樣的去接近他自己的全「體系」的根本觀念，說得可當一點，不外就是馬克思怎樣的去接近社會的生產關係。」

這麼，在「神聖家族」中，馬克思主義創始者們，分明的放棄了一切觀念論的社會歷史觀，而站到物質的利害的見地，站到當作一切社會過程及社會現象之眞正的基礎看的物質生產的見地了。從這里出發，在「神聖家族」中，他們已給與史的唯物論許多根本範疇的一般的定式化了。他們使國家及法律形態與特定的經濟利害或階級結合者，而來解明社會發展中的階級任務和意義；規定普羅烈塔利亞的歷史使命強調了當作新社會建設之必然的條件看的社會的變革意義。總之，馬克思和恩格斯在「神聖家族」中，雖一面批判了一切觀念論的歷史學說；但同時實際上是和費爾巴哈底人間觀一般的，及在社會歷史之外的抽象的人間底他的崇拜分手。關於這點，恩格斯這樣說着——「要想代替費爾巴哈底新宗教核心的抽象的人間崇拜，是應該在其歷史的發展中去硏究現實的人間的。比費爾巴哈底見地更進的論作，是在一八四五年由馬克思在其「神聖家族」中開始的。」

在「費爾巴哈提言論」（一九四五年）中，馬克思以社會的生產的及革命的實踐作爲存在於社會發展之根柢的原因作爲了說明社會現象，它爲了實踐的改造，都應該是其出發點的，而給與關於這個實踐的觀念的古典的定式化。「社會生活在本質上是實踐的。」這樣來觀察社會生活時，就是消滅了「抽象的孤立了的個體」的費爾巴哈的見地，和馬克思以前爲社會的思想的護身神的有名「人間的本質，」而出現「社會諸關係的總體」了。

唯物史觀底更進步的形成，唯物論底「登峯造極」的告成，就是「德意志·意識形態」（一八四五——四六年）在這部著作中馬克思和恩格斯使唯物史觀底一切的根本命題做成定式化了。馬克思和恩格斯一方面反對觀念論的歷史觀；他方面就把史的唯物論的根本命題這樣簡約了。「這個歷史觀是存在於次：即是從直接的生活底物質生產出發來考察現實的生活過程，把和一定的生產樣式結合，而且從此發生出來的交通形態，即是把在各種各樣的階段中的市民社會，作爲歷史全體底基礎來理解。其次是敍述當作國家看的這個市民社會的活動；同樣的從這市民社會來說明所有一切的理論的所產，意識形態、宗教、哲學、道德等等從市民社會的各階段中追上其生產過程，正因爲這樣，所以不用說是能夠敍述整個的過程（和過程的各種側面的交互作作）的這個歷史觀和觀念論的歷史觀不同，它不是在各時代上探索出什麽的範疇，它是常常站在現實的歷史的地盤上，它不是從理念來說明實踐；不用說，正因爲它是從物質的實踐來說明觀念的構成，所以達到如次的結論。卽是意識的一切形態和所產，既不是由精神的批判，也不是由在「自己的意識」上解消它們，或當作「幻想」「幽靈」「妄想」等東西所能廢棄，只有由實踐的轉覆爲觀念論的虛妄所產生了的實在的社會關係，才能廢棄的。

在「德意志・意識形態」中，馬克思和恩格斯最初給與關於社會機構學說的輪廓（歷史的所有形態的區別、氏族的、古代的、封建的、資本主義的；）最初給與生產力和生產關係學說的定式化。同時也在這里給與社會的變革法則底明白的定式化。這樣，在「德意志・意識形態」中，唯物史觀的一切原理，都經馬克思和恩格斯大綱地敍述了。卽是說馬克思在這部著作中，最初發見出人類社會之根本的發展法則了。馬克思和恩格斯在他們的初期著作「黑格爾法律哲學批判」「神聖家族」「德意志・意識形態」等等中，都闡明了當作新社會底建設者看的普羅列塔利亞的世界史的意義。

第三章　辯證法的唯物論和唯物史觀

一　辯證法的唯物與唯物史觀之內在的聯結

在下面這點上，伊里奇把它視爲馬克思底最大功績之一。就是「馬克思使哲學的唯物論更高的發展，使它更深的推進；使自然的唯物論的認識擴大到人類社會的認識上。」唯物史觀是「徹底的使唯物論延長擴大到社會現象的領域之上的東西。」伊里奇既強調着辯證法的唯物論和唯物史觀之間的不可分的內在的聯結；復這樣寫着：「在成爲渾身一體的這個馬克思主義哲學看來，就是一個根本前提，一個本質的部分也絕對不能把它從客觀的眞理分離；不能給布爾喬亞反動的虛僞所抱去的。」

使辯證法的唯物論擴張到社會關係的領域之上，史的唯物論和辯證法的唯物論遂成爲密切不可分的統一了。把辯證法的唯物論從史的唯物論切離，使哲學問題和史的唯物論發生矛盾，要忽視這一點，正是辯證法唯物論之歪曲。反之，把史的唯物論從辯證法的唯物論中切離出來的，是潰破史的唯物論的基礎；歪曲史的唯物論的根本命題。在戰前第二國際的內部，馬克思主義底新康德主義的修正與馬赫主義的修正，都把史的唯物論從辯證法的唯物論中切離出來同時否定了兩者之間所有的聯結。修正主義者們，以這樣的聯結爲不當；他們把馬克思主義還原作社會的歷史的學說。其次是把新康德主義，馬赫主義的哲學基礎，裝進馬克思主義了。德國社會民主黨所公認的理論家考次基，也活躍在新康德主義者和馬赫主義者對辯證法的唯物論的統一戰線上了。馬克思主義沒有哲學——他這樣的對修正主義隨聲附和——這無論和新康德主義，特別是和馬赫主義都是一致的，在這點上，沒有什麼可責備的，有害的地方。一九二七年，考次基在攻擊史的唯物論的二卷大著述中，做成自己修正主義的總決算，而拿出了布爾喬亞社會學底亞種的他自己的「史觀。」

反對辯證法的唯物論，而把其他哲學的基礎裝進馬克思主義中的，是有着一個政治意義的。要是不完全地歪曲整個馬克思主義學說特別是唯物史觀，就是潰破科學社會主義的理論和實踐。依新康德主義所修正的馬克思主義底「倫理的」基礎的，是機會主義者對馬克思的階級鬥爭論的鬥爭旗幟；是以階級調協的觀念，以「資本主義」「平和的」

轉生到社會主義的觀念代替這個理論的。可是，馬赫主義底俗流進化論的順應說或是均衡說，其使命是給與「社會民主主義的俗物」底天天的順應政策以正當化，給與資本主義到社會主義底和平的民主主義的發展道路以理論的基礎。繼續德國和奧國社會民主黨的著明的代表者之後，蘇聯的馬赫主義者們（波格達諾夫，巴查洛夫，尤休客非奇以及其他）也對辯證法的唯物論實行系統的鬥爭，想使馬赫主義和史的唯物和解起來。他們和其他一切馬克思主義之僞造者們同樣，把物質社會生產的實踐，解消爲精神的東西。他們拿出史的觀念論來反對在社會的歷史的科學中的唯物論的原則，而把社會的意識和社會的存在一樣看待了。波格達諾夫在一九〇二年曾經這樣寫過：「社會生活是經過一切的發現，而是意識的心理的……社會的存在和社會的意識，在正確的意義中，是一同的東西」。對於社會的意識和社會的存在的關係如何的問題，這個觀念論的處理，是和第二國際的理論家們反對史的唯物論之根本問題的鬥爭，有着密接不可分的連繫。觀念論的歷史觀，成爲政治和經濟的分離，成爲否定政治鬥爭之客觀的經濟基礎而出現，將政治（作爲「民主主義的政治」解釋）化爲社會發展底獨自的要因（考茨基之民主主義的世界史觀，）成爲當作歷史的起動力看的階級鬥爭之否定而出現了。史的唯物論，從第二國際的理論家們和一切馬——伊主義之敵人（托羅斯基以及其他）受到最狂暴的觀念論的攻擊的，不外都是關於這些根本的問題。

二 唯物史觀最初的根本問題

企圖使辯證法的唯物論和史的唯物論分離來覆滅史的唯物論的根本概念，對以上一切潮流的鬥爭中，馬——伊主義從辯證法的唯物論和唯物史觀之內在的不可分的聯結出發，把唯物史觀視爲擴張辯證法的唯物論到社會現象領域上的東西。把哲學的唯物論擴大到社會關係領域上的，就是首先表示着關於哲學的根本問題——思惟和存在之關係的問題——就是關於社會的發展和認識，怎樣的爲唯物論所解決了呢？只有從這里出發，才能在社會的歷史的科學唯物論與所有一切形態的觀念論之間，引出分界綫來，同時又能指示出反映社會的經濟的構成態發展及交代的一般形態和法則的，史的唯物論的根本範疇之具體的相互聯結。伊里奇從哲學的根本問題——思惟和存在之關係的問題——出發，對史的唯物論最初的根本問題，給與沒有遺漏的提出和解決。「唯物論一般是承認客觀的實在的存在（物質）是能從人類的意識。感覺經驗等等獨立出來的。史的唯物論認爲社會的存在是從人類社會的意識中獨立出來的東西。」「唯物論一般是從存在來說明意識的，要不是相反的話，就被適用到人類社會生活的唯物論，是要求從社會存在來說明社會意識的。」

在右面伊里奇的文章中，對史的唯物論最初的，最一般的問題（和其哲學的基礎密切的關聯中）都能給它以非凡的正確的特徵，又能明白地引出在社會的歷史的科學的唯物論和觀念論之間的分水綫。在社會的歷史的科學的各傾向和潮流，首先是爲這個問題如何解决所規定着的。從社會的意識獨立出來，而且完全地規定着後者的社會存在底客觀的發展出發的人們，形成一切在社會學中的唯物論者的陣營。反之，以意識形態爲社會分析的出發點，以理性，意識，意志等等的發展爲社會發展的基礎及起動力的人們，在社會學中，就加進了觀念論內部的種種潮流。在社會的歷史的科學中，觀念論的發現形式和道程，和在哲學的領域中，是同樣的複雜，爲各種各樣的形式所隱蔽着的。觀念論時常都很注意用隱蔽的形式侵入科學的領域中去的。雖然想要求同時克服史的唯物論和史的觀念論，但在其理論的發展中，已經達到明顯的觀念論的，中間的折衷的學派和小學派（把社會發展的合法則性求之社會以外——生物學的法則？地理的條件？人口增加？或生存競爭等等——的自然主義的潮流也屬於這種，）在這里同樣的也是極多種多樣的。

於是，在社會的歷史的科學中適當的唯物論的原理，是社會的存在和社會的意識底統一，在這個場合，「社會的存在是從人類社會的意識獨立地存在着的」（伊里奇）就是說存在對社會的意識是第一的，而且規定着社會的意識。這個命題就是史的唯物論的基石。馬克思和恩格斯確定而且承認成爲社會分析的出發點的，第一是物質的生產，人類社會的生產活動；是構成社會存在的根本的規定內容的社會經濟構造。將唯物論擴張到社會科學的領域上的，第一是「物質生活的生產樣式限制着社會政治的及精神的生活過程。」

區別出了社會的經濟構造和建立在經濟上面的社會的，政治的及法律的諸制度，以及爲它所限制着的社會意識形態；畢究在社會的經濟構造——它通過人類史的全體（原始共產主義除外，）在階級鬥爭過程中發達了——中找出社會生活說明的關鍵。由此，馬克思和恩格斯才能將觀念論從社會的歷史的科學領域中驅逐出去，在歷史中最初「登峯造極」的把唯物論創造出來。

三　社會經濟的構成態概念

使辯證法的唯物論擴大到社會現象的領域上的，不只是承認社會存在對社會意識的優位性。而且史的唯物論者，都是在其不斷的辯證法的發展中，在其歷史的規定性和具體性中來考察社會的存在，以及被它規定着的社會的意識。社會也和一切的自然同樣不是不變的東西，它是在不斷地繼續發展，而且這個發展是辯證法的進行，即是通過內在的矛盾；通過漸次性的中斷，飛躍，階級鬥爭及革命通過舊的東西的否定和新的東西的發生，新舊兩者的鬥爭而進行的。馬——伊主義以社會存在和社會意識的關係，作為不斷地變化，發展的東西來考察。每當社會存在變化的時候，雖然是或早或遲，可是社會的意識也得變化，「時代的精神，」「國民的性格，」「人類自己的性質」也得變化的。例如：在蘇聯的社會主義經濟，因為有怒濤一樣的增進，跟着就有勤勞大衆自己底意識的大量變革；跟着就有對勞働的新的關係，和社會主義的所有的，社會主義的規律，行為規範等等的製作。使農民從個人的小經濟移向集團的大經濟底道路的，是製造「為了改造農民，改造他們的心理為普羅列塔利亞社會主義底精神的根本基礎。」在這個場合，我們所要注意的，就是

「人們的意識，在其發展中是由他們事實上的地位所遷延着的。」例如：「集體農場的農民——在一九三三年，史太林這樣地指出——若從他們的地位上看來，雖然已經不是個人經營農民，而是集團經營農民，可是他們的意識，到現在還是舊的，私有者的。」理念的進行，在密極中看來，是由經濟諸關係的發展進行所規定着的，這就是史的唯物論的根本命題。在階級社會的經濟構成態中，社會存在同時社會意識的發展，也是在各種階級鬥爭的形式中進行的。就是說，支配階級的意識，在社會中常常作爲支配的意識而出現。要是在資本主義的條件之下，布爾喬亞的意識形態，成爲在社會中的支配的意識形態，那麽，在蘇維埃聯邦中，當做支配階級的普羅列塔利亞的世界觀看的馬——伊主義，在強烈的鬥爭中，它一方面是決定的驅逐了資本主義分子的意識形態，以廣汎的農民，小布爾喬亞大衆的意識，改造爲社會主義的意識，他方面它又滲透到社會生活的一切方面。

於是，僅僅一般地來說明社會意識和社會存在的統一，還是不夠的。社會的存在對社會的意識是第一的，單這樣主張也是不夠的。無論何時，我們都應該在跟它有着固有的階級矛盾（在敵對的構成中）的歷史上特定的發展階段上，來考察這個統一。在各歷史的發展階段上，社會的存在和社會的意識，是成爲跟它有着固有的性格和合法則性的一個具體的統一的。在這個場合，成爲這個統一的基礎的，是在一定的構成態中固有的社會經濟構造，同時這個構造，是跟着在其上面建立起法制的制度，和跟它對應的社會意識形態。

這樣，在放棄了抽象的，形而上學的，無內容的社會「一般」的規定之後，史的唯物論把辯證法適用到社會同發展，同時給與社會經濟的構成態的概念。所謂社會經濟的構成態，到底是在人類的發展中的特別的歷史階段；是歷史的特定的特殊的社會存在形態，是在人類的發展中的一個巨大的歷史時代同時在其各個中都是有着固有的特殊合法則性的特殊社會有機體。

從作爲構成態的規定的基礎的經濟構造出發，馬克思主義的古典家們，區別出如次的五個社會經濟構成態。原始共產主義的構成態，古代的（奴隸所有者的）構成態，封建的構成態，資本主義的構成態，社會主義的構成態。古代的，封建的及資本主義的構成態，是階級的或是敵對的構成態，因爲它有着固有的幾多性格的特徵，所以和先階級的（原始的）構成態及無階級的（社會主義的）構成態是不同的。社會經濟構成態的學說，可以在其密切不可分的統一中，在其交互作用和發展中，來考察出布爾喬亞社會學者們通常從社會的全體化爲抽象；化爲個別化了的範疇和獨自的「要因」的這種社會生活的種種側面（經濟、國家、法律、藝術、科學、宗教等等，）而樹立起對社會生活的綜合觀。這個學說把全體人類的先史（原始狀態除外，）作爲階級鬥爭的歷史來考察。只有從這個學說出發，才能夠漸次的理解眞正重大的歷史上的大事件；才能夠規定在社會史上的各種社會意識形態的地位和意義。

因此，將辯證法的唯物論擴大到社會關係的領域上的，就是說在社會科學中，辯證法的唯物論者，不僅承認社會的存在對社會的意識是第一的；而且把社會的發展作爲各種構成態底交代之一的自然史過程來考察，而表示着從一個經濟制度到其他的制度是怎樣地發展的。

第四章　社會的合法則性問題

一　社會的法則和自然的法則

從社會經濟構成態的理論出發，是能夠正確地解決社會發展的合法則性的問題，具體的規定史的唯物論的對象的。在社會的合法則性問題中，布爾喬亞觀念論的社會學，不是站在自然主義的社會合法則性的見地，就是站在使社會的法則和自然的法則原則的相對立的見地。在前者的場合，是想由生理學的法則，生存競爭，地理的環境條件，人種的鬥爭，人口增加等等來說明社會現象的。在後者的場合，是想原則的把社會現象的領域從自然現象中區別出來（黑喀爾特、文德爾巴特）；同時主張：自然科學的任務是使個別的事實普遍化，給它以系統化；把「諸現象」裝進一般的法則；可是相反的，歷史的對象不是一般的，是單獨的不反覆的，也並不順從怎樣的普遍化。歷史家不應把一般法則的定立作爲其任務；而應找出和發見個別的，不反覆的，「從文化價值來發見」重要的東西。例如宗教、法律、國家、道德等等的東西。

所謂心理學派（其內部有着多數的學說和體系）的見解，雖然在布爾喬亞社會學中，很廣大的普乃了，但這學派是把社會的力作爲心理的力來觀察把社會學建築在心理學的法則之上的。布爾喬亞社會學底性格的特徵之一，是不能發見社會法則的特殊性，和自然法則的統一；同時也不能發見前者和後者的質的差異，而且也是不願意發見。布爾喬亞社會學者，雖在企圖以社會現象的特殊性爲出發的場合，也不願把社會的存在，其物質的基礎作爲分析的出發點；而且他們也不能夠把這個基礎作爲分析的出發點。結局還是歸還到抽象的自然主義，心理主義；不然就至多也僅能停留在表面的經濟主義的概括吧了。從這個見地看來，值得我們注意的事情，是在布爾喬亞社會學者之間，一般公認的科學分類；但其中是這樣主張更低次的運動形態（力學、物理學、化學、生物學等等）法則，在更高的形態（在現在的場合是社會學）看來，它不是作爲從屬的法則（像恩格斯所主張的一樣；）而是完全獨立，或和更高的形態平衡作用着的。這個理論，康德已經提倡過了，而且在一切的布爾喬亞社會學中，幾乎得了市民權。這個方法論的基礎，就是把一切複雜的形態還原作單純的形態，視爲科學最高任務的這種機械論的實證論的見解。

自然法則和社會法則的關係是怎麽樣的問題，只有把社會存在的客觀理論，就是說只有把社會的發展和成爲其合法則性之最深的基礎的，歷史上特定的物質生産形態，作爲社會學的分析出發點的場合，才能夠正確地解決的。馬克思和恩格斯首先在物質的生産中，在勞働中發見從動物羣中把社會區别出來的社會之質的規定性。而且，勞働差異的標識就是生産手段的生産。布爾喬亞社會學的思想連提起近於這樣的問題也是不可能的。别説這樣，就是對於階級鬥爭的理論，也從這唯一的正確的出發點離開，次第地疏遠了社會學的思想，正因爲這樣，所以他不能夠解決自然法則和社會法則之交互關係的問題。

二　社會法則的特質

「這些個人之所以能從動物區别出來的最初的歷史的行動，不是他們思惟出來的，而是他們開始生産自己的生活資料發生出來的。」「要從動物中區别出人類來的，無論意識也好，宗教也好，他們總得用一般愛好的東西。人類自身當他們剛一開始生産必要的生活資料，這樣就是他們自己從動物中區别出來的時候。」爲了能夠「創造歷史」，故人類必定可以生存下去。但爲着要生存下去，無論如何，除了飲食，蓋房子，穿衣服外，還要做工作。於是最初的歷史行爲，就是滿足這些慾望的必要的手段生產物質生活本身的生產。」

依照恩格斯的話，就勞働是「製造人類本身。」勞働是把人類社會一般從類人猿羣中區別出來的。因此，史的唯物論創造出在社會中的現實關係和統一，同時也把社會發展的合法則性基礎，求之規定人們意識和意志的，人類社會的生產活動。因此，當伊里奇和觀念論的社會學的學說鬥爭的時候，他曾再三地這樣強調。即是社會發展的合法則性，是和人們的意識，意志相獨立的，即是不理人們怎樣歪曲地解釋這個合法則性（像馬克思主義誕生以前）或正當地解釋它（普羅列塔利亞之認識）它都是帶着一個客觀的性質而存在的。史的唯物論，在社會合法則性的解釋中，原則上和宿命論學說及主觀主義的學說都是不同的。卽是前者是把社會發展的合法則性求之人類的活動之外；排除在歷史中的個人的積極活動；後者是認社會合法則性的根源爲主觀精神的能力。史的唯物論又確定了這樣的事情：卽是「人類創造他們自己的歷史。」在這個時候，人類的這個物質社會的生產活動，是帶着一個合法則的性質的；不理人類是意識的計劃的創造人類（在社會主義的場合）呢？還是自然的社會發展的盲目的必然性——和他們自己同樣的活動——的奴隸（像人類先史之全體的場合，）它都是有着一個客觀的內在的論理。只有這樣解釋社會合法則性的時候，像在後面所看見的，在歷史中說明個人積極的任務，才有可能。史的唯物論的任務，就是正確地發見社會發展的這個客觀的特殊法則。

社會的發展是不能從地理的條件影響和生物學的法則來說明的。我們知道，普列哈諾夫對涉及社會發展的地理環境的影響，給與了過度的意義。普列哈諾夫以爲「在究極中，規定社會關係全體之發展的，生產力的發展，是由地理環境的性質所規定的。」再而這樣指出道：生產力的最先的發展是「依隨它自己內在的法則」而進行的，可是生產力發展之最初的原因，若果依照普列哈諾夫的話，就是地理的環境，說它是規定生產力的發展的。不用說，地理環境是社會發展的自然基礎；是制約着社會生活的所有方面。「一切歷史的記述，不能不從這些自然的基礎和依據人類行動的歷史途上的變形出發。」縱然是這樣，然地理的環境是不能規定社會發展的。地理環境影響社會的事實本身，其影響的程度、形式、性質，只有從社會發展的一定的階段才能說明。社會和環境的關係，兩者之間的交互作用的事實本身，在究極中，無論何時都是被生產力的狀態所規定的。這方面的明顯實例就是蘇維埃聯邦。在比較短時期之間，像怒濤般的社會主義的發展結果，在蘇聯，社會和地理環境的關係是根本的起變化了。爲了莫大的天然富源的開發（根據社會主義的經濟），多涅波水力發電所和白海運河建設等等，蘇聯地理的狀況也根本變形了。這樣，被地理環境的影響所制約了的經濟發展，使地理的環境變形；同時地理的環境也規定着波及社會發展的影響程度和形式。這樣，在各歷史的瞬間，地理環境波及社會的影響性質，是被社會發展的內在的法則性所規定的。

關於人口增加會波及社會發展進行的影響，也可以和以上同樣的來說明。不能像一般布爾喬亞社會學者，從人口增加的密度來說明社會發展的究極原因的「人口增加的條件」是怎樣的直接依存各種社會的有機體結構，同時人口則法，對於這些有機體的各個問題，都應在個別的去研究，而不能「抽象的」和歷史上相異的社會結構形態沒有關係的去研究。」伊里奇對斯特魯勃這樣指摘着——無視歷史上特殊的社會關係的體系；使生產樣式抽象化；依照繁殖和生活資料之一致的公式，而樹立起抽象的人口法則是不可能的。例如：在資本主義的生產樣式條件之下，所以發生人口過剩的事情，是因爲資本支配生產，減少必要的勞働者數目，製造出過剩的人口的緣故。

史的唯物論承認一般的自然法則和社會法則的質的差別性，但同時反對兩者的絕對的對立。在史的唯物論看來，社會發展的法則，是作爲支配自然、社會、人類的思惟的，辯證法的一般法則的特殊形態來考察社會也和自然同樣是辯證法的發展，即是通過介在矛盾裏面的飛躍革命，舊的東西的否定和新的東西的發生而進行的。從這個見地看來，史的唯物論不但承認自然法則和社會法則的質的差異，而且也承認兩者之一定的統一。社會和其餘的自然之間的這個統一，是在社會的勞働過程中被實現出來的。

關於自然法則和社會法則的交互關係問題，非預先舉出史的唯物論之機械論的，自然主義的修正的種種試驗不可。機械論者們，把法則作爲諸現象間之外的關係來解釋。正因爲這樣，他們才不把社會根本的合法則性求之社會的內在的自己發展，而求之社會和自然之外的關係。例如：布哈林仿傚着波格達諾夫從均衡論出發，以爲社會發展的內在的法則性，是完全依存於社會和外的環境之間的均衡；成爲內在的矛盾的東西只是這個外的矛盾的職能。把社會發展的合法則性及其究極原因，求之外在的環境的變化的這個機械論的均衡論，是最徹底的公然的貫徹了考茨基戰前時期的東西。例如：在「自然和社會的繁殖及進化」中（一九一〇年）考茨基就這樣說了。社會的發展，有機體的進化，都是「由一般的，完全一樣的，物質的，即是對外的生活條件的順應而進行的。」「對於世界全體以及無機界也有共通的法則。」一切的肉體形態都是被其外的環境條件所規定的。」

在「唯物史觀」（一九二七年）中，考茨基把下面這點誇獎爲自己的功績。即是，他把人類的歷史只作爲在有機的生命的歷史中的個別的場合來考察；同樣支配着人類的發展，動植物界的進化的一般法則，社會以及所有各種的變化發達，都是四圍的環境變化命令它的。要是這個環境在不變的場合，住在那里的有機體組織也是不變的。

第二國際的其他一個理論家庫諾，也是支持着在社會發展中的地理環境的規定的任務。普列哈諾夫的「地理的偏向」也進到這個同樣的方向。這些一切所說的根本缺陷，都是無視下面那樣事實的結果。即是，社會現象只有從不能夠還原爲一切自然法則的物質的社會所固有的合法則性，才能夠說明。

史的唯物論，把社會的發展，作爲被因果所制約着的一個自然史的過程來考察，由此排除了由神豫定的目的來說明歷史的進行，在人類的歷史中探求「被神祕化的意義」的這種非決定論（主張意志自由的僧侶學說）和一切種類的目的論學說。然而，否定目的論的，並沒有像布爾喬亞空論家們那樣曲解，說史的唯物論否定在歷史中的目的和觀念的動因。歷史的進行是什麼樣子都有的由人們追求各各的自己的目的而推進歷史，其結果，歷史被創造出來了。我們知道，這是恩格斯指示出來的地方。史的唯物論沒有否定目的和觀念的衝動力，不用說是相反的只有史的唯物論指示，作爲一定的衝動而反映到行動者的頭腦中的歷史原因，」（恩格斯）因此，這些目的和動機才能給以正確的說明。史的唯物論是在各社會經濟的構成態中，來解明人類的大集團，階級的目的和希望，指示出它是怎樣的發生和構成？爲什麼它會在各種的形式中出現？從這些相對的目的衝突，歷史是怎麼樣才形成的？

老實說吧！否定究極目的和展望，才是改良主義和機會主義者們所固有的東西。相反的，史的唯物論，是以企圖開闢眞正人類史的一新頁的偉大的理想目標的，全世界數百萬大衆的普羅列塔利亞和勤勞者獻身的鬥爭爲理論的基礎。史的唯物論，以各人和大衆獻身的英雄鬥爭爲基礎，但是相反的，布爾喬亞階級和他們科學所固有的東西，是像動物一樣以利己心爲基礎，是粗野的「廚房唯物論。」（薩魯茲哥夫·西查德林這樣說）

三 社會發展的一般法則和特殊法則

怎樣解釋社會發展的內在的合法則性？史的唯物論對於這樣的問題，也和布爾喬亞社會學是根本上不同的。布爾喬亞社會學以爲它們是永久不變的；探求在一切時代和民族都是一樣有用的，最一般的法則就是它的任務。這種沒有具體歷史內容的一般法則是空虛的，無內容的圖式；連一個具體的歷史時代也不能夠說明的。史的唯物論與組成將生動的現實性嵌入公式的，一般的永久不變的法則之布爾喬亞社會學不同；它確定了社會發展的各歷史階段，即是各種社會經濟的構成態，只有由它所固有的特殊合法則性才能給以它的特徵。一個構成態的發展法則和另個構成態的法則是不同的，後者是不能夠還原作前者的。然而，這也不能說史的唯物論是否定在人類之歷史中的一般法則的。我們知道，恩格斯「在費爾巴哈論」中，是這樣指出了——「在這里和在自然領域中完全同樣，由於發見諸現象的現實聯結，必要埋葬了人們所盲造出來的聯結。結局，這任務底歸結的地方，是發見作用於人類社會的歷史的一般運動法則。」可是史的唯物論和布爾喬亞社會學不同，它確定了歷史的一般法則，並不是對於一切歷史的時代都同樣有用的無內容的空虛圖式；而常常取着爲歷史所規定的，特殊的具體形式而出現。史的唯物論不是形而上學的把一般法則，從各種社會經濟構成態的特殊歷史法則中切離開來的。各構成態的特殊歷史法則，就是歷史一般法則中的特殊發現形式，可是一般法則也不能從特殊法則中獨立存在和作用。換言之，就是歷史的一般法則，在社會經濟構成態的特殊歷史發展法則之外是不存在的，無論是怎麼樣的形態，都是表現着在一切社會構成態的發展中所固有的一般的根本矛盾。例如：社會革命的法則，就是一切敵對社會經濟構成態的發生和交代的一般法則。社會革命是生產力和生產關係矛盾的敵對性格的表現；引起了舊構成態的變革和新構成態的創造；這時，這個過程，是在引起從一階級之手中過渡到他階級之手中的政權移動的，激烈的階級鬥爭中進行的。

社會革命法則的一般性格，對於人類的先史（原始狀態除外）史太林已經在集體農場的農民突擊隊第一回全聯邦大會的演說中敍述了。史太林對於這個問題是分爲三個階段來敍述的。撤毀奴隸所有者之制度的奴隸運動，撤毀封建制度之農奴的農民運動，在俄國就是掃除資本主義制度的十月革命。可是，在各構成態中，這個過程，只能在跟它固有的特殊形式中舉行；和其他構成態中的過程是原則上不同的。

惹起奴隸所有者制度之倒坏的奴隸運動，在原則上是和普羅列塔利亞運動及布爾喬亞革命不同的。「雖然奴隸蜂起革命，產生了暴動的革命運動，然而並沒有產生出指導的政黨鬥爭底意識的多數者，不能明白地理解向甚麼的目的前進，連最決定的歷史底瞬間，還是常常被操於支配階級之手的一個兵士。」比方西西里全土已成爲奴隸所佔領，同時也波及到羅馬帝國底其他的場所的西西里奴隸戰爭（紀元前一三六——一三二年）或斯巴達卡斯的運動（紀元前七十年代）這些在古代羅馬也算爲強大的運動了；這是幾乎不知停止的奴隸底叛亂。然而奴隸之運動的特徵就是沒有現存秩序變革的綱領。通常，奴隸暴徒僅把暴動參加者從奴隸制度中解放出來，而奴隸制度本身還是在緩和的形態中被保存下來。我們知道，斯巴達卡斯的綱領，因爲要盡力避免直接的羅馬進軍，而把奴隸暴徒從意大利解放到他們的祖國普拉基亞和加里亞去了。所以在古代世界的階級鬬爭，不能算是政權直接的移動到奴隸之手（但是這是準備了向新興階級之封建諸侯階級的權力移動條件，）結果是兩相戰爭階級共倒而終了。

這樣，社會革命，差不多是人類先史之全體的一般的發展法則，可是在各種構成態中，都有着它固有的特殊特性。這同樣也可以說明關於史的唯物論的其他一切範疇。即是社會發展的一般法則，只有當作支配各個社會之經濟構成態的具體的特殊的合法則性才能存在。

爲布爾喬亞社會學特徵之一般法則和特殊法則底形而上學的分離，在考茨基的場合是露骨的出現了。他在其著作「唯物史觀」中發展了這樣的見解。即是，在人類歷史中，歷史的一般法則以及各個歷史的時代所固有的這個社會法則，都是同樣地作用着的。這樣，考茨基形而上學的把一般法則和特殊法則切離了。這樣整理的結果，就歷史的聯結和從一個時代到其他時代的移行，社會經濟構成態的歷史發展及交替之一般的方向都會否定的。考茨基企圖證明社會革命之法則不是歷史的一般法則而不過是從封建制度到資本主義的移行的法則，這也决不是偶然的事情吧。這樣一來，喪失其內容一切資料的一般法則，都是由於考茨基把它化爲無內容，無對象的形式的圖式，是連一個歷史的時代也不能適用的。分離一般法則和特殊法則的考茨基之流的特質就在於他把「唯物」史觀的重點，移上實證主義的，個別的歷史時代的「特殊」法則的研究之上，使這些特殊法則從歷史的一般法則切離，在事實上也不能發見歷史之一般的合法則性和各構成態的特殊法則。

機械論者們在抽象的布爾喬亞社會學主義的精神中，構造出歷史外在的抽象的一般法則；把一個構成態之法則的作用，機械地擴張到其他的構成態之上。例如布哈林從均衡論出發，從事社會一般抽象的概念，而忽視了過渡期之特殊的合法則性。爲了資本主義，爲了過渡期，爲了社會主義，在他的場合至多也只能提出一個作爲一般的規制者的「勞勵支出的法則」罷了。這個法則，在商品經濟中穿上價格的外衣而出現，在過渡期中是在「價值法則轉化爲勞働支出的法則過程，根本的社會規制者之偶像破壞的過程」中產生的勞働支出的法則——無論是裸着體或穿上衣裳——它都是像經濟生活之命令的普遍規制者的樣子。只有這個法則的發見形式是變化了，然而其內容無論到什麽時候都是不變的。

反之，少數派的觀念論者們，一般的否定在歷史中的一般法則的存在和作用；使各個構成態之特殊法則，相互地被切離；以爲僅發見喪失了一般的形式的法則就是史的唯物論的任務了。

於是，社會合法則性的問題，自然法則和社會法則之相關關係問題，歷史的一般法則與個別的歷史時代之特殊法則的關係問題，由於在史的唯物論中，完成了社會經濟構成態的概念，而得到解決了。馬克思給與包含着一切社會底一般的本質的特徵和其特殊的歷史形態的社會的定義。在論社會經濟構成態的學說中：歷史的一般法則，是在其特殊的形式中，在個別的社會經濟構成態之法則的形式中出現的。然而社會的合法則性的問題，只是一般地把它提出來，還是不能算做解決。史的唯物論不單僅發見某構成態（例如：資本主義或封建制度的）底一般的合法則性。蓋因為純粹的社會經濟構成態在共產主義社會以外一般地沒有存在的。雖同樣的社會構成態也相應着各種的條件在各國和各民族中受着無限的多樣的變更和變形，而以它所固有的個性的特徵和特質而表現出來。例如：特殊的社會經濟構成態的封建主義，因為國家和時代不同而有着種種變態和變種。恩格斯在給馬克思的信中（一八八二年十二月十六日）這樣主張：愛爾培以東諸國，是發現有着特殊的特徵和特性的農奴制度底「復活」的時代。在這些國家中因為十六世紀之農民革命的失敗，越惹起農奴的諸關係的保存及強化了。這個對於俄羅斯尤其是這樣，在俄羅斯許多的農民革命（一六〇五——一三年，一六四三——五〇年，一六七〇——七五年，一七〇七年，一七七三——七五年）之失敗的結果，專制政治和農奴制度就更顯著的被強化了。像伊里奇所說：地主經濟的發展，歐羅巴之風不流行，而「舊中國風」「土耳其風」「農奴制風」流行了。

在一切國家中資本主義之發生，發展及腐朽，都是依從着資本主義構成態中所固有的同樣的合法則性的。可是資本主義發達之一般的合法則性，因為在各國間相應於不同的條件，而就在特殊的，屢屢異例的，不能反復的具體的歷史的條件之下起作用了。例如：伊里奇追求在各國中的農業資本主義發展的道程，而這樣地指出「農業在中世的形態改造，說起來就在德國是爲改革的實行……在英國……雖然是革命的暴力的，但其暴力是對地主有利的……在美國……是暴力的去對付南部諸州的奴隷所有者的經濟」對於俄羅斯，伊里奇確定了客觀的可能的布爾喬亞的發展底兩條道路——普魯西亞和亞美利加式的。俄羅斯進到保守主義布爾喬亞型，其第一階段是一八六一年的改革第二階段就是斯多利賓主義了。在一九〇五——六年的布爾喬亞民主主義的農民革命就是表示着農民在普羅列塔利亞的支持和操縱之下，要進入第二的亞美利加的發展之道路的鬬爭。成爲農民運動之經濟基礎的，這兩條道路的鬬爭，到一九一七年還沒有停止，最後才被普羅列塔利亞革命之勝利所揚止了。那時爲了農民，才開闢了社會主義之發展的新的道路。

最後，同構成態之發展的一般合法則性，也在其種種的發展階段中受了各種的變更和變形而出現的。例如：資本主義的構成態的一般合法則性，在其發展之帝國主義的階段中，是在幾分變更的形式之下出現的。伊里奇在其著作「帝國主義」中這樣的指示，即是資本主義達到其發展的帝國主義階段，就越使資本主義的一切矛盾尖銳化，深刻化了，越使資本主義之不均等的發展法則變更和尖銳化，而採取新的特殊的特徵因此重新提出普羅列塔利亞運動及在一國社會主義建設之可能性的問題。

因此，各構成態之一般的法則，不能僅停止在某個的構成態之一般法則的發見，而必須指出在各國和各民族中之所取出的具體的形態。從這個見地看來，伊里奇對普列哈諾夫的鬭爭，是値我們注意的了。我們知道，普列哈諾夫無視了俄羅斯之資本主義發達的具體條件和特殊性，而從論資本主義發展之一般的命題出發，沒有充分地注意到資本主義發展之具體的進行，把俄羅斯的現實裝進歐羅巴之一般的模型。伊里奇在「火花派」時代批判普列哈諾夫的綱領草案時，特別是把他對俄羅斯的資本主義的問題之輕視和曖昧，視爲他的根本缺陷之一。伊里奇指示出俄羅斯資本主義發展之具體的特殊性；而且在具體的現實性之具體的估計上建立了自己的戰術。

這樣說起來，在純粹的姿態中所採用了某構成態之一般的合法則性，是必定適應於多種多樣的具體的條件和事情，而受到無限多樣的變形與變態的。這個意義，馬克思已在「資本論」中也這樣寫過——「雖是同一的——從主要的條件看來是同一的——經濟基礎，也爲了無限的不同的經驗事情，自然條件和人種關係，外部作用之歷史的影響等等，那麼當現實出現的時候，就暴露了無限的變更和色調；這個複雜的關係只有藉以上之經驗所給與的事情的分析，才有理解的可能。」研究同一構成態之一般發展法則的這些變樣的變形，是爲了正確地認識歷史，爲了採取基礎於其上之行動的必然的重要條件。爲了這些無限的多種多樣的事情，「所有的一般法則只有在非常錯綜的近似的姿態中作爲支配的傾向才能實現。」

第五章 當作社會科學與實踐的行動方法的史的唯物論

一 史的唯物論與其他社會科學

史的唯物論是反映社會經濟機構的發展及交替底合法則性的社會發展之一般理論，同時對於一切社會的歷史的個別科學，它又表現爲唯一的科學方法，它是「社會科學的方法論」（伊里奇）是「說明歷史之唯一科學方法」的理論。史的唯物論之根本範疇是反映社會發展之客觀的辯證法，同時又表現爲指導具體的歷史材料之研究底方法論原理。史的唯物論之方法論的意義，首先是在把生產關係，當作一切社會關係的實在基礎；社會的歷史的分析底出發點。

「從來，社會學者們，在社會現象複雜的綱目中，都苦於區別重要的現象和不重要的現象，爲了有這個區分，他們不能發見出客觀的標準了。唯物論抽出「生產關係」作爲社會構造的基礎；同時把能夠適用於社會學的，而又被主觀主義者們所否定了的那個反覆性底一般科學的規準，給它以能夠應用於這生產關係的可能性，由此完全提供了客觀的規準……物質的社會關係底分析是着眼於反覆性和正規性，把各國的秩序，給與可概括爲所謂「社會的構成態」的一個根本概念的可能性。

那末，史的唯物論底一般的方法論的意義，是在這一點上：首先把它當作社會的分析底出發點，同時一切社會科學，必定要抽出社會的經濟構造，作爲一切社會現象底究極規定的要因。可是，在敵對的機構中生產關係是視爲諸階級之關係。一切人類的歷史，差不多都是階級鬥爭的歷史。因此，可以這樣看：史的唯物論也是以階級鬬爭的理論去說明原始共產主義解體以後人類的全史的，根本指導原理。伊里奇強調了：『馬克思主義在外見上的迷宮和混沌（歷史的——阿丹米雅諾夫）之中，能夠給與我們發見合法則性的系統的，這就是階級鬥爭的理論。』這不僅是說明社會現象，即是在改造和變革社會的場合，也應該從這理論出發。

只有從社會發展之科學理論的，同時當作社會現象研究底方法的，史的唯物論之正確的理解出發，才能夠解決史的唯物論和其他社會科學關係的問題。如經濟學，法律學，國家學，言語學等等的社會科學與史的唯物論的區別，首先是在這一切的科學只是研究社會的運動之各種側面或形態，而缺乏研究整個的社會的發展。要是以生產關係爲研究對象物時（經濟學），自然也有研究各種上層構造（法律、國家、藝術、言語等等）的必要。而且這些上層構造，雖有着其發展的相對的合法則性，但同時是作爲在社會的全體內部中的個別的運動形態，而從屬於社會的一般的合法則性。然而作爲史的唯物論之對象者，既不是社會的各個側面或其個別的運動形態，更不是獨一的機構，而是整個社會的發展過程，社會經濟機構的發展及交替的一般的合法則性。

二　史的唯物論與歷史之關係

在史的唯物論和歷史之間，存在着若干不同的關係。歷史科學的任務，是研究人類具體的進行研究各種民族和國家的歷史發展的合法則性。『歷史屢屢是描寫飛躍的電光形而執筆，於是在這場合，不僅取得許多的重要性的難得的材料，而且必須到處追求思想的進行屢次受到中斷的原因。』然而，當作科學的，或歷史過程底一般的理論的史的唯物論，是捨象一切歷史的偶然性和曲折的變化，作成社會的發展的一般的理論——不消說，是反映歷史的進行，反映『奪去其歷史的形態和亂雜的偶然性』的進行。就是說，史的唯物論，是把社會發展根本的本質的階段形態和其法則普遍化了。具體的歷史，其任務是在其一切特殊性中，順着年代指示出是何種構成態的歷史的發展，隨着其個性的性格，多數的變更及偏差，而發見在一定的國家和一定的時代中的，固有的具體的合法則性。可是，科學的史的唯物論，和這個具體的歷史不同，它創造出社會經濟的構成態的發展及交替的一般的理論。然而，從這個見地看時，就在史的唯物論和歷史之間，又有着極其密接不可分的交相作用和聯結。史的唯物論的結論，是完全立脚於具體的歷史材料，是歷史的認識全體的一般結論，結果，及最高的總和。使史的唯物論和歷史分離，而抽象的考察其範疇，必然的成爲觀念論和煩瑣哲學，以至使理論自實踐中割離出來。反之，當作科學的歷史，一定要完全立脚於史的唯物論的一般方法論的命題。就是說，史的唯物論底一般命題，是：辨別綜錯，複雜的歷史事實，區別本質的與非本質的東西，理解各個歷史事實的相互聯結與依存關係，創造出歷史發展的綜合見解，是應該與歷史家以這個規準和可能性的。

史的唯物論之一般命題，只有爲了研究歷史而作爲方法論來提起，才能有用，不能以具體的歷史研究去代替它的。又所謂「社會學化，」就是以一般的「社會學的」圖式代替具體的分析，這是一方面廢棄科學的歷史特質他方面是在布爾喬亞社會學主義和圖式主義的精神中歪曲史的唯物論。

對於史的唯物論和所謂「歷史哲學」的關係，這里首先應加以注意的，就是所謂「歷史哲學」是從一定的理論概念和理想的實現或絕對精神發展之實現的視角來眺望歷史，以解明人類史的目的和意義爲任務，它是和史的唯物論立在相反的立場，而否定科學的史的唯物論的。所謂「歷史哲學」的用語，若將其應用於史的唯物論時，就會使「歷史哲學」和史的唯物論的原則界限曖昧了。因前者是講求各種形而上學的，「超歷史的」先天的圖式的，觀念論東西。同樣的理由，要是將「社會學」的用語轉用於史的唯物論上，是必要很多的條件的。第一，因爲很多人是沒有注意到史的唯物論的根本特徵和布爾喬亞社會學的觀念論是有着不同方向的——在社會科學上的唯物論方向。第二，在布哈林的場合，把這用語擴大到史的唯物論之上時，就把布爾喬亞社會學抽象的規定和概念轉用到史的唯物論的領域去。因此在和布哈林論戰之際伊里奇給布哈林的著書「過渡期的經濟」的註評中，却把這用語括入括弧之中了。

關於史的唯物論的對象問題，不能不預先舉出曾在蘇聯發現過的兩個特徵的修正形態。機械論者們，在考察史的唯物論的時候，把它當作是論及抽象的不變的社會及「均衡」法則的「一般的」學說同時當作最「一般的（抽象的）」社會科學（布哈林。）來考察，這末當布哈林說明史的唯物論的時候，已經放棄了其最本質的標幟——關及社會經濟的構成態的學說。因此，在布哈林的場合，史的唯物論變成「社會一般」的抽象圖式，變成失去了具體的特殊性的一切多樣性的抽象前提的總體；在各種各樣的歷史時代都能夠一樣機械的適用的一定的圖式化了（例如對資本主義之合法則性的過渡期底機械的轉用，「勞働支出之法則」的普遍化等等。）

少數派的觀念論者們，以爲制作我們研究歷史時之助手的前提的，是史的唯物論的任務。少數派的觀念論者們將方法從社會發展的科學理論中分離出來，由此，史的唯物論化成形式的前提底體系來用於研究實在的歷史過程的。少數派的觀念論者之某一部份人，雖然反對布哈林之流的抽象的「社會學主義，」可是却主張：使歷史的特殊法則和一般法則形而上學的對立，而歷史的一般合法則性不能當作問題；史的唯物論的任務只是研究各個社會經濟的構成態之特殊法則。

少數派的觀念論者們，實在是將史的唯物論化做混沌的歷史材料帶來秩序的，先天的諸條件的總體。於是，在他們對史的唯物論的對象和其任務的說明中，可以現出他們將史的唯物論用黑格爾式的修正，同時在某程度內更受里喀爾特主義的影響。蓋史的唯物論，是由他們之手把它還原於背離實際的，具體的歷史過程之歷史的先天的論理學了的緣故。史的唯物論，雖是研究社會現象的方法，雖其所以成爲社會科學的方法論者，是因爲它同時又是社會發展的科學理論。所以把方法從理論中分離出來，必然會引起馬——伊主義底方法的解釋之歪曲，把這個方法化爲在表面上被具體的歷史材料所適用的抽象前提（僅可以說對於人的認識力有其根據）的總體。

三　當作實踐的行動之方法的史的唯物論

史的唯物論是社會發展的科學理論，同時是歷史的認識之一般的方法論；又是社會的變革和實踐的改造之唯一的科學的理論。它是基於社會發展之歷史的進行及其內在的合法則性的唯一正確的反映，來指出資本主義機構固有的內在矛盾，和這矛盾日趨於尖銳化；同時指出以這矛盾爲基礎的資本主義不可避免地陷於崩潰，及趨向於新社會的階段。史的唯物論就是爲此而提供出來的武器。科學的社會主義理論，是在史的唯物論中找出其直接的理論基礎。史的唯物論，科學的證明了資本主義不可避免的崩潰，這社會要推移到更高級的發展階段；同時又指示出推動這社會的方法，闡明爲新社會建設者的勞働階級之歷史的使命。史的唯物論，是以馬——伊主義的根本命題爲基礎的資本主義的崩潰和新社會的創造，不是作爲自然發生的，自主的自動的過程；而是當作普羅烈塔利亞與布爾喬亞經過長時間之鬬爭底結果所產生出來的。

所以，史的唯物論是勞働階級實踐的指針。同樣的，史的唯物論是嚴正的黨派科學。但如上面所述的一樣，這黨派性不是基於主觀主義（這是布爾喬亞科學的附屬物，）而是基於徹底的研究歷史現實性的客觀主義。因爲史的唯物論的黨派性，是徹底的科學的客觀主義；是以決不是布爾喬亞和修正主義的意識形態者們想要證明的一樣，說它是和客觀主義相矛盾的東西。伊里奇在「唯物論與經驗批判論」中，極深刻簡潔地將史的唯物論的黨派性的原理給與定式化：「人類最高的任務，是在一般的根本特徵去認識經濟進化（社會存在的進化）的這個客觀的論理，使人類社會的意識和一切資本主義諸國前衞階級的意識，儘可能地明瞭的批判的適應它。」在這公式中，一方面以古典的明確強調了史的唯物論之最高的客觀性和科學性；他方面也同樣地強調了立脚於客觀性之史的唯物論之黨派性，和關於社會發展之理論的行動性和創造性。

普羅列塔利亞的意識（代表他們前衛的）一方面是正確地反映社會發展之客觀的論理及階級鬪爭之客觀的進展；而他方面自己又成爲一個行動的力量，成爲社會發展之主觀的要因。所以，史的唯物論的黨派性，是與布爾喬亞的黨派性異其形態的，對主觀主義，布爾喬亞的客觀主義，都加以相等的駁斥。史的唯物論之黨派性的原理，和主觀主義（托羅斯基之社會現象觀的特徵）不同之點，是因爲他從社會發展之客觀的論理本身出發，從具體的現實性之具體的計算中，找出嚴正的科學結論的緣故。同時它又和帶有自然放任理論（右翼機會主義的特徵）的自生的客觀主義，以及布爾喬亞科學的假裝公平無私和中立性的不同之點，是因爲它不使階級和政黨分離，不抹殺生動的現實或使其不具化，不似支配階級所歡喜的那樣，在「客觀主義」的旗幟下歪曲社會發展之現實的進行。

一八八四年，伊里奇又在反駁斯特魯勃的著作中，對於所謂「客觀主義」曾加予致命的批判：「客觀主義者僅說及某一歷史過程中的必然性，而唯物論者却能正確地認識一定的社會經濟之機構和由此發生的諸敵對關係。客觀主義者因證明一定的事實系列之必然性，所以始終陷於爲這些事實之辯護者的見地；而唯物論者卻暴露階級對立，由此而規定自己的見地……故唯物論者是最徹底的客觀主義者，而自己又更深刻的，更完全的貫通了客觀主義。」它表明「究竟什麽階級規定這必然性，」從而指示「唯物論是含有黨派性的，對於每事物的評價，都依從端正的公然的站在特定的社會集團的見地。」

這麽黨派性的原理，其最深的根基是生動的，發展着的現實性本身；是由於勞働的前衞，科學的普遍化這現實性之客觀的進行。認識這個結節點，以現實性全體的根本改造爲目的，在這結節點上加以批判的工作。第二國際的理論家們，對史的唯物論之黨派性的原理，大加以攻擊，例如：考茨基主張史的唯物論本身是無黨派的，馬克·亞多拉拒絕把史的唯物論和政治及黨派的鬥爭結合，夫利多利希·亞多拉又在一九一〇年，主張擁護俄國的馬赫主義者——社會民主主義者，非難伊里奇及其他的人們，說他們把世界觀的問題認做黨派的問題。但是，這只是假裝的理論底公平無私（是他們的說教）是企圖蒙蔽布爾喬亞黨派性的形態，而完全對馬——伊主義攻擊。在蘇聯，史的唯物論的黨派性的原理，被少數派的觀念論者和機械論者修正了。少數派的觀念論者們，復活第二國際最壞的獨斷說——理論與實踐分離——由實踐走入純粹理論的領域，使理論本身化爲失去了具體歷史內容的概念，無內容的煩瑣的遊戲了。在少數派的觀念論和魯濱主義的場合，從普羅列塔利亞的實踐，轉向純粹理論的煩瑣哲學的領域的這個「退却，」是和反革命的托羅斯基主義及少數派的觀念主義的政治勾結。

機械論者們，高唱右翼機會主義的自然放任論，和對自然生長性屈服的理論，以及過少評價在運動中的意識要素之作用；沒有知道理論的實踐意義，宣傳「尾巴主義」的意識形態把實踐從批判的理論中分離，使實踐本身成爲狹隘的實利主義。關於理論和實踐之相互關係及理論的黨派性的古典規定，史太林在其著作「伊里奇主義的基礎」中曾論及：「理論是萬國勞働運動的總計。不消說，理論要是不和批判的實踐相結合着，那它便會成爲空虛的東西；同樣地，實踐要是沒有批判的理論去指導，那便成爲盲動的。但是理論要是在和批判的實踐之不可分的聯結中形成的，它便是勞働運動中最大的力量。爲什麼只有理論才能幫助實踐，就是因爲理論不僅使我們理解現存階級要向怎樣或到那裏移動，而且使我們理解最近的將來它必定跑到怎樣的一個階段上面去。」

第六章　構成態　生產樣式　制度

一　社會的經濟構成態底規定

馬克思和恩格斯所發見了的社會經濟構成態之學說，是史的唯物論的基石。「恰如達爾文更正了以動植物的種子看做是不受任何東西拘束的，偶然的，「神創造的」永久不變的東西的見解，而確定種子的可變性和相互的繼承性，將生物學完全置於科將的基礎一樣；馬克思也更正了，以社會看做是依支配者的意志（或稱爲社會和政府的意志）而起變化，爲偶然的發生變化着的個人的機械集合體的見解；而確定當作一定的生產關係之總體看的社會的經濟機構底概念，同時確定這機構之發展是一個自然史的過程，從此把社會學置於科學的基礎上。」構成態的學說，能夠適用社會學上的反復性的規準，把人類史的全體作爲社會經濟的機構底發展及交替的自然史的過程來考察。在這場合，各個的構成態對於先行的構成態來說，都算是「社會的構造之前進的時代」（馬克思）。

規定各種社會經濟的構成態之基礎物，是形成社會的經濟構造的，這構成態上固有的生產關係的總體。馬克思在「賃銀勞動和資本」中，如次地指明了：「人們在生產過程中，不僅和自然發生關係，而且人們也互相發生關係；為着共同勞動，若不用一定的方法來結合，就不能生產。」為着生產——馬克思這樣寫着——人們才加入特定的聯結和關係中，而且只有通過這些社會的聯結和關係，才發生人類對自然的作用，才能進行生產。「這生產的担當者，和自然發生着關係，而且相互結合着的這些關係的總和——他們在其下面生產的關係總和——就是從經濟的構造中發現出來的社會。」

馬克思在「經濟學批判」的序文中，敍述了社會歷史的理論之基礎觀念：「人類在其生活底社會的生產中，要加入照應着他們的物質生產力底特定之發展階段的生產關係——不是依照着某種特定的，必然的，他們底自由的意志的關係。這些生產關係的總和，形成社會的經濟構造，在這實在的基礎上，建立起法律的及政治的上部構造，而特定的社會意識形態，也跟它照應着。」

被政治法制的形態和社會思想底一定潮流所纏繞着的，各種生產關係體系，形成特殊的社會經濟機構，特定的社會之有機體；而有着「其自身的發生和機能，及向更高級之形態的推移向其他社會的有機體轉化的特殊法則」那末在歷史的唯物論中所謂社會經濟構成體者，是指在人類社會發展之特殊的歷史階段，社會存在的特殊形態；同時它其間有着它所固有的合法則性，創造一定社會形態的內在聯結，而且含有究極規定一切社會的過程和現象的特殊的經濟構造。一切的構成態，是經濟的基礎和上部構造之具體的統一體。馬克思在「資本論」中，這樣的指出「一切資本主義的社會構成態，都有它自身的側面，就是在生產關係中帶着其固有階級敵對底事實的社會發現，帶着維持資本家階級底支配的布爾喬亞之政治上部構造，和自由平等等等之布爾喬亞的觀念以及布爾喬亞的家族關係的……活生生的構成態。」

二 生產樣式

各個社會的構成態的質的規定性，其合法則發展的基礎，是存在於人類物質的社會生產活動或勞働活動之中的。如野蠻人爲着滿足自己的慾望，維持自己生活的再生產的緣故，就不得不和自然鬥爭一樣，文明人也必須在一切社會形態中，在一切可能的生產樣式下，和自然鬭爭。」勞働是將人類社會從其他一切自然界區別出來的。當作在自然和社會之間所發生的過程的勞働——人類依照自己的行動，而意識的，合目的的制約，統制自己和自然之間的物質代謝的過程——是人類專有的特質。人類的勞働活動，是在一切社會形態中的人類生存共通的條件；是永遠的自然的必然的事實。史的唯物論和將社會的全體基礎底終極求諸個人的屬性中的，布爾喬亞的社會學底原子論的表象不同，它是在人類社會的勞働活動中探求社會全體之最深的基礎的。若依恩格斯底適切深刻的話來表現，就是說「勞働創造了人類自身。」人類的勞働和動物的「勞働形式，」有着質的不同。人類的勞働是帶着社會的性質，基於意識的計劃行爲，而以意識的能動的改造外的環境爲基礎，必然的有人爲的生產工具使用；反之，只企圖維持自己生存的動物活動，是基於動物的本能反應，而以亂暴的使用外的自然（只爲臨時的措置）爲基礎，雖不應用製造了的生產手段，也能夠從事。因之，在動物界，也不會有過什麼眞正意義的勞動。若借恩格斯的話來說，就是勞働過程是在工具製造出來的時候，才開始的。

不理勞働過程是在什麼社會形態發生的，而馬克思準備考察勞働過程時，就區別出如下的勞働過程的單純要素：（一）合目的的活動或勞働；（二）勞働活動的對象；（三）幫助勞働的工具。一方面爲勞働力本身，他方面爲生產手段（卽勞働工具和勞動對象。）這是一切生產過程之必然的要因。在勞働過程中的兩者統一或結合，構成了物質的生產力。不論勞働過程以怎樣的形態進行，勞働力都是一切勞働過程底單純的要素；勞働者和生產手段，是其必然的要因及條件。

可是在一般形式中所考察了的勞働過程勞働本身是一個抽象。然而這個抽象，只要是經過勞働歷史之發展階段的全體，而確定勞働固有的一般特徵，那末它就是有科學內容的抽象了。在所謂生產的場合，始終是指在社會發展的特定階段的生產，這是馬克思特別強調了的地方。

然則，在社會發展的各種階段底人類生產活動之歷史的規定性，是以什麼爲特徵呢？馬克思給「資本論」第二卷裏頭，對於這個問題給與了古典的解答：「生產的社會形態，雖然什麼樣都有，可是，勞働者和生產手段始終是生產的要因。但在其互相分離的狀態時，就無論那一個都不過是可能的生產要因。爲着要進行生產，兩者務必結合起來。依這結合而發生的特殊性質和樣式，就可區別出社會構造底各個經濟時代。」

這樣，各個社會的構成態，只有由它所固有的直接的生產者和生產手段結合底特別性質及樣式，以及跟它照應着的生產力，在其內部作用的特殊形式的生產關係，換言之，就是只有由特殊的生產樣式才能給它以特徵生產樣式是一切社會的發展及一切社會關係的基礎。「宗教、家族、國家、法律、道德、科學、藝術等等——這些不過是生產底特殊的形式，從屬於生產底一般的法則的。」雖說它是一個社會現象，然若離開社會的物質基礎，及生產樣式的關係，則不能夠理解和說明了。當作生產力之根本要素（勞働力和生產手段）的社會結合底形式的生產樣式，它不是技術的範疇，而是一個社會底形式，其中不但包含着技術的過程，而且也有着物質生活底直接的生產過程。在生產樣式中，表現着經濟的聯結和技術的方法之不可分的統一。從生產樣式出發，則其餘的一切經濟諸關係，分配、交換和消費等等的關係，就是整個社會的經濟構造都能夠說明的。馬克思給安湼哥夫的信也以同樣的意義如次地寫着：「人類隨着獲得新的生產力，而變更他們自己的生產樣式；隨着生產樣式的變更，也變更了不過是特定生產樣式的必然關係底一切經濟關係。」

各生產樣式，是由表現直接生產者對生產手段的關係的，固有的所有形式，而給它以特徵的。例如：古代的生產樣式，以奴隸的搾取爲基礎，而且奴隸和生產手段（土地、勞働工具及其他）都是奴隸主的私有物。封建的生產樣式，其特徵是土地（生產的基本條件）是從被領主的所有地拘束着的直接生產者的農民分離開來的特定的生產樣式的單純商品經濟，其特徵是生產手段歸直接生產者私有，而不從生產者分離出來。單純商品經濟，不是單一的構成態。在生產手段的私有這一點上，雖屬和資本主義底生產樣式同一類型，但不是和資本主義底生產樣式同樣的東西。蓋因爲私有財產，在單純商品經濟中是基於自己的勞動，不以榨取他人的勞動爲基礎的緣故。資本主義的生產樣式，其特徵是使自由勞動者從生產手段中分離出來，而用資本家之手來使兩者結合的。反之，社會主義的生產樣式，其特徵首在不使生產手段從生產者分離出來，而爲生產者自己的社會所有。他們共同利用，計劃的組織的管理。

這末，在敵對的構成態中，生產樣式是以帶着階級的性質，特殊的、固有的勞動榨取爲特徵。「不支給的剩餘勞動，從直接生產者榨取來的特殊經濟形態，是決定着支配和從屬的關係；可是這個關係，是由生產本身直接的發生，更對於生產發生決定的反作用。以此爲基礎，而建立從生產關係本身產生出來的經濟構造，同時建立社會特殊的經濟構造。生產條件所有者對於直接生產者的直接關係——這關係底所有的一定形態，每次都照應着自然的勞動樣式之特定的發展階段，從而又照應着勞動的社會生產力——就是在這點上，我們始終可以發見：隱藏於一切社會制度的，從而又是主權和從屬底關係之政治形式的，要之，所有的一定特殊國家形態的，最深的祕密底基礎。」於是，在敵對的構成態中，以一定的構成態底生產樣式作它特徵的生產關係，爲其基礎相類似的東西是直接生產者對生產手段之所有者的關係。所謂階段鬭爭，是在一定的生產樣式中，發見出來了的固有的敵對矛盾。於是在直接的生產過程中所構成的關係，同時也作爲階段關係而表現。

波格達諾夫基於反馬克思主義的認識，在分析階級社會之際，無視其階級的性質，把生產關係區別爲二個基本類型——直接生產的關係和所有（階級）關係。布哈林也仿傚着他一樣，分生產關係爲「社會的階級」關係，和「技術的勞働」關係，使這關係，機械的相互分離和對立起來，而從所謂「技術的勞働」關係中除去其社會的內容。布哈林不理解在階級社會中，同時不能夠存在着沒有階級性的「技術的勞働」關係。又如布哈林的「能夠組織起來的資本主義」理論以及在資本主義的條件之下，可以計劃的組織勞働和社會生產等的思想都是由以上的抽象的，超階級的直接生產過程底解釋而來的。伊里奇在他對於布哈林的著作「過渡期的經濟」底註評中，如下的指明着：『所謂「社會的體系」「社會的構成態」的表現，若沒有階級及階級鬭爭的概念，就不是充分的，具體的。」階級鬭爭，如後面所說的一樣，是作爲敵對的社會構成態底發生之根本的合法則性而表現敵對的社會構成態，只有依照馬克思主義底階級鬬爭的理論，才能夠理解和說明。馬——伊主義的古典家們從生產樣式出發，區別出如次的五個社會的經濟構成態原始共產的構成態，古代奴隸所有者的構成態，封建的構成態，資本主義的構成態，社會主義的構成態。古代的，封建的，資本主義的構成態，和先階級的（原始共產的）構成態及無階級的（社會主義的）構成態不同，它是階級的敵對構成態。

三　原始共產的構成態

最初期的，「古風的」（馬克思）構成態，是發生在數萬年間繼續下來的第三紀和第四紀之交界線上。人類社會，是經過長期只食天然物底動物本能的活動形態之變形過程的結果，在以人爲的製造勞働工具爲其本質的標幟底人類勞働活動之中，已經爲類人猿羣所構成了。勞働創造人類，把人類從動物界分開。先階級的構成態，在其發展過程中通過如次的主要階段。1，先氏族社會，2，母權制氏族，3，家長制氏族。作爲從家長制氏族至階級社會底過渡階段的，是村落共同態。在由原始共產主義直接轉移至封建主義的國家中，村落共同態，則作爲原始共產主義制度在封建的構成態中的長期間的保存（如俄國的

「米爾，」德國的「馬克，」印度的共同態及其他等是。）存在於原始共產構成態底一切階段的基礎雖受着種種的變形和變更然而它是「勞働力和生產手段底本源的統一」（馬克思）這個統一是原始共產主義生產樣式的特徵。極端低下的生產力之發達程度，及個人力量的弱小，限制了生產集合的性質，限制了當作古風的生產關係形式的結婚家族關係，和氏族的結合之顯著的意義。馬克思主義的創始者們，對於「血緣的」即肉親的親族關係，給與特殊的意義，這是因爲它在這關係的範圍內能夠生產物質的生活資料，推進「古風的」構成態底生產力發展的緣故。「血緣」關係的各種形態（血族家族，集團婚之各種形態，家長制氏族，家族共同態等等，）是原始社會的最初經濟單位，同時又作爲經濟活動之形態而出現。恩格斯也以同樣的意義在「家族、私有財產及國家的起源」第一版的序文中，如次的寫着有名的史的唯物論的定式「依唯物論的解釋，在歷史之最後的決定要因，是直接的生活生產及再生產。然這又是與其本身不同的東西一方面是生產資料，即衣食住對象的生產和其必要的工具生產；他方面是人類自己的生產，種族的繁殖。特定的歷史時代及一定國土的人們在其下面生活的社會秩序，是由二種類的生產，來限制着即是一方面是勞働的，他方面是家族的發達階段。勞働的發達，越是幼稚，即勞働生產物的量又可說是私社會的財富越是被限定着，則只有這個血族關係，在社會制度上發生許多支配的影響。」

在右面所引用了的恩格斯的定式，再三的遭受了布爾喬亞社會學者們，和各種類的修正主義者的批評和歪曲。非難恩格斯是從一元論史觀脫落了，是「二元論」者，卽是說他從各種要因（在終極中的經濟和血族關係）來說明歷史的發展。密海洛夫斯基反對恩格斯，而主張了「生殖爲經濟外在的要因」。伊里奇在『誰是人民之友』中，對於這種反對論——不理解生殖關係在原始社會中，同時作爲「物質的生產關係」卽是作爲生產關係之具體形式而出現的恩格斯的深刻意義的反對論——曾經給與徹底的回答。換言之，血族集團（不論它以怎樣的形式來表現）是生產的有機體，同時，在這有機體的內部，集團的勞働形態，集團的所有及集團的分配，都在某種程度進行着。

原始共產主義的諸關係，在母權氏族時代已達到了最高度的繁榮。非常徐緩地發達了的生產力，因爲達到一定的發達程度，氏族組織和其聯合在其內部成長着的各種形態便成爲其更向上發達的桎梏了。氏族組織，已經「對於使勞働作爲社會的勞働而發達，使社會勞働的生產性發達沒有效用了。於是，在勞働和所有之間的區別，分離和對立便成爲必要。」原始共產主義的這崩潰過程，隨着家長氏族的時代開始。那時，各個家族共同態的勢力也增大，所以它經營獨立經濟，與氏族的集團經濟愈發對立了。以此爲基礎，對於生產手段的私有是發展強化了，在各個家族共同態之間，財產的不平等也深化起來，同一氏族內部底本源的「利益統一」變成爲「氏族成員間的對立」（馬克思）。給與氏族其後的財產分化，許多家族從氏族名門的分出，氏族制度的崩潰以有力的影響的是在那時代發達了的家長奴隸制。同時，又是劃分階級社會最初的大分裂。新發達了的社會階級底衝突，「使建築在氏族結合上的舊社會破裂了」（恩格斯）

這是最初的社會革命，它使原始社會瓦解而確立了最初的階級及支配階級的政治組織的國家。代替了原始共產主義而出現了怎樣的構成態呢——這是要看各國之具體的歷史發達條件而定的。例如：在古代希臘和羅馬時代，因爲貨幣經濟的普及，商業及商品生產發達的結果，所以代替氏族社會而出現的，是奴隸所有者的構成態。古代希臘的沿岸貿易地帶（雅典、哥林托、米黎托斯，）雖是從氏族制度直接轉移至奴隸制度；但在希臘經濟落後的地方（愛他利亞、愛比爾、羅古利達，）至紀元前四世紀，還保存着氏族制度；而在斯巴達和鐵沙古亞則發達了農奴的關係。其他，在許多的民族（斯拉夫人、日耳曼人和加爾特等等）間代替氏族制度而出現的，是封建的構成態。家長的奴隸制，固可說它的原始共同態的崩潰，和農奴關係的形成，完成了顯著的任務，但在這些民族間，都沒有長成到了奴隸所有者的體系。

四　奴隸所有者的構成態

奴隸所有者的構成態，是以「古風的」構成態的崩潰爲基礎，從已經存在於原始社會之最後階段的家長奴隸制發達出來的。這個構成態，是在古代世界（希臘和羅馬）中，古典的實現。這裏，奴隸制完成最高度的發達，無論在農業（大私有地）或工業（奴隸的製造業，手工業）中以及在家庭生物中，它都支配了生產樣式的一切。在古代希臘的氏族制度的崩潰過程，已經開始了「英雄時代」；但它最後爆發的時候，是紀元前七——六世紀的事情。當時，以紀元前五九四年梭倫革命爲發端，五〇九年古利斯丁的革命爲終結的一貫的政治革命，終於傾覆氏族之土地貴族的支配；同時，也一掃了氏族制度最後的殘滓，而確立了奴隸所有者的制度。它是從崩潰過程中的氏族胚胎內所形成了的，從諸階級間長期苦鬥過程中所生長出來新的構成態。而在古代羅馬，氏族制度的崩潰和新奴隸所有者的構成態之發生，也是平民和貴族經過長期間鬬爭之結果。（紀元前五——四世紀。）奴隸制比較氏族制度，雖是最初的進步底構成態但它達到一定的發達階段時（阿岳術斯時代以來，特別是自三世紀末至四世紀初以來）對於大土地所有也失其效用，因此，其餘命也就告終了。以奴隸勞働爲基礎的大私有地的經濟，得不到利益，而小經濟就成爲「唯一合算的形態」（馬克思。）大經濟雖是在小地面上發達出來的；可是這個小地面，根本是交給被土地所結合的農奴，而且農奴對土地的所有者，每年要繳納一定額的租金。於是，奴隸制成爲非生產的，使大土地所有者轉移至農奴制度。

然農奴制度的發達，固可說奴隸制已經死滅了，但還沒有表示着封建主義的誕生。雖然生產力已經停止發達了，可是自由勞働「還未能成爲社會生產的基礎形態。能從這個狀態發生出來的東西，只是完全的革命」（恩格斯。）由此觀之，成爲古代社會根本的發動力的，是奴隸對奴隸主的戰爭。這戰爭，差不多不間斷的埋遍了羅馬的全史。如最初的西西里暴動和斯巴達卞斯運動等強有力的運動，皆是由此發展出來的。奴隸的叛亂，是德莫克拉西運動（小土地所有者，都市德莫克拉西和奴隸大所有者大門爭）和野蠻人對羅馬的鬬爭之連合。結局，使奴隸所有者的支配階級，更加轉移至森嚴的國家獨裁形態（三頭政治帝國）了。當作「過渡勞働的公認形態」的「虐殺奴婢的強制勞働（馬克思）除了使小農更加零落，使他們奴隸化，毀滅帝國邊陲的氏族財產，對野蠻人更加發動掠奪戰爭以外，不知道有其他強化搾取的方法。所以，小土地所有者和大土地所有者的鬥爭，也應該把它當作從古代世界之根本矛盾——奴隸和奴隸主之矛盾——所派生出來的鬥爭來考察。不錯，在古代史的各個時代中，古代世界之主要矛盾裏的這些派生的形態正面的顯現，雖曾對事件的進行發生過決定的影響，但它并沒有意味着古代社會的主要矛盾，是表該求諸奴隸所有者的財產，和基於零細生產的個人財產間的對立；或羅馬的沒落是應該從被野蠻人的征服來說明。大土地所有者和小土地所有者的鬭爭形態；野蠻人的征服羅馬，這些都只有從古代世界主要矛盾的奴隸和奴隸主間的矛盾出發，才可以說明的。若依照史太林適功的話說來，就是「奴隸的革命，將奴隸所有者一掃，廢止了奴隸所有者搾取奴隸的形態。」這個革命，雖以互相戰爭的階級之共倒而終結，可是在世界的廢墟之上，「在新文明的生產煩悶中」（恩格斯）最後，創造了代替古代世界的封建構成態的新的社會階級形成的一切前提。

五 封建的構成態

封建構成態的特徵，是主要的生產手段——土地——成爲大土地所有者所有直接生產者——農民——要受土地的牽累，雖有生產工具而沒有土地。封建的搾取、是立脚於經濟外的強制，以農民對地主之個人的從屬關係，農民受土地的拘束爲基礎的。封建主義，要是和奴隸所有者的構成態比較時，它是一個進步的體系。蓋因爲直接生產者，不是完全失掉勞働生產性發達之刺戟的緣故。封建的所有制度，一方對零細經營者提供了使生產力發達到某程度的可能性。但同時又成爲小經濟自由發達的根本障害。這末、生產力和生產關係之矛盾，就作爲農民的零細經營和封建的所有的矛盾而出現，這個矛盾、奪取了小農經濟自由發達的餘地。

這根本矛盾的發展，是表現封建生產關係的，先資本主義的地租的進化而出現。最初的地租形態，是勞役地租，它是完全以自然經濟爲基礎的。第二的地租形態，是現物地租，它以農民勞働較高度的發展階段爲前提，爲了得到過剩的勞働時間，它對農民提供更多的餘地。這種地租，是一和從來一樣以自然經濟爲前提，卽是以經營條件的全部，或大部分在經濟範圍的內部所生產的爲前提。」不消說，生產的自然性質不排除商業和交換，但在這個生產形態中，還沒有商品生產的存在。要之，只有商品流通在這里進行着。」只有現物地租轉化到第三地租形態——表示先資本主義之地租的崩潰形態的貨幣地租——才「以生產物之市場價格爲前提，以生產物的一定價格買賣爲前提。這是從前的形態所沒有的。」同時在農業中創造出資本主義生產樣式的前提。在現物地租的支配時代已經發生了的，「各個直接生產者的經濟地之差別，」貨幣形態之下，成爲在農村中之階級的階層基礎。所以，小生產從封建的構成態初發生時，就是單純商品生產了（固可說爲在萌芽的形態，）但以爲封建構成態的根本矛盾，是存在於封建的所有與當爲商品生產之萌芽形態的小經濟之矛盾中，這樣的意見，是根本錯誤的。伊里奇把被資本主義經濟區別出來的農奴經濟底根本特徵之一，首先在被貨幣的資本主義生產區別出來的封建生產之自然性質中發見出來。小生產，當達到了一定發達階段時，就使封建的所有和零細地經濟之間的封建構成態根本矛盾深刻化，同時又開始商品生產。這個根本矛盾表現農民對封建領主的鬪爭，這個鬪爭又是封建構成態發展的發動力。它和反封建的都市運動密切地連結着，經過一貫的革命，才傾覆農奴的秩序，而確立了資本主義制度。

封建構成態的發達形態，在中世紀已經存在了。在西歐封建的秩序是發生於羅馬帝國（農奴關係）和古代日耳曼種族的封建主義的萌芽及前提的綜合，而從五世紀到九世紀才形成的。在西歐的封建主義，繼續至十六世紀；在東部德國和俄國至十九世紀農奴制的「復活」還存在着。封建主義的殘餘物，雖到現在，也還存在於很多的國家中（西班牙，巴爾幹諸國及其他）但在殖民地及半殖民地諸國，那更特別的強盛。蓋封建的搾取是和資本主義的搾取結合給帝國主義培養着的。史太林在一九二七年，關於中國革命問題，反而反革命的托羅斯基主義，對這樣指摘了：「中國經濟的特質，不在商人資本向農村的侵入；而是封建遺制的支配，在封建的中世紀搾取壓迫農民的方法保存之下，和中國農村中之商人資本的存在結合着的這一點」。在這些國家中，反封建的鬭爭和反帝國主義的鬭爭是一致的。

六　資本主義的構成態

資本主義的構成態，是在十六世紀開始構成的，適合它的技術基礎，是在第十八世紀末期，跟着進行機械生產才產生出來的。其主要的階段如次：家庭大工業，工場手工業，機械生產或工場時代。資本主義發達的古典時代——自由競爭時代——自十九世紀末葉至廿世紀初頭，才給獨占的資本主義帝國主義的時代所代替了。

資本主義的構成態，是最後之敵對的構成態。資本主義經濟和自然經濟的各種形態不同，它是商品經濟；資本主義的生產也和單純的商品生產不同，它是把勞働力當作商品的。資本主義經濟的一切發展，是以收買勞働力爲基礎，其根本的發動力是利潤的獲得。資本主義的生產樣式，和從前的構成態不同，它是以經濟的強制爲基礎的。在資本主義社會中，經濟外的強制也負着偉大的任務。這是必須預先表明的。馬克思舉出兩個事實，當作資本主義生產樣式的特徵：（1）生產手段集中於少數者的手中，因此它不復爲各個勞働者直接所有。（2）勞働本身被組織爲社會的勞働。「依這兩個事實看來，則資本主義生產，是是廢棄私有和私的勞働。」資本主義生產樣式的根本矛盾，是勞働的社會性質與私的占有的矛盾，所以這個矛盾，是表現普羅列塔利亞和布爾喬亞的鬥爭。在十九世紀和二十世紀的交界，資本主義達到最後的帝國主義發展階段，在這階段中，資本主義的矛盾，達到了最高級的發展，帝國主義戰爭——一九一四——一九一八年——以後，顯出了戰後資本主義的一般危機，而使一九二九年以後到來的世界經濟恐慌更加尖銳化和深刻化了。在帝國主義的時代，資本主義的不均等發達，日益激化，所以在資本主義之最弱的一環中，是可能將資本主義世界的鎖切斷的。

七　社會主義的構成態

社會主義的構成態，和在封建的諸關係圈內所構成的資本主義構成態不同，它爲普羅列塔利亞革命勝利的結果，在普羅獨裁的條件之下所建立的。最初生成社會主義之構成態的，是在世界上，最初組織普羅獨裁之國家的十月社會主義革命。但是傾覆資本主義的革命和普羅獨裁樹立以後，爲着新社會第一階段——社會主義——的建設，是必要一個過渡期的。普羅列塔利亞，通過了過渡期的全體，一方面使其獨裁強化，同時對敵對階級的殘餘物鬥爭，和把其清算；一方面在鬭爭和建設之中，變更農民自身的性質，另方面又再教育農民，組織社會主義的生產，因此廢棄了社會的階級分裂之基礎。

「大變革之年」（一九二九年）以後，普羅列塔利亞底社會主義之全線攻勢的結果，使蘇聯走向社會主義的時代，在工業反農業的領域中，解決了「誰對誰」的問題，把個人商人徹底的一掃，清算了失業和農村的貧困，及蘇維埃聯邦之雜多的制度構造，使新經濟政策的俄國轉化爲社會主義的蘇聯。實現第二次五年計劃的根本方針；最後的一掃資本主義的要素及階級一般完全廢絕發生階級差別和榨取的原因；克服存留在經濟和人們意識中的資本主義殘存物；國內的全體勞働人口都變成社會主義的社會意識之積極建設者了。其結果，在蘇聯社會主義的建設以單一唯一的社會主義生產樣式貫徹到最後，目前，社會主義的生產樣式，絕對的支配着蘇聯的經濟。

從資本主義至社會主義的過渡期，是佔着新社會的第一（下級）階段，這階級的特徵，是「布爾喬亞的權利之殘滓，即勞働及消費的標準化，支配這些的統制是還要一時保留下來。在社會主義之下的分配，是依照「各盡所能各取所值」的原則來辦理，在蘇聯完成了第二次五年計劃的主要任務——社會主義的社會建設——後，則它更將向着新社會邁進！生產力之今後的巨大發達，精神勞働和肉體勞働的差異絕滅，是走向以應各人的能力而分配生產物和國家消滅爲特徵的新社會之最高階段。

「在共產社會之更高的階段中，消滅從屬於奴隸化的分業，同時精神勞働和肉體勞働之對立消滅以後，勞働就不單是爲生活的手段，且當勞働自身成爲生活的第一欲求時，件着個人的全面發達，生產力便也增大了；當共有財產的一切源泉滾滾的流出時——只有在這個時候——布爾喬亞的權利思想的狹隘眼光，才可完全克服，在社會的旗上，才能大書特書：「各盡所能，各取所需！」

在區別五個的社會構成態的場合，並不是主張一切民族，在其發展中都必定要順次通過以上的一切構成態的。各種民族，按着具體的歷史條件與事實以各種的方式，通過從先階級社會至無階級社會的他們一切共通的道路。例如：奴隸和奴隸主之分裂是社會階級之最初的分裂，雖然在原始社會底胚胎內已經發生，可是那家長的奴隸制，并不是到處都能發展到奴隸所有者的構成態的。卽如在日耳曼民族間，在斯拉夫民族間，都沒有發達到奴隸的構成態。當它在這里轉化爲共有的封建所有，轉化爲自由協同者的從屬農民的時候，它僅負着副次的任務。奴隸所有者的構成態底可能性，在家長奴隸制中雖能夠給與，可是，只有在一定的歷史條件之下，例如：在古代世界的條件之下，這可能性才可轉化爲現實性。未必一切的社會都要通過資本主義的構成態，或封建的構成態。在俄國的社會主義革命，給其他諸國開闢了得以避免資本主義的發展階級，或封建的發展階段（甚至在有家長制度的民族之間）的可能性。馬克思在反對超歷史的圖式底意見時，他是十二分注意這個事情的。又當伊里奇論及歷史發展的順序和形態的特性，說它沒有廢止世界史的一般合法性的時候，也是十二分注意這個事情的。

八　構成態和制度

在敵對的構成態和過渡期的經濟構造，包含着各種型式的生產關係。馬克思在「經濟學批判序說」中，如次的指示着：「布爾喬亞社會，是最發達最多樣化的歷史的生產組織。表現其諸關係的諸範疇，其構造的理解…………同時，是可能洞察一切死滅了的社會形態的構造和生產關係。布爾喬亞社會，是從這些社會形態的廢墟和要素所組織的，其一部分是爲布爾喬亞社會還未完全克服的遺物而延喘下來的殘命，另一部分，是前以前只作暗示而存在的東西，發達到充分的意義。」例如：在古代奴隸所有者的構成態中，能夠發現支配的奴隸所有者的生產樣式外，還有和它不同的如次所說的經濟制度：成爲奴隸之一源泉的自由零細地經濟、即比較奴隸勞働，更多生產的勞働形態的封建諸關係的萌芽（農奴制）；封建的構成態，包含着氏族社會及奴隸所有者社會的殘餘物，同時也包含着新的資本主會的生產樣式的萌芽。

資本主義的構成態，除支配的資本主義的生產樣式外，同時也包含着已經死滅了的生產形式——封建農奴的，奴隸所有者的，氏族的社會——的殘遺物。資本主義的構成態，使在資本主義之先前的構成態中作為「暗示的」—即是作為萌芽而存在的價值法則，及商品交換發達到最高峯。伊里奇在過渡期的開始就如次指示着在我們之下有五個不同的經濟制度：(1)家長的經濟(在顯著的程度上為自然的)(2)小商品生產(出賣穀物的農民大多數。)(3)私經濟的資本主義。(4)國家資本主義(5)社會主義。伊里奇看透在這一切制度之中，社會主義的制度結局取得勝利，必須驅逐一個而改造其他。其次，史太林在第十七回黨大會中，也已經這樣地說了：「第一第三和第四的社會經濟制度，已經不存在，第二的社會經濟制度，被第二位所驅逐，第五的社會經濟制度——社會主義制度——成為支配全體的，成為通過國民經濟全體的唯一統帥了。」

我們還要注意的，是舊的生產樣式的一切殘餘物，或新的生產樣式的萌芽，不能和支配的生產樣式無關係地獨立地存在着各構成態，在其體系中包含着某種支配的典型的生產關係，這支配的典型的生產關係為一定的構成態的基礎及其運動的法則，而使其餘一切類型的生產關係，從屬於它自己，並且將其加以適當的變更。「在各種的社會中，生產關係構成一個全體」—(馬克思。)例如在資本主義之下，資本主義的諸關係；或者驅逐其餘一切異型的生產關係或者使其從屬於自己，或將其變更！在蘇聯，社會主義的制度，當通過國民經濟全體而爲完全的支配的唯一統帥力之前，對於其他的制度，都盡了同樣的指導任務。零細地經濟是各種制度有機的依存着支配的生產樣式的一個明顯之例。它發達的道程，在各種構成態中，又是各各不同的。在古代社會中，不堪與支配的巨大的奴隸所有者行經濟底鬪爭的，自由零細農民發達的主要方向，他們不是變成奴隸、就變成中世的農奴之先祖的農奴。於封建主義時代，自由的零細經濟，被卷入封建的諸關係之軌道，而轉化爲農奴了。恩格斯表示過：就是在古代的農奴和中世的農奴之中間也曾有過自由的布蘭克人。在商品資本主義的諸關係支配的時候，於農村的前途上，開拓了新的資本主義發達的道路。卽是「農奴成爲商品生產者，」根本打破了是同質的村落，而却發生新的階級差別（富農，中農，貧農，佃戶，）新的榨取形態和階級鬪爭。只有社會主義革命（一九一七年十月，）才能在農民的前途上，開闢和以往一切的構成態原則上不同發展的道路；從長期間的榨取（無論它以怎樣的形式來表現）中被解放出來的道路，一掃貧乏，改造農業爲社會主義的道路。那末，所謂社會制度者，是指特定型的生產關係，可是這個生產關係，既可成爲支配的生產樣式，也可形成在舊構成態的胚胎內之新社會經濟的構成態底萌芽，又在新構成態的條件之下也有着舊構成態之殘遺物。再者，各個制度（不用說是受相當的變動）雖是存在於各種構成態，可是在支配的生產樣式中並不發達（例如單純商品生產）的場合也有。

於是，敵對的構成態也是一個生產有機體。卽是雖可說是有支配的規定的生產樣式的某統一體，然這些生產關係體系，是依支配的生產樣式而變動，且包含着深密從屬它的各種雜多的制度。只有在先階級的構成態（其崩潰以前）和無階級的共產構成態，生產關係才能完全帶着同樣的性質。

第七章　社會發展的理論

一　世界史之統一和生產力

馬——伊主義的古典家們，抽出生產關係作爲一切社會是眞實下層經濟基礎，由此在生產關係和形成上部構造諸形態（國家、家族、法律、宗教、科學、藝術等）的其他一切社會關係之間加以區別。在理解社會的全體及在其一切要素的交互作用中的各種社會形態底地位和任務的時候，下層基礎和上部構造的區別，就成爲其出發點了。布爾喬亞的社會學說，視爲社會發展的究極原因的，是甚麽的各個要因呀，或是各種各樣同格的獨立要因底共同作用；但下層基礎和上部構造的理論排除這樣的布爾喬亞的社會學說，而把社會作爲生產有機體來考察；也把社會全體各種側面的交互作用的事實，及其交互作用的力的泉源，做同樣的說明。

史的唯物論視爲社會發展的根本原因，畢竟是生產力的發展。生產力首先如連鎖一般結合着各種構成態，把繼起性和連續性搬到人類歷史的發展中。在給安涅哥夫的信裏馬克思如次寫着——各個後續的世代是由先行的世代所獲得，比方說爲了新的生產，把効用於他們的生產力作爲原料來供給自己的使用，由於此種單純的事實，在人類的歷史中發生繼起的聯結，人類的歷史才被形成。而且人類的歷史就是人間的生產力，同時又是他們的社會關係若越是成長則愈成爲人類的歷史。

生產力是這樣地形成人類史的基礎。生產力的發展，使各個的社會歷史成爲人類的世界史。在先資本主義構成態中，生產力發展的水準還在極度低下的時候，以某種的形式和程度，創造出各個種族和民族及國家的『原始孤立性；』可是跟着競爭一普遍化，創造出了的交通機關和世界市場之資本主義的大工業發展，同時各文明國民和各個人的慾望滿足成爲和全世界有着關係的樣子，只要是撤了像過去一樣的各個民族之孤立性，就可開始創造出另外一個世界史了。然而在資本主義的生產樣式中固有的內部矛盾，是在資本主義達到獨佔階段，在戰後資本主義一般的危機及法西斯的條件增大之下，才到了極度的尖銳化；但同時這矛盾也暴露了帝國主義間的一切對立，而且使它極度的激化了。他方面，無論在任何的國家，在資本主義諸國的交互關係間，都包含着資本主義經濟的計劃統制底一切可能性。法西斯傾向的增大極度推進了在各國間的隔絕性和孤立性，同時使動物的排外主義發展了，把『自國人種』稱爲有着支配各國人種使命的世界史擔當者。只有新社會的建設在人類的歷史上才能開始創造眞正計劃經濟的世界統一，於是人們創造出了爲了成爲世界史的意識創造者的一切必要條件。

這樣，使各個社會經濟的聯結越發擴大下去的，生產力的前進發達趨向於人類世界史的形成。社會經濟的制度，爲了生產力的極度發達而成爲障礙的時候，那麼爲了要維持既獲的生產力，並使它更加向上發展的原故，生產力則非打破在其中發達出來的生產關係不可了。這樣生產力停滯的明白實例，是以資本主義的危機爲基礎而發生的世界經濟恐慌，它是破壞資本主義生產力的東西，是證明在資本主義的條件下，生產力的向上發達是不可能的。

二　技術和生產力

人類社會對於自然的支配程度，和人類社會一定的經濟構造，規定着它們的東西，畢竟是生產力的發達。技術的一定水準，其發達常常是伴着和它的對應的人間勞働力的發達程度，和生產關係，及以這個生產關係爲基礎而發達的上部構造。『手磨臼……是以領主領首的社會；蒸氣製粉機是以產業資本家爲首的社會。』（哲學的貧困）馬克思在『資本論』中使這命題更加發展，而如次地給以定式化：『技術學是鮮明人間對自然的能動關係，人類生活的直接生產過程，同時又是鮮明人類生活的社會關係及由此派生出來的精神現象。』（資本論）馬克思又在『資本論』的別個地方如次地指出——區別經濟的時代不是依照生產甚麼來決定；而是怎麼樣由怎樣的勞動要具所生產來決定的』恩格斯在一八八四年六月廿六日也用同樣的意義寫信給考茨基——在你的場合正和下面的情形一樣：沒有把農業和技術從經濟學切離出來……輪作，人工施肥，蒸氣機關，機織，是不能從資本主義的生產切離的，正如蒙昧人和野蠻人的工具不能從他們的生產切離一樣。恰恰跟最新式的工具是制約着資本主義的社會同樣；蒙昧人的工具也是制約着他們的社會。

這樣，通過一定的社會經濟構成態的發達，特定型式的經濟關係是由跟它相對應的生產力發達之型和水準來規定的。史太林有名的口號：『要修好技術呵！』一方面是表現有的意義。在這個口號中，強調著建設社會主義經濟的基礎；而且在這基礎上使社會主義的上部構造形態更加向上發展的事業中，國內技術的改造是有着絕大意義的。在清算資本主義及其根源，和建設社會主義的事業中，使在農村及都市的生產力增進，這是有着決定的意義和任務的。『因此，爲了集體農場和國營農場就必需二十萬輛的曳引機和三百萬匹馬力。如目前所見到的：能夠剷除在農村資本主義一切根源的力量，並不是單薄的。這個力量已經二倍超過如伊里奇爲未來前途所述過的曳引機的數目了。』更在史太林的口號中，技術幹部的問題，熟練勞働力的問題，在社會主義建設及其他一切條件下，當作最重要的條件而正面地提出來了。史太林在第十七回黨大會的政治報告中如次地指出——在我們工業的一切功蹟裏，可視爲最重要底功蹟之一，是獲得新技術，使我們社會主義工業前進，並能在這期間中教育及養成出數千的新人和新的指導者；新技術和技術家的全層；數十萬的年青的熟練勞働者。其後，史太林更在跟冶金學者的談話中，更加明白深刻地強調着：爲了要使社會主義的生產力更高發展，那麼幹部養成的問題，是當作其主要任務而有着絕大的意義的。『具有才能了解的優良勞動者，非懇切地養成他們不可。正像園丁要收獲所祈望的果樹一樣，我們就非十分留意養成人間不可』（眞理報）史太林一九三五年五月四日在赤軍大學卒業式的歷史演說中，如次地說着——『技術解決萬事』的口號，是我們清算技術領域中的飢餓，幇助完成廣泛的技術基礎的人才的問題在今日是重大的，要想竭力利用技術，就必要獲得了技術的人才。要是沒有獲得了技術的人才，則技術是死的。以獲得了技術的人才當做先頭的技術，是給與奇蹟而且又非給與不可的。』這樣，史太林就提出了『幹部解決萬事』的口號。在生產力的龐大增進底事業中，示出勞働力決定意義的明顯實例，是史太哈諾夫運動。它數倍凌駕『以技術爲基礎的』標準；比較資本主義的生產力，而建和起了獲得更高度勞働生產性之旗。

以上所說的話中，史太林說生產力的發達（在蘇維埃聯邦爲社立主義的生產力發達）畢竟是社會發展的原動力，社會主義也和歷史上的生產樣式同樣，是立脚於和它相對應的技術的基礎上的，使這個史的唯物論的根本命題，適用到蘇維埃聯邦的條件，更加發展和豐富。作爲第二次五年計劃的根本經濟任務的，即是完成國民經濟的改造；爲了國民經濟的一切部門，創造出最新式的技術基礎。史太林再比較生產力的各個要素，而力說當作『最大的生產力』（馬克思）看的勞働力之主導的意義。社會主義經濟的發展，當改造期的初年，雖然第一是要求創造廣泛的技術基礎，可是在技術的領域中飢餓被清算的今日，是可從正面提出高級熟練幹部的養成及勞働階級文化技術底向上的任務了。

三　當作生產力發展形式看的生產關係

採取技術、及技術勞働使用法之形式的生產力，是人間勞働力的發展尺度；表示其生產性之水準的尺度；又是社會的生產過程在其中所進行的社會關係底指針。一切社會的發展，結果都要從生產力的發達來說明。

然則生產力的發達本身，是依存着甚麼呢？它由甚麼來决定呢？

把史的唯物論替換爲觀念論的社會學理論的第二國際理論家們，以自然科學的發達當做技術進步的原因，結局把技術的發達和自然認識的過程同一看待。生產力的發達，若依照他們看來，實在是歸於精神的過程，和我們對自然認識的增進；而且把生產關係當作生產力的受動結果來考察。因此，在資本主義的條件下，生產力是能夠無限地、自由地發達，而且這個關係，不會變成生產力發達的障害。這樣的少數派的理論，也是特別從這裏拿出來的。從證明普羅列塔利亞運動之未成熟的目的，引證出生產力的『不充分』發達，也是從這裏來的。布哈林一方反對生產力發達的觀念論說明，然一方又站在機械論的自然主義見地。他從事物的見地，把生產力作爲『一方面是機械各色種類的原料和燃料等等的總體；他方面是各色種類的勞働力現物底總體』（過渡期的經濟）來考察從生產力抽象其社會內容階級內容；把生產力發達的源泉求諸境境和社會的交互關係中完全一貫他自身機械論的均衡論。『社會和自然的鬥爭——布哈林寫着——自然的『人間化』過程增進；某對立物向其他的不斷的滲透，成爲一切運動的根底。就是說，它是生產力發達的合法則性，是其運動的基礎。』布哈林無視生產力的社會底質他的活力（Energize）均衡（Balance）學說當做走上社會和自然之均衡條件及向上線的社會發展而以生產力一般（和其發展形式沒有關係）的現物發展底主張爲基礎的。右翼機會主義拒絕『富』的口號和國家的產業化；特別是由犧牲重工業而使輕工業發達的主義，向搾取農的社會主義的轉生等等的，這個理論作基礎而生出來的。

以上一切史的唯物論之歪曲和僞造底一般缺憾，就在如次之點：即是當他們考察生產力發達之原因的時候，忽視了生產力的社會形式——生產關係，事實上就是否定了生產力之社會的卽級階的性質，把生產力還元於會社和自然之『極限概念』中，只從事物之見地來考察生產力；把生產力視爲消失了一切階級性格之中立物。

史的唯物論，是把生產力當做一個社會的範疇來考察自然力（生產手段和勞動）只有在兩者相結合的場合，才能成爲社會的生產力；可是這結合的樣式和性質，即這個社會的形式，是要以歷史的特定型的生產力爲其特徵的。生產關係，於是成爲生產力的存在形式；是人間向社會生產底活動的、向自然影響的形式和結果；當這個東西（生產關係——譯者）是一個物質的關係。

伊里奇指出了：社會的諸關係是從物質的關係和意識形態的關係來區別的。『後者對前者不過是上部的構造；而且前者是離開人類的意識，當做爲適合他們維持生存的人類活動底形式（結果）來構成』的。伊里奇一面揭破反對馬克思底提言（生產關係從意識獨立着）的多數『批判家』們的論據；而且曾如次地指出了。社會的存在是從意識獨立着的馬克思提言，這並不是說『有意識的生物即人間的社會，能夠從有意識的生物存在獨立存在而且發展的。』『人們互相結合，作爲有意識的生物而結合共存的關係的，斷不能說：社會的意識和社會的存在是同一的。人們雖然是互相結合關係，可是無論多少，在複雜的社會構成態中——特別是資本主義的社會構成態中，都沒有意識到在那裏組成怎樣的社會關係呢？它又依從甚麼的法則而發達呢？例如農民出賣穀物，因此在世界市場上和世界中的穀米生產者結合着共存關係，但他們沒有意識到這個，也沒有意識到從交換中能夠組織怎樣的社會關係呢？」這樣，生產關係是人們社會生產活動的歷史上特定形式；不管人們有沒有意識到它，然它自身是依照內在的客觀理論而發展的。並且在這一點上，是有着生產關係的物質性和客觀性的。

生產關係的組成及發展的過程，在資本主義社會中是被組成怎樣的社會關係呢？人們縱然沒有意識到它；然而它也可以自生的發生。那麼經濟的諸關係，恰像從人們的意識和意志中獨立出來的某種外的自然力一樣，是以自然法則的必然性來組成；而不是依從社會和國家的計劃作用。於是人類和他們自身都是社會關係的奴隸了。反之，社會主義時代就是在原則的不同的狀態。社會主義生產關係之發達的合法則性，早先是沒有帶着自生的性質的。在社會主義之下，生產關係不是自生的組織；而是基於普羅列塔利亞國家底計劃的意識統制而組成的。可是，并不是說社會主義的生產關係，是由人們的意志和意識而決定的；毋寧是相反，生產關係，在蘇維埃聯邦同樣是人們物質生產活動的必然形式，是由生產力發達的水準來規定；離開人們的意識和意志而獨立，即是客觀的存在，而決定意識和意志的。可是生產關係的形成過程，是和資本主義不同，它沒有帶上自生的性質；不是自然發生的進行。這兒，生產關係在和搾取農、資本家、小布爾喬亞的生活樣式、習慣、傳統等的鬬爭裏，是作爲預先被意識、被算定了的過程來形成的。蘇維埃制度，一方面淸算資本主義的諸關係，把個人經營的農民改造爲集團經營者；他方面把社會主義的生產關係，用意識的計劃使其格外強化，重新創造和擴大。那麽，在社會主義之下，是和已往一切的構成態不同的，人們最初爲一個共同的意志統一的計劃所領導並且意識地創造自己底歷史。社會發展之盲目的自然力和自生的法則底支配，在社會主義之下是消滅了；因此，人類遂從必然的天國飛躍到自由的天國；和已往一切的歷史有着原則的差異，只有跟它有着固有合法則性的新社會制度才能夠發生。

社會關係，在新社會之下，是由人們意識的意志所決定，服從他們自身的社會統制；從屬於受過組織的集團意志。因爲這樣，人們才能一步一步地完成其希望的目的。但是不理生產關係是被自生的形成呢？還是爲意識所組成？總之，在一切構成態中，生產力的發達，是受它的發展形式；它的運動法則底生產關係之影響的。例如：在資本主義發展的向上期中，資本主義的生產關係，爲着生產力的巨大發達；爲着近代機械技術的創造，也給與它不少的餘地。然其後生產力之更向上發展；技術及社會的勞働再向上進展，遂被資本主義的私有制度所限制和阻止了它雖然也包含着一種企業的計劃底協業，而在已經社會化着的勞働中加以一定的限制，首先就是由於運用技術上的改善於被機械置換了的支付勞働的量，於是技術的發達，就受到限制了。生產力和生產關係的矛盾，作爲生產的社會性質和私的獨佔的矛盾而出現。

這矛盾，在帝國主義的條件下，成爲更深的尖銳化和複雜化，而引起技術的頹廢。『就算是一時的吧！只要獨佔的價格被設定，向技術的進步的；從而又向其他一切的進步的向前進運動等的動機也消失到相當程度了。唯其如是，企圖人爲的阻止技術進步之經濟的可能性，也就發生出來了。』資本主義之一般危機的特殊條件，更加的阻礙着生產力的發達。（『拋開技術！』的口號，在石炭業中，穿孔機的使用是一部的被廢止，在建築中廢止機械的使用而代以十字鍬和鐵鏟，在農業則廢止曳引機而代以馬車等。）不消說，技術的頹廢，並不是說因爲生產力發達的一切可能性完全消失的意義。技術不均等發達的結果，在各國的諸產業部門中，產生着技術更高級的成長。

在蘇聯，却和這個原則的不同的。社會主義的生產關係，變成在都市及農村中社會主義的生產力如怒濤般發展的重大要因。以國民經濟技術的再建爲基礎，而創造照應於社會主義經濟的技術基礎，這是蘇聯根本的經濟方針。例如在畜牧獎勵事業中，畜牧發達的焦點，是放在社會主義形態的發達強化集體農場和畜牧國營農場的發達上的。我國的畜牧全體，農業全體，是以此爲基礎而使其向上發展的。』（莫洛托夫）

在蘇聯生產集積的發展速度，從其水準上看來，是凌駕最進步的資本主義國家了。

『我國成爲最被集中的工業國，這是表示着我們以最優良的技術爲基礎而建設我國的工業，憑其庇蔭，得以保證未曾有的勞動生產性；未曾有的積蓄速度。

四　當作社會發展的起動力看的生產力和生產關係之矛盾

生產力和生產關係的發展過程，不是在受動的過程中，而是在激烈的階級運動的過程中發生的。例如：在資本主義之下，勞動者對於絕對剩餘價值的生產方法（勞動日的延長；工資的減少等）底鬥爭，使資本家向技術的改善和向相對剩餘價值的生產方法移行。『一八二五年以來，幾乎所有的新發明，是想傾全力減低專門勞動者的勞動工資之企業家和勞動者間衝突的結果。每當稍有一次顯著的罷工後，就能出現新的機械。』史太林提倡『在再建期技術解決萬事』的口號時他並沒有把技術獲得的任務本身，看做狹義的任務，而是當作在當時階級運動中最重要任務之一來考察。『若果我們在好久以前，就轉移到技術的研究和技術的收獲的話，而且再三地加以嚴密的經濟指導那麽妨害者們是不能加它們以多大的損害了吧。』

這樣，在各個社會的構成態中生產關係變成爲一定的生產力底發展法則。它沒有排除生產力本身之內在理論的發展。『例如使機械紡績一定必要織機，使兩者又隨之而發生在漂白業和染色業中的機械的化學革命的必要』（資本論）但是；這個發明的內在理論，是一方引起生產力的增大，而結局自己也從屬於社會的形態。

生產關係，成爲生產力的發展形式完成一個能動的任務；但在生產力和生產關係的矛盾發展中，完成它主要任務的，是內容即生產力的發展形式即社會的經濟構造，雖由跟它對應的內容（生產力）而出來的；但同樣作爲生產力超越限制的發展結果而被廢棄的。作爲生產力發展變化之結果，所謂社會的形態——生產關係——崩壞的這種法則，在馬——伊主義社會發展的理論中，占着中心的地位。形式不是內容之受動的結果；是能夠用自已的形式去影響到內容的發展；可是普列哈諾夫却否定了這個原理當做一切歷史生產樣式的起動初端看的生產力和生產關係的矛盾發展，是人類歷史的一般法則。馬克思在『經濟學批判』序文中給與這法則以古典的定式化：『社會物質的生產力達到一定發展階段後，生產力遂和在其內部發展了的現存生產關係或和它不過是法律表現底所有關係發生矛盾。這生產關係，從生產力的發展形式一變而爲它的桎梏。那時，就是社會革命時期之到來。』

在各構成態胎內生產力成熟的事情，是同時表示着：爲了新的生產樣式，爲了新的構成態底物質前提能夠創造出來。『只要在一個社會構成態中，還有發達餘地的一切生產力是不會在發展以前沒落的；又新的更高級的生產關係，它存立的物質條件，是决不會在舊社會自身胎內未成熟以前出現的。這樣一來，人類也常常只能提出得以解决的問題。蓋仔細地討究時，常常會覺悟到問題本身的解决的物質條件是已經存在了嗎？或最少只有在生成的過程時才發生的事實吧！』（經濟學批判）可是在這一點上，從封建的構成態向布爾喬亞構成態底推移，是和社會主義的變革却有着根本的差異。卽是資本主義的生產樣式，已經在封建構成態的胎內被創造出來了；而且從這一點看來，布爾喬亞的根本任務，是要創造出跟它照應的上部構造的形態。

這樣，生產力和生產關係之辯證法的交互作用，也成爲人類史之一般的法則。各個的生產樣式，其特徵就是生產力和生產關係之矛盾的固有性質和形式。

例如在單純商品經濟的條件之下，生產力和生產關係的矛盾，是作爲直接生產者——生產手段的所有者——的私的勞働和其（即私的勞働的）社會的性質之間的矛盾而表現。（這矛盾，作爲商品的內在矛盾而形成勞働的二重性，是可明白地表現出來的。）

在資本主義生產樣式之下，生產力和生產關係的矛盾，起了質的變化，作爲生產的社會性質和資本主義私的佔有之矛盾而表現出來。勞働的社會化不絕地增進，爲了諸產業部門被細分化和專門化，生產者間的社會聯結是益成緊密了。『這樣，一切生產雖給一個社會的生產過程所融合；但在另一方面，一切的生產由各個的資本家所經營，受他的恣意支配，社會的生產物成爲他的私有物。』這樣一來，生產形態和占有形態陷於不相容的矛盾，這矛盾首先成爲普羅列塔利亞和布爾喬亞的，在諸工場中的生產組織和在社會全體的無政府生產的矛盾，而表現出來。

在蘇聯的過渡期中，生產力和生產關係之矛盾的性質，是原則的發生了變化，而採取了不同的形態。立脚於生産手段之社會化的社會主義生産關係，要求比資本主義更高級的勞働生産性。它促進生産手段的大量發展，促進技術的改善向生産的滲透；促進勞働者及生産指導者的文化底生産水準的向上，這樣就創造出了適合於自己底類型的生産力。一個的生産様式代替其他個的生産様式，畢竟是因爲要使更高級的生産發達的原故。『爲甚麼社會主義能夠比資本主義的經濟體系勝利，而且又必定勝利呢！這是因爲它比資本主義能夠帶來更高級的勞働様式更高級的勞働生産性的原故。對於社會它比資本主義也能給與多量的生産物；使社會更加地富裕起來的原故。』史太林還這樣強調着，即：『當作新的，更高級技術標準的模範表現看的斯達哈諾夫運動，就是表示着只有社會主義才能夠産生；而資本主義是不能夠産生出這樣高級勞働生産性的模範。』當史太林出席斯達哈諾夫主義者協會之際，他就六個的條件來演說，銳利地批判『貧農的』平均社會主義和小布爾喬亞的理論；指出社會主義只有以起因於高級勞働生産性之『潤澤的生産物和各種類的消費對象』作爲基礎，『只有以社會全體成員的豐富文化生活爲基礎』才能夠得到勝利。過渡的根本任務——完全的社會主義建設之任務——要依據社會主義生産力的全面發展，依據清算蘇聯的雜多制度，把社會主義制度通過社會全體，而轉化爲唯一的生產樣式，才能夠解決。由這點看來，過渡期的經濟特徵底根本矛盾，就是社會主義和資本主義間的矛盾。『舊的東西和新的東西的，死滅了的東西和新生的東西之間的鬭爭——在這個鬭爭中，就是我國發展的基礎了。』適合於這根本矛盾解決的普羅列塔利亞社會政策，是新經濟政策。它一方面把最高統治權收到普羅列塔利亞之手中；他方面指望容許資本主義，指望資本主義的要素和社會主義的要素鬭爭，期待以損害加於資本主義的要素，而使社會主義要素的任務成長，注意社會主義經濟基礎的建設。』

布爾喬亞社會是保護和維持以價值法則及剩餘價值法則爲基礎的資本主義經濟自生的發展過程的，但普羅列塔利亞社會和它不同，它是自己直接規定蘇聯經濟組織經濟的社會主義改造。普羅列塔利亞的政治，是作爲他們之經濟集中的科學表現而直接顯現出來。在這個場合，實現普羅列塔利亞經濟政策之最重要的要具，就是計劃的指導，這計劃的指導底可能性及必然性本身，是從蘇聯的經濟本質從重要生產手段的國有、從農村社會化的增進所產生出來的。

五　當作敵對構成態的發展及交代法則看的階級鬭爭

在階級發生前的無產階級社會中，生產力和生產關係的矛盾，是沒有帶着敵對的性質的，但在階級的構成態中，就和這個初期的社會不同，生產力和生產關係的矛盾，它有着自己固有的特徵，這矛盾採取敵對關係的形式，由階級鬬爭而表現出來。即是這一切的鬬爭：在古代構成態中，是奴隸和奴隸主；在封建構成態中，是農民和土地的所有者；在資本主義的構成態中，是勞働者和資本家的鬬爭。在生產過程中，跟直接生產者間所組成的關係，是在敵對的構成態中同時成爲階級之關係的。所以，在我們發見經濟進化底客觀的理論時，它是從明示歷史的發展下來的階級鬬爭形態那裏出發的。因此，伊里奇也強調着：『馬克思主義能夠在外觀上看來是迷宮和混沌裏面去發見合法則性，所給與他的指針，就是階級鬬爭的理論。』所以階級鬬爭除了『太古』的狀態外，都是全體人類先史的根本發展法則。馬克思在致華德邁亞的信中也如次地寫着——我固然可以說發見近代社會諸階級的存在，和發見階級相互的鬬爭，這都不是屬於我的功績……在下面這幾點上可以證明我沒有創造出新的事實：(一)階級的存在必定和歷史上生產特定的固有發展結合着的；(二)階級鬬爭是必然的要通過社會革命的；(三)社會主義不過是向一切階級的廢止的；向沒有搾取的社會底過渡。』

階級是在社會一定的發達階段，畢竟是在原始共同態解體以後發生的。生產力發達極度低下時，是沒有人間搾取人間的經濟基礎的，因爲只有『血緣』關係專來支配着，所以，原始共同態還沒有知道甚麼是階級和階級鬬爭的。其後生產力跟着發達，在原始共同態內，發生了社會分產的過程。無論怎樣的一個共同態『在某個共同利害發生時，爲了遵守着這個共同的利害，它固然可說是在社會全體監視之下的，但它也非委諸各個人不可。』隨着時間的經過，這職務（變爲世襲了）對於社會就成爲孤立化和自立化了，這就是它對社會支配的強化。

『在向階級分裂的根柢上，存有分業的法則。』（恩格斯。）在『生產發達，人間勞働力成爲比他從前簡單的生存所必要的東西；現在能夠生產出更多的東西』的時候，在主要的生產手段成爲私有，像從前的樣子，把從戰爭中捉得來的俘虜，把他們不是吃就是殺，反之；如使他們成爲奴隸，利用他們的勞働力的時候，那時，階級就開始基於分業而發生了。然而一切奴隸不是完全都有利益的。要使用奴隸，就非具有二個條件不可。第一，要維持奴隸貧乏的生存手段；和第二勞働手段。因此，在奴隸制度成爲可能之前，生產力的發達和分配的不平等，就非達到一定的程度不可。奴隸制度，不久就在舊日共同態生活以上成長了的諸民族之間，成爲支配的生產形態；最後又成爲共同態分裂之主要的原因。專有着社會的職務，比之遺留下來的共同態大衆，在經濟上更爲發達的家族，是由於廣泛地使用奴隸勞働的結果，而從一般的共同態大衆中顯拔出來。發生了奴隸主和奴隸的兩個階級底是社會最初的巨大分裂。這樣形成的階級，是基於越益發展下去的社會分業，基於專有社會職務家族的孤立化和分出；基於生產手段的私有形成（階級形成的主要原因）及以它爲基礎的奴隸制度發生，作爲原始共同態之內在解體的結果而發生出來的。

第二國際理論家們，在階級及國家的起源問題上，同樣是反對馬克思的學說，他們壓根兒是追隨着布爾喬亞社會學者的學說。考茨基跟着克姆普羅威茲之後，主張階級及國家不是作爲所有財產的結果而從內在的經濟發展發生出來的，而是從一種族征服其他種族中發生出來的。庫諾也是從征服來說明國家的起源的。恩格斯曾在和杜林的論戰中，批判過階級是暴力的結果發生這樣的見解了。『私有財產，常常作爲生產及交換的條件發生了變化的結果，只有爲了生產的增加及商品交易的擴大，其設定成爲必要的時候，才可以形成出來。由此私有財產是從經濟的原因發生出來的。在這裏暴力沒有發生任何的作用。』在其他的地方，恩格斯緊記着暴力對經濟發展的從屬的任務。『暴力與其說是支配經濟狀態，毋甯說是效用於經濟的目的！」

伊里奇從馬克思的學說出發，使其學說更加地發展，對於階級給與最精密的定義。「所謂階級，是依照他們在歷史上特定的社會生產體系中，所站的地位依照他們對生產手段的關係（其大部份是爲法律所確認和形式化）依照他們在社會勞働組織中的任務。從而又依照他們對社會所有財富的比例收得法和大小而區別出來它是人間的大集團。」

可是，馬克思主義雖否定在階級形成的過程中，當做根本決定要因看的暴力意義；但在敵對構成態中，當爲階級支配的要具和構成態的歷史變革主要條件底暴力，是承認的；它在社會生活上能負起重大的任務的。只有革命的暴力，才可傾覆苟延殘喘的社會關係，才能夠樹立新的階級的支配。

這樣，生產力及生產關係的矛盾發展，在敵對的構成態中，用階級鬬爭表現出來，生產力和生產關係的矛盾，無論何時只有由階級鬬爭才能夠解決，即是說只有由根本的變更舊社會經濟的制度，和照應生產力更高級的發展階段所創造的新制度，才能夠解決。「社會的物質生產力，達到一定的發展階段時，那麼它勢必和其內部發達出來的現存生產關係，或和那不過為法律所表現的所有關係發生矛盾。這生產關係從生產力的發展形式一變而成為它的桎梏，那時候就是社會革命到來的時期。』社會革命是敵對構成態之交代的，從一個構成態，推移到其他個構成態底根本法則。但是在各構成態中，社會革命是用特殊的形態，以跟自己固有的性格底特徵和特質而發生的。社會革命是階級鬪爭最高的發現；又在社會革命中，盡其決定的規定的任務的，是政治鬪爭，是由代表新的生產樣式的階級底政權獲得。

推動先階級社會的解體過程及走進階級社會，它是作為在家長的氏族胎內，新新被形成的諸階級之激烈鬪爭的結果；作為打破氏族秩序，樹立勝利階級的國家獨裁底社會革命的結果而發生的。史太林在集體農場突擊隊第一回全聯邦協議會的演說中，對於當作原始社會解體以後的人類先史的一般法則看的社會革命的法則，給與深刻的定式化。他力說在古代構成態沒落中的奴隸革命的決定意義；在封建制度崩壞中的農奴革命的意義；最後他更強調社會主義十月革命的世界史意義，在這十月革命和一切從來的，總是以其他的形態代替一個搾取勤勞者的形態的『一樣的』革命不同，十月革命是最初建立起『廢止一切搾取底目的』了。

帝國主義是『社會主義革命的前夜。』在帝國主義時代『各個的國家和各個的國民經濟，不能成爲自足的單位，只好變做所謂世界經濟連鎖中的一環。』故此在產業資本主義的時代，當分析普羅列塔利亞運動時，通常能夠從各個國家的經濟狀態的見地去做整理，但到帝國主義時代用這樣的處理方法已經成爲不充分了。『在今日，是必須把當作一個整體看的帝國主義的世界經濟底全體系中的，能現存的客觀前提作爲問題，並且在產業方面發達不充分的無數國家，作爲這體系的構成而現存的問題，要是整個的體系已經向社會革命的方向成熟時，更正確來說是已經成熟了的原故，那麼難以克服的障害就沒有了。』所以，資本主義不均等的飛躍發展，就是在帝國主義之下，『帝國主義的世界戰線，是非常脆弱的，確實能夠從各國家的側面，切斷這一個戰線。』帝國主義的戰線容易在脆弱的地方被切斷，這也是很明顯的事實。切斷世界帝國主義的連鎖，是要發生在最弱的一環，而且爲了能夠在最弱的一環中切斷這個連鎖，那麼這一環，從產業的水準看來，是必要平均地弱小的，即是說必要『在這一國內有着一定的最小限度的產業發達和文化。』

生產力和生產關係的矛盾發展，不是在人們活動之外或自動的過程，而是表現人間自身之合法則的活動，在階級社會中則表現階級鬬爭。從這個見地看來，就史的唯物論，對於否定在歷史中的個人能動任務的宿命論；和沒有看見歷史的合法性，而只把歷史專從偉人的活動來說明的非決定論，都一概排斥。

史的唯物論主張：人類是自己創造歷史的，「人類史之所以異於自然史是在前者是由我們來創造，而後者不是由我們來創造這一點上。」「也即人類創造歷史。然而自然，不是人間發見了怎樣的空想，就依照這空想去創造歷史的。一切新的世代，在這世代產生的瞬間，它已經作為現成的東西跟存在的特定條件會合了。」所謂歷史必然性的觀念，一些也沒有否定在歷史中個人的任務。馬克思主義在分析事物的客觀的狀態中的科學實質，把它和大衆、各個的個人、集團、政黨等的實踐底活動力，創造力及主意之斷乎承認等結合着。

在馬——伊主義中最高級的科學客觀性和最大的實踐能動性，及行動性底這個值得注意的結合，是最近基羅夫在列甯格勒組織的廣泛底活動分子面前的演說中，深刻且明白表示出來的。「馬——伊主義是教導勤勞者勝利敵人底唯一眞摯的科學。不去好好地學習它，而想完成世界革命勝利是不可能的。」只有認識支配社會發展底法則，才能夠明白個人在歷史進行中有能動的任務，和影響歷史的可能性。在這個場合，認識就成爲歷史的偉大原動力。史的唯物論承認人類是繼續不斷地創造歷史的，卓越的人物在歷史中表演着『顯明的役務』而且現在也表演着。同時確立眞正的自由個人的才能和能力全部的發揚，只有在社會主義之下才有可能的。『在從來存在了的集合體——國家等等——中，個人的自由只有屬於支配階級的個人，而且也只限於支配階級的個人才可能存在。』個性的發達，向來都是帶着『一面的』性格，個性是被蔑視，被壓迫了的。在人類史上只有社會主義，才開始爲着人類的生活和發達，在原則上創造出不同的條件，把個人從奴隸制完全解放出來，使個人的才能、性格、能力全面的發達起來。在蘇聯社會主義建設的實踐，就是經過把人間改造爲大衆的；使個人的一切創造力全面的自由發達；從國民的下層去教育、養成天才和英雄的大衆的這個過程。

還有，我們要特別注意的，就是史的唯物論對於歷史認識的過程本身和人間對歷史之能動的活動，史的唯物論並不是從個別的個人或人間一般的見地去考察，而是從階級鬥爭及政黨的見地去考察的。從這一點看來，認識、改造世界底最高的主體物，就是以唯一科學的理論（馬——伊主義）作爲軀幹，改造資本主義社會爲社會主義社會之勞働階級的前衞。而且他們所具有的馬——伊主義的理論，就是使其成員的意見和能動性得到最高級的發揮，由此去客觀的認識歷史的現實進行，他們以此爲基礎，又使對歷史的能動的活動成爲可能性了。當做歷史的認識和變革底最高主體看的；當做勤勞大衆的組織者，教育者及前衛戰士看的政黨的這個任務，在馬克思、恩格斯以後，在伊里奇和史太林的著作中，都極深刻明晰地給與特徵了。

歷史上的偉人馬克思、恩格斯、伊里奇、史太林底任務就是在：第一他們比任何人都深刻，廣大，長遠地明瞭人類史底客觀的進行；組織數百萬勤勞大衆的意志和意識；使他們走向和資本主義的鬥爭，縮短新的社會主義社會初頭所生的苦惱；加速歷史運動的進行的這一點上。

六　上部構造的能動性和相對的獨立性

反對史的唯物論最大流行的一個『論據』是把史的唯物論還原於所謂『經濟的唯物論，』把社會的發展單從經濟的要因來說明，排斥其他的要因波及歷史發展進行作用的學說。於是，史的唯物論就變爲：在布爾喬亞社會學裏所廣泛普及了的所謂要因論，即是：把歷史的發展從這個那個的要因作用；至多，不過是從各種要因的共同作用來說明的理論底亞種之一個。在世界大戰前，修正主義者們已經主張過——史的唯物論是否定在社會發展中的政治要因，意識和其他上部構造的任務，承認只有經濟才是歷史發展的唯一能動的原因，上部構造是一切受動的結果。修正主義者們，描寫過史的唯物論這個漫畫之後，就把那個史的唯物論作『批判，』指摘史的唯物論的『一面性，』繼而主張史的唯物論，有用流行的布爾喬亞哲學的社會學（第一是康德和馬哈的）去補足的必要。

史的唯物論和這種理論，並沒有甚麼的共通點。史的唯物論把所謂『要因』的概念本身，視爲離開社會全體的抽象。史的唯物論和這種『理論』反對。它建立起歷史發展的綜合的見解。即是說：史的唯物論畢竟是從生產力的發展出發，來規定在歷史發展中的各個要因（卽社會形態）的地位和任務；這些的交互作用，相互依存關係的性質和限度；並且規定這些相互作用的社會側面的源泉本身。那麽史的唯物論對上層構造，不單只看做經濟基礎的受動結果。上層構造雖以經濟的土台爲建立基礎，但它也有着它自己相對的獨立性和內在的合法則性；同時也在經濟之上發生反作用；促進或延遲其發展的形式化。

在恩格斯給布羅荷的信裏這樣寫過——要是依照唯物史觀看來，在歷史中，成爲終極的規定契機的，就是現生活的生產及再生產。除了這個以外，我或馬克思都未曾主張過甚麽萬一有人把這命題曲解爲經濟的要因就是唯一規定的契機的時候，就這主張會化爲一個無意味的抽象的空語。經濟的狀態雖然是基礎，可是上部構造的各種契機卽階級鬥爭的政治形態和其結果——勝利階級在戰勝後所製定的憲法和其他，在法律形態和當事者的頭腦中一切這些現實鬥爭的反映，卽政治上、法律上哲學上的理論、宗教的見解和它對教義體系的發展，這一切都可以影響到歷史鬭爭的進行，在很多的場合要特別規定其形態。在這裏，雖然有着這些一切契機的交互作用，但我們在裏邊看來，結局經濟的運動是必然的東西，通過無限的很多的偶然性來貫澈自己的。』

恩格斯在給錫丹爾耕白魯克的信（一八九四，一，二五）裏還如次指出着，卽技術在極多的場合固然要依存科學的狀態，反之；科學更多的場合也依存技術的狀態和必要的。

『靜水學（托里捷利以及其他）在十六七世紀是在因意大利要統制溪流的慾求所發生的。對於電氣，就是把我們已經知道幾多合理的事，漸漸在其技術的應用被發見後才可能……政治的、法律的、哲學的、宗教的、文學的、藝術等等的發展都是基於經濟的基礎，然而這些是相互的影響，而且又可以影響到經濟的基礎。我們不能這樣說：只有經濟的狀態才是唯一的能動原因，其他不過是受動的原因。否！在這裏，畢竟是有着以貫澈自己的經濟的必然性爲基礎的交互作用的。』

恩格斯在給康樂德・斯密特的信（一八九〇，十，二七）中，講及政治形態向經濟的逆反響的時候，就這樣指出——經濟運動大體上是貫澈自己，然而經濟的運動是自己創造，從獲得相對的獨立性的政治運動中，也非受到反作用不可。恩格斯舉出波及經濟發展底國家權力的三種反作用。它作用於同一個方向有促進經濟發展的；也有相反的作用；更有使經濟的發展轉向爲特定方向的障礙，而趨向其他的方向的（這場合結局是歸於以上的一個。）當作經濟集中的表現看的政治，這次就會影響到經濟的發展。『政治權力要是對經濟不發生效力時，則我們到底爲了甚麼要爭取普羅列塔利亞的政治將來呢！強力（即國家權力）也是一個經濟的力量。』

對於構成態的交代，政治鬥爭是有着決定的意義的。史的唯物論強調在經濟發展中的政治形態底絕大意義；同時反對（像第二國際的理論家們所做的）把政治經濟切離開來。政治形態不消說是有它一定的獨立性（其界限還是由經濟所決定；）對於經濟發達本身是決定的要因。然而其合法則性結局是由經濟發展的合法則性所規定。國家及法律，只在階級社會裏，在經濟的發展的特定階級才可發生和存在，也是爲支配階級服務作爲他們利害的擁護機關。跟着經濟的發展；跟着階級鬥爭及其形態的歷史發展，國家形態及法律形態也發生變化和發展。後者雖然可以反作用到經濟的發展，但它自身是跟隨經濟發展之後，在這個意義中它是沒有獨立的歷史的。同樣的，對於其他的上部構造（宗教、哲學、藝術等等）也可以這樣說。社會意識的諸形態畢竟是由經濟發展所決定，在階級社會中，意識形態是帶着階級的性質；支配階級的意識形態，就是在社會中的支配的意識形態。意識形態的諸形態，是在意識中的存在反映，這個場合，這個反映，正如在敵對成態中那樣：爲不完全的，歪曲的東西，甚至連神秘的空想的（如宗教）也有；或者像普羅列塔利亞的意識，是正確的，眞實的科學的。普羅列塔利亞的意識形態（馬——列主義）和布爾喬亞的意識形態不同，它是存在和歷史發展的正確反映，由於這意識形態，是抓着大衆的，所以成爲自己批判的實踐的力量；這個意識可以反作用到經濟的基礎，促進社會發展的進行。意識形態對基礎的影響，是有兩種的不同。一種它是演出反動的任務，阻礙生產力的發達，使已將滅亡的生產關係永久化（法西斯意識形態的全體是其明白的實例；）另一種是完成其進步的任務，努力促進新的生產樣式的成熟和發展！

在社會主義經濟今後的建設和社會主義完成中的上部構造的意識形態的，特別是文化革命的任務，是極爲重大的。勤勞大衆的再教育，殘留在多數人意識中的資本主義底清算，集體農場農民意識的社會主義底改造，是關乎今後發達的根本政治任務。社會主義勞働規律的制定，技術的獲得，普及勤勞大衆間的科學和文化，這是社會主義建設成功的必須條件。在蘇聯條件之下的意識任務是極爲重大的。史太林在對最初的美國勞働代表的談話中，是這樣指出過——在社會主義的條件下，普羅列塔利亞的意識變作社會發展的巨大原動力。『在這樣的場合，我國產業的原動力究竟是甚麼呢？就是第一，工場在我國是國民全體的東西，不是屬於資本家的，支配工場的不是資本家的分子；而且勞働者的代表。勞働者的意識就是他們不是爲資本家而勞働，是爲他們自身的國家；爲他們自身的階級而勞働，這個意識就是在我國工業發達改善的事業中的巨大的原動力。』

在蘇聯的條件下，普羅列塔利亞國家和蘇維埃憲法等的上部構造，都盡着絕大的任務，它能動的促進社會主義如怒濤般的發展，形成社會主義建設的有力武器。例如在一九一八年所制定的蘇聯憲法（一個的上部構造）是確認爲當時所創造出來的蘇維埃權力基礎，『是記載一般所見透的蘇維埃國家向社會主義的方向的將來發展』的，它是爲了社會主義底鬥爭的旗，保證國民經濟的向上，確保大衆物質的福祉及勞働者文化的成長。

然而到了蘇維埃第七回大會中，『我們的國土在社會經濟的基礎上是能夠根本的再建，改造爲社會主義的國家。』（莫洛托夫）生產手段百分之九十六已經歸入國家集體農場和協同組合；在蘇維埃第七回大會當時，生產手段僅百分之四是屬於私有者。在蘇聯的這個根本變化，也不得不反映到蘇維埃憲法的；從這點看來，一九一八年的憲法的各個部分，是成爲時代的陳跡了。『但是，若借拉薩爾的適切的表現時，則當作國家的根本法看的憲法，須是『必然的創造出以外一切的法和法律制度的作用力。』那麼憲法在正確的反映國內階級勢力的交互關係時，它就成是社會制度強化的有力武器。』（莫洛托夫）蘇維埃第七回大會的決議，就是使我國的憲法和社會主義的所有全勝與在蘇聯中的階級勢力的現狀一致起來，這樣它就成爲效用於社會主義國家和社會主義建設的更強化的作用力了。跟這個（憲法）同樣可作爲模範的事實，就是在第二回集體農場農民突擊隊大會中所採用的農業『自由協同組合』規約，它表現集體農場制度的巨大成功，它是在蘇聯集體農場發展的經驗全體總計；它自身又成爲着集體農場制度更高的發展和強化底鬥爭；及對集體農場的大衆豐富文化生活的前進運動之重大要因。

在下次新社會更高級的階段，跟『布爾喬亞的權利』之殘存物的最終消滅同時，如國家、法律、政黨、宗教等的上部構造也要消失的；其他一切上部構造（科學、藝術、道德、生產管理機關等）也會本質的發生變化。

第八章　史的唯物論的最近發展

一　和布爾喬亞社會學的鬥爭

馬克思和恩格斯所發見的唯物史觀，在伊里奇及史太林的著作中，得到更高級的發展和深化。形成史的唯物論發展到伊里奇階段，和由史太林其後發展底基礎，首先是這時代的條件和特殊性。資本主義達到其發展之最後的帝國主義階段時，在資本主義的諸生活領域中，就發生本質的變動；資本主義的一切矛盾，發生了空前的深刻化和尖銳化；諸階級的勢力關係和戰術也起了變化；普羅列塔利亞運動的形態和方法也起了變化；事件千變萬化地展開；普羅列塔利亞的戰略和戰術上的任務，極快地轉變；同時新的型式的政黨也被創造出來——這一切新的事實和事變，是必然地使整個的馬克思主義，特別是史的唯物論的內容越加豐富起來了。馬克思主義，不是當做死的教條，而要變成生動的生活指針，那麽非在理論上去把握這一切的新事實和事件不可了。伊里奇是從馬克思和恩格斯所定式化了的史的唯物論底根本原理出發，而照應這時代的新的條件和特殊性，使史的唯物論的一切根本概念得到高度的深刻化和發展。從這一點看來，史的唯物論之伊里奇階段底特徵，就是基於帝國主義時代之極豐富的材料而使史的唯物論發展的伊里奇當前的根本任務，在根本上是規定史的唯物論發展之伊里奇階段。史的唯物論的一切根本問題，在伊里奇的著作中，都是在某種程度上，直接或間接和其根本任務聯繫着的。當作帝國主義時代的最高的概括化和反映着的史的唯物論之伊里奇階段，是人智所有的積極成果的最高總計同時是從世界史所教示的一切徹底的結論。

伊里奇和史太林所以能使史的唯物論發展，是因爲他們和布爾喬亞社會學說作毫不讓步的鬥爭；他們排擊了欲散佈它（以某種形式）於勞働階級的企圖。當資本主義的向上期，布爾喬亞社會學說，在某個程度上，是包含着唯物史觀的要素（發生於觀念論一般的地盤上的）反對封建秩序，完成了某種進步的任務；可是跟着布爾喬亞掌握政權後，勞働階級開始發動獨自的運動，於是布爾喬亞社會學思想發展的合法則性，在根本上就形成爲對史的唯物論鬥爭之迫切的需要和欲求所規定；形成爲「反駁」史的唯物論，要證明布爾喬亞秩序永久不變性的必要所規定。布爾喬亞社會學在一切的根本問題上，對史的唯物論採取了絕對相反的立場。對於社會的歷史科學底唯物論原理，他們以史的觀念論的原理來替代。奧古斯特·孔德曾主張說——社會發展的根本原因，是人間理性的自己發展。社會學上所謂心理傾向的多數學說和少數學派，在近代社會學中，採取着明顯公然的觀念論立場。把社會發展的合法則性，求之於地理環境的條件；生物學的法則；或是諸種要因的交互作用中的一切自然主義及折衷主義的潮流，結局都是在某種形態中陷入觀念論的錯誤。物質生產的概念，對於一切布爾喬亞社會學是絕緣的。

布爾喬亞社會學其次的性格特徵，是反對辯證法的發展原理，它是明顯的反歷史主義。布爾喬亞社會學者，談到發展的場合，他們所謂發展，是平和的漸進的進化，是漸次量的增減。因此布爾喬亞社會學，無論社會經濟構成態的學說；或是歷史一般法則和特殊法則的統一，都沒有正確的解決。他們在一切民族和一切時代之間，設立了同樣有效的一般法則。它的其他性格的特徵，卽圖式主義；社會學構造的人爲性；主觀主義等，是和布爾喬亞社會學的這抽象性聯繫着的。一切布爾喬亞社會學和馬——伊主義的階級鬥爭論都發生過鬪爭，都是企圖以階級協調和階級和平的理論，來代替這個階級鬥爭的理論。

最後讓我們來談談布爾喬亞社會學之其次的重要特徵罷！布爾喬亞社會學當其分

析社會現象時候，究極的總是從個人和其屬性出發結局的提倡反對以社會的經濟構造為社會分析出發點的史的唯物論。即使在布爾喬亞社會學的內部，有着各色各樣的潮流，企圖克服社會學中的原子論的個人主義的見地；且認社會現象的質的特性，不是個人的屬性，而要在社會的全體中發見出來的。可是要「反駁」史的唯物論底切實階級的欲求，又使他們囘復到為社會學分析之出發點的個人方向，將社會視為如個人的總體，而且把個人的關係，還原到當作第一次社會形成看的心理結合。

以上，是十九世紀初年以來布爾喬亞社會學之理論發展的根本特質。在帝國主義時代，布爾喬亞社會學也非發生新的變動不可。這變動的歸趨，使社會科會和自然科學之原則的對立傾向，越發擴大，拋棄歷史的合法則性，而想把它從英雄之「創造的」意志來說明；完全否定進化的思想，開始人種論的說教。可是這個人種論的使命，一方面是為布爾喬亞「祖國」的帝國主義政策奠定基礎；他方面則為起因於人口各層的人種差別，或人種劣勢的，此種論調的社會之社會分化的必然性，奠定基石。

史的唯物論，是在對以上一切布爾喬亞社會學說的鬥爭裏，尤其特別重要的是和這些學說（布爾喬亞的）以某種的形式與程度散佈於勞働階級中的嘗試底鬥爭中，發展出來的。蔽上史的唯物論的外套，或僭稱比史的唯物論的更高發展的這些應有盡有的修正主義的和社會民主主義的社會歷史學說（第二國際「理論家」們的史的唯物論，托羅斯基的史的觀念論和主意主義布格達諾夫及其他的馬哈主義的社會學；史的唯物論的少數派觀念論的修正主義和機械的修正主義等等）實際上是在勞働階級內流行的布爾喬亞社會學學說之特殊反映，而且到現在還是一樣。伊里奇和史太林既粉碎了這一切的反馬克思主義的潮流，又使史的唯物論的根本命題得到更高級的發展和深化。

二　和客觀主義的鬥爭

伊里奇和史太林在與所有反馬克思主義潮流向偏向的鬬爭裏，常常，強調同時爲最高度客觀性的馬克思主義理論的階級性，及其黨派性。「嚴正的黨派性，是高度發達的階級鬬爭底同伴者，反過來說，爲着公然廣泛的階級鬬爭，那就必要嚴正的黨派性的發展。」伊里奇再三地指摘過我們在任意的道德的、宗教的、政治的、社會的言辭和聲明及約束的背後，應該暴露這各個的階級利害。「所謂從馬克思主義的來觀察，就是從階級鬬爭來觀察的」伊里奇從其活動的最初一日起，就從同時爲客觀性的最高形式底普羅列塔利亞黨派性的正確理解出發，無論對客觀主義或主觀主義都作過徹底的鬪爭。

斯特魯維的客觀主義的特徵首先的是極端的抽象性，「學究的」態度；是企圖超越「所有特定的國家、特定的歷史時期和特定的階級」的希望。可是在實際上，斯特魯維的客觀主義——伊里奇指摘說——却完全帶着布爾喬亞的性質。客觀主義者說道：「難於克服的歷史的傾向，」並且「證明一定的事實系列的必然性，常常迷入於這些事實之辯護論的立場，」反之唯物論者則暴露階級的矛盾，由此而決定自己的見地。唯物論者不只指出過程的必然性，並且闡明由怎樣的階級規定這個必然性呢！：即「唯物論者們是比客觀主義者更加徹底的；它是更深刻地，更完全地貫通了自己的客觀主義。」「假定唯物論是含有黨派性的話，則每當評價一事件時，就要以站在特定社會集團的見地爲義務。」

三　和主觀主義的鬥爭

客觀主義者的極端的抽象性，實在是表示對現實性之消極的觀照的態度；表示對事件評價之觀念論的態度。蓋因客觀主義者，不是從具體的現實性的具體研究開始，而是從先天的判斷的「圖式；」從「一般的抽象命題」出發，作「一般的」論斷的原故。這種

「狹隘的客觀主義」不是從階級的見地來考察歷史過程的一般，它在斯特魯維的場合，是伴着馬克思國家學說的僞造國家是「秩序的組織」的主張，同時也伴着歷史的抽象的一般法則的構成等等。伊里奇對這些客觀主義和主觀主義作過系統的鬬爭。他還在一八九四年，對人民派的社會學說和他們的「主觀的方法」「在歷史中的個人」的任務底主觀觀念論的學說，加以破壞的批判。和人民派之所以分離的，最大原因——伊里奇這樣寫着——恐怕是當研究社會經濟的過程時，「人民派通常拿出了怎麼的道德的結論」的這一點上。

人民派臨到以歷史的事實爲特徵的時候，不是從具體的現實性的具體研究開始，而是從道德規範和當爲的見地，即是接近主觀主義的見地。俄國主觀主義者的方法——伊里奇這樣指摘——是很相像蒲魯東的方法的，即是：欲把商品經濟依從自己的正義的理想來改革。人民派把他們自己的要求，依照所謂「純粹正義」的抽象原理爲基礎而不須具有一定利害之實在的必要。

人民派的，以後是社會革命黨的，其一切政治方針和戰術，都是建築在這種觀念論的社會學上面的。馬克思主義在我國是和馬克思主義之最壞的敵人的人民主義的鬬爭中，以粉碎他們的思想命題和政治鬬爭的手段及方法（和大衆黨組織不相容底個人的恐怖政策）爲基礎，而使自己成長和堅固的。

四　和少數派修正主義的鬥爭

伊里奇在和少數派，特別是和普列哈諾夫的鬬爭中，他使客觀主義的批判發展和深化下去。他不絕的指摘少數派和布列哈諾夫對各個歷史事件評價之抽象的中立態度。伊里奇當批判普列哈諾夫的綱領草案時，還舉出他的四個根本缺陷。（一）許多的定式之極端的抽象性，（二）特別是俄國資本主義問題的輕視和曖昧，（三）普羅列塔利亞和小生產者的關係之片面的不當的敍述，（四）不絕的企圖在綱領中給與過程之說明的傾向。

在和普列哈諾夫及少數派之以後的鬬爭中，伊里奇也不絕的說出這種抽象的形式主義，與指摘其各種的側面。在「一步前進二步退却」的小册子裏也曾舉出普列哈諾夫的抽象性說：「普列哈諾夫最後只有滑稽地苦悶着自己的軀殼，才能夠擺脫得出來，這一切滑稽的可遺憾的誤解的泉源，是由於他破棄了應該在一切的具體性中檢討具體的問題底辯證法的根本命題。」在「在俄國資本主義的發達」第二版的序文中，他也舉出以普列哈諾夫爲首的少數派的性格的特徵，指出他們的根本缺陷是將具體問題的解答，求之於革命根本性質之一般的眞理的單純理論的發展，而不是求之於各階級的地位和利害底具體的分析中。這個抽象的態度，伊里奇把它看作完全是對馬克思主義的平坦化；辯證法的唯物論的嘲笑。少數派的這個抽象的態度，是表示着拒絕馬克思主義階級鬪爭的理論。故此伊里奇又把「少數派的馬克思主義，看做是用布爾喬亞自由主義的尺度所裁剪出來的馬克思主義」「若果你們不指示出怎樣的階級利害；在一定的時代中佔優勢的怎樣的利害，是規定各種的政黨和其政策的本質的，那麼你們在事實上並沒有應用到馬克思主義，你們在事實上就是放棄階級鬪爭的理論。」

少數派的抽象性，是表示馬克思主義階級鬪爭論的否定，它結局會回到對現實性之觀照的宿命論的態度。伊里奇曾講及俄國社會民主勞働黨第三回大會和少數派會議的決議，如次寫着——「一方面的決議是表現積極鬪爭的心理；他方面是表現着消極的眼界的心理。一面是貫徹着生的行動的呼聲；他方面則始終於死板的議論。」「新火花派敍述思想的方法，會使人想到馬克思主義拒絕不知道辯證法觀念的舊唯物論。」「新火花派雖能夠重新的記述，說明在他們眼前所發生的鬬爭，但在這鬬爭期間，他們是絕對不能給與正確的口號的。」創造變革之物質的條件，站在進步階級先頭的政黨，由於忽視在歷史上應盡的，而且又非盡不可的行動指導底傾向的任務，他們減低了唯物史觀的價值。」

在『少數派的危機』的論文（一九〇六年十二月二十日）中，曾這樣說：少數派把「受動性」——這是布爾喬亞知識階級的本質——來說教用屈服於反動之前的教授的「客觀主義，」來代替「戰鬬的唯物論。」伊里奇一方面使少數派的客觀主義的批判發展；他方面指摘它向觀念論的移行。例如「在應該怎樣寫革命」的論文中，曾說着：像普列哈諾夫和少數派所處理的那樣，「只停止在『責任』內閣和『無責任』內閣，以及議會專制政治等等的抽象的法律的對立上，這是馬克思主義者所完全不能容許的。」「這是自由主義觀念論的判斷；不是普羅列塔利亞的唯物論的判斷。」又在「政治的危機和機會主義戰術的崩壞」的論文中（一九〇六年九月三日）指摘少數派對政權獲得的問題，完全是站在「小市民的觀念論的」見地；而不是站在「普羅列塔利亞底唯物論的見地上。」

伊里奇和俄國的少數派的鬬爭中，同時對於國際的修正主義、中央派及盧森堡主義等也行過系統的鬬爭。他舉出修正主義之社會的歷史見解底性格特徵，是馬克思主義的眞實基礎的否定，卽是階級鬬爭學說的否定；並說他們用階級連帶的觀念來代替階級鬬爭的理論。從修正主義的這種性格的特徵看來：修正主義者們就是否定了社會主義能夠以科學的爲基礎的可能性；使社會民主黨變成以民主主義的經濟改革來完成社會改造底政黨了。伊里奇指摘過修正主義否定階級鬬爭之觀念論的性質。在一九〇六年，伊里奇曾這樣寫過：從馬克思主義的見地看來，「歷史之眞正的起動力是實踐底階級鬬爭；改革只是這鬬爭的副次的結果。」「要是依照布爾喬亞哲學者們看來——伊里奇繼續說着——就進步的起動力，是覺悟各種制度的「不完全」的，社會中一切分子的連帶性。前者的學說是唯物論的；後者是觀念論的。前者是革命的；後者是改良的。」機會主義者的根本缺陷是這樣：他們「用『連帶的』『社會的』進步和小布爾喬亞的理論，代替了事實上爲歷史唯一實在的起動力底階級鬬爭的社會主義的理論。」

伊里奇和史太林，對托羅斯基的社會的歷史見解，並他的政治和實踐作了長期間的鬬爭，這也是值得注意的。爲少數派一亞種的托羅斯基主義底社會學見解的性格的特徵，是主觀主義，觀念論，主意說；是不能從具體的現實的階級勢力的客觀交互關係的嚴正估計出發，而且也不欲這樣；它是用理論的「飛躍」來替代實踐的「飛躍」是忽視了在現實底運動中的大衆的任務的。

五　和普列哈諾夫的論爭

普列哈諾夫在馬克思主義哲學，特別是在史的唯物論中的地位，是非特別敍述一下不可的。普列哈諾夫嚴守史的唯物論的立場從其所有一切的攻擊，從其敵人和曲解者中來擁護它。然而作爲哲學科學看的唯物辯證法的某種過少評價和無理解，由它自身內在的理論所結合着，他的少數派的哲學基礎的，歪曲辯證法唯物論的幾多偏向，都不得不影響到他對史的唯物論的根本命題的理解。普列哈諾夫有許多背離史的唯物論本質的偏向。他的唯物論底特徵，是某種的抽象性和觀照性；是缺乏作爲史的唯物論根本命題底社會經濟構成態的。普列哈諾夫從這個抽象的態度發生出了他對各種社會的事件評價之形式論理的圖式的態度；特別是產生出了他對俄國革命的起動力和其展望的少數派的評價。他不能考察在社會發展中之具體的階段；同時也沒有充分正確理解在社會發展中之內在的合法則性的任務。他把生產力的發展，究極的以地理環境影響來說明。作爲人類先史（除原始狀態外）運動法則底階級鬬爭的任務和意識的忽視；史的唯物論的階級內容的削除，是和他這個「地理學的偏向」有着不可分的聯繫的。他的根本謬誤，都集中在表現在「馬克思主義的根本問題」中的有名的五段式裏面了。下層基礎對上層構造的關係，他用如次的圖式表示着：(一)生產力(二)爲生產力所制約的經濟關係，(三)成長在一定的經濟基礎之上的社會政治的諸制度，(四)一部分直接由經濟所規定，他部分由成長於經濟基礎上的社會政治的諸制度之全體所規定的社會人類的心理，(五)反映這心理的屬性底各種的意識形態。這五段式的根本缺陷的歸趨，是把史的唯物論的根本範疇互相切離開來，沒有理解當作生產力發展形式看的生產關係的能動的任務；蔑視在社會發展的階級及階級鬬爭的任務，抹煞當作經濟集中表現着的政治（國家）的任務，最後是沒有理解在社會發展中，意識形態的能動的作用。

六　伊里奇階段底史的唯物論的發展

在對普列哈諾夫的少數派主義的鬬爭中，伊里奇不斷的指摘違反徹底的史的唯物論之根本的偏向。他從馬克思及恩格斯所指出的史的唯物論的根本命題出發，使史的唯物論發展到更高級的階段。由伊里奇所發展的史的唯物論，是向如次所述的主要方向進行的。

把史的唯物論，從辯證法切離開來的修正主義者，伊里奇和他們的鬭爭中是特別執拗地強調這兩者的密切不可分的聯結和統一。伊里奇指示了辯證法的唯物論和唯物史觀底內在聯結的所在；以及在社會現象之上，應該怎樣貫通唯物論。跟這關聯的，伊里奇天才的定式化了史的唯物論的根本命題，卽是一方面是從一切布爾喬亞社會學說區別出史的唯物論的界限；他方面是當作理解史的唯物論一切範疇的順列和內在相互依存關係底出發點看的，社會的意識和社會的存在之關係怎樣的問題。伊里奇和史的唯物論的鬭爭中，一方面發展馬克思關於史的唯物論的主要問題的學說；他方面指示出社會存在的物質性和客觀性是存在於那一點，同時又指示出離開社會意識底社會存在的獨立性的所在。

伊里奇把社會的存在和社會的意識之統一的問題，適切深刻地提出，並且在解決這個問題之後，就越加發展和深化史的唯物論的根本概念和構成態的學說。那麼伊里奇理論的功績，第一是具體的研究了各個構成態的歷史，其特殊的合法則性，在各國和各種歷史時代中的它的特性；第二是基於經驗底材料的研究，來創造構成態之一般的理論的。關于經驗之材料的研究及各國中的各個構成態發展的具體進行的研究，伊里奇是首先注重於各種國家的不同型的資本主義，尤其側重於俄國資本主義發達的合法則性的研究；研究以農奴制度爲條件的俄國資本主義發達的特殊道程，同時又研究俄國專制政治的社會的本質，及俄國封建制度發展的道程和特殊性。伊里奇發見馬克思以後資本主義發達的合法則性，闡明帝國主義在資本主義發展中的階段；定式化了資本主義的不均等發展的法則，由此，奠基了一國社會主義建設的可能性，伊里奇在過渡期的研究中也費了同樣的注意來研究各種制度間的鬥爭；各種階級的交互關係，一國社會主義建設的具體的道程；新的社會主義的生產力和生產關係的分析；在過渡期經濟和政治的交互關係；文化革命的問題等。

伊里奇關於各種構成態的分析，是不止僅停留在資本主義構成態的合法則性和過渡期的問題的研究的。他和這根本任務同時，也闡明了原始共產體和奴隸所有者的構成態，特別是封建構成態發展的合法則性和道程。他基於豐富的經驗材料，特別是基於資本主義構成態和過渡期的研究，完成了構成態之一般的理論；給與構成態的古典的規定，及完成了關於同構成態的發展階段（例如原始共產主義的發展階段；從十七世紀至二十世紀的俄國專制政治的進化資本主義發達階段等）的學說。他從馬克思的各個學說出發，而創造了關於制度的理論；關於其交互關係和鬥爭的理論。他發展馬克思對下層基礎和上層構造的學說，而給以各種的構成態特別是在資本主義的構成態和過渡期中的生產力與生產關係的分析；同時又闡明經濟發展中之上部構造形態之作用和意義。特別應該注意的，是強調了在原則上和從來的構成態是不同的，過渡期的經濟和政治的交互關係；及以意識形態鬥爭的作用和意義爲基礎的意識性和自然生長性的學說。伊里奇又因研究各個構成態發展的合法則性，而使馬克思之當作人類先史（除原始共同體外）的發展法則看的階級鬥爭理論發展。他在「偉大的建議」的論文中，給以正確而又深刻的階級的定義，解明了階級鬥爭的形態，各種階級的交互關係，和階級鬥爭的實踐。

在討論史的唯物論的諸問題中的伊里奇的本質特徵，就是對史的唯物論的一切根本問題，都把史的唯物論作爲一個黨派科學來處理。他是在兩條戰線中鬥爭了的戰鬥的黨派性和兩條戰線的鬥爭，就是伊里奇在史的唯物論發展中之發展的鮮明特徵。史的唯物論，要當作普羅列塔利亞實踐鬥爭的理論基礎；當作離開人類先史的直接飛躍和社會主義建設爲基礎的理論，才能夠使其發展起來的。因此，伊里奇使史的唯物論沿着構成態之理論的更高級的完成其合法則的研究，以及一個構成態交代給另個構成態之研究的方向而發展了。

七　史太林階段底史的唯物論的發展

史的唯物論由史太林使其更高的發展，也是與此取同一方向進行的。和伊里奇的場合相同，在史太林的著作中，史的唯物論首先是作爲以帝國主義凋落及社會主義建設爲基礎的理論而發展的。伊里奇以後，史太林對近代的資本主義的矛盾，資本主義發達的不均等性，各階級勢力關係及在階級鬥爭形態的本質變動等，都給以深刻的分析。他使伊里奇關於一國社會主義的建設的學說，得到更高級的發展且深化（資本主義發達的不均等性的法則；鎖的切斷；社會主義建設底內的及外的可能性和條件的問題）他基此而使史的唯物論的根本範疇發展，同時對理論上和政治上的各種機會主義潮流和反馬克思主義潮流，行過誓不兩立的鬥爭。他展開了社會主義的根本的合法則性之天才的立論，完成了其所有一切的根本命題，使馬克思恩格斯和伊里奇的這些命題和見解發展了。即是：社會主義構成態的形成問題；新經濟政策的辯證法；諸種制度的發展；在新經濟政策的各個階段中的各種制度的交互關係；「誰對誰」的問題的解決；俄國社會主義建設之今後的途徑等等。他基於國民經濟的產業化和再建的問題，以及勞動生產性的發展條件（六個條件，在再建期技術的任務和意義；農業的社會主義的改造；清算當作階級看的搾取農；農業發展之今後的途徑等等）的研究，而使關於生產力和生產關係的馬——伊主義學說更爲豐富，同時創造出了關於社會主義的生產樣式底完備的理論。和這個相關聯，史太林又深化了馬——伊主義的階級鬥爭論，解明了在過渡期各個階段上的階級鬥爭的各種形態，闡明階級絕滅和無階級的社會主義社會建設的途徑。

普羅列塔利亞的獨裁；它的三個側面；它的強化；它在蘇聯的社會主義改造的事業中的任務和意義；普羅列塔利亞的同盟者；民族問題；文化革命；理論鬥爭的意義；在人們的經濟和意識中的資本主義殘滓的清算，關於這等等的馬——伊主義的學說，史太林一面使它發展；他方面又使下層基礎和上部構造的馬——伊主義學說越加發展且深化。發表在「亞華爾·茨荷烏雷巴」和「支維尼·茨荷烏雷巴」雜誌上的一九〇六年的初期論文裏，史太林就已經發展了關於經濟基礎和上部構造；形式和內容；生產力和生產關係的辯證法底馬——伊主義理論了。「首先是外的條件起變化；首先是物質起變化。次之，跟它照應着的意識和其他精神現象也起變化——觀念這方面的發達，是遲於物質條件的發達。若果把物質的這面、外的條件、存在等等命名爲內容；則觀念意識等等，必須命名爲形式。於是一定的唯物論命題，就會出現說：在發展過程中，內容是先於形式；形式後於內容。同樣，對於社會生活也可以這樣適用。無論那裏，物質的發展都是先於觀念的發展；形式都是後於內容。資本主義既已存在，就在激烈的階級鬥爭過程的時候，科學的社會主義還未出現其鱗片，而且在生產過程既已經有着社會的性質的時候，而甚麽地方都沒有社會主義的思想發生。

故此馬克思說——『不是人們的意識，決定他們的社會的存在；毋寧說是他們的社會的存在，決定他們的意識』（見馬克斯「經濟學批判」）這樣，依照馬克思的意見，則經濟的發展，是物質生活的基礎，是內容；而法律上、政治上及宗教上、哲學上的發展，就是這內容的『意識形態』是上部構造。故馬克思說——『跟着經濟基礎的變化；其上部構造遲早也要起變化。』

是的，在生活上，首先也是外的物質條件起變化；次之人們的思惟，他們的世界觀才起變化內容的發展，是先於形式的發生及發展。不消說，這正如修[illegible]格所云（見「洛布」第一號「一元論的批判」）若依照馬克思的意見，就決不能這樣說：『沒有形式的內容是可能的。』是這樣的沒有形式的內容雖是不可能，然而主要的却是因爲形式後於內容，故各個形式絕不能完全照應它的內容，這樣，新的內容一時「爲不得已」暫裝在舊的形式中，這就引起了形式和內容的衝突。例如今日生產的社會性質，是和生產物佔有的私的性質不一致，正正以這個作地盤，而發生着今日的社會的「衝突」。

史太林暴露了托羅斯基底永久革命論的少數派的本質；暴露了考茨基對帝國主義下的資本主義發達的不均等性，和一國社會主義建設之可能性的否定。在對反對派集團的鬥爭中，史太林把一國社會主義勝利之可能性，給以理論的基礎，且使這學說全面的發展了。他批判右翼機會主義之理論和戰術，而這樣地指出：卽是右翼機會主義者們，在形式上雖承認一國社會主義勝利的可能性；但由於否定社會主義建設之正確的途徑和手段（對於重工業及機械製造的全面的發達；農業集團化；資本主義要素底前線攻擊等等。）那麼實際上是托羅斯基主義的同謀者，否定一國社會主義勝利之可能性的。史太林把均衡論；階級鬥爭消滅的右翼機會主義的理論；向富農和涅普曼（俄國新經濟政策下發生的以利潤爲目的的個人企業家和投機商人——中譯者）的社會主義的轉化；布哈林對伊里奇的新經濟政策及協同組合計劃的無理解；布哈林對國家問題之半無政府主義的謬誤等，都加以破壞的批判。同時又暴露了少數派的觀念論所固有的理論與實踐的分離；哲學和政治及社會主義建設的緊急任務底分離；馬克思主義哲學發展中之伊里奇階段的否定；普列哈諾夫之錯誤底更深化等。對戰鬥的黨派性以及對一切種類的機會主義的鬥爭，是史太林之理論的及政治活動全體的特色。

歷史唯物論淺說

莫英著

士林書店發行

目次

第一章　物質生產在社會發展中的作用……（一）
一　物質生產的歷史性……（一）
二　生產方式規定社會形態的性質……（五）
三　生產力和生產關係的矛盾是社會發展的原動力……（一〇）
四　發展生產是新社會制度勝利的重要條件……（一四）
五　新社會中發展生產的雙輪——進步的生產技術與新型的勞動人民……（二〇）
六　錯誤理論的批判……（二五）
第二章　地理環境在社會發展中的作用……（二七）
一　地理環境不能決定人類精神和社會發展……（二七）
二　自然環境與人工環境……（三〇）
三　地理環境中各種自然條件對社會生活的關係……（三三）
四　地理環境影響社會生活的性質被生產力發展的水準和社會經濟制度

所決定……（三七）
五 在進步的社會制度下人類才能充分地運用自然條件……（四二）
六 結論和批評……（四六）
第三章 人民羣衆在社會發展中的作用——（五〇）
一 『英雄造時勢』是錯誤的觀念……（五〇）
二 人民羣衆創造歷史——生產物質財富……（五四）
三 人民羣衆創造歷史——變革社會制度……（五八）
四 人民羣衆怎樣建設新社會……（六四）
五 人民羣衆怎樣創造英雄、領袖和人傑……（六九）
六 唯心論者的錯誤……（七三）
第四章 政治在社會發展中的作用——（七七）
一 政治是經濟的集中表現……（七七）
二 政治對經濟的反影響……（八〇）
三 敵對階級社會中國家政權的作用……（八四）

四　新社會制度中國家政權的作用……（八八）
五　革命的作用……（九三）
六　錯誤理論的批判……（一〇〇）
第五章　意識在社會發展中的作用……（一〇四）
一　社會存在與社會意識的相互關係……（一〇四）
二　意識的兩種作用……（一〇八）
三　理論對無產階級革命的重要性……（一一三）
四　改造思想意識在新社會建設中的重要性……（一一七）
五　對唯心論者的批判……（一二一）

第一章　物質生產在社會發展中的作用

一　物質生產的歷史性

社會是人類的社會，有人類才有社會。人類的生存發展，也就是社會的生存發展。人類要生存發展，必須有生存發展的物質條件。物質條件是什麽呢？就是食品、衣着、房屋等等一切不可缺少的生活資料。只要一天沒有這些不可缺少的生活資料，人類便活不成。

人類賴以生存的生活資料，從何而來呢？它不是自天降下的，是靠人類的勞動生產出來的。比如：穿的衣服，首先要靠農民種植棉花，其次要靠紡織工人紡成棉紗織成布疋，再次還要靠裁縫工人縫製，然後人們才有衣服穿著。其它各種各樣的生活資料，無一不是人類勞動生產的成果。即使原始人類採集野菓來充饑，也還是經過採集這種勞動過程的，不勞動而得食，這是決不可能的。「人類從事於獲得生活資料的勞動便叫做物質生產。

生活資料的生產愈多，社會物質財富愈大，人類生活就愈豐富，這種現象，表示着人類進化，也是表示着社會發展。

生活資料生產的或多或少，在某種情形之下，是關係於人們勞動的勤惰，因爲工作努力，生產自然多，工作懈怠，生產自然就少；可是單單解釋做一個勤惰問題，那是不對的。比如在二百年之前，一個工人一天只能做成四百五十塊磚，現在一個工人每天可以製出四十萬塊磚，幾乎多了一千倍；在二百年之前，一個工人假使晝夜不停地工作，可以磨出二百至三百公斤的麵粉，現在一個工人每晝夜却可磨出六百萬公斤的麵粉，增加了兩萬倍。這決不是因爲在二百年之前，工人工作鬆懈、懶惰，現在工人却努力、緊張地工作，而是因爲在二百年之前，工人是用手工製磚、磨粉，現在工人則是用機器製磚和磨粉了，由於技術改良的關係，使生產大量增加。又比如××的馬家溝村一九四二年生產糧食八三·七石，一九四三年生產糧食一六〇石，增加了百分之八十六；城壕村一九四二年生產糧食一〇七石，一九四三年生產糧食二八〇石，增加了百分之一百六十一强。這不是因爲馬家溝村和城壕村的農民，在一九四二年工作鬆懈，在一九四三年工作努力，而是因爲一九四二年他們沒有組織變工隊，一九四三年却組織了變工隊，由於互助合作與分工合作的勞動組織關係的建立，也能够使糧食生產增加。

生產技術改良，勞動組織改善，可使物質財富生產增加起來，這裏表現了勞動生產率提高，生產力水準提高；同時還表現了時代進步，社會發展。用手工製磚磨粉，那時是封建社會，用機器製磚磨粉則是進到資本主義社會了。馬克思曾說：手推磨產生封建社會，蒸汽磨產生了資本主義社會。至於馬家溝村和城壕村，在一九四二年的時候，雖然是已經解放了，但是還沒有組織變工隊，在勞動生產的組織上依然是封建時代的老辦法，以每一家庭爲生產小單位，孤立的勞動生產；到一九四三年組織了變工隊，建立了互助合作的新生產關係，這樣在勞動組織上便顯示了向前推進一步，達到了新民主主義階段。所以在物質財富的生產中，可以尋出時代的意味和社會的性質。這就是物質生產的歷史性。

我們了解物質生產的歷史性的意義，不是從生產什麼東西這一點上去把握，因爲生產什麼東西是沒有什麼關係的。比如麥子和穀子是人類的主要糧食，原始共產社會的人類曾生產麥子和穀子，奴隸制社會、封建制社會、資本主義社會、新民主主義社會和社會主義社會都同樣的生產麥子和穀子，在這上面並沒有表現着時代的發展和社會的性質，所以生產什麼東西，是不重要的，沒有關係的。重要的、有關係的，却是怎樣生產？用什麼工具生產？在怎樣的人與人的關係下生產？如果在勞動者完全不受剝削，或高度的互助合作關係下，而使用公有的農業機器，共同勞動，集體經營，去生產麥子和穀子，那就是社會主義的農業。如果在服從與統治的關係之下，農民被農業資本家所僱傭，在大規模的農場中勞動，使用着農業資本家所有的農業機器，去生產麥子和穀子，那就是資本主義的農業。如果在服從與統治的關係之下，農民耕種地主所有的土地，使用着農民所有的犂耙等簡單農具，以家庭爲生產單位，細小的分散的經營，去生產麥子和穀子，那就是封建制的農業。

從物質生產的歷史性的意義上，更推進一層來了解，我們就可以明白物質生產在社會發展中的作用。這就是說人類從事物質生產，他們所用的方法，所用的工具，是變化的，是發展的，在生產過程中人與人的關係也是變化的、發展的，勞動生產率和生產力的水準，是增進的，是提高的，一個時代和一個時代不同，一個時代比一個時代進步。

二　生產方式規定社會形態的性質

社會歷史的進步最明確地表現於生產力的提高上。新的社會比舊的社會進步，就在於新的社會有更高的生產力。但生產力與生產關係是分不開來的。所謂生產關係就是在生產過程中的人與人的關係。在人類的社會發展中，在不同的歷史階段中，有不同程度的生產力，也有不同形式的生產關係。生產力與生產關係的結合，我們叫牠是『生產方式』。

討論物質財富的生產在社會發展中間的作用時，我們就必須講到生產力和生產力的歷史性，生產關係和生產關係的歷史性，和生產方式決定社會形態等問題。

什麼是生產力及其歷史性呢？我們知道：從事物質生產時，人們必須使用勞動工具，加工於勞動對象，勞動工具和勞動對象合稱『生產手段』。比如農業生產，農民必須有農具、土地、耕牛、種籽、肥料等生產手段；工業生產，工人必須有機器、廠房、原料、燃料等生產手段。生產手段是死的，必須活的人的勞動力加上去。勞動力和生產手段，當它們相互分離時，不能成為現實的生產力，而是生產力的要素，只有當它們相互結合時，才能發生一定的勞動生產率，形成一定的生產力。

生產手段中最富於變化的是勞動工具。但勞動工具究竟只是構成生產力的因素之一。機械論者把勞動工具或生產技術看作生產力的一切，認爲生產力的發展就只是工具的發展，這是不對的。固然勞動工具或生產技術的進步是生產力發展的不同時代的標幟，是生產力的重要的物質基礎；但是勞動工具或生產技術到底是死物，如果沒有勞動力的適當的結合與運用，仍不能成爲生產力。正確的說，生產力的發展，第一與勞動工具或生產技術有關，勞動工具或生產技術改良，如像採用新式機器，對於提高勞動生產效率、提高生產力，是有着顯著的效果的。第二與勞動力也有關，如像勞動經驗豐富，勞動技巧熟練，勞動情緒高漲，勞動紀律整肅，勞動組織完善，都是可以提高生產力的。

從歷史發展過程的各個階段來看，各有不同的生產力發展水準，換句話說，就是不同的生產力水準，劃分出歷史發展過程的各個階段。從遠古至今天，生產力發展的簡單圖景如下：（一）由最初的原始工具（如粗石器），進步到弓箭的時候，在這樣的工具轉變的基礎上，生產力的諸要素的結合，就由狩獵轉變爲飼育動物及原始牧畜形式；從石器工具再進步到金屬工具（鐵斧、鐵口鋤等）時，生產力諸要素的結合轉變到種植植物或農業的結合形式；金屬工具製造材料的繼續改進，轉變到冶鐵風箱，轉變到陶器生產，而與此相適合的就是手工業的發展，手工業與農業脫離，獨立手工業生產，以及手工業工場生產的發展；從手工業生產工具轉變到機器，與從手工業工場變成機器工業，轉變到機器制及現代機械化大工業的出現——這是人類歷史上社會生產力發展之一般的（決非完全的）圖畫。這裏，很明白的，生產工具的發展與改進，是由與生產有關的人來實現的，而不能離開人的，所以隨着生產工具的變化與發展，人——生產力最重要的因素——亦變化與發展了，他們的生產經驗，他們對勞動的習慣，他們使用生產工具的技能亦變化與發展了。』（見『列寧主義問題』）

什麼是生產關係及其歷史性呢？我們知道：在物質生產活動中，一方面是勞動力與生產手段結合，形成一定的生產力，『它表現着人們對於使用來生產物質財富的自然對象及自然力的關係。』（同上）另一方面是人與人結合，發生一定的關係，這就是生產關係，生產關係是適應於生產力發展狀態的，是受着生產力狀態所決定的。『什麼樣的生產力就應該有什麼樣的生產關係。』（同上）

生產關係，廣義的說，也包括着消費關係、分配關係、交換關係等在內，也稱生產諸關係。生產諸關係的總體形成社會經濟結構。通常講生產關係時，專指人們對於生產手段的佔有關係，因爲這種關係在生產中是最具有決定意義的關係，是標示社會經濟制度之特徵的關係。所謂財產所有關係，就是生產關係在法律上的表現。『假如生產力狀態所回答的問題，是人們用什麼樣的工具生產他們所必需的物質財富；那末，生產關係狀態所回答的是另一問題，就是生產手段（土地、森林、水道、礦藏、原料、生產工具、生產房舍、交通手段等）在什麼人手中，生產手段在什麼人支配下，在整個社會支配下呢？還是在個別的人、集團、階級支配下用以剝削別人、別的集團、別的階級呢？』（同上）如果生產手段屬於整個社會支配之下，那末，人們所建立的生產關係，便是沒有剝削的人們彼此間互助合作的關係，從而人們分配、消費的關係，也漸能實現『各取所需』的原則，這是共產主義社會的生產關係。反之，如果生產手段是屬於個別的人、集團、階級支配之下，用以剝削沒有生產手段的大多數人、集團和階級，那末，這裏人們所建立的生產關係，便是統治與服從的關係，從而人們分配、消費、交換的關係，就必然產生一方面是少數人窮奢極侈，另一方面是大多數人貧窮匱乏衣食不週的現象，這是奴隸制、封建制、資本主義制的生產關係。生產關係，除了互助和合作的關係、統治和服從的關係以外，還可能有過渡性的關係，史大林說：『人們在實現物質資料的生產時，也就建立彼此間在生產內部的某種相互的關係，即某種生產關係。這些關係可能是不受剝削的人們彼此間的合作和互助關係，可能是統治和服從的關係，最後，也可能是由一個生產關係形式過渡到另一個生產關係形式的過渡關係。』（同上）

怎樣叫做生產方式規定社會的性質呢？因爲在物質生產的活動中，有人和生產手段的結合（形成生產力），又有人和人的結合（形成生產關係）。這兩方面的結合，採取一定的方式，稱爲生產方式。生產力和生產關係，是統一於生產過程中的兩面，也是統一於生產方式中的兩面。有什麼樣的生產力就有什麼樣的生產關係，生產關係的總體形成社會的經濟結構；經濟結構是社會的基礎，在這基礎上面，建立起法律、政治等所謂政治的上層建築，建立起藝術、科學、哲學、宗教等所謂意識形態的上層建築。所以說生產方式規定社會性質。

在社會發展的歷史過程中，共有五個基本階段，亦即五種不同的生產方式，就是原始共產制、奴隸制、封建制、資本主義制、社會主義制。這五種生產方式，各有特定的生產關係的性質和特定的生產力水準，而每一特定的生產關係，都是當生產力發展達到某一階段的水準時才建立起來的。原始共產制的生產關係，是因爲那時生產工具非常落後（如石器、弓箭、木棒等），生產力的水準極低，不可能單獨和自然及野獸的力量作鬥爭，非共同進行勞動生產、非共同佔有勞動工具、非共同分配勞動成果不可。奴隸制的生產關係，是到了生產力發展到有了剩餘生產品，發生生產品的相互交換，生產手段和生活資料集中於一部分人的手中，可以蓄養奴隸的時候，才發生的。封建制的生產關係，是到了生產力發展到農民自己有勞動工具，可以進行獨立經營的小農業生產和家庭手工業生產的時候，才發生的。資本主義制的生產關係，是到了生產力發展到手工業工場和機器工業出現的時候，才發生的。社會主義制的生產關係，是到了生產力發展到有了現代大規模機器工業和巨大的無產階級這些物質條件的時候，才能建立的。

三　生產力和生產關係的矛盾是社會發展的原動力

生產力和生產關係，是統一的，同時又是矛盾的。因爲生產力是很活躍的，是能不斷地提高的，而生產關係却比較固定。當一種生產關係最初建立的時候，雖能與生產力發展的水準相適應，可是當生產力更往前發展，達到更高的水準時，舊的生產關係就不能與之相適應，反而變爲生產力發展的桎梏了。生產力的發展受到了阻礙，於是生產力和生產關係就要發生矛盾和衝突。當生產關係適應於生產力的時候，它能幫助生產力發展，當生產關係落後於生產力的時候，它又能阻礙生產力發展。這時候就必然會引起生產力推翻舊的生產關係，建立新的生產關係。『開始，社會生產力變化了發展了，以後依賴於這些變化及適合於這些變化，人們的生產關係，人們的經濟關係也變化了。但是，這不是說：生產關係不影響生產力的發展，後者不依存於前者。依賴於生產力的發展而發展起來的生產關係，自己也影響着生產力的發展，加速或阻滯它。這裏必須指出，生產關係不能過久地落後於生產力的發展和處在與生產力矛盾之中的；因爲生產力要能充分地發展，只有生產關係能適應生產力的性質與狀態並給生產力以發展的領域；因爲不論生產關係如何落後於生產力的發展，它早晚必須走向（而且眞正地走到了）與生產力發展的水準、與生產力的性質相符合。不然，我們就會有在生產體系中生產力與生產關係的統一完全破裂，整個的生產破裂，生產的危機，生產力的破壞。」（「列寧主義問題」）

生產力和生產關係的矛盾，是生產方式發展、社會發展的原動力。如果沒有矛盾衝突，舊的生產關係就不會被打破，新的社會制度就不能建立起來，生產力也不能得到解放而繼續發展。在有階級的社會裏面，生產力和生產關係的矛盾衝突，表現在階級與階級的矛盾、衝突上面。因爲勞動力所有者的勞動階級，是最偉大的生產力，而佔有生產手段的統治階級，總是代表舊的生產關係和企圖維持舊的生產關係的。所以當生產力和生產關係的矛盾達到最尖銳的時候，就是社會革命爆發的時機。舊的生產關係，不是自然崩潰的，而是階級鬥爭的結果，沒有階級鬥爭，就不能除舊佈新——除去舊的生產關係，建立新的生產關係。

歷史上第一次出現階級敵對的社會是奴隸制社會。那時生產力的水準很低，奴隸主要實施剝削，只有施行極慘酷的搾取，於是奴隸不僅沒有生產的興趣，不僅不愛惜工具，而且奴隸身體健康和生命的維持也不可能，所以奴隸制的生產關係，阻礙了生產力的發展，引起了奴隸對奴隸主的階級鬥爭。封建制的生產關係是以農奴制爲特點，土地完全屬於地主，農奴必須向地主繳納地租。農奴有自己的生產工具，於是形成農業與手工業相結合的以家庭爲生產單位的自然經濟。農奴對生產有多少的興趣、生產力比奴隸社會時有了若干提高，但是封建的超經濟的剝削，使農奴不能改良土地和生產技術，而地主本身則只關心於如何搾取，增加地租的收入，並不關心於農業經營，如改良土地，振興水利、改良農具等等，所以封建制的生產關係，一方面是阻礙了生產力的進一步發展，一方面又引起了農奴對地主的階級鬥爭。在資本主義制的生產關係下，資本家階級完全佔有生產手段，而無產階級除了勞動力以外，就一無所有。巨數的工人被雇傭在資本家的工廠中以機器從事集體性的生產勞動，這就使生產力得到了空前的大規模的發展。可是在資本主義制度下生產力愈發展，生產事業與資本就愈加集中到少數資本家手裏，中小有產者大批陷於破產，降落到無產階級的隊伍中。廣大的無產階級受資本家剝削，工資所得僅能勉強生活，他們的購買力也就被壓低了。於是一方面是生產力愈發展，另一方面則是購買力愈降低，生產過剩、經濟恐慌，便成為週期性的資本主義的危機。資本家本來只是為取得更多利潤（更多賺錢）而生產，如果生產力更高發展，並不能保障他們更多賺錢，他們就寧可來阻止生產力的繼續進步。當經濟恐慌爆發時期，焚燬過剩的生產品，停工減產，更表現着人為的直接破壞生產力，這就說明了：資本主義的生產關係——資本家獨佔生產手段，已經不適合於生產力的發展，並且是阻礙生產力的發展，摧殘生產力的發展的。在這情形下，廢除資本主義生產關係的革命，也就在無產階級對資產階級的鬥爭中成熟起來了。

代替資本主義制繼起的是社會主義制度。在社會主義制度下面，是生產手段屬於社會全體所有，一切生產品也歸社會全體所享用。它建立在資本主義所已經高度發展了的生產力的基礎上而爲一種新的生產關係，來保障生產力的無限制的繼續增漲。『這裏，生產過程中人與人關係的特點，是不受剝削的工作者之同志的合作與社會主義的互助。這裏，生產關係是完全符合於生產力的狀態的，因爲生產過程的社會性質爲生產手段的社會公有所支持。』（同上）

四　發展生產是新社會制度勝利的重要條件

列寧說過：『勞動生產率，這，歸根結底是新社會制度勝利的最重要的、最主要的東西。』（列寧全集第二十四卷）這句話的意思就是說：發展生產，提高生產力，是保證新社會制度勝利的重要條件。

在半封建半殖民地的舊中國，曾有許多人以爲只要發展工業生產、改良生產技術，就可以達到把舊中國改造成新中國的目的。事實證明這只是幻想。在帝國主義壓迫下，在封建的生產關係依舊保存着的時候，不先把舊的生產關係，舊的社會制度澈底打碎，是不可能使社會生產力進一步地提高的。但是一旦到了舊的生產關係，舊的社會制度已被打碎了的時候，對於生產力的向上發展已沒有什麼障礙的力量了。於是就應該用一切方法來盡可能地發展生產，提高生產力，因爲只有這樣，才能保障新社會的鞏固和發展。

在當前的世界上，所謂新的社會制度，就是社會主義制度及新民主主義制度。而新民主主義制度在向上發展中又必然要進一步走向社會主義。從社會主義的蘇聯三十年來的發展經驗就可以看出，提高勞動生產率正是新社會制度勝利的重要的主要的條件。

蘇聯在一九一七年的十月革命以後，又經過三年的國內戰爭，撲滅了一切企圖復辟的反動勢力，打退了帝國主義的干涉。到了一九二一年，在政治上對資本主義的勝利已經確定無疑了，蘇維埃政權已經鞏固地建立起來了。可是在這時，社會主義的經濟基礎却還沒有能建立起來。一九二一年開始實行『新經濟政策』，就是爲了在經過戰爭的嚴重破壞後，恢復國民經濟，恢復一切經濟部門的活動，從而使社會主義的經濟基礎得以建立。列寧曾指出，當時的社會經濟結構，除了社會主義的成分以外，還有家長制的經濟、小商品生產的經濟、私人資本主義的經濟、國家資本主義的經濟等四種成分。在這裏，表現着無產階級在政治雖然戰勝了資產階級，但在經濟上還未曾肅清資本主義的殘餘。無產階級專政的任務，就必須發展生產，保證在經濟戰線上戰勝資本主義。在社會主義生產和資本主義生產的競賽中壓倒資本主義。如果不能做到這樣，那麼政治上的勝利也還是沒有保障的。

經過新經濟政策，到了一九二四——二五年，蘇聯恢復國民經濟的工作都已完成了。但在這時，蘇聯的工業與農業的生產力也還只達到和革命前沙俄時朔大致相等的水準，爲了鞏固和發展社會主義，這仍是很不够的。於是在蘇聯的國家建設中就提出了繼續提高生產力，展開新的社會主義經濟建設，以求在經濟上最後擊敗資本主義的任務。一九二五年十二月史大林這樣指出：『把我們的國家，從農業國變成工業國，能够用自己的力量生產必需的機器的工業國，這就是我們的總路線的實質和基礎。』在這方針下，經過了四年的努力奠定了社會主義的重工業的基礎，社會主義建設的五年計劃就在這基礎上進行。到這時候，社會主義在經濟基礎上的勝利也已確定不移了。

在三個五年計劃當中，蘇聯發展社會主義生產，完成重大的歷史任務，改變了國內多樣性的經濟成分，並且迎頭趕上以至超過世界先進資本主義國家。第一次五年計劃，創立了第一流重工業，特別是機器製造工業，展開對資本主義成分的全面進攻；由於工業發展，大量供應農業技術，實現了農業經營普遍的集體化，肅清了富農階級。第二次五年計劃，國內資本主義殘餘已被澈底肅淸，在發展社會主義生產上，到了完成新的任務的時候，就是要在新的技術基礎之上完成經濟各部門的改造，更高度的機械化和自動化，史大林特別提出了『在改造時期技術決定一切』的口號。第三次五年計劃，蘇聯生產力的發展，一方面是超過先進資本主義國家，一九四〇年工業生產量已經躍居歐洲第一位、世界第二位，並且是世界上最大規模採用農業機器生產的國家了。另一方面國內勞動人民的消費增加一倍半以上，工人的技術水準提高到技術人員的水準，逐漸消除體力勞動和智力勞動的差別。

第二次世界大戰後的第四次五年計劃（一九四六——五〇年），除了恢復戰時的破壞外，並且進一步的提高工業生產力，進一步的提高農業生產的機械化和自動化。

蘇聯社會主義國家的强大有力，正是建立於高度發展的社會主義生產力的基礎上的。一九三六年蘇聯新憲法的公佈，和第二次世界大戰蘇聯的勝利，最足以表明社會主義的偉大力量。因爲新憲法保證了蘇聯人民的勞動權、休息權、教育權、物質保障權（在衰老、疾病及喪失勞動能力時的生活保障），同時實行秘密、普遍、平等、直接選舉的眞正民主的選舉制度，這些都是由於社會主義生產力高度發展，澈底肅淸資本主義殘餘的結果。在反法西斯的第二次世界大戰中，蘇聯的勝利是由於社會主義生產發展提供了物質基礎，因爲高度發展的重工業鞏固了蘇聯的國防力量，輕工業和農業的發展保證了軍需民用物資的充分供應，所以在反對資本主義的進攻中，新社會制度是勝利了。

現在我們再來討論新民主主義制度罷。在中國，新民主主義革命的任務是要在半殖民地半封建的舊中國廢墟上建立一個新中國，在這新中國的經濟結構中，包含着佔領導地位的國家經濟，由個體經營走向集體化的農業經濟，和獨立的小工商業者及中小私人資本的經濟。因此這與社會主義經濟是不相同的，可是社會主義社會的經濟建設的經驗，仍然値得參考和學習。因爲同樣的，如果不能在新民主主義制度下展開經濟建設工作，實現國家工業化，使生產力大踏步前進，那麼新民主主義國家的鞏固與進步是不能想像的。

半殖民半封建的舊中國是一個極端貧窮的國家，農業生產上都是使用原始的工具而從事着分散的個體經營，多數的農民處於饑餓線上。工業在全國說來只能算是點綴品。以這樣的經濟現狀爲基礎，建立新社會、新國家，無疑地，是十分艱難的事業。封建時代的農民戰爭（例如，太平天國）企圖打碎封建的枷鎖，但不知道要發展生產力，以建設新的經濟基礎，結果他們只能維持個體經營的生產制度而幻想平均主義的社會生活，這是幼稚的落後的，且不能實現的幻想。現代的資產階級、小資產階級中又有很多人想望着中國的工業化，而不知道工業化的前提必須打碎封建、半封建的生產關係，並使中國脫離半殖民地的地位。他們的工業化的幻想也終不能實現。新民主主義的革命既不是這一種幻想，也不是那一種幻想。新的中國是要從澈底的反帝反封建的艱苦鬥爭中誕生，而又必須在經濟戰線上的同樣艱難而長期的奮鬥中才能鞏固發展起來。在農業方面，消滅了封建與半封建的剝削後，農民在自己的土地上成爲自由的農民，有了走向集體化的可能，接着就一定要用一切方法來改良和提高農業的生產力，一直達到使用機器的大規模農業經營。在工業方面，解除了帝國主義與官僚資本的統治後，就取得了進步發展的可能，這既要靠居於領導地位的國家經濟的力量，又要讓私人資本能廣大發展；公私兼顧，勞資兩利的方針就是爲了在中國經濟的現狀上發展工業所必要的方針。如果不能做到使農業中國變爲工業中國，就不能使貧弱的中國變爲富强的中國，那麽新民主主義的新中國就不可能健全發展起來。

新民主主義社會的次一步的任務是要進入社會主義社會。那就更加需要高度地發展生產力，以求達到可以走向社會主義的水平。

五　新社會中發展生產的雙輪——進步的生產技術與新型的勞動人民

在新的生產關係下面發展生產、提高生產力，第一要依靠新的生產技術，第二要依靠新的勞動人民。兩者是發展生產和提高生產力的雙輪。莫洛托夫說過：『在經濟計劃中，應當首先注意提高我們工業技術水準和創造高度熟練的技術幹部等問題。』（十月革命二十八週

年紀念演詞）

就蘇聯來說：首先關於發展生產技術方面，是包括發展機械化、電氣化，逐步提高勞動過程自動機械化的程度，以及發展化學工業等等。

蘇聯發展工業的道路與資本主義國家不同，資本主義國家是由輕工業到重工業，蘇聯却是由重工業到輕工業，在戰前的三次五年計劃中，特別着重重工業和機器製造工業的發展，大量供給新機器與工具，使國民經濟的所有部門都完成了技術改造。尤其是在農業生產部門，採用機械化的規模，爲任何國家所不及；農業生產上的技術革命，是走向集體化的基本條件，也是提高農業生產力的基本條件。在戰後的新五年計劃中，重工業及機器製造工業的規模，將超過戰前的水準，更大量的生產車床、馬達、紡織機、拖拉機、耕種收割聯合機及其他各種機器和工具，創造更高級的生產技術基礎，把工農業及其他經濟部門推進到更高度的機械化水準上面。

列寧說：『共產主義等於蘇維埃政權加全國電氣化。』這是說明了電氣化對於提高勞動過程自動化的重要，也是說明了電氣化對於提高生產力的重要。蘇聯在戰前電力生產已佔世界第三位，現在蘇聯正在建設世界第一大電站網，到一九五〇年電力生產將超過戰前百分之七十，可以充分供給各種工業動力的需要，一切經濟部門都可採用電力，勞動過程自動化的程度將達到更高的水準。並且由於長距離的輸送電力，全國普遍的設立電站，將使農村走向電氣化。這樣，第一、機械化生產的工業便可能分散到全國廣大的農村，第二、農業生產便可能充分利用電力。新五年計劃也是一個廣大農村電氣化的計劃，規定到一九五〇年時，一切機器拖拉機站、國營農場和集體農場都要電氣化。於是農村與城市的差異將歸於消滅。

化學工業的發展，可以增加合成品的生產，由無用或少用的物質中，製造有用的新物質。由於機械化和電氣化的結果，又可提高化學工業的生產力，使人造物品能夠更大量的生產出來。

由於機械化、電氣化、化學工業的發展，這種種進步的高度發展的技術基礎保證了蘇聯物質生產和生產力的空前發展，保證蘇聯人民生活的更加富裕。

其次，關於新型的勞動人民。勞動人民是最偉大的生產力，如果只有生產技術而沒有勞動人民，那末，生產技術不過是生產力的可能因素，還必須有勞動人民去掌握生產技術，才能形成現實的生產力。什麽是新型的勞動人民呢？就是具備新的生產技能和新的勞動態度，能够掌握新的生產技術的勞動者，具體的說，就是斯達哈諾夫式的工作者。史大林曾如此地描述蘇聯的斯達哈諾夫式的工作者說：他們『大多數都是年青的或中年的男工和女工，有文化程度的、有技術修養的人物。他們的工作做得非常準確，非常認眞，可以作爲一般工作人員的榜樣。他們十分愛惜工作時間，不僅是不肯浪費一分鐘，就連一秒鐘也是不肯浪費的。在他們中間，大多數人，都已經受過所謂技術常識的教育，而且還繼續加深自己的技術的研究。他們沒有某些工程師、技術員以及經濟管理員的保守主義的惡習和苟且偷安的思想；他們很勇敢的前進着，打破陳舊的生產定額，創造更高的新的生產定額；他們自動地修改工業領導者所規定的標準生產率和生產計劃，往往補充和糾正工程師技術的工作，他們有盡量利用技術的本事。……斯達哈諾夫式的工作者，是我國工業裏的革新家。斯達哈諾夫運動表示我國工業有無限遠大的前途。這個運動包含有我國工人階級將來文化、技術、知識程度高漲的種子。這個運動給我們開闢了一條唯一正確的道路，使勞動生產率達到必要的高度，以便從社會主義過渡到共產主義社會，消滅智力勞動與體力勞動間的對立形勢。』『也只有這樣，才可以保證必要的高度勞動生產率與十分豐富的消費品。』

蘇聯有了高度的生產技術和新型的勞動人民，這是保證生產力迅速的無限的提高的重要條件，它使蘇聯廣大的土地、豐富的資源，得以充分開發和利用，轉變爲物質財富，而使社會主義社會鞏固、繁榮和發展。

社會主義經濟建設中的這種經驗，我們也可以根據中國的實際情況而運用到中國的新民主主義建設中來。在發展生產，提高生產力這一點上，正和蘇聯一樣也必須依靠發展生產技術和培養新型的勞動人民這兩個支柱。所以首先要反對生產技術的保守觀點，要提高工業的有機構成，在機械化和電氣化的新技術基礎上，力求實現國家工業化，發展工業生產力；進而又在機械化這一新技術基礎上，達成農業集體化，提高農業生產力，以及對國民經濟的各部門，進行全面的技術改造。其次，同樣重要的是培養新型的勞動人民。無產階級在新民主制度下，居於領導地位，他們是新制度中積極建設的領導者，是新的歷史任務的擔當者，因此他們必須有新的勞動態度，以高度的生產熱情和自覺的勞動紀律，達成生產任務，並以這種態度和精神來團結和教育那無產階級以外的廣大勞動人民。一切的勞動者都要努力來提高自己的文化程度、技術修養，關心技術的研究，以求能够充分掌握和運用新的生產技術，把勞動生產率提高到必要的程度。

六　錯誤理論的批判

歷史唯物論承認社會是物質的東西，是客觀存在的；社會發展是有規律的，而不是偶然的，雜亂的。物質生產的發展，生產力的發展，是社會發展的基礎；生產力和生產關係的矛盾，是社會發展的原動力。這就是說：在一定的生產力水準上面，建立一定的生產關係，生產關係的總體，形成社會的經濟結構。政治制度和意識形態是建立在這基層上面的上層建築。當生產力發展，衝破舊的生產關係，建立新的生產關係時，又形成新的社會經濟結構，從而又產生新的政治制度和新的意識形態。所以要改造社會，就必須認識社會發展的客觀規律，根據客觀的規律來改造，而不能根據主觀的空想。這就是說，要根據生產力發展水平的實際情況來決定改造社會的方針——革命的方針。例如按照生產力的發展水平還只能建立新民主主義社會的時候就不應該空想建立社會主義社會；只有在新民主主義制度下使生產力有了較高度的水平時，才會產生走向社會主義去的可能。與歷史唯物論見解恰恰相反的，是唯心論的見解，唯心論者否認社會發展的客觀規律，他們把社會發展歸結到精神、心理、人性等等的原因去。照他們看起來，社會的發展進步並沒有什麼客觀的原因，而只是根據人的理性、思想來指揮的。誰的理性、思想能指揮社會的發展？推論下去，就一定是只能承認某些個別的英雄偉人的心念能有改造社會、推動社會的力量。這種見解是完全錯誤的。

歷史唯物論承認生產技術的重要性，指出從生產工具的發展上可以尋出社會進化的軌跡，但特別強調勞動人民羣衆是最偉大的生產力，只有人民羣衆的革命實踐是生產力突破舊生產關係和解放生產力束縛的契機。與歷史唯物論見解恰恰相反的是機械唯物論，機械唯物論者曲解馬克思的理論，把生產技術等同於生產力，把生產技術代替生產力，把生產技術發展史代替社會發展史，這種見解，就是所謂『技術史觀』、『經濟史觀』或『經濟決定論』，如像考茨基、布哈林等人都是持這種錯誤見解的。他們故意抹煞勞動人民羣衆對變革生產關係的意義，他們說只要聽任經濟發展，社會就自然變革，實際上他們就是主張取消革命。所以這種見解，不僅錯誤，而且是完全有害的謬論。

第二章　地理環境在社會發展中的作用

一　地理環境不能決定人類精神和社會發展

物質生產和生產力的發展，是社會發展的基礎，生產力和生產關係的矛盾，是社會發展的原動力。這是歷史唯物論的基本觀點。

在物質生產活動中，人必須使用勞動工具，接觸勞動對象。作爲勞動對象的原料、輔助原料以及土地都是自然界所供給的。因此，物質生產和人類生存都非依靠各種自然條件不可，比方我們建築住宅和工廠，敷設鐵道和公路，都要地皮；種植稻、麥、棉花和各種雜糧，也要耕地；燃料要用煤炭、石油；鑄造機器和槍砲要用鋼鐵和其他金屬鑛產；航行船舶要靠河流、湖沼、海洋；飲的水；呼吸的空氣；食的米、麥、蔬菜、瓜菓、肉類；穿的棉蔴織品或毛織品的原料；這些一切都是自然條件。各種各樣維持人類生存的自然條件總合起來，我們叫它地理環境，也可稱爲自然環境。它包括了地面、土壤、地下富藏、森林、河流、湖沼、海洋、氣候、動植物界等等。

由於自然條件是物質生產和人類生存不可缺少的條件，有些人就以爲地理環境决定人類精神和社會發展。他們有的說氣候决定民族的精神和氣質，有的說氣候、食物、土壤和自然的一般狀况决定民族的精神和氣質，有的說河流决定生產技術的發展（社會發展），更有的說地理環境的各種特點决定生產力的發展（社會發展）。但是，他們都錯了。

第一、决定人類的精神和氣質的，不是氣候，也不是氣候加上食物、土壤和自然的一般狀况。如果氣候，或者氣候加上食物、土壤和自然的一般狀况，眞能决定人類的精神和氣質的話，那末，爲什麼在我國抗日民族革命戰爭中，大多數人民具有不屈不撓的精神、勇氣和必勝的信心，不惜犧牲，流血流汗，堅持抗戰到底；而另外一些人却只有悲觀失敗的情緒，通敵賣國的心理，做漢奸，投降日本鬼子去了？又爲什麼瑞典的資本家，英國的資本家，美國的資本家，法國的資本家，日本的資本家，全世界一切的資本家，都有同樣的願望和慾念，儘量的剝削勞動者，取得最大的利潤；而在資本家剝削之下的全世界的工人，不管是住在溫帶的、熱帶的、寒帶的，食麵包的、食飯的，他們同樣的具有革命的熱情和鬥爭的勇氣；所有這些，顯然都不是由於氣候或者氣候加上食物、土壤和自然的一般狀況決定的，而是由於階級關係和階級利益所使然的。

第二、決定生產技術發展（社會發展）的，決定生產力發展（社會發展）的，不是河流，也不是地理環境的各種特點。如果河流和地理環境的各種特點，眞能決定生產技術和生產力發展的話，那末，我們就不能解釋，爲什麼地理環境顯然不同的國家——例如，北歐的國家與南歐的國家——同樣於發展着資本主義的生產技術和生產力，又爲什麼同一的地區內在不同的時代中，例如二百年前的歐洲和現在的歐洲，地理環境並沒有什麼變化，而生產力與生產技術却大大不同了？又爲什麼全世界資本主義國家在二百年前沒有現代的機器和現代工業，而現在却有了，但它們的河流和地理環境並沒有什麼改變？其實生產技術和生產力的發展，並不決定於河流或地理環境的各種特點，而最基本的還是決定於人類自身，亦即決定於人類勞動生產的發展。人類從事於維持生存的物質財富之生產，運用自己的體力和腦力，創造工具，再拿工具加工於勞動對象，而在勞動生產過程中，不斷的創造和改進工具，於是生產技術和生產力便繼續的發展起來。由此可見，生產技術和生產力的發展，那裏是什麼河流和地理環境的各種特點決定的呢！

二　自然環境與人工環境

地理環境對於人類精神和社會發展雖沒有決定的作用，但人類生存自然是離不開地理環境，同時人類本身也還是自然的一部分，因爲人類是從動物進化而來的，在自然界中是最高等的動物。地理環境對於人類生活有關係、有影響是不能否認的。同時地理環境對人類的關係和影響與對動物却大不相同，我們也要辨別清楚。

人類何以能進化到最高等的動物，而和別的動物族類區別開來呢？顯然的，人類和動物之不同，在於動物完全依賴自然環境（地理環境），人類却能在自然環境中創造人工環境。所謂人工環境，也就是社會環境。人類能够創造人工環境，而動物却不能够，所以一般動物過的純粹是自然生活，人類則過着社會生活。

人類何以能創造人工環境，經營社會生活呢？這是由於人類能够運用腦和手去創造工具，有了這種創造工具的特殊智能，製造和改進各種各樣的工具，從事勞動生產，改變自然物質，使其適合於生活需要，於是人類便有了糧食、衣服、房屋、舟車等等一切維持生活的條件，這種物質生產的活動，就是經濟生活，在這經濟生活的基礎上面更建立起包括政治生活和文化生活的整個社會生活。人類的社會，就是人類從自然環境中創造出來的人工環境。

這裏，我們可以明白地理環境對人類生活的關係：第一、人類從事物質生產，以維持生存，是需要自然條件的，但卻經過了勞動生產過程的加工改造工作，是人類積極的征服自然，而不是消極的依賴自然。第二、人類從地理環境中創造人工環境，經營着社會生活，所以人類雖然是自然的一部分，但在自然界中已日益昇高到自然的主宰者的地位，而不是被自然所支配的了。

至於動物呢，我們知道動物只能運用自己的器官作勞動工具，却不能運用器官來製造工具，因此動物不能藉工具的幫助去積極的征服自然，只是消極的依賴自然，牠們在自然界中所處的地位，是被動的、被支配的，所謂『物競天擇，適者生存』，就是說動物族類的生存發展，要讓自然做主宰，要讓自然來選擇和決定，如果動物內部器官的發展，適應自然環境的，牠們才可以生存發展，否則就會被自然淘汰而歸於消滅。太古時代梁龍、恐龍這一類的動物，現在早已絕跡於世界了，這就是因爲它們的軀體龐大，食量過巨，找不到足以維持生活的食料，並且軀體太大了，反而笨拙起來，身上的寄生蟲無法除掉，身體器官的發展不能適應環境，終於使它們走上了族類滅亡的悲慘道路，而鯨魚那樣的龐大動物，今天還存在，却不能不歸功於它的內部器官發展，適於居住水中。所以動物對於自然環境是消極的，被動的，被支配的，沒有主動權的。

在人類從事於物質財富的生產中，勞動力與生產手段（包括勞動工具、勞動對象）必須密切的結合和適當的配置，否則便不能進行有效的生產。而勞動工具、生產技術的不斷改良，對於人類支配自然力量的日益增大，物質生活的日益豐富，人工環境的日益完善，尤其具有非常密切的關係，因爲勞動工具、生產技術的改良，是幫助人類提高勞動生產率，更有效的利用自然條件和改造自然環境的。所以人類創造人工環境的意義，不是要除去自然條件，脫離自然環境，而是要發明和運用最進步的技術，發展生產，繁榮經濟，來充分地利用、改造、支配和征服自然環境。

三　地理環境中各種自然條件對社會生活的關係

前面我們已把地理環境對社會生活的影響，一般的討論過了，現在我們再進一步把各種自然條件對社會生活的關係，分別說一下。

(一)土地

當土地僅僅提供現成的生活資料之時，如初民採摘野生菓實、挖掘野生塊根以充饑，這時人類之利用土地，是作爲一般勞動對象的。在生產力發展水準極低的情形之下，人類維持生活，主要的就是依賴一般勞動對象的土地，土地是人類唯一的取之不盡的糧食倉庫。當生產力略爲發達以後，土地又被作爲自然勞動對象來利用，人們把土地墾闢出來，以備農業耕種之用。所謂自然勞動對象，就是指自然所給與的勞動對象，除土地以外，還有原始森林，地下的鑛藏，水中之魚介，山野之鳥獸等。墾荒的土地，爲農業生產之前提條件，森林、鑛產、魚介、鳥獸，都是土地的產物，所以土地作爲自然勞動對象，對於人類社會生活，是有重大關係的。

在生產力比較更發達以後，土地便成爲一般勞動手段，無論農業耕種，房屋工廠的建築，公路鐵道的敷設，以至人類的一切活動都要利用土地，所以稱爲一般（或普遍）勞動手段。一般勞動手段中，還包括運河、鐵道、公路、河流、湖泊等等，這些也都與土地有關的。因此作爲一般勞動手段的土地，更是人類社會生活所不可缺少的自然條件。

還有土地的肥瘠，在社會生產力發展水準較低時，影響於人類生活也很大。因爲土地肥沃，則農產豐富，人口繁殖，文化發達，好像我國東南沿海及兩湖等省，所謂蠶桑魚米之鄉，物產豐饒，文化亦較發達，西北省份，則因土地貧瘠，物產缺乏，人口稀少，文化也比較落後。某些省份內也有同樣情形，西北縣份多山，耕地稀少而貧瘠，人民生活特別困苦，東南縣份則比較富庶。不過我們要記着，這種現象，只是說明地理環境是影響社會生活的條件，而決不是決定社會生活的因素。在半封建半殖民地社會，生產方式停留在以農業爲主的階段，人民還受着封建剝削，才有這種畸形的現象，將來新民主革命勝利，中國工業化以後，由於生產技術和生產力發達，自然條件、地理環境，都可以改變過來，不平衡發展的區域性的經濟狀況，是一定被克服的。

(二) 氣候

氣候對於人類祖先的影響是很大的。現在人們可以到冰天雪地的北極去探險，因爲有了禦寒的特別設備，可是我們不能想像人類祖先也可以到冰天雪地的北極或者寒帶地方去探險和居住，那是不可能的。人類最初是繁殖於溫熱帶地方，因爲氣候適宜於沒有禦寒設備的初民居住，同時溫熱帶地方有豐富的天然物產作爲生活資料，人類才可繁殖。

在農業社會中，氣候對社會生活是有相當大影響的。風雨調順，就利於作物的生長和豐收，水旱迭見，就會造成荒歉頻年的現象，中國古代每一次農民暴動往往起於嚴重的水旱災之時。但如果把農民的貧困和農民戰爭的發生完全歸因於氣候，那是絕對錯誤的。因爲水旱災之所以釀成，還是由於生產技術落後，社會政治經濟制度不合理之故。不但沒有改良農業，振興水利，而且農民還受到嚴重的剝削，於是一遇到水旱，就立刻變成嚴重的災荒了。氣候只是釀成水旱災的一種因素，它的根源，還是生產技術和社會制度。我國還是一個落後的農業國家，百分之八十以上的農民依然靠天吃飯，依然受着封建剝削，將來在平分土地以後，還要努力於國家工業化，扶植農業向集體化和機械化、科學化的道路發展，這樣，我們才可以不必再靠天吃飯，不致再遭遇嚴重的水旱災了。

（三）天然富源

勞動對象中，有天然富源與原料的區別。

原料是勞動力與自然條件相結合而派生的東西（如農產品），或者是從自然界具有的勞動對象中提取出來的東西（如畜產品），或者是把自然物質以某種方法結合起來的東西（如化學品原料）；它本身是勞動的成果，受生產力所決定，所以對於社會總生產力發展的影響，其意義是屬於比較次要的。從社會總生產力的發展方面來看，勞動對象中影響社會生活最大的是天然富源，如像煤炭、石油、金屬鑛產之發見與開採，因爲這些天然富源，都是發展近代重工業所不可缺少的條件，是增進生產力最重要的契機。

天然富源中，馬克思又分別爲生活資料的天然富源與勞動手段的天然富源。

生活資料的天然富源，如肥沃土地之物產豐饒，江河湖澤之盛產魚介，此外如各種礦植物，在生產力幼稚，文化萌芽時期，對於社會生活的影響，具有決定意義。到了生產力發達，文化發達階段，其比重也就隨着減輕，因生活資料之生產，可由生產技術發達而增加，不必完全依賴天然的供給。

勞動手段的天然富源，如急流、江河、湖海、森林、鑛產等等，在生產力幼稚時期，影響社會生活的程度較輕，到了生產力發達較高的階段，文化發達較高的階段，對社會生活的影響，才有重大意義。馬克思曾把印度和英國作一比較，指出英國為工業發達的國家，對於生活資料的天然富源之依賴程度，遠較印度為小，但工業生產、海道運輸、地下富藏等等的意義，從英國來說，要比土地的天然肥沃性，水中魚介類的豐富等條件重要得多了，而這些條件對於印度卻具有相反的意義。

四　地理環境影響社會生活的性質被生產力發展的水準和社會經濟制度所决定

地理環境對人類生活的關係，我們從歷史發展來看，便可知道決不是古今一樣，一成不變的。人類的祖先，曾經在洞穴裏居住過，在樹木上居住過，用過獸毛和樹葉圍在身上當衣服穿，把野生的菓實當做最主要的糧食，一切生活條件，都仰賴自然給與，表現出人類的無能。同時人類生活的方式，也是各地不同，沿河及水利區域的居民，從事農業，水草地帶居民，從事畜牧，森林山岳地帶居民，則從事狩獵，這些都明顯的表現着是受了地理環境所規定的。

爲什麼人類的祖先是這樣的沒有能力呢？這是由於那時生產工具極端的幼稚，不能建築住居的房子，不能做成穿著的衣服，不能種植吃的糧食。這也就是說，在生產工具極幼稚的時代，生產力水準發展極低的時代，人類支配自然、改造自然的力量非常薄弱，依賴自然條件的程度極深，人類生活就要處處受自然所支配，一切都不由自主。可是隨着時代演進，生產工具不斷的發達，生產力水準繼續的提高，人類支配自然和改造自然的力量，也隨着增大，創造人工環境的能力，也隨着增大，地理環境的支配作用，便逐漸減弱以至消失。

隨着人類支配自然力量的增大，自然條件，地理環境，對於人類社會生活的影響，也就大大不同了，從前是有害的，現在變成有利了，從前是兇暴的，現在變成善良了，從前是無用的，現在變成有益了，它們的性質都改變了過來。比方當雷聲隆隆，電光閃閃，毀屋傷人，焚燒森林的時候，在野蠻人和落後的民族看來，雷電這怪物是多麼兇殘多麼可怕，可是現代人却懂得了它，在屋頂上安置一根鐵線，把它引到地下，使它馴服了，並且還用機器把它生產出來，利用它做動力和照明，創造一個文明進步的電化世界。英國的煤鐵，在中世紀的時候，並沒有什麼大作用，可是到蒸汽機關發明以後，煤鐵對經濟發展產生了重大影響，它們使英國資本主義放出了絢爛的光輝。第聶伯的急流，伏爾加的水力，在社會主義制度和現代技術出現之前，對於沙皇的俄國，並沒有什麼大影響，現在第聶伯水閘完成了，伏爾加運河完成了，它們變成了爲勞動人民服務的偉大功臣，無數工廠靠它供給電力，無數客貨靠它搭載運輸。我們偉大的揚子江，從三峽至宜昌，水流湍急，交通運輸不便，尤其是瞿塘的灩澦堆，更是有名的險惡，古人的歌謠說：『灩澦大如象，瞿塘不可上。灩澦大如馬，瞿塘不可下。灩澦大如牛，瞿塘不可流。』可是一旦中國新民主革命勝利，展開新社會建設，那時興辦水利工程，建築大水閘，利用水力來發電和灌溉，我們便可以建立無數的工廠，開墾無數的田疇，對於工農業生產的發展，便有着無限的貢獻，它一定會成爲我們讚美的對象，而不是詛咒的對象了。黃河是我國文化發祥的泉源，可是在今天，『黃河百害』，歷年黃汎，不知淹沒了多少村落和農田，不知犧牲了多少人民生命和財產，但是將來新民主革命勝利，實行有計劃的建設，在西北廣植森林，疏濬河道，那時候，我們將有一條可愛的蔚藍的黃河，古人說：『河淸海晏，兆天下之昇平』，將來新民主革命勝利，天下昇平，一定要治好黃河，這是毫無疑問的。現在看來，所謂『俟河之淸』這句話，不應再用作長久而渺茫的比喩了。

這裏，我們可以明白：地理環境對社會生活影響的性質，是由生產力發展的水準和社會經濟制度來決定的。如果大好河山不能造福於我們人類生活，那麽我們不要詛咒自然，詛咒自然是錯的，我們要推翻那造成罪惡的社會經濟制度，一切是可能好轉過來的。

我們還可以找出地理條件相差不多的國家，由於政治經濟制度的不同，却產生了截然的殊異。例如拿現在埃及與蘇聯的塔吉克蘇維埃共和國相比較，土壤物產都大致相似，但是後者現在已建立了現代化的大機器工業和機械化的農業，而埃及則仍然停留於小農經濟及小手工業生產的階段。兩國具有相似的地理環境而有截然不同的社會生活，這裏面的原因，是由於兩國內部的政治經濟制度懸殊所致。塔吉克蘇維埃共和國的經濟操於社會主義國家手中，消滅了地主和資本家，消滅了人對人的剝削，經濟發展毫無束縛，其天然富源，都能够由生產的人民自覺的有計劃的利用和開發，所以欣欣向榮。而埃及則長久處於殖民地地位，被帝國主義所壓迫搾取，以致經濟貧困，文化落後。

我們再研究一下資本主義制度吧。自從資本主義發展以來，最重要的天然富源，是開採工業的勞動對象，帝國主義間的分割殖民地，也是爲了掠奪和獨佔金屬鑛產、煤炭、石油等類天然富源，它們不惜因此而激烈鬥爭。但是在資本主義之下，天然富源的開發，並不完全決定於生產技術關係，還要受着資本主義的社會條件所限制，因爲資本主義生產，以追求利潤爲目的，尋求利潤是資本家必須服從的規則，倘若無利可圖，雖有技術，天然富源也不會被資本家開發利用的。反之，如果有利可圖的時候，例如在通貨膨脹、金價騰貴之時，已經被認爲無開採價值而廢棄的金鑛，也會重新開發，甚至出現撈取海底沉金那樣的冒險家。

當經濟恐慌時期，許多工鑛業停閉，農產品被燒燬或傾棄於海中，家畜被人爲地消滅，資本主義的浪費天然富源，暴殄天物〔一〕，更是莫大的罪惡。爲了準備戰爭和發動戰爭，資本主義國家更利用天然富源來大量製造毀滅人類的武器、飛機、坦克、戰艦，而不利用於增進人類的和平幸福，試看今天美帝國主義又在瘋狂的製造原子彈，用以威嚇全世界愛好和平的人類。所以在資本主義的政治經濟制度之下，天然富源的利用，不能使人類得到幸福和富裕的生活，只能得到匱乏和恐怖。

五　在進步的社會制度下人類才能充分地運用自然條件

原子能應用到生產方面去，從科學發展的觀點來推論，這是絕對可能的、必然成功的。莫洛托夫說過：「在高度技術和廣泛地應用科學生產的時代，當利用原子力和其他偉大技術發明已成爲可能的時代，……我們將有原子能和許多其他的發明。」這話是十月革命二十八週年紀念時說的。可見蘇聯早已有了準備，那麼，蘇聯應用原子能到生產方面，爲時決不會太遠。但是在資本主義制度裏面決不易實現。爲什麼呢？理由很簡單。因爲如果把原子能應用於生產，那麼，煤炭、石油將被代替，這是資本家所不願意的，還有，應用原子能的時候，原有的生產設備，必須大加改造，大量的生產手段，將要被廢棄，這也是資本家所不願意的。我們知道，生產技術的應用和改良，是受着資本主義制度限制的，在帝國主義時代，新生產技術的應用，已經陷於相對停頓狀態，因爲資本家已經壟斷了生產，壟斷了市場，用獨佔的手段，操縱價格，掠取利潤，他們再不急迫地需要用改良生產技術的方法去進行競爭了，因此他們只是把新發明的技術收買過來，實行封鎖，而不用於改造他們的生產機構。資本主義已經是腐朽了。不過他們却關心於重新分配殖民地，從事掠奪和戰爭，因此他們積極擴充軍備，反在軍事工業方面，熱心採用新發明的技術，並增加生產犀利的武器，如今美帝國主義者，並不打算把原子能用到生產方面，而只拼命製造殺人的原子彈。資本主義制度限制了把天然富源和進步技術用以造福於人類，反而用於危害人類、毀滅人類，這是資本主義最大的罪惡。

馬克思指出：資本主義大工業和農村經濟，發生了這樣的作用：耗盡和破壞了勞動力和土地自然力。馬克思曾預言像美國那樣快的消耗地力，勢必釀成災荒。這預言是被事實證明了。近年來美國的風災鬧得很嚴重，因爲佃農租了一兩年土地，不關心到土壤的保護，不從專施肥，同時也忽略了正確的播種方法，其結果是土地風化了，在天氣乾燥的時候，一陣大風把土地的表層吹掉，所播種籽全被吹去，釀成災荒。據美國前農業部長華萊士報告：『土地受大風打擊，在美國造成可怕的災荒。先前美國肥沃的土地，因風災而失却播種可能的，竟達一千六百萬公頃之多，尚有四千萬公頃之土地，則完全失去表面的肥沃土層，再有五千萬公頃之土地，正在很快失去這種肥沃的表層。在四千萬公頃不毛之土地上耕作的農戶，顯然都已遭遇了破產的厄運。』

同時，在資本主義之下，自然條件無論土地、鑛山、森林、交通系統、生產手段，都被少數獨佔資本家所壟斷，因此自然條件只成爲少數人的剝削手段，而不是多數人的生活手段。土地的壟斷，使多數人不能吃飯，無處居住。生產手段的壟斷，使多數人被剝削而且經常失業和貧窮。壟斷是最可怕的東西，也是最大的罪惡。

社會主義和新民主主義爲什麼是進步的制度？因爲社會主義和新民主主義廢除了壟斷獨佔制度，不讓自然條件給少數人來壟斷獨佔，並且建立了在生產勞動中人民的互助合作的關係，自覺地、集體地從事對自然的改造與鬥爭。因此在進步的社會制度下，人類才能無限制地發揮能力，以充分運用自然條件，利用天然富源，以造福於廣大人民。

在社會主義的蘇聯，發展了國家經營和合作經營的農業，消滅了小農經濟和個人農業經營，使農業生產力大大地提高。從事大規模的植林，在乾燥區域培養起葱鬱的森林，克服了旱災，並使土地可以深耕。發展了大規模的現代工業，改變了經濟區域性的現象，全國各地區都或多或少的工業化了，將來還要做到一切區域都高度工業化起來。五海聯結計劃和鐵路建設計劃，更要把山川形勢都改變過來。總之，蘇聯在新生產關係之下，生產力的發展，改變了舊的自然環境和地理的面貌。新民主主義國家，雖然還沒有完全廢除私有制度，但是勞動者合作和互助的生產關係，却是佔着主導地位，東南歐新民主國家，在移農墾殖與發展合作經營之下，土地已充分的被利用開發，眞正成爲人民生活的勞動手段，不再是少數人的剝削手段，鑛山、森林、運輸、大工業，歸爲國有，非少數人所得而私，因此他們都能够有計劃的建設，並且按照計劃來完成。中國新民主區，實行平分土地，並鼓勵和扶植合作生產，耕地和荒地都能充分利用，一旦中國新民主革命完全勝利，有計劃的發展工鑛業、農業和交通運輸，充分的利用自然條件，地理環境亦將隨之大大改觀。從這裏，我們可以看出只有改治經濟制度的進步合理，才能更有效的更充分的利用自然條件和改變地理環境。

六 結論和批評

綜合前面各段的討論，我們可以得出如下的幾個論點：第一、人類對於地理環境，是扮演主導作用的，是站在支配地位的，因爲人類製造工具以從事勞動，能够生產物質財富，改造自然條件，征服地理環境。但是人類從事勞動，製造工具，生產物質財富，不能沒有自然條件，不能離開地理環境，所以地理環境對於人類生存，對於社會發展，是不可缺少的條件。

第二、地理環境對於人類生活，對於社會發展的影響，隨時代而有不同。原始人因爲生產技術非常幼稚，依賴自然條件的程度極大，所受地理環境的限制亦極深。農業社會的生產技術雖然比較進步了一點，但是技術發展得還太不够，有許多自然條件，還不能利用或者利用得不充分，如像對水力、煤礦、鐵礦等的利用，至於電氣、原子能，那更是夢想不到了；有許多地理環境的限制，也不能突破，如像海洋、大河、高山等等，還是成爲人類生活的障礙。到了近代的工業社會，生產技術已經空前的進步了，許多過去所不能利用的自然條件，今天都可能利用了，許多過去所不能突破的地理環境的限制和困難，今天都可能克服了。

第三、社會政治經濟制度愈進步，生產關係愈合理，就越能發揮人類互助合作的功效，越能提高生產熱情和勞動效率，越能推動生產技術和生產力的發展，各種自然條件也被人類更自覺的更有計劃的去利用，人類改變地理環境的速度和規模也越大，所以人類生活的豐裕，社會文明的發達，主要的是決定於社會政治經濟制度，而不是決定於地理環境。

第四、地理環境不能限制社會發展，不能決定人類生活。任何地方都會產生資本主義社會，而將來全世界都要過渡到社會主義社會，這是絕對不受地理環境的限制的。

我們得到以上幾個結論以後，現在我們再來考察一下地理唯物論和地理政治論的錯誤。

地理唯物論者，如像法國社會學者孟德斯鳩，英國社會學者卜克爾，俄國社會學者米契尼柯夫，蒲列漢諾夫等人都是。孟德斯鳩說：酷烈的氣候，損害人類的力量和勇氣，嚴寒的氣候，則給予人類以某種精神和肉體的力量，發生勇敢的行動，於是他根據各地民族所處的地理環境的特點，說明民族生活的形式、精神文化的特性、國家的形式。卜克爾擴充了孟德斯鳩的理論，把氣候、食物、土壤和自然的一般狀況，視為決定民族精神文化和國家形式的因素。他們的理論是錯誤的，是違反歷史科學的。其實人類的勇氣並不因氣候的寒熱而有增損，這是非常明顯的事實，世界上有資本主義的地方，就有無產階級革命鬥爭的勇敢行動，有帝國主義侵略的地方，就有被壓迫民族反抗侵略的革命鬥爭行動。很多人相信熱帶的天氣使人懶惰，但東南亞洲各民族普遍的反抗帝國主義侵略的事實表明了酷熱的氣候未嘗損害到他們的勇氣。

米契尼柯夫認為地理環境，尤其是世界上的幾條大河流，有力地影響到生產技術的發展，文化誕生於幾條大河流域中，後來才轉移到地中海，再後傳播到大西洋岸，最後才普及於全球。蒲列漢諾夫則認為生產力發展，是被地理環境的各種特殊性所決定的，地理環境强有力的影響到社會關係的性質。這些都是錯誤的見解。我們知道生產工具是人類勞動所創造的，只有人類能夠創造工具，別的動物都不可能，因此生產技術的發展，由人類勞動所決定，這是再明顯也沒有了，那裏是河流決定生產技術發展呢？在歷史上，世界的幾條大河因為利於灌溉，適合農業發展，宜於人類從事勞動生產，於是經濟發達最早，而文化也首先發達起來，但是我們決不能據此而武斷說生產技術是河流決定，而不是人類勞動決定的。蒲列漢諾夫說地理環境決定生產力發展，決定社會關係的性質，也是同樣的錯誤。因爲社會關係（即生產關係）的性質決定於生產力發展的水準，而生產力發展，又決定於生產技術的發展，歸根結蒂就是承認地理環境決定生產技術發展，而否認人類勞動決定生產技術發展，所以他的錯誤正與米契尼柯夫相同。

至於地理政治論，尤爲荒謬，完全是帝國主義侵略思想的表現。德國的政治地理學派如拉塞爾、豪斯霍弗爾之流，說國家是一個有機體，它需要隨時增加生存空間，只有不斷的擴大，它才能够生存，所以必須教導人民，養成嚮往於大的空間觀念，勿使沉浸於小的空間觀念。日本的法西斯論客也說，中國黃河、長江、珠江這三大河流，都是自西而東的，把中國大陸分隔爲華北、華中、華南三部分，這種地理環境決定了中國南北分離對立而不能統一的局面，想替日本軍閥製造華北特殊化的侵略陰謀找出理論根據，其荒謬之處，是不值一駁的。

第三章 人民羣衆在社會發展中的作用

一 『英雄造時勢』是錯誤的觀念

勞動人民羣衆是最偉大的生產力，是推動生產關係進步的決定力量，所以是歷史的眞正創造者。可是一切反歷史唯物論的理論却作出完全錯誤的見解。有人說：『英雄造時勢』，這句話的意思，是指個別的英雄有創造時勢和轉移時勢的力量，也就是指社會的變革和發展，是由英雄偉人的意志和魄力所決定的。其錯誤正如前些時落後的老百姓相信只有眞命天子出世才能使天下太平一樣的可笑。

不過，這種錯誤的思想，却貫串着我國的歷史記載，我們翻開廿四史來看，那裏面都是記載着聖君、賢相、功臣、名將的事跡。依照舊史觀看來，我國數千年歷史都是這些少數的特殊人物所創造的，彷彿與人民羣衆沒有絲毫關係似的。不僅如此，而且舊史觀是根據這樣的一個原則：『勞心者治人，勞力者治於人』。人民羣衆是要被統治者所管理，而統治者則按照自己少數人的利益和意志去進行一切設施，人民只有服從，不能反對，反對就是犯上作亂，所以歷史上人民起來要求改革社會制度，要求改革不合理設施的一切行動，都被指爲『犯上』、『造反』，而人民也被指爲『暴民』、『亂民』。其實人民起來要求改革社會制度，改革不合理的設施，這是人民羣衆創造歷史的行動表現，舊史家誣蔑爲『造反』、『作亂』，這是完全錯誤的。

資產階級的『學者』也同樣企圖把『英雄造時勢』的錯誤觀念去愚惑人民大衆，對法西斯獨裁者歌功頌德，狐媚取寵。獨裁者爲了要把自己變成神聖，自己的說話變成聖諭，自己的意思變成聖旨，於是便動員了御用的通訊社、報紙、出版機關、電影和廣播事業、學校等作爲他的宣傳工具，從事於一種工作：把獨裁專制的惡魔美化爲具有超人的智慧和權力的神聖，以便鞏固他的統治，高高的騎在人民頭上，要把人民變爲愚衆，變爲螻蟻。他叫人民相信：像國家民族那樣的大事情，人民是不宜過問的，因爲人民是愚昧無知，渺小無力；甚至任何有關人民自身利益的願望和要求，人民都不應該考慮，不應該提出，因爲人民是不聰明的，是錯誤的；你是民，我是主，必須讓獨裁者作之君作之師，在人民的身份和地位上，只能有絕對的服從，而不能有絲毫的異議。尤其是社會制度和種種專制設施，人民更不應該抗爭和反對，更不應該起來要求改革。這種獨裁者愚惑人民的荒謬絕倫的觀念，我們必須揭破。

現在是人民世紀了，把英雄和少數特殊人物作爲歷史唯一的創造者，這樣的時代，已經過去了。史大林說：『從前把領袖當作歷史唯一的創造者，而不把工人和農民計算在內，這時期已經過去了。民族和國家的命運，現在不僅僅由領袖來決定，而首先和主要的是千萬勞動羣衆來決定。工人和農民們無聲無響地在建設工廠和製造廠，礦井和鐵道，集體農場和蘇維埃國家農場，創造生活底一切財富，以衣食供給全世界，他們才眞正是英雄和新生活的創造者。』

特別是第二次世界大戰，是劃分時代的界石，是人民世紀格外光輝的年代，史大林在一九四六年五一節命令中指出：『法西斯主義和世界侵略的基本發源地的潰敗和肅清，引起了全世界各民族政治生活的深刻變化，引起了各民族之間的民主運動的廣大生長。從戰爭中與得了許多經驗的人民大衆，已經瞭解：國家命運不能交託給那些追逐反人民的狹隘的階級私利目的的反動統治者。正因爲如此，所以各民族不願意再過舊生活，他們將國家命運掌握在自己手中，着手建立民主的秩序。〔一〕這完全是事實，有許多國家，人民羣衆已經能够掌握國家民族的命運，還有許多國家，人民羣衆則正在爭取中。

可是一切統治者是不承認人民羣衆創造歷史的，是不願意人民羣衆來決定國家民族的命運的。因此在資本主義國家裏面，資本家依然壟斷生產手段，壟斷生產成果，不讓人民羣衆掌握和管理生產機構，不讓人民羣衆享受勞動生產的成果；資本家依然包辦政權，不讓人民羣衆處理和決定有關國家民族命運的大事。在殖民地裏面，帝國主義者依然壓迫和榨取被統治民族的人民羣衆，不讓他們翻身。在半封建半殖民地國家裏面，封建買辦勢力和帝國主義者勾結在一起，聯合來壓迫人民羣衆，不讓他們建立獨立平等的民族地位，不讓他們建立自由民主的國家制度，不讓他們建立快樂幸福的經濟生活。在所有這些國家中，人民羣衆還不能眞正進入人民世紀的時代，但毫無疑問的人民世紀的時代曙光確在照耀着他們前進了。我們試看：法國、義大利、中國、東南亞洲各民族的人民羣衆，都在起來爲達到自己掌握國家民族命運的目的而奮鬥。

自然，人民羣衆創造歷史，這意義並不限於人民世紀時代，因爲歷史的發展，是物質生產的發展，是社會形態的發展，那末，担當物質生產任務的是誰呢？担當社會變革任務的又是誰呢？都是人民羣衆，所以說人民羣衆是歷史的創造者。

二　人民羣衆創造歷史——生產物質財富

是的，歷史是人民羣衆創造的。宗教家以爲神、上帝創造世界，創造社會。封建時代的御用學者，則把國家的治亂興亡歸結於帝皇將相的行動。資產階級的科學又以爲個人、企業家、自由競爭的勝利者創造社會。空想社會主義者也還是不懂得歷史發展的眞實力量，把希望寄托在個別的「天才」、「先知者」的身上。只有科學社會主義、歷史唯物論才發見勞動人民羣衆是歷史的眞正的創造者，所以它成爲科學的歷史觀。

我們要瞭解人民羣衆創造歷史這個問題，我們就應根據歷史唯物論的觀點，從兩方面來研究：第一是人民羣衆生產物質財富，第二是人民羣衆變革社會制度。

現在讓我們先從第一方面來研究吧！我們首先要認識勞動人民羣衆是最主要最偉大的生產力。生產力包含着勞動對象、勞動工具、勞動力三種要素，沒有勞動力這一要素，生產力便不能形成，所謂勞動力，就是指從事勞動生產的人民羣衆，因此列寧說：革命階級是最偉大的生產力。人類之所以能够改造自然，生產社會生活所需要的物質財富，這完全是勞動人民羣衆（工人、農民、手工業者）的力量，因爲如果沒有勞動者，勞動工具是不能自動生產的，而且勞動工具本身也是人類勞動創造出來的，沒有勞動者就沒有一切。

知識份子，因爲脫離了實際生產，專門從事於腦力勞動，容易產生一種輕視勞動人民羣衆的錯覺：以爲文化工作是人類最寶貴的、第一重要的事情，而忽視了物質生產的意義。其實，人類生存，社會發展，最基本的還是物質生產，只要我們稍加思索，就可以明白。試想：如果沒有食品、衣著、房屋、燃料等等，無論任何人也活不下去的，更談不到精神勞動和文化工作，一切精神生活、文化生活，只有依托在物質生活、經濟生活的基礎上才能存在。而社會發展，首先要人類本身能够存續繁衍，要人類本身能够存續繁衍，就非生產和擴大生產物質財富不可，物質財富生產的擴大，就是生產力發展，就是社會發展的基礎。爲了要生活，就需要有食品、衣著、鞋靴、房屋、燃料等等，爲了要有這些物質財富，就需要生產它們，就需要有生產工具（人們藉生產工具之助來生產食品、衣著、鞋靴、房屋、燃料等等），就需要能够生產這些工具，需要能够使用這些工具。」（『列寧主義問題』）那末，製造工具，運用工具，生產物質財富的，又是誰呢？顯然是勞動人民羣衆。

勞動生產，供給了維持人類生存繁衍所必需的物質財富。

勞動生產，創造了生產工具，改進了生產技術。

勞動生產，豐富了生產經驗，改善了生產組織，提高了生產效率。

而這些一切，都是從事勞動生產的人民羣衆的偉大事業和功績。

從類人猿發展到人類再發展到今天，這四五十萬年的歷史，是全靠着勞動生產，否則，歷史早已中斷了。由於勞動，使人猿的前肢可以操作，口腔聲帶可以發言，腦的組織也發達起來，於是脫離了動物，進化到人類。原始人羣，在曚昧時代他們就曉得了用石器、木棒來共同勞動，後來更發明了弓箭與骨器，開始實行自然分工，從事生產，維持生活。進到野蠻時代，人類發明了鐵器，經營農業與畜牧，並且實行社會分工，進行交換物品，生產了較多的物質財富，稍稍改善了生活。到了奴隸制社會，不幸勞動生產的人民羣衆却變成了奴隸，古代羅馬，出現了數千個奴隸耕種的大莊園；古代希臘，還有數千個奴隸工作的大規模手工業工廠，幾百個奴隸搖槳的大商船，而希臘的哲學和藝術，就在這經濟基礎上面產生出來；今日還令人驚嘆的埃及金字塔，和中國的萬里長城，都是奴隸勞動的產物。在奴隸制社會中，人類維持生活的物質財富，是靠着大規模的奴隸勞動去生產出來的。到了封建制社會，勞動生產的人民羣衆是農民和手工業者，他們用簡單的農具耕耘土地，生產糧食，他們用手搖的紡織機紡紗織布，他們用手推磨去碾穀子或麥粉，他們用手工製造各種生產工具和日常用品，任何人的生活，都是依賴他們的勞動生產的。到了資本主義社會，勞動生產的人民羣衆，在工廠中，在礦山中，在農場中，製造出衣著、鞋靴、食品、燃料，供給全社會的人類消費，還有營造工人，建築房屋，供給人們居住，還有駕駛舟車的工人，運輸客貨，總之，勞動人民羣衆是創造了空前龐大的資本主義社會財富。社會主義的蘇聯，勞動生產是光榮的事業，是英雄的事業，是為國家為自己創造福利的。史大林說：『工人和農民們無聲無響地在建設工廠和製造廠，礦井和鐵路，集體農場和蘇維埃國家農場，創造生活的一切財富，以衣食供給全世界，他們才眞正是英雄和新生活的創造者。』

根據以上所說，我們可以明白：『社會發展的歷史，也就是物質財富生產本身的歷史，勞動人民羣衆的歷史。勞動人民羣衆是生產過程的基本力量，並實現着爲社會存在所必需的物質財富生產。』（同上）

所謂開天闢地，決不是神話中的盤古氏所做的事業，而是勞動人民羣衆的事業，他們生產活動的範圍，擴展到所有的地面上、海洋上、地層下、天空中，這才眞正是開天闢地的工作。宗教家宣傳上帝創造世界，顯然不是的，這不是上帝的事業，而是勞動人民羣衆的事業，一切生活資料，沒有一樣是上帝賜給的，都是工人農民一切勞動人民羣衆所生產的。今天資本主義社會的物質文明，堆積如山的商品，空前龐大的財富，都是人民羣衆勞動的血汗，而不是那些寄生蟲的功績。

三　人民羣衆創造歷史——變革社會制度

這裏，我們再說明人民羣衆創造歷史的第二方面的意義。

社會制度的變革和新陳代謝，就是生產力發展衝破舊的生產關係，建立新的生產關係。勞動階級是最偉大的生產力，所以歷史上社會制度的變革和新陳代謝，都是以勞動人民羣衆爲推動的基本力量。

歷史唯物論發見社會發展的基本動力是生產力和生產關係的矛盾，在階級社會裏，這矛盾表現爲階級鬥爭，階級鬥爭推動了階級社會形態的發展，國家的發展，以及精神文化的發展。在『政治經濟學批判』一書的序文中，馬克思會有扼要的說明：『社會的物質生產力，在發展到某一階段時，便與現存的生產關係發生矛盾，如用法律術語來說，便是和現存的財產關係，發生矛盾（社會物質生產力，以前會是在這種關係之下發展着的）。這些關係（指生產關係），從促進生產力發展的形式，變成障礙生產力發展的桎梏。於是社會革命的時期到來了。』

歷史上第一個階級敵對的社會是奴隸制社會，由於奴隸主對奴隸的極端榨取壓迫，不僅生產率低落，而且奴隸根本不能生存下去，於是發生了奴隸起義，例如紀元前二世紀西西里島奴隸的起義，紀元前七十三年至七十一年斯巴達卡斯領導的奴隸起義，動搖了奴隸制度的基礎，這種迭發的奴隸革命起義，後來更得到了城市和鄉村中廣大的窮人支持，同時又由於日耳曼族的侵入，遂使羅馬帝國倒了下來。史大林說：『奴隸革命，肅清了奴隸主，並推翻了奴隸主對勞動者的榨取制度。』雖然奴隸本身還不能担當起建立新的生產方式和社會制度的任務，但是他們的革命却對社會發展的下一階段——封建制社會——掃清了道路。

封建制社會代替了奴隸制社會而出現於歷史舞台，社會上的主要的階級是地主和農民，主要的階級鬥爭也是農民反抗地主。中國幾千年來，發生了無數次的農民起義，秦末的陳勝、吳廣，兩漢末的赤眉、銅馬、綠林、黃巾，唐代的黃巢，宋末的宋江、方臘，元末的朱元璋，明末的李自成、張獻忠，晚清的太平天國，都是農民的革命起義，這種農民革命，動搖了打擊了每一個王朝，是中國社會發展的推動力。如果沒有農民起來革命，那末，秦始皇的理想未嘗不能實現，萬世一系，子子孫孫永遠做皇帝，不會有換朝易代，生產關係也不會有絲毫改變。封建時代的歐洲各國，農民反抗封建貴族的革命起義，是普遍現象，俄國於一六〇七年、一六六七年、一七七三年發生了三次大規模的農民起義，後來農民起義更是連續的發生，從一八二六年至一八三四年有一四八次，從一八三五年至一八四四年有二一六次，從一八四五年至一八五四年有三四八次，從一八五五年到一八六一年有四七四次。在英國，一三八一年的農民起義，曾經攻到倫敦來。法國一三五八年在巴黎與阿米安之間發生過大規模的農民起義。一五二五年德國的農民革命戰爭，也是很大規模的。農民革命動搖了封建制度的基礎，但是，由於農民的生產方式是分離的，零散的，農民起義也表現出缺乏組織性，決定了農民不能成爲建設新生產方式的担當者。可是當封建社會的母體內，孕育了資本主義的生產方式時，出現了手工業工廠和大規模的商業，產生了資產階級和工人階級，舊的行會制度和地方性的自然經濟次第瓦解，接着機器和蒸汽機發明，大規模的機器工業代替了工廠手工業，生產力突飛猛進，中等資產階級變成了百萬富翁的工業家，這時資產階級便努力爭取與自己經濟實力相當的政治權力，他們利用了農民和工人運動，把廣大的人民羣衆拉攏到自己的陣營裏來，推翻了封建貴族的專制統治，建立起資產階級的政權；資產階級戰勝封建貴族，是依靠着農民和工人參加革命運動的，否則他們絕不可能勝利。所以，史大林說：『農奴革命，肅清了農奴所有者，並取消了農奴制度的剝削方式。但他們却扶助了資本家和地主，而資本家和地主的剝削方式便代替了農奴制度的剝削方式。』

資本主義生產方式，是以社會生產、私人佔有爲特徵，也奠定了無產階級與資產階級矛盾的基礎。隨着工業的發展和集中，無產階級的力量也增大起來，在反抗資產階級的鬥爭過程中，加强了無產階級的覺悟和團結，產生了無產階級的政黨，它依據科學社會主義的革命理論，領導無產階級進行推翻資本主義制度和建立社會主義制度的鬥爭。在資本主義社會中，除了資產階級和無產階級是主要的階級以外，還有大地主、農民和城市小資產階級。資產階級和大地主階級是聯合的，大地主分享勞動者所生產的剩餘價値的一部分，在資本主義的發展過程中，地主逐漸失去特殊階級的意義，變爲資產階級中的一個集團。資本主義的競爭和兼併，使農民和城市小資產階級發生分化，鄉村中農民，多數變成貧農、僱農，少數則變成富農和高利貸者，城市裏面手工業者和小商人，多數破產，淪爲無產階級，少數則上升到資產階級，貧農僱農和沒落的手工業者、小商人，因爲他們的地位接近無產階級，所以同情無產階級。此外，在資本主義社會中還有知識份子，基於他們的經濟地位和政治見解的不同，隸屬的階級關係雖不一致，但有許多知識份子是參加無產階級革命，或者是同情無產階級革命的。當資本主義發展到帝國主義階段，階級鬥爭也達到了極端尖銳，這是無產階級革命的時期，於是爆發了一九一七年十一月俄國革命，一九一八年十一月奧國和德國的革命，一九一九年三月匈牙利的革命，一九一九年四月巴伐利亞的革命，一九二〇年義大利工人的佔領工廠，這些國家的無產階級雖然沒有取得澈底的勝利，可是一九一七年俄國的無產階級革命，却勝利地建立了世界上第一個社會主義制度。

半封建半殖民地社會，存在着農民和地主的階級對立，工人和大買辦資產階級的對立，工人、農民、自由資產階級、小資產階級和帝國主義資產階級，國內大買辦資產階級的對立，這裏，便決定了最先進的無產階級是領導者，它聯合農民、中小資產階級爲解除民族壓迫和封建壓迫，爲建立新民主主義制度，爲達成民族革命、民主革命而鬥爭。

在階級敵對的社會中，經濟鬥爭是階級鬥爭最經常和普遍的形式，此外無論在政治、宗教、哲學及其他思想領域，都無不表現着社會各階級的鬥爭。階級鬥爭是社會發展的基本內容，階級鬥爭的歷史就是社會發展的歷史。奴隸反對奴隸主，農民反對領主和地主，無產階級反對資本家，這是社會發展的基本動力，倘若沒有鬥爭，社會形態就不會有新陳代謝。人民群衆創造歷史的意義，也就在這裏。

四　人民羣衆怎樣建設新社會

社會主義的蘇聯，爲什麽能够那樣的强大和繁榮？這是人民羣衆力量創造的結果。列寗說：必須相信人民的創造力和發揮人民的天才。這句話是至理名言，值得我們深切的領會。

蘇聯的廣闊領土上面，從前那些邊疆僻壤，沒有人烟的地方，現在已經建築了巨大的工廠和電站，從前落後的城市，現在是工業化了，從前荒凉的農村，現在是美麗起來了，鐵路和運河是縱横交織着。一九四六年二月，史太林在選民大會上演說，指出一九四〇年蘇聯生產了一千五百萬噸銑鐵，比一九一三年多四倍，生產了一千八百三十萬噸鋼，比一九一三年多四倍半，生產了一億六千六百萬噸煤，比一九一三年多五倍半，生產了三千一百萬噸石油，比一九一三年多三倍半。一九四〇年蘇聯大工業的總生產品比第一次大戰前水準超過了十二倍，機器製造業的總生產品比革命前增加了五十倍。蘇聯工業生產量從前佔世界第五位，歐洲第四位，而現在則躍升爲世界第二位，歐洲第一位了。我們要問蘇聯工業何以能够這樣飛躍的發展呢？這是因爲蘇聯的勞動者是以社會主義競賽、斯達哈諾夫運動等方式來完成和超過生產計劃的，無論在改善勞動組織方面，掌握生產技術方面，都充分發揮人民的創造力和天才，逐漸消滅勞心和勞力的對立。

蘇聯農業方面，集體農場和國營農場完全代替了小農經濟。一九四〇年有五十二萬三千架拖拉機，十八萬二千架聯合機。一九四〇年生產了三千八百三十萬噸穀物，比一九一三年多一千七百萬噸，生產了二百七十萬噸棉花，超過一九一三年的三倍半。蘇聯成爲世界上最大規模採用現代技術經營農業生產的國家。由於從細小的散漫的經營轉化爲巨大的集體的經營，可以節省二到三倍的人力勞動。這種集體經營的方式，不僅可以大規模採用現代技術，並且出現了無數熟練勞動的工作人員，一九四〇年前，在鄉村中有三十餘萬個農業家、土地測量家、牧畜專家、獸醫、藥劑師，八十多萬個拖拉機隊、耕種隊、畜牧隊的隊員，約有百多萬拖拉機駕駛員及聯合機駕駛員，六十多萬個畜牧商品公司的經理，四十六萬六千個分隊隊員，幾百萬個熟練的牧牛者、擠乳者、養蜂者。同時，農業中的社會主義競賽，更積極的提高了羣衆的勞動熱忱和勞動的創造性，尤其在第二次大戰期間，勞動生產率提高得格外顯著。在農業生產方面，也是充分發揮了人民的創造力和天才。

蘇聯人民羣衆發揮他們的創造力和天才，努力於勞動生產，建設富强而繁榮的國家，這決不是偶然的。在社會主義裏面，消滅了生產手段的私有制，消滅了人與人間統治與服從的關係，不再有壓迫和剝削，不再有貧窮和匱乏，他們是眞正自由的人民，允許每一個人充分發揮他的天才和創造力，只要他正直而忠誠於勞動，他可以達成任何的專長，成爲名人與英雄，而得到社會的尊敬與光榮。勞動是蘇聯人民崇高而光榮的責任和義務，在每一個勞動人民的心中，生長着一種自覺的勞動紀律和信念，孜孜不倦，避免浪費，增强效率，要爲國家和人民創造更多的福利。這樣，社會主義制度便成了發揚人民羣衆天才和創造力的泉源，而蘇聯人民也成爲歷史上任何社會所不能達到的『蘇維埃人』，惟其如此，所以在蘇聯產生了社會主義競賽及其最高形式的斯達哈諾夫運動。參加斯達哈諾夫運動的勞動人民，有數百萬之多，這裏面產生了無數的勞動英雄，他們創造了新的方法，把勞動組織和工作技術加以根本的改善，並把科學和生產的結合向前推進着。

人是主宰一切的，『世界上所有寶貴的資本中，最寶貴的和最有決定意義的資本，乃是人材，乃是幹部。』社會主義建設的輝煌的成就，這不僅是生產技術發展的功績，最主要的還是新型的勞動人民的功績。『技術決定一切』、『幹部決定一切』，這是蘇聯建設的兩個口號。蘇聯不僅提高技術，並且訓練幹部掌握技術，從技術上得出最大的效率，沒有足够數量掌握技術的人材，技術就變爲無用的死鐵，祇有具備能够掌握技術的人材、幹部，技術才能提供最高的生產力。

在社會主義國家政權中，我們也可以看到人民羣衆創造力和天才的充分發揮。蘇聯的中央及地方政權機關，都是由勞動階級代表——優秀的科學工作人員，著名的工人和集體農場場員，傑出的政治家、軍事家、科學家組織而成。所以蘇聯政權機構本身就是人民羣衆的最優秀的組織，國家庶政的設施，也就是人民羣衆創造力和天才的具體表現。

東南歐新民主主義國家，爲什麼能够在戰爭停止之後，立即恢復和繁榮起來，並且向着過渡到社會主義的道路發展，這也是人民羣衆創造力和天才能够發揮的結果。

新民主主義國家依靠着人民羣衆的力量，實現了眞正的人民民主，建立了土地農有，大企業國有和合作經營的經濟制度，在互助合作的生產關係裏面，人民羣衆的創造力和天才得以充分的發揮。在農業方面，由於耕者有其田，改善了農民生活，提高了生產情緒，荒地被開變了，尤其是農業合作，更有重大意義，以保加利亞爲例，保國法律規定十五家農戶便可組織合作社，據一九四七年統計，合作社數量增加至五百個，參加農戶達四萬六千家，包括耕地二十萬公頃。其他各國，農業合作也有同樣的發展。國家設置耕種機器供應站，供給種籽和肥料，設立特惠稅制，幫助農民。由於合作經營，使農業生產可以利用現代新技術，大大提高生產率，領導農業走向集體化。同時城市幫助鄉村，工人幫助農民，建立了良好的工農聯盟關係。工人幫助農民耕種收穫，修理農具，醫治家畜，對農業生產也有很大的貢獻。保加利亞職工會會經組織一萬四千二百三十八個文化勞動隊，包括一百三十七萬隊員，其中有技工、醫生、獸醫、裁縫、法律家、演員、音樂家等等，下鄉工作了數萬次之多。

在工業方面，由於國家手中掌握着重要的經濟槓桿，如國家經營工鑛業、運輸交通、銀行、對外貿易等等，使政府能依照統一的計劃，領導經濟發展。而廣大的勞動人民羣衆，不再是被剝削的對象，而是經濟的主人，他們瞭解是爲自身和人民的福利而生產，以高度的熱情和競賽的方式，達成以至超過計劃所定標準。對於國有工業，政府設置國營工業的管理機構，並派任廠長經理等人員，廣泛的吸收工人幹部參加工業生產的管理工作，例如波蘭工業中央管理處，有六千七百名工人幹部參加領導工作，其中担任大工廠廠長和副廠長的一百八十三人，担任小工廠廠長和副廠長的六百二十九人。人民羣衆的創造力和天才，非但不會被埋沒和壓抑，恰恰相反，是得到了大大的發揚。

在政治制度方面，由於人民民主的眞正實現，新的國家政權機構、軍隊、學校、報館，都吸收大量的優秀的人民代表和工作幹部。一九四七年選舉產生的波蘭立法議會，這是最高的政權機關，議員成分，勞動知識份子代表佔六七%，農民代表佔一七%，工人代表佔一五%，工商業及手工業代表佔一%。所以政權機構本身，就是人民羣衆的優秀組織，而政治設施、建設成績，也是人民羣衆的創造力和天才的表現。

五　人民羣衆創造英雄、領袖和人傑

我們說人民羣衆創造歷史，這句話的意義，並非抹煞一切英雄、領袖和傑出人物，而是承認他們在歷史發展中的作用和地位的。然而，歷史上偉大傑出的人物，他們却是由人民羣衆創造出來的。偉大傑出人物與人民羣衆的關係，正如花朶之與根株一樣，花朶離開了根株，它就墜地而枯朽，英雄、領袖離開了人民羣衆，也就失敗而沒落。

一個革命的政治家爲什麼能够發生巨大的作用，因爲他反映了一定的階級的利益和要求，將人民羣衆的意志、願望、要求集於一身，善於聽取和接受羣衆的意見，善於爲羣衆服務，他自身沒有特殊的利益，完全以羣衆的利益爲利益，這樣，他就可以和羣衆聯系在一起，呼吸相通，得到羣衆的愛戴和擁護。如果一個政治家，他違反了人民的意旨、願望和要求，他違反了人民的利益，那末，他必然是無力無能，注定是一個失敗者。

馬克思和恩格斯的偉大，在於他們把社會主義變成了科學，向無產階級和整個人民羣衆指出了解除資本主義奴役的道路，指出了爲推翻資本主義制度和建設共產主義社會而鬥爭的道路，他們是代表了無產階級和整個人民羣衆的意志、願望、要求和利益的。

列寧和史大林的偉大，在於他們在新的歷史條件之下發展了馬克思主義學說，準備和組織了十月革命，勝利地建設社會主義的國家——蘇聯。他們是代表了俄國工人和農民的意志、願望、要求和利益的。

像馬、恩、列、史，這樣偉大傑出的人物，他們之所以偉大傑出，就是因爲他們是人民羣衆創造的，是人民羣衆造型的。馬克思和恩格斯是無產階級革命的導師，他們指示了人民羣衆如何解除資本主義剝削和創造共產主義制度的道路，他們的思想、理論，是以人民羣衆的意志、願望、要求和利益作爲依據，這就是說人民羣衆的意志、願望、要求和利益等於一個模型，而他們的思想、理論，是按照這一個模型鑄造出來的，所以說他們是人民羣衆創造的，是人民羣衆造型的。列寧、史大林是無產階級革命的領袖，他們領導俄國的人民羣衆爲解除資本主義剝削，爲建立社會主義制度而鬥爭，他們的思想、理論、實踐，是以人民羣衆的意志、願望、要求和利益作爲依據，是以帝國主義時代無產階級的歷史任務作爲依據，他們善於聽取人民羣衆的意志、願望、要求和利益，以確定政治經濟的綱領和口號，他們善於總結人民羣衆的鬥爭經驗，以確定行動的指針，他們的政策是與人民羣衆的利益聯系的，所以說他們是人民羣衆創造的，是人民羣衆造型的。

同樣的，我們在中國也可以尋出人民羣衆創造偉大傑出人物的例子。比如孫中山的偉大，在於他依據人民的利益和要求，提出了中國民族獨立、人民民主、耕者有其田的平均地權和大企業國有的節制資本的綱領，組織了辛亥革命和北伐革命。但孫中山究竟還是主要的從中國的資產階級民主革命時期所產生的人物，所以在他的思想中仍不免帶有某些不澈底的弱點。中國人民鬥爭發展到新的時期，就又有新的偉大人物被創造出來了。在中國廣大人民為新民主主義革命而奮鬥的過程中，就出現中國人民中的最偉大的領袖。

人民羣衆創造英雄和領袖，這正如那種草木開那種花結那種果一樣。在中世紀的時候，還沒有無產階級這樣的人民羣衆存在，所以絕對不會產生出社會主義革命的導師和領袖。在太平天國革命時期，中國還沒有無產階級的存在，所以那時候，只能產生洪秀全、李秀成那樣的農民革命領袖，而不可能產生領導新民主主義革命的英雄領袖。

但這并不是說，我們只要重視人民羣衆在歷史中的作用而不必估計個別的傑出人物的作用。革命需要廣大的人民羣衆參加，形成巨大而堅强的力量，這對於革命的成功，是最基本的，具有決定意義的。但是拿個別的人來作比較，那末，領袖的作用，要比參加革命的任何一個普通人要大得多，所以一個革命階級、革命政黨的領袖，是非常重要的，他的作用，是羣衆革命行動的路標，是羣衆革命行動的燈塔，他指導羣衆前進，照燿羣衆前進。如果俄國的無產階級革命和社會主義建設，沒有出現像列寧、史大林那樣的偉大的領導人物，如果沒有他們那樣勇敢、堅決、剛毅的精神和善於領導的天才，也許革命和建設不能那樣快速的成功，而會延遲一些時候。所以一個具有卓越天才而善於領導的領袖人物，可使革命過程或建設過程中少犯一些錯誤，可使勝利及成功的過程更迅速更順利。而在革命的重大的轉變關鍵中，領袖人物的判斷、决策與指揮能力甚至於可以成爲成敗的决定因素。

推廣一層來說，一個優秀的詩人、文學家、藝術家、音樂家，他必須從人民的創造力中搜集創作的題材和典型，他必須表現人民創造歷史的偉大實踐中的創造力，只有人民的創造力，才是創作靈感之無窮無盡的源泉，如果他只會表現個人那種空虛貧乏的思想、感情和生活，那末，這樣的文藝或藝術工作者，必然是一個注定的失敗者。所以文藝和藝術工作者，他一定要和羣衆的思想聯系起來，一定要向羣衆學習，瞭解羣衆的生活。而能够以羣衆的智慧與生活來做自己的創造力的源泉的文學家和藝術家，就能够最好地爲羣衆服務，就能够領導羣衆前進，成爲人民羣衆的「靈魂的工程師」。

六　唯心論者的錯誤

前面說過：「英雄造時勢」是錯誤的思想，這種思想是唯心論的。唯心論者見解的錯誤，最基本的地方，在於他們只從英雄領袖行動思想的動機方面去考慮和解釋歷史的發展，而抹煞了社會發展的客觀規律，這樣，歷史事變就變成了偶然的了，沒有什麽必然遵循的軌道。同時唯心論者又把個別人物的思想行動提高到首要地位，而把人民羣衆的行動看作是錯誤的，是阻礙社會發展的，從唯心論者看來，不論是奴隷暴動也好，農民戰爭也好，無產階級革命也好，一切都是罪惡，因此唯心論者的基本立場，是站在統治階級方面，是反對社會前進的。

在中國人民大翻身，勝利地進行新民主主義的革命戰爭的時候，就有這樣的一種人，他們裝出悲天憫人的模樣，把這種歷史變革的人民羣衆的偉大活動，說成只是具有破壞性的內戰，也就是說人民羣衆的行動是錯誤的，是阻礙社會發展的。把他們的話剝去外衣來看，骨子裏的眞正意義所在，就是擁護反動勢力統治的利益，就是承認黑暗的舊制度的合理，也就是站在封建和買辦勢力那一邊來替他們作辯護。這就是有一些自命爲「自由主義」的人物，他們說戰場不能解決問題，人民革命無用，因爲一般傳統深入人民心裏，主奴關係的觀念沒有改變，人民不懂得做主人，不懂得掌握國家民族和自己的命運，應該讓自由主義者來做心理建設的工作，把『左右的弊病都除掉』，『左右的長處兼收並蓄』，人民還是做奴才，但要做得更馴服一點，主子還是主子，不過要統治得比較聰明些。獨裁者無罪，罪在中國人民。中國人民的大翻身、大改革和大創造，據他們看來，只是犯上作亂，應該『除掉』這種『弊病』，以便獨裁者統治得更好，發揮他的統治的『長處』。

黑格爾派的唯心論者，從『精神』、『觀念』出發，認爲羣衆所瞭解的眞理不能推動歷史前進。他們說，『過去歷史一切偉大事業，一開頭就是錯誤的，而且沒有引起深入內部的成績。因爲羣衆都有興趣於這些事業，因爲這些事業引起羣衆的熱烈情緒。或者這些事業之所以應該得到可憐的結局，就因爲這種事業所根據的觀念，是滿足於表面的瞭解，而指望得到羣衆同意。』（馬克思全集）

俄國的民粹派，把社會人羣分爲『高級的』、『批判思想的人物』、『歷史創造者與『消極的』羣衆。拉普洛夫說：人類之存在的過程中，以廣的大多數人民的貧窮、困難作爲代價，鍛鍊出少數天才的人物、『人民之花』、『文明的唯一代表』，人類歷史發展過程只是由個別人物活動來完成的。「無論怎樣小的進步，總是絕對依靠於批判的思想的人物，沒有他們，這種進步的過程是不會存在的，沒有他們力圖擴展這種進步的過程，則這種進步的過程是極不鞏固的。」

無論黑格爾派也好，民粹派也好，都只是承認英雄人傑創造歷史，而絕對否認人民羣衆創造歷史，這種唯心論的錯誤，是違背眞理，是違背歷史事實的，而其政治上的效用，則是擁護統治階級、擁護舊社會秩序，所以為統治階級所歡迎和愛好。他們正像大公報的自白主義者和不願意全國人民大翻身的一些人物一樣的荒謬。

第四章 政治在社會發展中的作用

一 政治是經濟的集中表現

有什麼樣的生產力，就有什麼樣的生產關係；有什麼樣的經濟結構，就有什麼樣的政治制度。政治是經濟的集中表現，政治是以經濟爲基礎的上層建築。

當生產力發展到某種水準時，就必然有某種與其相適應的生產關係發生，生產關係中最重要的一環是生產手段的佔有關係，亦即財產關係或財產制度；如果生產手段屬於氏族集團共有，那就是原始共產社會的財產制度；如果生產手段（土地、勞動工具）屬於奴隸主所有，那就是奴隸制社會的財產制度；如果主要的生產手段（土地）屬於地主所有，那就是封建制社會的財產制度；如果一切生產手段都屬於資本家階級所有，而工人階級則一無所有，那就是資本主義社會的財產制度；如果一切生產手段（土地、工廠、礦山、運輸等等）都屬全社會人羣所共有，那就是社會主義——共產主義社會的財產制度；如果生產手段其中大工礦業、交通事業等屬於人民的國家所有，土地屬於農民所有或國家所有，小規模的工礦業屬於中小資產階級所有，那就是新民主主義社會的財產制度。在某一種財產制度之上，必然產生某一種政治制度：在奴隸制的財產制度之上建立起來的政治制度，是奴隸主掌握着國家政權，奴隸階級則絲毫沒有權利；在封建制的財產制度之上建立起來的政治制度，是地主階級操縱國家政權，最大的地主是皇帝，擁有無限權力，次大的地主是封建貴族，以至軍閥官僚士紳土劣，他們分別在一定地區內握有政治特權，而在經濟上被壓迫的廣大農民在政治上也是絲毫沒有權利的。在資本主義的財產制度之上建立起來的政治制度，基本上是資產階級壟斷政權，無論立法、行政機關，都是由資產階級的代表組成，一切政治設施，都是符合資產階級利益的，工人階級並沒有參加政治的眞正平等地位。在社會主義的財產制度之上建立起來的政治制度，是無產階級專政，國家政權由各民族的優秀的勞動人民代表組織而成，一切設施，都是符合勞動人民利益的。在新民主主義財產制度之上建立起來的政治制度，是無產階級處於領導地位，聯合農民、知識分子、中小資產階級共同執政，一切設施，都以照顧最大多數勞動人民的利益爲前提。

爲什麼某一種財產制度之上，必然產生某一種政治制度呢？因爲某一階級的經濟利益，表現在一種財產制度上，必須鞏固這種財產制度，該階級的經濟利益才能保持而不致失墜，爲了鞏固這種財產制度起見，又必須設立一種法律秩序，並且需要一種工具來執行法律，這種工具最重要的部分就是國家政權。所以某一階級的經濟利益，只有建立本階級專政，掌握政權，然後才能眞正實現和鞏固的。如果奴隸主不實行自己的階級專政，顯然就不可能強制奴隸們無條件的勞動，無限制的榨取奴隸勞動，鎭壓奴隸們的反抗，奴隸主的經濟利益便無從實現和鞏固。又如果地主階級和資本家階級不建立它們各自的階級專政，那末，地主就不可能束縛農民在土地上勞動，和剝削農民所生產的生活資料；資本家也不可能統治工人階級和剝削剩餘價值；無論地主或資本家階級，它們的經濟利益，都不可能實現和鞏固的。反之，如果無產階級不實行專政，他們就無法防止資本主義的復辟，就無法保持社會主義的國有財產制度，就無法實現和鞏固勞動人民的經濟利益。又如果無產階級不建立自己居於領導地位而聯合農民、知識分子、中小資產階級的共同的民主專政，那就不能使大企業從帝國主義和官僚資本的手裏轉而爲人民的財產，就不能使土地從實行封建半封建剝削的地主階級手裏轉到農民的手裏；或者卽使已做到這些了，但沒有各革命階級的聯合的民主專政來保障，那麼大地主和大資產階級一定還會勾結帝國主義，實行復辟，包括工、農、知識分子、中小資產階級的廣大人民的經濟利益，便無法在新民主主義社會制度下實現和鞏固。

總結起來說，任何一種政治制度都是以特定的經濟制度爲基礎，都是在特定的經濟制度之上建立起來的，同時在經濟制度基礎上面建立起來的政治制度，反過來又是鞏固一種經濟制度所不可缺少的工具。

二　政治對經濟的反影響

當經濟制度變革之時，建立在經濟制度基礎上面的政治制度，必然發生變革。這就是我們通常所說：在社會發展過程中，經濟基礎對上層建築的決定作用。

那末，我們可否說：政治制度在社會發展過程中純粹是消極的、被動的，它對生產力和生產關係的發展，絲毫不起作用呢？不可以這樣說。誠然，我們應當承認經濟基礎對於上層建築的決定作用，但是我們也應當承認政治制度在社會發展過程中不是純粹消極的、被動的，它也是積極的因素，對生產力和生產關係的發展也能發生影響，這種影響，稱爲上層建築對經濟基礎的反影響或反作用。不過，我們還要注意一點：就是從其發生及結果上看，這種反影響，不能把它與經濟基礎對上層建築的決定影響相等看待。所以我們正確瞭解反影響的意義，是很重要的。『我們不應該從馬克思的話中得出結論說：……政治制度對社會生活沒有意義，說它們不給社會存在、社會物質生活條件的發展以反影響。目前我們僅僅講到……政治制度的起源，講到它們的發生，……是它們物質生活條件的反映。至於……政治制度的意義，至於它們在歷史上的作用，那末，唯物史觀不僅不否認，而且相反地着重指明它們在社會生活中、在社會歷史中的重大作用與意義。』（『列寧主義問題』）

政治制度（或政治）對於經濟究竟發生什麼反影響呢？在解答這個問題之先，我們還須先解釋政治的意義。什麼是政治？我們可以這樣說：所謂政治，它的範圍包括相當廣泛：（一）社會各階級之間的相互關係。（二）社會各階級對於國家政權的關係。（三）黨派對於階級的關係。（四）各民族間的相互關係。（五）各國間的相互關係。基於這些關係，於是產生法律制度、政權形式、經濟政策、民族政策、對外政策等等。這些一切，都屬於政治領域或政治問題。明白了政治的意義，我們就不難瞭解政治對於經濟、對於生產力和生產關係的發展有什麼反影響。比如：一個國家實施保護貿易政策，用提高關稅及限制輸入的辦法，管制進口，不讓有競爭性的商品輸入本國，只准輸入本國所需要的原料、輔助材料、機器、工具等，那末，本國的工業生產便可藉此得到順利的發展。又如當希特勒登台後，積極的實行對外侵略政策，以大砲代牛油，集中力量擴張軍火生產，把德國變成了一座兵工廠，由平時的經濟體制轉到戰時的經濟體制，這種法西斯政治固然建築於獨佔資本的基礎上，但實施這種政治的結果就更加強獨佔資本的勢力。再如帝國主義的對外政策，擴張領土，重分世界殖民地，其結果必引起世界戰爭，在大規模的戰爭中，參戰國家大量地消耗人力物力，這是一種無可計數的巨大的浪費，對各國的經濟生活都不能不造成嚴重的影響。這裏，我們可以明白政治對經濟不僅有反影響，而且，這種反影響是重大而深刻的。

從政治所包括的領域來說，其中心部分是國家政權，因為法律秩序的規定，一切對內對外政策的擬訂和執行，都是通過政權而實現的，都是以政權為執行的主體的，政權在什麼人手中，在什麼階級手中，它就必然會規定某種適合於該階級經濟利益的法律秩序，它就必然會執行某種適合於該階級經濟利益的政策。所以我們說到政治對經濟的反影響時，最主要的意義，還是指國家政權對經濟的反影響。恩格斯曾經指出國家政權對經濟發展有下列三種不同的反作用：第一、是促進作用，可使經濟發展進行得更快；第二、是破壞作用，在或長或短的期間內，可使經濟遭受到破壞、損害，或物質的大量浪費；第三、是阻礙作用，可使經濟發展遇到障礙，或者改變經濟發展的方向。

政治制度對於經濟基礎的反影響，是隨着歷史的發展與變化而發展變化的。在同一社會形態中，各個階段有各個階段不同的表現。比如同樣是在資本主義社會，但在自由資本主義的階段，國家政權比較能夠發揮其幫助經濟發展的作用，到了獨佔資本主義階段，資本主義體制本身已經腐爛，經濟發展的趨勢，已走着下坡路了，任何一個資本主義國家的政權，都無能爲力。至於在不同的社會形態中，政治制度對經濟基礎的反影響，更是各不相同的，尤其是無產階級專政的社會主義的國家政權，對於國內經濟發展的强有力的領導作用，是任何其他社會的國家政權所不能比擬的。新民主主義社會之所以能夠有遠大前途，最主要的原因，也就由於無產階級領導的國家政權發揮領導作用，有計劃地提高生產力，建立國有化和集體化的經濟制度。所以，對於這種反影響的情形，必須按照各個不同的社會形態以至一個社會形態的不同的階段，根據它們的特點，作具體的、歷史的研究，決不能機械地、公式地等量齊觀。

三　敵對階級社會中國家政權的作用

在階級社會中，國家政權是統治階級的工具，其任務在於保護統治階級的利益，在於保護適合統治階級的經濟制度和社會秩序，並鎮壓敵對階級的反抗。

當原始社會形態的氏族公社，分化爲有產者階級和無產者階級，並使無產者階級在經濟上服從於有產者階級，於是激起了階級鬥爭，這時候，有產者階級使須要創造一種特殊的組織——國家政權，藉以鞏固本階級的經濟支配權力，因而成立軍隊組織、官僚集團、強制機關（如監獄、法院、警察等等），這就是歷史上最初出現的國家政權形式，亦卽奴隸制社會的國家政權。

在歷史上，國家政權的變更發展，是隨着社會經濟制度的變更發展一同進行的，當某一階級在經濟上的統治權力被另一階級所代替時，這個新的統治階級便建立自己的國家政權。於是接着奴隸制社會的國家政權之後，便出現封建制社會的國家政權，更後爲資本主義社會的國家政權。

不管奴隸制也好，封建制也好，資本主義制也好，都是敵對階級社會，國家政權總是統治階級壓迫被統治階級的一種工具，總是維持生產關係上統治與服從地位的一種必要的手段。因此國家政權的作用，也如同生產關係對生產力的作用一樣，最初剛剛建立之時，它具有贊助生產力發展的作用，後來就變成束縛生產力發展的桎梏。生產力和生產關係的矛盾越擴大，衝突越尖銳，也就表現爲生產力對國家政權的矛盾越擴大，衝突越尖銳，鬥爭越激化。

敵對階級社會中，生產力和生產關係的矛盾，是不可調和的，無法解決的。國家政權既然是維持統治階級經濟利益的一種工具，既然是維持統治階級所要求的生產關係的一種工具，因此在它與社會經濟生活的發展之間，終究要產生不可解決的矛盾。這就是說，在敵對階級社會中的任何國家政權終究只能是保持舊的經濟制度，保持舊的生產關係，而不能是改變舊的經濟制度，改變舊的生產關係。它只在一定限度內起着促進生產力的作用，過了這限度，就再不可能幫助生產力繼續前進了。比如資產階級的國家政權，它對於資本主義經濟發展，確是盡過很大作用的，對外它用武力開拓海外殖民地，擴大商品輸出和資本輸出的市場，榨取殖民地人民的財富、勞力和資源，擴張了資本主義的生產，增大了資本家的財產；對內它實施各種經濟政策，製定各種關稅貿易條例等等，保證資本家壟斷國內市場，但它卻不會使勞動者被剝削的程度減輕，不會使中小資產階級免於破產，更不可能使廣大的人民群衆不失業、貧窮、飢餓，更不可能使社會購買力提高，因而，對於社會化生產和個人的佔有之間的矛盾，絲毫不能解決，資本主義的危機，終於無法避免，經濟發展的停滯和衰退，也就成爲資本主義腐爛的不治之症。

在一九二九年以後，資本主義世界經濟大恐慌時期，曾經有一些空想家企圖設法治療資本主義的癌症。他們打算叫各國政府和世界政府（國際聯盟）發揮它們的作用，實施幾種有關經濟的辦法：如像撤除關稅壁壘，取消保護政策，建立世界自由貿易，以使恢復商品的正常流通；解散大托辣斯，取消國內及國際的獨佔組織，俾得實現國內及國際貿易的自由；國家及職工會保障工資水準，使工人階級有穩定的收入，社會購買力不致變動和降低；實施世界性的貨幣統制，以謀國際金融的穩定，藉此緩和商業恐慌，及發展國際貿易。這些辦法，固然無法實行，就算實行起來，還是不可能醫治資本主義的痼疾的，因爲資本主義痼疾的病根，在於少數人獨佔生產手段，用以剝削大多數人，造成貧富不均的兩極分化，這只有廢除私有財產制度，才能解決問題，否則，決不可能解決生產過剩、經濟恐慌的問題的。也就正在這一點上，注定了資本主義國家政權對於恢復繁榮、發展經濟，完全無能爲力。要想依靠資本主義國家政權的作用，把資本主義經濟變爲有組織、有計劃的經濟，只不過是一種夢幻罷了。

總之，一切敵對階級社會的國家政權，它不是消滅人對人的榨取的，它不是消滅階級與階級的對立的，而是維持一個階級對另一個階級的統治的，而是維持少數人對多數人的榨取的。它是保障不合理的經濟制度的有力工具，因此它對經濟發展的反影響和領導作用，是絕不能和無產階級專政的國家政權以及無產階級領導下各革命階級聯合專政的國家政權相提並論的。

四　新社會制度中國家政權的作用

爲什麼新社會的國家政權對國內經濟發展的領導作用之巨大，是任何其它社會的國家政權所不能比擬的呢？

首先我們要研究社會主義國家政權的作用。

蘇聯經濟發展的法則和資本主義經濟發展的法則，基本上是完全兩樣的。資本主義經濟發展，是盲目的、無政府的、無組織的。而社會主義經濟發展，却是合目的的，有計劃的，這也就是說，是在國家政權的領導下有計劃地、有目的地進行着的。社會主義的國家政權何以能具有對經濟發展的卓越的領導作用呢？我們必須瞭解蘇聯國家政權的特點及其經濟制度的特點。在蘇聯一切剝削階級均已消失，其國家政權是掌握在全體勞動人民的手裏的。在蘇聯，生段手段的私有已完全消失，其經濟制度是一切生產手段都爲國有的經濟制度。在蘇聯憲法第四條中規定：社會主義的經濟制度，是生產手段（土地、鑛山、森林、水道、工廠、鐵路、航空、國營農場、拖拉機器站等）國有，亦即全體勞動人民所共有的財產。

生產手段國有的經濟制度，給與社會主義的國家政權以領導經濟發展的最優良的條件。因為在生產手段國有的基礎之上，國家就可以按照全體勞動人民的利益而組織商品的生產，組織分配和流通的制度，確立配合經濟計劃的財政、金融及信貸制度，建設完善的交通運輸系統。所有發展經濟的槓桿，全都掌握在國家手中，這樣，國家政權就有了足夠的力量去指導和支配全部的經濟生活，實施有計劃的經濟建設了。我們試看：蘇聯工礦交通事業的發展，都是依照國家預定計劃進行的，由政府指揮它們進行工作，並由政府運用財政制度，動員人民財力，轉用於建設需要，以及發揮金融力量，舉辦信貸，扶助生產。蘇聯農業發展，也是依照計劃進行的，由政府運用耕種機器站及財政和金融的力量，建設國營農場，並且幫助集體農場的普遍發展。商業供應，也是依照預定計劃發展的，由政府建設國營商店和幫助發展合作商店，構成以貨幣交易為基礎的社會主義商業體系，控制國內市場，並使全國各地區經濟及各部門生產得以緊密聯系。於是在國家有計劃的領導經濟發展之下，使蘇聯在新經濟政策時期的多樣性的經濟成分以及資本主義的殘餘，歸於徹底消滅，社會主義的經濟成分得到完全發展，成爲純一的社會主義經濟制度，再向着更高階段的共產主義前進。

在澈底消滅了人對人的剝削、澈底肅淸了資本主義殘餘以後，一切物質財富的生產，都不是爲私人牟利而生產，而是爲全體人民福利而生產的。一切生活資料，都不是少數人所得而私，因而生產和消費脫節的現象是沒有了，商品過剩和經濟恐慌的現象是沒有了，失業和驚人的貧窮更沒有了，有的只是日益繁榮和富裕。在這情形下，生產力與生產關係的矛盾是不存在了。全體勞動人民的互助合作的生產關係，保障生產力的每一步提高都能直接有利於全體勞動人民，也就保障了生產力能够無限制地發展。因此建築在這種生產關係之上、掌握在全體勞動人民手裏的國家政權，也就能無限制地推動生產力向前發展，推動社會經濟生活的繁榮和向上。

其次，我們再研究新民主主義國家政權的作用。

新民主主義的中國政權，是在推翻了大地主和官僚資產階級的政權後建立起來的人民政權，這所謂人民，是指工人階級、農民階級、知識分子、中小資產階級。建立新民主主義新中國，就要由各個反帝反封建反官僚資本的社會階級與階層建立聯合的民主專政的政權，而在這中間，無產階級及其政黨是居於領導地位和起決定作用的，是社會前進的基本力量。

在新民主主義制度下，雖然不像社會主義制度那樣把一切生產手段都歸於國有，但銀行、大規模的工礦業、交通，是都屬於國家所有的。除了國家經濟外，農村中有千百萬經過土地改革後的獨立經營的小農民（中農佔絕大多數），在工商業方面，也有蒸蒸日上的中小私人資本在繁榮發展。在這樣的情形下，怎樣能保障新民主主義健全發展並且能進一步走向社會主義，而不致於從新民主主義又走回資本主義制度呢？很明白的，如果聽任國民經濟在這樣情形下自發自流地發展，那麼一方面中小私人資本會漸漸發展爲獨佔性的大資本，而另一方面，農村中資本主義的富農又會逐漸佔取優越地位。其結果就會使一切財富漸漸集中到少數人的手裏，而重新陷廣大人民於貧窮狀態中，演成了資本主義的社會。

新民主主義制度一方面還不是社會主義，一方面又要避免資本主義的舊路，並且要能保障向社會主義的方向發展。這將怎樣做呢？基本上說來，必須遵循幾個法則：第一、是國家經濟居於領導地位，發揮領導作用，積極的發展起來，實現國家工業化，生產機械化和電氣化，把生產力帶到更高的水準。新民主主義的國家經濟的高度發展，在全國國民經濟中居於支配的優勢地位，這是保障新民主主義制度的健全發展的基本因素。第二、是獨立小工商業和中小私人資本主義的經濟，在新民主主義制度中固然可以獲得廣大發展的前途，與國家經濟相配合着，以繁榮國民經濟，提高社會生產力，但他們的發展是不能脫離國家的領導的。獨立小工商業將被引導到合作經營的道路上，以轉變爲合作經濟；中小私人資本主義工商業雖可有廣大發展的前途，但絕不容許、也不可能壟斷獨佔，只容許、只可能在有益於國計民生的前提之下，分担一部分經濟建設的責任而爲廣大人民服務；資本主義的剝削，也必須受到限制，一定要服從勞資兩利的原則，不能無限度地從勞動者身上剝削剩餘價值。以超經濟的剝削來積累資本更是不被許可的。第三、在農業經濟，由於土地改革、耕者有其田，廣泛的形成了以個體經濟爲基礎的農業經營，從這中間，新式富農（資本主義性質的）的產生固然是不可避免的，也是新民主主義所容許的。但在新民主主義制度下，却不能容許土地改革的結果最後只爲少數富農所獨吞，而多數農民重新失去土地成爲受資本主義剝削的農業勞動者。這就要用國家力量來督促和教育土地改革後的獨立小農民勤勞生產，並且領導他們進行合作經營，並逐步提高合作經營的方式，而使其走向集體化的方向。同時，又要靠國家工業的發展，來大量供應農業生產所需的機器，以創造農業集體化的物質前提。

由此可見，在新民主主義制度下，生產力和生產關係的發展，並不是自發的自流的，而是要在以無產階級爲領導的新民主主義國家政權領導下面發展的。否則，資本主義的舊路就有可能，新民主主義制度就不能鞏固發展，更談不到進一步過渡到社會主義了。然而，國家政權何以能對經濟發展發揮其卓越的領導作用呢？因爲大規模的工鑛業、交通業、金融業、國營農場、國營貿易等發展經濟的有力槓桿，都掌握在國家手中，國家經濟在整個國民經濟領域中佔着領導地位，這就保證了國家政權在整個國民經濟發展中的領導作用。

因此，在新民主主義制度下雖不能實行社會主義的計劃經濟，但是因爲政權是在無產階級領導下各革命階級的聯合的民主專政，因爲國家經濟在整個國民經濟中居於領導地位，所以在國家領導下把全部國民經濟中的各個成分有機地組合起來，以實行有計劃的經濟建設，有計劃地推動生產力與生產關係的發展，是完全可能的。

五　革命的作用

在敵對階級社會中，生產力和生產關係的矛盾，必然表現爲階級與階級的矛盾，表現爲階級與階級的鬥爭，所以生產力和生產關係的矛盾是社會發展的原動力，其意義與階級鬥爭是社會發展的原動力是完全相通的。

構成生產力的諸要素中，勞動力（勞動的人民羣衆）是最重要的，所以勞動人民羣衆可稱爲最重要的生產力。生產關係是生產過程中人與人的相互關係。在歷史上的一切生產關係，概括起來不外兩種，一種是統治與服從的關係，另一種是互助與合作的關係。前者則是敵對階級社會的生產關係，後者是社會主義社會的生產關係。在敵對階級社會中勞動人民羣衆代表生產力發展的利益和要求，而壓迫階級則企圖竭力維持舊的生產關係。所以生產力和生產關係的矛盾，必然表現爲人與人間、階級與階級間的鬥爭。當生產力要求解除阻礙其發展的舊生產關係的束縛時，被壓迫階級必然起來革命，推倒壓迫階級的統治，建立新的社會制度（其基礎爲新的生產關係）。所以說：在階級社會中，生產力和生產關係的矛盾，是社會發展的原動力，階級鬥爭是社會發展的原動力。

資產階級的學者，替資產階級的統治利益打算，把資本主義制度說成永久不變的秩序，把社會發展描寫成自然變化的結果，有意抹煞階級鬥爭的事實，掩蔽社會發展的客觀法則。這只是一種欺騙。實際上，敵對階級社會的新舊交替，舊制度的沒落，新制度的產生，決不是自然的、自發的、自流變化之結果，而是階級鬥爭和被壓迫階級推倒壓迫階級的結果。人類社會的發展，自原始共產主義社會以後，到社會主義社會成立以前，一部歷史都是階級鬥爭的歷史：奴隸反對奴隸主，農民反對地主，無產階級反對資產階級。

階級鬥爭的範圍，包括經濟鬥爭、政治鬥爭和理論鬥爭。理論鬥爭是配合着經濟鬥爭和政治鬥爭的。最經常的自發的階級鬥爭形式，是由經濟的利害衝突而起的經濟鬥爭。當它發展到更尖銳化的時候，便是向着法律、政權來鬥爭。達到最高峯的時候，便是武裝起義和革命戰爭。所以階級衝突的尖端便是政治鬥爭，政治鬥爭是經濟鬥爭的集中表現。

在敵對階級的社會裏，經濟結構是階級性的結構，政治結構也是階級性的結構。壓迫階級對被壓迫階級的統治，是通過政權的各種機構來實現的，其中最重要的部分是軍隊、警察、特務、法院、監獄等，這就是表示壓迫階級是依靠強制權力和武力來統治被壓迫階級的。因此，被壓迫階級要得到眞正的解放，就必須進行武裝起義和革命戰爭，用武力對付武力，用革命的武力打垮反革命的武力，從壓迫階級手中把政權奪取過來。任何妥協和改良，都不可能得到眞正的解放，都不可能廢除舊的制度建立新的制度。列寧說：『國家政權，從一個階級手中轉移到別一個階級手中，是革命的第一的主要的基本的標誌』，也是新舊社會交替的轉折點和決定點。奪取政權，在一般情形下，這不是用和平鬥爭的方式所能達到目的的，必須是用武力革命的方式，如果沒有武力革命，沒有廣大的人民羣衆參加武裝起義和武裝鬥爭，便不能戰勝壓迫階級，便不能取得革命的勝利，而舊社會制度也不能推翻，新社會制度也不能建立。所以在敵對階級社會裏，如果否認任何武力、强權、政權的意義，那是太『天眞』的空想。

階級鬥爭，是社會發展的原動力。在敵對階級社會中，階級鬥爭的形式必然發展到武力鬥爭。社會發展必須通過革命過程，那末，在社會主義社會和新民主主義社會，是不是也有階級鬥爭呢？

新的社會是由否定了舊的階級對抗的社會而發展起來的。政權的轉移是舊社會改變到新社會的標識。在新政權成立時，舊的統治階級雖已在政治上被推翻，但他們並不是立即就消失於無形的；他們還會利用舊經濟的殘餘而繼續掙扎，並且發動武裝鬥爭來企圖復辟。正因此，新社會的新政權必須是革命階級的民主專政，以便强有力地來防制和鎮壓舊的統治階級的復辟。這也正是一種階級鬥爭。推翻舊的統治階級以成立新社會的階級鬥爭固然是很激烈的，新社會成立後根除舊統治階級的鬥爭也往往是十分激烈的。

建立社會主義社會，一開始必須建立無產階級的專政。列寧說：「無產階級專政，是反對舊社會勢力及傳統的持久的鬥爭，這種鬥爭，包括那些流血的和不流血的、强制的與和平的、軍事的和經濟的、教育的與行政的各方面。」這種反對舊社會勢力及傳統的鬥爭，是階級鬥爭的新形態，是革命階級已取得政權以後的階級鬥爭，它不是代表進步生產力的被壓迫階級反抗壓迫階級的鬥爭，而是代表進步生產力的革命階級建立了革命的政權以鎮壓和消滅反動階級殘餘的階級鬥爭。無產階級獲得政權以後，不是用無鬥爭的方法來改造社會，而是要在實行專政中與反動階級殘餘的反抗鬥爭，與破壞分子的活動鬥爭，與帝國主義的間諜破壞者以至干涉者鬥爭；從這種鬥爭中取得了勝利，社會主義社會才有可能鞏固發展。再加上從經濟上克服和消滅殘留的資本主義因素，把非無產階級的勞動大衆（首先是中農）團結在城鄉無產階級的周圍，在無產階級領導之下參與社會主義建設的工作。蘇聯社會主義正是通過這樣艱苦的過程而發展起來的。到現在蘇聯已經成爲內部無階級的新社會了。如果沒有激烈而頻繁的階級鬥爭，無階級的新社會就不可能成立。

新民主主義社會的建立也是同樣的，也必須進行反對舊社會勢力和舊社會傳統的鬥爭，這就是，要由無產階級領導着各革命階級建立聯合的民主專政，鎭壓地主和官僚資產階級的反抗、防制和擊敗帝國主義的破壞和干涉。但應該注意的是，新民主主義社會本身並不像社會主義社會那樣是無階級的社會，牠所要消滅的只是地主階級、大資產階級（官僚資本家、買辦資本家）。在新民主主義社會中，有着無產階級、農民、小資產階級、中等資產階級，既然有各個利害關係互相矛盾的階級，相互間也就難免有對立和鬥爭了。但在新民主主義社會建設過程中，既是由無產階級起着領導作用，而各個階級之間又有着基本上相一致的利害關係，所以它們可以爲一個共同目標——發展新社會的生產力而努力。他們必須同時對資本主義分子中間企圖反抗無產階級的領導、反抗國家經濟的領導的市場投機者及經濟破壞者鬥爭，這自然也是階級鬥爭。他們還須在走向農業集體化的道路上，反對個體小農中間的小資產階級個人主義與自私傾向，這也是階級鬥爭。不過這種階級鬥爭和對地主和大資產階級、對帝國主義的鬥爭不同，這種鬥爭不一定要採取武裝鬥爭的方式，——至於下一步，由新民主主義到社會主義的轉變，應當是可以避免流血的。季米特洛夫會就保加利亞的情形說：「關於爲社會主義鬥爭的問題，現在已經不同於一九一七到一九二八年俄國那時的情形。現在離那時已經三十年，社會主義的蘇聯業已強壯起來，成爲世界上偉大的力量。戰後進行的偉大的社會主義國家建設和民主改革，在各國面前提出了實現社會主義的問題，並不是工人階級反對國內其餘的社會生產階層，而爲社會主義鬥爭的問題，而相反地是工人和農民、手工業者、知識分子合作的問題。這條道路也許比舉起武器，左右掃蕩，建立自己的專政似乎要慢些，但這條道路非但可能，而且對於人民來說，其弊病要少得多。」

在階級鬥爭中，政黨的領導是非常必要的。因爲政黨是階級的先鋒隊。在過去的歷史中，奴隸和農民，雖然是被壓迫的廣大的社會人羣，但是他們本身還不能完全自覺是利害相同的階級，因此他們不能產生代表整個階級利益和領導階級鬥爭的政黨，也就不能建立自己階級專政的政權。只有近代無產階級，在長期的階級鬥爭中，鍛鍊成爲自覺的有組織的階級、產生了代表本階級的革命政黨，領導本階級及聯合其他革命階層為推翻舊社會制度和建設社會主義或新民主主義制度而鬥爭；它是無產階級有組織的先鋒隊，是無產階級組織的最高形式，當還沒有獲得政權的時候，它是奪取政權的有力武器，當已經取得政權的時候，又是鞏固政權和建設新社會制度的武器。

六　錯誤理論的批判

最後，我們要檢討一些錯誤的理論：

資產階級的學者，把社會的上層建築——政治制度、國家政權，說成基於人們大家同意的公共契約而產生的，把資本主義的政治制度和國家政權是資產階級鞏固其經濟利益的工具，是統治被壓迫階級的工具這種真正的意義，故意掩蔽起來，這不僅是抹煞真理，並且企圖使壓迫階級陷入迷途，把資本主義的政治制度，看作是「真正民主」的，任何人都享有同等權利的，在法律面前是完全平等的。直至今天，也還有許多騙子在說：美國是政治平等，只是經濟不平等；反之，蘇聯雖然經濟平等，但政治却不平等。他們故意把政治和經濟分開，掩蔽上層建築的階級本質，他們的眞意就是說：被壓迫階級應該擁護資本主義的政治制度，因爲它是『眞正民主』的，『完全平等』的。

還有資產階級與小資產階級的『社會主義』者，他們理論上的基本特點，是曲解階級的實質，抹煞階級鬥爭。據他們看來，階級僅是經濟利益相同的人羣，生產手段的佔有關係並不是階級形成和劃分的出發點和決定點，於是他們說在經濟利益上某種調和之下，可以不經過階級鬥爭而達到建立新社會的目的，殊不知不廢除生產手段的資本主義的私有制度，階級對立就不可能解決，階級鬥爭就不能消弭，建立新社會更不可能。這種機會主義的資產階級及小資產階級的『社會主義』理論，考茨基是最顯著的代表者，他一方面承認資本主義發展加深了階級矛盾，但同時又承認通過『階級調和』的道路，可以走到社會主義。『階級調和』的理論，產生妥協的議會主義的政策，幻想用改良的方式代替革命鬥爭的方式，其結果不僅是完全失敗，而且是削弱無產階級力量，欺騙無產階級，幫助資本家階級鞏固資本主義秩序的。

俄國的民粹派不承認工人階級是革命中的先進階級，他們幻想不要無產階級可以達到社會主義。他們認爲智識份子所領導的農民及農村公社是主要的革命力量。他們把農村公社看作是社會主義的萌芽和基礎。他們妨礙工人階級去瞭解自己在革命中的領導作用，阻礙創立工人階級獨立的政黨。民粹派又不懂得社會之經濟和政治的發展法則，照他們的意見，歷史不是階級鬥爭所創造的，而只是個別的傑出人物所創造的，羣衆、羣氓、人民、階級是盲目的跟着英雄走。民粹派在恐怖政策失敗之後，放棄了革命鬥爭，宣傳與沙皇政府調和妥協，『他們簡單的想，如果好好地更親切的請求這個政府，那末，他能把一切都辦得好好的。』

俄國的『合法馬克思主義者』，本來是資產階級的知識份子，在革命運動流潮激蕩之下，他們也披上馬克思主義的服裝，他們爲着要使工人運動適合於資產階級的利益，因此，他們把馬克思學說中的最主要部份——無產階級革命、無產階級專政的學說拋棄了，向無產階級提倡承認我們的文化落後，應跟資本主義學習，來代替反對資本主義的革命鬥爭。

俄國的經濟派，是國際機會主義的主要支流，同時也是妥協派，他們說：工人只應當進行經濟鬥爭，至於政治鬥爭，應讓資產階級去做，工人只要幫助他們。列寧對經濟派曾作過嚴厲的批判，指斥經濟派的理論背叛馬克思主義，是否認工人階級有組織政黨的必要，是企圖把工人階級變成資產階級的政治上的附屬品。

烏托邦主義者（空想社會主義者），如湯麥斯·摩爾、聖西蒙、傅立葉、歐文等等，他們都是唯心論者，他們雖然反對資本主義秩序，反對私有財產制度，但是他們不知道怎樣達到社會主義的道路，不知道怎樣變革資本主義社會秩序，不知道怎樣廢除私有財產制度，他們錯認說服、教育、啓導人羣是達到社會主義之路，不懂得無產階級政治鬥爭、武力革命才是達到社會主義的橋樑。

無政府主義者及托洛斯基和布哈林等，他們宣傳無產階級不要國家、不要政府的思想，他們的意思，就是打算叫無產階級拋棄消滅反動階級殘餘和建設社會主義的武器，好讓資本主義有機會在蘇聯實行復辟。

第五章　意識在社會發展中的作用

一　社會存在與社會意識的相互關係

人類生活，包括物質生活和精神生活兩方面。起居飲食，都屬於物質生活範圍。勞動生產，是物質生活的前提條件，人們從勞動生產中創造物質財富，創造一切維持生存的資料，如像食物、飲料、住宅及其他日用必需品，這才有起居飲食可言。但人類是具有思想和感情的，因此也有精神生活的一面，每個人在參加勞動生產過程中，在物質生活狀況中，他總能或多或少理解和認識自己對於自然和社會的關係，他總能或多或少理解和認識自然物質的現象和規則，他總會有感覺和反應，他總會表現自己的喜、怒、哀、樂、慾望和愛憎，這樣就形成各個人的心理狀態。在階級社會中，被壓迫階級的人羣，他們的勞動生產條件、物質生活狀況相同，因此他們的感覺和反應，他們的喜、怒、哀、樂、慾望和愛憎，也有共通的地方，這就形成一種共通的心理狀況，亦即所謂階級心理。敵對階級社會中，由於階級的不同，階級心理也就有差異。

階級心理，雖使同一階級的人羣，對於自然和社會的關係有一種共通的感覺，但這種感覺是比較自發的、模糊的，比較不明確的、不堅定的。當他們對於自然和社會有了更明確的見解、觀點、思想、理論的時候，那就形成了階級意識。所以階級意識，也可以說是階級的世界觀，無產階級的意識，是無產階級的世界觀，資產階級的意識，是資產階級的世界觀。階級意識——階級世界觀，表現和貫串在科學、哲學、藝術、倫理、法律、宗教裏面，因此科學、哲學、藝術、倫理、法律、宗教等，是階級意識的外觀，是個別的意識形態。

物質生產是社會發展的基礎，在社會發展中，包含着物質生活和精神生活——意識——的發展，而精神生活——意識——的發展是以物質生活的發展爲基礎的。比如土地私有觀念的產生，是由於原始共產制度崩潰，私有財產制度成立，土地的佔有，可以作爲剝削他人的手段，於是佔有土地的初念就確立起來。到了資本主義生產方式建立及資產階級革命時期，他們曾經主張土地國有，這種土地國有的思想，又是由於地主獨佔了土地，要資本家交納地租，分享資本家所得的利潤的一部分，把資本家的利潤分薄了，這是資本家所不願意的，因而他們主張土地國有。馬克思說：「生產關係的總和，形成社會經濟結構，這是眞實的基礎；在這基礎之上，發生了法律的、政治的上層建築，而一定的社會觀念的形式，則是和它們相適應的。物質生活的生產方式，決定社會生活、政治生活以及一般精神生活的過程。不是人們的意識決定它的存在，而相反的，是社會存在決定它的意識。」（『政治經濟學批判』序文）。這就是說：社會的構造可以分爲兩層，基層是經濟基礎，上層是政治制度和意識形態，意識形態是適應政治制度和經濟基礎的，是後者決定前者，而不是前者決定後者。後者是社會存在，而前者則是社會意識

對於意識與存在的關係，承認存在是基本的，意識是派生的，存在規定意識，而不是意識規定存在，這是歷史唯物論的基本觀點之一。然而，可否說意識是純粹被動的，對於社會發展，對於經濟基礎發展，絲毫沒有反影響，絲毫沒有反作用呢？不能這樣說。從意識的發生及起源上看，無疑是由經濟基礎決定的。雖然經濟結構是社會的基礎，意識形態是社會的上層建築，但上層建築對經濟基礎的發展——社會的發展，也有反影響、反作用。因社會爲

發展——生產力和生產關係的發展，是通過了階級鬥爭，通過了人類活動而實現的。當一種思想、理論，掌握了羣衆，得到羣衆的信仰時，它就能夠發生組織的作用，它就能夠成爲物質力量；這就是思想意識在社會發展中起積極作用的最顯著的例子。科學社會主義的思想理論，是資本主義發展以後，無產階級登上了歷史的革命舞台時才產生出來的；由於無產階級與科學社會主義的思想、理論相結合，於是武裝了無產階級的頭腦，提高無產階級的覺悟程度，形成堅强的組織，進行勇敢的鬥爭，就促使革命條件更快的成熟，革命形勢更快的到來。尤其是在革命的實踐中，能够掌握正確的理論，作爲指導行動的方針，而少犯一些錯誤，組織更廣大的基本隊伍和人民羣衆參加革命行動，可以便革命得到更迅速的成功。所以「不應該從馬克思的話中得出結論說：社會思想、理論、政治觀點……對社會生活沒有意義，說它不給社會存在，社會物質生活條件的發展以反影響。」「新的社會思想與理論，祇有在社會物質生活的發展已經提出了新的任務之後才會產生。但是在它們產生之後，它們便成爲極重大的力量，能够幫助解決社會物質生活發展所提出的新任務，能够幫助社會前進。新的社會思想與理論的產生，本身就因爲社會需要它們，因爲沒有它們的組織、動員、改造工作，不可能解决社會物質生活發展成熟起來的任務。產生於物質生活條件發展所提出的新任務之基礎上的新的社會思想與理論，開闢自己的道路，深入民衆，動員民衆，組織他們起來反對社會中的沒落力量，這樣便幫助了推翻阻礙社會物質生活發展的沒落的社會力量。』（『列寧主義問題』）

二　意識的兩種作用

我們研究意識的作用時，還不能忘記意識對於社會發展，有正反不同的兩種作用。因爲在敵對階級社會中，壓迫階級的思想和理論，是他們用以維持舊制度的一種工具，所以它是阻礙社會前進的；反之，被壓迫階級的革命思想和理論，却是他們用以鬥爭和創造新社會的武器之一，所以它是幫助社會前進的。

『有各種不同的社會思想和理論。有老的、過時了的、替衰亡下去的社會力量服務的思想和理論，它們的意義，就在阻礙社會的發展，阻礙社會的前進。有新的、先進的、適合社會先進力量利益的思想和理論，它們的意義，就在於幫助社會發展，幫助社會前進，而且它們如果愈確切地反映社會物質生活的發展，那麼，它們的意義也來得愈加重大。』（『列寧主義問題』）

歷史上一切統治階級，總是想維持統治與服從的秩序，使它永遠不會崩潰，因此他們就利用適合於統治利益的思想理論，欺騙人民、麻醉人民。這種思想和理論，便是替反動的社會力量服務的思想和理論，是阻礙社會發展，阻礙社會前進的。在西周時代，當時帝王貴族就提倡洪範九疇的思想理論，用宗教天道解釋自然和社會現象，藉以欺騙和麻醉農奴，他們說豐歉、水旱、天災、疾病、痛苦、康樂等等，都是人民自作自受的，如果人民能夠把貌、言、視、聽、思『五事』，修到恭、從、明、聰、濬，對王帝和上帝不犯法作孽，上帝就會賜給福、壽、康寧、攸好德、考終命的『五福』休徵，反之，上帝就會降『六極』咎徵，使人民凶、短、折、疾、憂、貧、惡、弱。漢、唐及以後的封建時代，一脈相沿，都在繼承着孟子的治人思想，孟子曾經規定統治者與人民的關係，是勞心者治人，勞力者治於人；君子（王帝、諸侯、一切貴族和領主）治小人（農奴），小人養君子。荀悅和鄭玄根據孟子的思想說：『君以至美之道道民，民以至美之物養君』；韓愈也說：『民者，出粟、米、絲、麻，作器皿，通貨財，以事其上者也。』封建時代的君主，還利用宗教思想爲麻醉人民的工具，佛教中小乘教的天堂、地獄、因果、報應、輪迴的教義，是被王帝認爲愚惑人民的有效武器。至於王權神授之說，更是中外的封建君主所特別强調的思想和理論。到了資本主義時代，資本家階級有系統的利用報章、雜誌、圖書、電影、廣播、教堂、學校等工具，宣傳階級協調，攻擊馬列主義，訓導人民尊重資本家階級的法律，尊重私有財產制度等等。法西斯主義者更鼓吹反蘇反共，宣傳生存空間，民族優越感等類反動的侵略思想。這些一切，都不外是資產階級爲了鞏固資本主義秩序，阻礙社會發展和前進，而盡其欺騙和麻醉人民之能事。今天美帝國主義者，拼命的鼓吹反民主、反蘇、反共，拼命的宣傳戰爭的危機和威脅，其目的也不外是美國資本家階級想藉恫嚇欺騙的手段，叫世界各國的人民聽從他們的話，以達其遂行侵略和支配各國的目的，準備最後挑起戰爭，向新民主國家和蘇聯進攻，妄想把歷史拉回去，讓全世界放在美帝國主義者統治之下，由美國資本家按照他們的意思來管理和處置全世界人民的生活和命運。所以一切替衰亡下去的社會力量服務的思想和理論，無一不是阻礙社會發展和前進的。

反之，另一方面我們又看到意識表現其幫助社會發展和前進的作用。因爲先進的社會力量，要反對舊社會秩序，建立新社會秩序，就必然會創造一種適合於先進階級利益的思想和理論，去啓發民衆、組織民衆和動員民衆，反對沒落中的社會力量，推翻舊的制度。我國古代周易的卦爻哲學，它用卦爻來說明宇宙是變動的，『否卦』會發展變爲『泰卦』，建立『否極泰來』『物極必反』的思想和理論，這種思想、理論是適合當時周族的利益的，因爲那時的周族被殷族壓迫，處於被統治地位，所以周族使用卦爻哲學，證明他們是可以翻身的，藉以啓導、組織和動員周族的人民去反對殷族的統治。在我國長期的封建時代中，農民爲了反對地主，曾屢次組織革命起義，因而產生過許多符合先進社會力量的思想和理論，比如漢末黃巾起義，農民領袖張角派人散佈口號，說『蒼天已死（指漢），黃天當立（角自謂），歲在甲子，天下大吉』，這雖然用謠言讖語的形式，但它確是號召農民起義的最樸素的思想和理論。元朝末年的時候，也發生農民大起義，當時民間流傳一首歌：『天遣魔軍殺不平（壓迫者），不平者（壓迫者）殺不平人（被壓迫者），不平人（被壓迫者）殺不平者（壓迫者），殺盡不平（壓迫者）方太平。』這首歌也是啓發、組織和動員農民起義，樸素地表現農民革命的思想和理論——打倒那些不公平的壓迫別人的人，農民才可以過好日子。到了太平天國革命，在思想和理論上更進一步提出了建立一種新的社會制度，實行『自由、平等、博愛』的原則，廢除奴隸制，男女平等，天下一家；宣佈土地國有制，廢除私有土地，『凡天下田，天下人同耕』，焚燬田契，沒收田地，分給農民耕種；並且主張商業資本收歸國有，說『商賈資本，皆天父所有，全應解歸國庫』。這種思想、理論，更確切地反映農民的利益和要求，更適當地表現物質生活條件發展所提出的新任務，因此它的意義、作用也愈大，能够組織和動員更廣大的農民起來參加革命。

每當革命形勢到來的時候，先進的思想和理論，總是具有重大的意義和作用的，我們從上面列舉的歷史事實中已可得到證明。同樣，在資產階級革命的時期，我們也可以看到革命的思想和理論是革命行動的前驅。在法國大革命之前，啓蒙思想家孟德斯鳩、服爾泰、盧騷、狄德羅、拉馬脫里等，他們揭樹自由、平等、博愛，作爲永遠的眞理，把理性作爲衡量一切事物的尺度，不遺餘力的抨擊和否定任何傳統思想、獨斷觀念、宗教迷信、特權壓迫、和封建制度。當時盧騷高唱天賦人權，主權在民，社會契約等理論，創造新的宇宙觀。這些一切，對於法國革命，是盡了啓發、組織和動員民衆的作用的，是盡了幫助社會發展和前進——從封建制度過渡到資本主義制度的。又在資產階級還是進步的時期，尊重個人自由和科學精神的思想、理論，對於資本主義的經濟的發展也有着幫助的作用。

五四運動，在思想和理論方面，形成新文化運動，鼓吹反對專制統治，要求民主自由、抨擊禮教傳統，反對復古保守，反對迷信武斷，否定文言文體，提倡通俗白話，提倡科學，介紹新思想學說等等。這一次新文化運動的影響和作用，是值得重視的，它成爲現在我國民族民主革命的前驅和啓蒙運動。

三　理論對無產階級革命的重要性

當資本主義發展到了帝國主義階段，這時社會變革的物質條件已經成熟，準備好了無產階級革命到來的時機，科學社會主義的思想和理論，使有着非常重要的作用。列寧說過：沒有革命理論，就沒有革命行動。對於無產階級來說，革命理論，是起着組織、動員和指導實踐的作用的，必須具有掌握革命理論的政黨來領導，無產階級才能夠完成歷史所提出的新任務，建設社會主義社會。

關於革命理論的重要，當然是應該從革命理論和革命實踐的相互關係，亦即理論和實踐的統一上面去了解的。這一層，史大林更有極精確的說明，他說：理論是世界各國工人運動的綜合經驗。倘若理論不與實踐聯系，就會變成無對象的理論。反之，倘若實踐不以理論爲指南，也會變成盲目的實踐。如果理論在革命實踐的聯系中生長起來，就會成爲工人運動最偉大的力量。只有理論，才能給運動以勝利的信心，才能給運動以確定方向的力量，才能瞭解周圍事變的內部聯系。只有理論，才能幫助實踐，理解各階級目前如何行進，向那裏行進。

同時，在無產階級的長成及其覺悟性的提高方面，思想、理論也有着非常重要的作用。當資本主義發展的初期，無產階級只是社會中一個尚無組織的廣大人羣，還沒有覺悟到是一個具有共同利益的階級，馬克思稱之爲『自在階級』。後來由於在實際的經濟鬥爭中，認識了一個工廠的工人不能單獨進行鬥爭，必須聯合各工廠的工人，一致行動，才能有巨大的力量，於是產生了工人階級聯合的職工會，鬥爭的範圍，由一個工廠擴大到一個區域，以至更廣大的全國範圍。可是工人階級還只能瞭解經濟鬥爭的意義，而不知道政治鬥爭，還不清楚認識工人階級的歷史使命在於建立新的社會制度，澈底解放自己和解放全人類。直至工人階級接受了科學社會主義思想理論，把科學社會主義和工人運動結合起來，提高了自己的階級覺悟，於是在這基礎上面才產生工人階級的政黨，作爲本階級的自覺的先鋒隊，指導和領導工人階級及廣大農民與城市小資產階級，進行政治鬥爭、經濟鬥爭與理論鬥爭，爲達成建立無產階級專政的歷史使命而奮鬥，這樣，工人階級就從『自在階級』轉變爲『自爲階級』，它清楚的認識自己階級的歷史使命和目的，並且清楚的認識如何進行鬥爭以達成自己階級的歷史使命和目的。所以工人階級發展到形成自爲階級，是在工人運動與科學社會主義的思想理論結合以後的事，否則，它就不可能形成自爲階級，就不可能有眞正自覺的政治意識和政治鬥爭。列寧說：『工人階級如果單靠自己的力量，就只能够鍛鍊出工聯主義的意識：也就是說只相信必須組織工會，必須與業主作鬥爭，必須要求政府頒布某些工人所需要的法令等等。』從列寧的話中，我們更不難明白科學社會主義思想理論作用的重要性。

在階級鬥爭和革命的過程中，正確地掌握理論和進行理論鬥爭，這是成功的必要條件之一。因爲愈能正確地掌握理論和進行理論鬥爭，則效果愈大，成功愈速。理論具有如下的幾種重要意義：

第一、須要用理論表現本階級的共同利益，確立共同的思想體系，以團結共階級。

第二、要使本階級接受思想上的影響，提高認識和覺悟的程度，就必須用理論來教育和啓發本階級。

第三、須要用理論的認識，堅定本階級的革命意志和勝利信心。

第四、須要用理論去掌握羣衆，指導羣衆組織和動員起來，才能使羣衆成爲參加鬥爭的革命力量。

第五、要用理論來教育本階級，使自發性的鬥爭轉化爲自覺性的鬥爭。

第六、要用理論來打擊敵對階級的思想，以免其發生欺騙和麻醉羣衆的作用。

第七、尤其是無產階級政黨的領導者及幹部，正確地掌握理論更爲重要。只有運用理論武器的力量，才可以得出科學的預見，比別人看得更正確，看得更遠，在歷史事變過程中，明瞭發展的趨向和前途，確定行動的方針和綱領。只有運用理論武器的力量，才可以在歷史事變過程中，克服左傾、右傾的機會主義及一切錯誤。所以理論水準愈高，工作就愈有效，結果就愈良好，成功就愈迅速。

正確地掌握理論，是革命成功的必需條件之一。但掌握理論，不是指把理論作爲教條去死記，而是要善於把理論運用到具體的環境，善於隨實踐的發展，運用新的經驗和結論，把革命理論更充實和豐富起來。善於發展和推進理論，根據理論的實質，以新的論點和結論代替某些過時的論點和結論。

四 改造思想意識在新社會建設中的重要性

新的社會制度確立以後，在進行社會建設中，心理和意識上的改造與建設，還是一件非常重要的工作。因爲經濟基礎、社會制度改變了，雖然可以影響人們的心理和意識，發生思想上的重大的革命和轉變，但是意識的發展，有其相對的獨立性的，不免還有舊思想殘留下來，並且可能隨時復活起來，因此克服舊思想的殘餘，把思想意識中的舊時代殘餘棄掉，澈底清除舊傳統、舊習慣，實在是重要的事。

拿蘇聯來說，在無產階級專政以後，心理、意識、思想的改造，是與整個社會制度的改造相並行的。以社會主義的精神，重新教育工人、農民、知識分子，使他們在思想上澈底的除舊布新，這是蘇聯建設社會主義社會的重大任務之一，史大林曾經指出：「資本主義在經濟中特別是在人的意識中的殘餘，就是使各種被擊破了的反列寧主義的派別重新活躍的方便的基礎。人的意識的發展，比他們的經濟地位落後。所以雖然資本主義在經濟中已被消滅，但是資本主義觀點的殘餘，在人們的頭腦中，還保留着，而且以後也還會保留着。同時還應當估計到資本主義的包圍，企圖使這些殘餘活躍起來，並且幫助這些殘餘，我們應當枕戈待旦地去反對這種包圍。」（「列寧主義問題」）

農民的小生產者的私有觀念，是從封建時代到資本主義時代長久留傳下來的頑強傳統，很不容易一下子除盡。這種觀念妨礙着農民瞭解集體經營的好處，同時又造成落後守舊的觀點，妨礙了農民去瞭解科學技術的重要性。這些一切，都是社會主義農業發展的障礙。所以必須以社會主義的精神教育他們，肅清他們自私自利的心理，打破他們因襲守舊的思想，養成重視集體經營，重視科學技術的觀念，這樣，農業建設，才能順利進行。除此之外，還要使農民們認識社會主義建設的意義，才能提高他們勞動生產的熱忱，展開農業中的社會主義競賽和斯達哈諾夫運動。

工人們也須要重新教育，因爲無產階級已經是新社會的主人，是新社會最主要的建設者，是向共產主義社會走近的新歷史任務的担當者，他們每一個人必須養成自覺的勞動紀律，每個人都以更高的勞動熱情，提高勞動生產率，注意掌握技術，關心技術的研究發明、創造和改良，展開社會主義競賽和斯達哈諾夫運動。蘇聯工人之諳習新技術以及勞動生產率之進一步提高的最顯明的例子，使是斯達哈諾夫運動。由於在思想和技術的教育方面，蘇聯培養了新型的勞動生產者，所以今天社會主義建設的輝煌的成績，實在不是偶然的。

知識分子，同樣須要重新教育，因爲舊知識分子，多數出身於有產者階級，舊意識的殘餘更濃厚，知識分子常常表現出對勞動人民大衆的不關心，而對敵人則予以過多的寬恕，個人主義，自私自利的觀念，一切舊的傳統積習，都還有殘餘，因此知識分子須要以社會主義的精神去教育他們，把缺點克服改造過來。蘇聯除了改造舊的知識分子以外，同時又從工人農民中培養新的知識分子，因此知識分子和工人農民一樣，同是新的社會主義社會的建設

者。「工人農民與知識分子中間的政治經濟矛盾，是在喪失與消除着。於是造成了社會的精神的政治的統一的基礎。」（同上）

「世界上所有的寶貴資本中最寶貴的和最有決定意義的資本，乃是人材，乃是幹部。」（史大林語）所以在新的社會裏面，無論工業中、農業中、運輸事業中、文化教育事業中、軍隊中、政權機構中，都必須充滿這種「最寶貴的最有決定意義的資本」，才能眞正達成社會建設的任務，因爲人是歷史的創造者，一切都由人來決定，只有新的社會人羣，才能担當起新的社會建設，所以建設新人的心理意識，是建設新社會的必須條件。

至於新民主主義社會的建設，同樣，也必須重新教育工人、農民、獨立小生產者、知識分子、中小資產階級，肅清舊思想的殘餘，普及新民主主義和社會主義的新思想。使人們瞭解歷史發展的方向，瞭解社會建設的任務。必須培養工人們的新的勞動態度，自覺的勞動紀律和創造精神，才能提高勞動生產率，發展國家經濟；必須培養農民們和獨立小生產者的互助合作的精神、集體主義的思想，才能發展合作組織和集體化的農業經營；必須培養知識分子爲人民服務的思想，才能使他們和工農一樣，成爲社會建設的積極的成分；對於中小資產階級，思想上的教育與改造，同樣的重要。爲資產階級專政來發展資本主義的時代巳經過去了，應該在思想上認識以無產階級爲領導的新民主主義制度才是保障國家與人民進步發展的最好制度；並且由此進一步，幫助他們瞭解在新民主主義制度下發展資本主義生產，不是永遠保存資本主義的剝削制度，而是作爲社會主義的物質前提，人類眞正的富裕和幸福的生活，只有無階級的社會、無剝削的社會才有可能，而決不是資本主義所能實現的。

五　對唯心論者的批判

唯心論者從意識規定存在這一基本觀點出發，解釋自然和社會的萬事萬物。

他們說：宇宙是上帝和神靈所創造的，也就是說世界上的萬事萬物，都是一種超人的（上帝和神靈）意志、願望、企圖所造成的。好像聖經上說上帝創造世界；我們的神話說盤古氏開天闢地；又說風雲雷雨等現象，也是各種神靈（雷神、風伯、雨師）所主使的；春天的萬卉爭榮，百花競放，是東方之神青帝所安排的；秋天的草木黃落又是西方之神白帝所布置的。

他們說：社會是人們依照自己的意志、願望、企圖、思想、理論、觀點來造成的，並且承認這種意志、願望、企圖、思想、理論，觀點又是純粹發自人們心中的，而不是客觀實在的反映。比如盧騷說：封建制度是基於某種意志、願望、企圖形成的，亦即當初有人具有一種獨佔土地的思想，說土地是我的，並且把它圈起來，據爲己有，於是就形成了封建制度。所以照盧騷的解釋，封建制度完全是由於皇帝、將軍、大小領主們具有獨佔土地的思想所引起的。又如十七八世紀的社會學者，差不多都一致的把契約說來解釋社會國家的成立，說是出於人們的共同意志的，好像契約的成立一樣。

在自然科學發達以後，上帝創造世界或盤古氏開天闢地，以至各種神靈主宰風雲雷雨和春夏秋冬的自然現象，這些一切唯心的見解，早已被人斥爲荒唐的迷信了。同樣，在歷史唯物論已經確立了它的社會科學地位以後，盧騷的理論和社會契約說，也就發現了它的虛妄。因爲封建制度如果眞像盧騷所說是由於皇帝、將軍、大小領主們的獨佔土地思想所引起的，那末，假使當時的皇帝、將軍、大小領主們忽然發生土地國有的思想，豈不是社會主義的土地國有制度在一千多年之前早就實現了嗎？他不瞭解一種思想的產生具有物質生活的基礎，社會的發展變化具有客觀的規律，他的出發點（意識規定存在）已經錯誤了，如果社會的發展變化，只是決定於人們的一念之間，那末，一切歷史事變，都是非常偶然的了，沒有什麼客觀的規律可循，只憑人們的意志、願望、思想、觀點決定，要它怎樣就會變成怎樣。但歷史的發展是有必然性的，是有客觀規律的，不是任何人的意志可以自由改變的。

唯心論者從意識規定存在這一基本觀點出發，又認爲「社會之降替」，關係於「人心之振靡」，人們的心性向善，社會就會良好，人們的心性習惡，社會就會變壞，因而，對於如何改造社會的問題，也向着人性、心理、教育等方面着眼，而不從改革社會制度本身着眼。就算有些唯心論者承認社會制度須要改革，但怎樣改革，他們也還是只知道要用說服的方法，啓導人們，改變人們的思想觀念，叫他們相信舊制度不好，相信新社會才有更幸福的生活，而不知道須要鬥爭、革命，才是實現改革的方法。

和上述這種唯心論觀點相反相成的，是宿命論，宿命論者認爲意識對於社會存在，對於社會發展，是絲毫沒有影響的。他們說：社會發展是按照它的客觀規律預先安排好了的，未來的事變，它會自然地到來，而且也只能等待其到來，人們不能有任何作爲，人們對於客觀規律，最多只能認識它，而決不能使它服從自己的意志；如像資本主義社會轉變到社會主義社會是自然發展的，無產階級不必從事工人運動，不必進行階級鬥爭，更不必組織政黨領導革命。宿命論也是一種唯心論思想。因爲宿命論否認意識對於存在也發生作用，否認客觀規律須通過人們的行動才能實現，這種觀點再引伸下去，就是承認客觀規律是一種超人的力量所主宰的，與承認上帝和神靈創造世界是一樣的。

歷史唯物論淺說

著者　莫英
發行者　士林書店
上海新閘路西斯文里一九七號
定價　金圓十一元
外埠酌加郵運費
三十七年十二月初版

(06)1—1000

正在到來的美國恐慌　宋伯輝編譯
社會主義思想史　陶大鏞著
戰後日本問題　思慕著
蘇聯經濟小史　林秀編譯
論美國主義　俞燊著
★洪秀全　秦牧著
★列寧　明之著
★田野的雜草　周建人著
★即將出版

士林書店發行
上海(9)新閘路西斯文里一七九號

社會的經濟構造
—『社會學大綱』第三篇—
李達著
新華書店翻印

社會學大綱（第三篇）

社會的經濟構造

李達著

新華書店翻印

社會學大綱（第三篇）

社會的經濟構造

著者 李達

翻印者 新華書店

民國三十八年五月初版

1—10,000（石）

翻印者的話

原著者的這本書是抗戰以前由筆耕堂書店出版的。現在為了適應解放區讀者的需要起見，我們特依照該版本民國二十八年四月四版全部翻印。內容除了把有些術語改為通用譯語，如『布爾喬亞』改為『資產階級』，『普羅列塔列亞』改為『無產階級』；『意底沃羅基』改為『意識形態』；『法則』改為『規律』；『德謨克拉西』改為『民主主義』；『迂迴經驗論』改為『爬行經驗論』；『掠取』改為『剝削』；『觀念論』改為『唯心論』；『階級衝突』改為『階級鬥爭』；『現代社會』改為『資本主義社會』；『豪農』改為『富農』；『狄克推多』改為『專政』；『擬製』改為『偽裝』等以外，其餘一概照舊。惟為了便利閱讀起見，分訂五冊，按照原來分篇，每篇訂成一本單行本，即一、唯物辯證法；二、歷史唯物論序言；三、社會的經濟構造；四、社會的政治建築；五、社會的意識形態。

新華書店編輯部

一九四八年七月五日

目錄

第一章　生產力與生產關係……一——七六

第一節　勞動過程　自然與社會……一六

一　勞動……一

勞動是人類與自然間的物質代謝過程（一）勞動過程是社會與自然之對立的統一（二）

二　勞動過程的三個要素……二

有意識的勞動（三）勞動手段（四）勞動對象（五）

三　勞動過程之社會性……六

純抽象的勞動過程（六）勞動過程之自然的方面與社會的方面（七）勞

動過程的社會方面之積極性（九）
四　社會發展規律必須在社會內部去探求……一〇
社會與自然之差異（一〇）自然環境對於人類社會的意義（一二）社會發展的原因存在于社會之中（一三）
五　各派社會學說對于自然與社會的關係之謬論及其批判……一四
舊派社會學的謬見及其批判（一四）新派社會學說的見解及其批判（一六）
第二節　生產力……一八
一　當作社會發展的原動力看的生產力……一八
生產（一八）單純的再生產（二〇）擴大的再生產（二一）社會發展的原動力——生產力（二二）生產力不能離開生產關係去考察（二三）
二　生產力的社會性……二四
生產力與生產諸力的意義（二四）生產的生產力的兩個方面（二五）勞動手段的社會性（二七）勞動對象的社會性（二八）勞動力的社會性

（三〇）勞動力與生產手段之關係（三二）

三 生產力發展過程中技術與科學的作用……三四

技術對于生產力的發達的作用（三四）技術是歷史的範疇（三六）科學對于生產力發展上的作用（三七）科學與技術之關係（三八）科學與技術的成果對于社會的關係（三九）

第三節 生產諸關係……四〇

一 生產諸關係之形成……四〇

生產關係（四〇）分配關係（四三）消費關係（四四）交換關係（四五）生產諸關係與生產關係（四六）

二 生產諸關係的物質性與社會性……四九

生產諸關係的物質性（四九）生產諸關係的社會性（五一）

三 生產關係與生產方法……五五

生產力與生產方法（五五）生產方法是生產諸關係的基礎（五六）生產關係之歷史的形態（五七）生產關係與階級關係（六〇）

第四節　生產力與生產關係的統一……六〇

一　生產力是生產關係運動的內容……六〇

當作內容與形式的統一看的生產力與生產關係的統一（六一）生產力是生產關係的內容（六三）生產關係適應于生產力的發展（六五）

二　生產關係是生產力發展的形式……六六

生產關係促進生產力的發展（六六）生產關係也障碍生產力的發展（六八）特定生產關係的能動性與特定生產方法的內容（六九）

三　生產力和生產關係的矛盾與經濟構造的變革……七一

生產力與生產關係的矛盾是社會發展的原動力（七一）資本主義社會的生產力與生產關係的衝突（七三）關于經濟構造變革的普遍性與特殊性（七四）

第二章　經濟構造之歷史的形態……七七——一五五
第一節　資本主義社會以前的各種社會的經濟構造……七七
一　先階級社會的經濟構造……七七
研究經濟構造的歷史形態的重要性（七七）先氏族社會的經濟構造（七九）氏族社會的經濟構造（八三）原始社會之崩壞（八七）……一二三
二　奴隸制社會的經濟構造……九〇
階級社會之共通的特性（九〇）奴隸制的經濟構造之發生及發展（九二）奴隸制的經濟構造之崩潰（九三）
三　封建社會的經濟構造……九五
封建的生產關係之根本特徵（九五）封建的手工業、商業與商業資本（九八）農奴制與封建制的同一（一〇一）變相的封建的生產方法——『亞細亞的生產方法』（一〇四）封建的經濟構造之崩潰（一〇六）
第二節　資本主義的經濟體系……一〇六

一 資本主義的成立及發展的過程……一〇八
工場手工業時期（一〇八）機械的大工業（一一一）機械之資本主義的使用與勞動者階級（一一二）當作生產關係看的資本主義占支配地位（一一三）
二 資本主義的內在矛盾及其發展傾向……一一五
資本主義的基本矛盾（一一五）無產階級與資產階級的對立（一一七）工場的有計劃組織與生產的無政府狀態（一一八）都市與農村的對立（一二〇）恐慌的必然性（一二一）
三 帝國主義……一二三
生產的集積與獨占（一二三）銀行的新作用與金融資本（一二五）資本之輸出（一二六）國際的獨占與世界分割（一二七）生產力與生產關係衝突的尖銳化（一二八）
第三節 社會主義的經濟體系……一三一
一 過渡期經濟的特徵……一三一

過渡期經濟的一般特徵（一三一）過渡期經濟的根本規律（一三五）資本主義經濟的範疇不適用于過渡期經濟（一三九）過渡期的擴大再生產的意義（一四三）

二　過渡期經濟的發展……………………………………一四五

戰時共產主義（一四五）新經濟政策時代——復興期（一四六）第一五年計劃——改造期（一四八）

三　蘇聯經濟的現階段……………………………………一四九

社會主義經濟基礎的建設之完成（一四九）社會主義經濟建設的前提條件（一五一）第二五年計劃的任務（一五三）社會主義經濟的將來（一五四）

第一章　生產力與生產關係

第一節　勞動過程　自然與社會

一　勞動

人類社會爲要繼續存在，第一件根本事情，是取得物質生活資料。爲要取得物質生活資料，人類首先要到外部自然界去採取並變造自然的存在物。這種到自然界去採取並變造自然的存在物的行爲，就是勞動。這勞動是人類求生存的第一個前提。「不要說一年，就是幾個星期，如果停止了勞動，任何國民也都要死滅，這是小孩們也都知道的事情」。因此，我們的研究，從勞動的分析開始。

勞動是人類與自然間的物質代謝過程

「勞動首先是人類與自然間的一個過程，是人類以自己的行爲來媒介、調節、並統制他與自然間的物質代謝的一個過程。人類是當作一個自然力，和自然物相對立的。他因爲要以能夠適用於自己的生活的形態去占有自然物，就運動屬於他肉體的種種自然力（胳臂、脚、頭、手），他由於這種運動而作用於在他的外部的自然，並且變化他（自然），同時又變化他自己的性質。他展開他自己的性質中所蘊蓄的各種潛伏力，而統制這些力的活動」。所以人類與自然之間的這種「物質代謝」的過程，就成爲人類社會與自然環境之間的根本關係。

一　勞動過程是社會與自然之對立的統一

社會現象與自然現象的統一，實現於勞動過程之中。人類一方面與自然相結合，同時又與自然有區別。人也是自然的實體，他和某種自然力一樣，與「自然物」相對立。人類的勞動，當作自然的過程（物理的、化學的、生理學的等等）看，是人類運用自身的生理器官而與其餘的自然實行物質代謝的過程。換句話說，人類的勞動，就是「他因爲要以能够適用於自己的生活的形態去占有自然物」。但在這樣的人與外界自然的物質代謝過程中，發生了和其他動植物有機體的物質代謝根本不同的人類勞動之質的特殊性。

人類勞動之質的特殊性，表現於人類的有意識的勞動與勞動手段之中。因此，我們進而分析勞動過程的各種要素。

二　勞動過程的三個要素

有意識的勞動

勞動是勞動力的使用，即是勞動力作用于自然的狀態。而勞動力即是勞動能力，是存在于人類肉體中的種種物理的及精神的能力之總括，是人類變造自然物爲有用物時所運用的『屬于他肉體中的種種自然力』與『潛伏力』發出。

「我們所要以爲前提的勞動，是專屬于人類的形態的勞動。這專屬于人類的形態的勞動，是與動物的勞動完全有別的。動物的勞動是本能的，無意識的，無目的的；人類形態的勞動，是有意識的，有目的的。這種專屬於人類的形態的勞動，即是合目的的勞動」。

譬如「蜘蛛實行與織工的作業相類似的作業，蜜蜂建築出來的蜂窩，使得許多做人的建築師感到慚愧。但是使得最拙劣的建築師最初就超越于最巧妙的蜜蜂的地方，就是人類的建築師在用蜂蠟建築蜂窩以前就已在他頭腦中建築着的一件事。在勞動過程的終結時出現爲結果的東西，即是在開始時已經存在于勞動者的表象中，因而已經存在于觀念中的東西。他不單是使自然的形態變化。他同時還在自然物中實現他的目的——他所意識着的並且當作規律決定他行爲的種類的，而使他自己的意志隸屬于牠的那種目的」。所以人類的勞動是有意識的合目的的勞動。

勞動手段

4

『勞動手段，是勞動者用來放在他自己與勞動對象之間而替他傳導他的活動于其對象的一物或諸物的複合體。勞動者爲要依照他的目的把這些東西當作作用于他物的手段而起作用，就利用這些東西的機械的、物理的、及化學的種種屬性。勞動者所直接左右的對象——例如把採集果實那樣已經完全的生活資料的情形置之度外（在這種情形，只有他自己的肉體的器官是用作勞動手段的）——，不是勞動對象，而是勞動手段。所以他把自己周圍的世界的各種東西，變形爲自己的活動的器官。土地也是他勞動手段的本來的武器庫，正如牠是他的本來的糧食倉一樣。牠對他供給例如他用來投擲、摩擦、壓榨、切斷的石頭。土地那東西，也成爲一種勞動手段。固然爲要把牠充用爲農業上的勞動手段，還要以別的勞動手段的一系列和已經發展到較高程度的勞動力，作爲前提』。

『如果勞動過程多少發展起來，牠就必要有已經加工的勞動手段。我們在人類住過的最古的洞窟中，也還發現出石製的器具和石製的武器。在人類歷史的初期，即已經加工的石、木材、骨及貝殼之外，那已經馴服因而牠自身已經勞動變化了的家畜，當作勞動手段，演着主要的任務』。

『勞動手段的使用與創造，在其萌芽狀態上，對于別種動物種屬也是有的，但牠却特別構成人類的勞動過程的特徵。所以福蘭克林（Franklin）「把人類當作製造器具的動物」界說了」。因此，我們知道勞動手段的使用與創造，是區別人類與動物的一個標準。

「遺骨的構造，對于已沒落的動物種屬的身體組織之認識，是重要的，同樣，勞動手段的遺物，對于已經沒落的經濟的社會組織之判斷，也是重要的。區別經濟上的各時代的東西，不是什麼東西被造出的一件事，而是怎樣的、用怎樣的勞動手段去造出的一件事。勞動手段，不單是人類勞動力的發展的測度器，並且是勞動所由實行的社會諸關係的指示器」。

勞動對象

勞動對象，是勞動過程中所能加工的一切對象。「自然」對于人類，是勞動對象的總和。「土地本來對人類供給食料，供給現成的生活資料，牠不待人類的協力就當作人類的勞動的一般對象存在着。由于勞動而單只從牠們與大地的直接聯繫中分離出來的一切東西，是天然存在的勞動對象。例如可以從生活要素的水分離出來捕獲來的魚，可以從原始森林中採伐的木材，可以從鑛脈分割出來的鑛石即是」。

「反之，勞動對象，如果經過以前的勞動所濾過，我們就把牠叫做原料。例如已經從鑛脈分割出來而要加以洗滌的鑛石即是」。

『一切原料，都是勞動對象。但一切勞動對象，却不一定都是原料。勞動對象，只有在牠已經起了由勞動所媒介的變化時，纔是原料』。

『要之，在勞動過程中，人類的生活，藉勞動手段以引起最初所企圖的勞動對象之變化。但這過程，在生產物之中是被消失的。勞動過程的生產物，雖是某種使用價值，但在這裏，勞動已和那對象物相化合。勞動被對象化，對象物被加工。在勞動者方面以動搖的形態出現的東西，如今在生產方面，却成爲休止的性質，出現爲存在的形態』。

『我們從生產物的立場觀察這個全過程時，勞動手段與勞動對象兩者出現爲生產手段；勞動那東西，出現爲生產的勞動』。

三 勞動過程之社會性

純抽象的勞動過程

『我們在其簡單而抽象的諸要素上說明了的以上的勞動過程，是產出使用價值的合目的的勞動，是滿足人類欲望而占有自然物的占有，是人類與自然間的物質代謝的一般的條件，是人類生活之永久的自然條件，因而是離開人類生活的任何形態獨立而又對于人類生活的一切的社會諸形態都同樣是共同的東西。所以我們沒有把勞動者在他與別的勞動者

6

的關係上來說明的必要。只要在一方面說及人類與其勞動，在另一方面說其自然與其物材就夠了』。

勞動過程，是創造使用價值的過程。這使用價值的創造，雖由現實的生活的社會形態所決定，而對于一切社會形態卻都是共通的東西。在研究的程序上，我們是可以從一定的社會形態先把勞動過程抽出來觀察的。所以我們在上面分析了的勞動過程，是從現實的社會生活的形態抽象出來的過程，是純抽象的過程，並不是現實的存在着的過程。這勞動過程，只有在我們把牠和社會關係一起來理解的時候，牠才是現實的東西。

勞動過程之自然的方面與社會的方面

人類的活動之合目的的性質，以及作用于勞動對象的勞動手段之使用與創造，是從動物的勞動區劃人類勞動的最一般的特徵。由於勞動手段的使用與創造，勞動就同時獲得了自然的方面和社會的方面。人類爲了取得生活資料，就不斷的運動自己的肉體器官，消費物理學的及力學的等等的能力，去作用于自然界，這是勞動過程之自然的方面。隨着勞動的這種自然過程之發生，同時發生了對于人工勞動手段的相互間的關係，造出了勞動過程在其中進行的人工環境，造出了人類之社會的結合。這是勞動過程之社會的方面。勞動過程之自然的方面，是人類與自然間的物質代謝的過程；

勞動過程之社會的方面，是人與人之間的勞動交換過程。所以具體的，現實的勞動過程，是上述自然的方面與社會的方面之統一。

人不是孤獨的從事于生產的，而是在社會之中生產的。人的勞動，是在社會之中進行的。人是社會的動物。人的生產，常是社會的生產，即是社會的被規定了的生產。所謂在社會外部的孤立的個人的生產，是抽象的，是無意義的。「我們越是深深的追溯歷史，就見得個人，因而又是生產的個人，越是非自立的屬于更大的全體。即，最初完全自然的屬于家族及擴大爲種族的家族，後來屬于由種族的對立與融合而生的種種形態的共同體。直到十八世紀，社會的結合之種種形態，才在諸個人的面前，顯現爲諸個人的自私的單純手段，顯現爲外在的必然。但是造出這種立場、孤立的個人的立場的時代，正是從來最發達的社會的（由那立場看來是一般的）諸關係的時代。人類正是文字上所表現的社會的動物；不單是社交的動物，並且是只有在社會內部纔能單獨化的動物」。

所以人類的勞動，常是社會的勞動。社會的勞動，只有在人與人的一定的社會聯絡及關係之中纔能進行。一切人類勞動的一般特徵，在社會的各個歷史發展階段上，在各個歷史上特定形態中，採取種種不同的表現。因而人類的社會生活，具有特殊的社會的質，具有其歷史的規定性。

勞動過程的社會方面之積極性

如上所述，勞動過程的社會方面與自然方面，是互相滲透的，但在兩者的統一上，這社會的方面，具有決定的作用，牠是在勞動之歷史的過程中發生發展的。發展着的勞動過程，對於人類的自然的本性，又給以反作用。近代生物學告訴我們，人類是從類人猿進化而來的。但在從類人猿到人類的進化的過程中，勞動演過很積極的決定的作用。從類人猿到人類的過程，不是人類對于自然的純生物學的「適應」的過程。這種進行過程，完全受了勞動的直接的影響，這簡直就是人類勞動的發達過程。例如人類利用兩足直立步行，只有在人類的兩手從他種專門的機能時，纔能發生，纔有力量。所以說，人的兩手，『不單是勞動的器具，並且是勞動的產物』。只有依靠勞動的作用，只有利用兩個前肢去適應于複雜的勞動作業，並使牠繼續發展，人類的兩手纔採取現在的形態。勞動助成了人類的結合，發展了發音的器官，發達了人類的頭腦。腦髓、手、發音器官等的共同動作，促進人類有機體的發展，使他脫離了動物的境界。這是勞動在由猿到人的進化過程中所演的作用。

其次，勞動劃分了原始人羣與類人猿羣的鴻溝。隨着勞動的發生，人類的腦髓就發達起來，能夠創造出器具。于是人類的勞動，便代替了動物狀態的勞動。于是人類依據有意識的活動，去變化外界的自然，並且認識牠；同時，人類社會又接觸于勞動手段的製造的新源泉和新的勞動對象。隨着勞動手段的發達，人類就變化了勞動活動的性質、形式和方法，同時改造了他自身的本性。生產的性質的變化，使人類發生新的欲望，而這新的欲望，又使人們繼續去改良勞動手段。人類一面變革外界的自然，同時又變革自己的本性，因而變革社會的環境。所以勞動過程之社會的方面，對于那自然的方面，是演着主導作用的。

四　社會發展規律必須在社會內部去探求

于是我們提出『社會發展規律必須在社會內部探求』的命題來說明。

如前面所述，勞動過程是牠的自然方面與社會方面之對立的統一。在這個對立的統一中，社會的方面，是演着主導作用的。

社會與自然之差異

我們知道，社會是自然的一部分，是在有機體的發展過程中發展的。所以社會決不能離開自然。但在另一方面，社會是與自然有區別的，兩者是本質不同的東西。因而社會與自然是不同的，同時又是異質的。在我們分析的始點上，社會與自然，出現為對立的統一物。

社會是在有機界的一定發展階段上發生的。在這一點，社會是與自然相結合。在有機界之中，有達爾文所發見的規律：這種規律的特徵，大體上就是自然淘汰與生存競爭。一切生物，都不能不從周圍的環境採取食物。因此，一切生物不能不適應於環境。人類這種生物，也是要從自然環境採取生活資料來維持生存。在這一點，人類和其他一切生物相同，但是除了和動物界相似的這種特徵之外，人類還具有其固有的根本特徵。人類具有着和其他一切動物截然不同的適應環境的方法，這是我們在前面已經詳細說明過的。

以上，當人類依據合目的的活動，利用人工的勞動手段，作用于勞動對象，而生產自己的生活資料時，就脫離動物的領域而進到社會的領域。從這一瞬間始，一部分的自然的歷史，就轉變為社會的歷史；支配那自然的歷史的規律就轉變為新質的社會的規律；因而在歷史的發展中，外界自然就轉變為隸屬于社會的對象。這一切，都是人類創造了勞動手段的結果。因為從這一瞬間起，消極的適應于自然的過程，就轉變為生產過程。

于是，從有機體的發展過程中發生出來的人類社會，由于勞動手段的使用與創造，纔從被給與了的自然，創造出新的自然。人類社會，開始了對自然的進攻，使自然從創造的地位變為被創造的地位。因為這樣，所以社會規律和自然規律是不同的。

自然環境對予人類社會的意義

人類社會對于自然環境，雖演着主導的作用，但在另一方面，自然環境對于人類的意義，却是不容輕視。關于這點，不能不有正確的估價。因爲當作人類與自然間的物質代謝看的人類勞動，對于社會具有規定的意義。我們知道，在生產技術極其幼稚的時代，自然環境對于原始社會的作用是很大的。譬如，原始人是利用粗糙的石器獵取動物爲生的，當他們所能獵取的動物絕跡之時，他們就不能不從一個地方漂泊到別的地方。但是人們在與自然鬥爭的過程中，一旦獲得了新的生產技術，他們就取得了新的生產力，形成了新的生產關係，而從漁獵生活進到農業或牧畜的生活了。於是從前自然環境對於原始社會的支配，就被打破了。從此，自然環境對於人類社會的影響，又顯現於別的方面。而人類社會又不斷的取得新的生產技術去打破牠。所以自然環境對於人類社會的影響，因人類的生產力的發達水準而異。從前障礙人類交通的河海，由於船舶的創造，這障礙就被克服了；從前窖藏地下的礦物，由於採礦技術的進步，這礦物就供人們利用了。由於生產力的發展，不毛之地能變爲工商業繁盛的區域，深山大澤能變爲農產物出產的產地；遠隔的朋友可利用電氣交談，偏僻的鄉村可看到汽車馳騁。所以自然環境的條件，不能限制生產力與社會關係的發展，反而生產力與社會關係的發展，能夠利用自然環境的條件。即是說，自然環境的利用，由生產技術的可能性所決定，由社會的條件所決定。而生產技術的可能性與社會條件，只有在生產力的一定發展階段上，在一定生產關係之下纔是可能的。所以人類社會在各種歷史的發展階段上，能夠適應于生產力的狀態，各色各樣的去利用自然的環境。

社會發展的原因存在於社會之中

由上面所說的看來，我們可以知道，社會發展的「終極原因」，必須在社會關係之中去探求，在社會發展的規律性之中去探求。社會發展的原動力，存在於社會的勞動過程的內的關聯之中，存在於適應生產力的特定發展階段的特定生產關係的特殊性之中，但是我們絕不能說，自然環境的外的條件對於社會的發展絕無作用。無論何時，我們決不能忽視：人類社會，在其歷史的發展過程中，是從自然的內部分化出來的；人類的社會生活以及成為牠的基本的勞動過程，就是人類與自然間的「物質代謝」；這種物質代謝過程，包含着物理的、力學的等等自然的方面；人類的勞動手段和勞動對象，都是人類所變造所利用的自然的物質和能力。在這種意義上說來，社會的生產過程中所顯現的自然環境的作用是很大的。但是如前面所述，勞動過程中的這些自然條件，在社會生活的種種制度的發展上，決不能演出主導作用來。

（二）我們着手分析社會時，是從社會的發展之內的條件與外的條件——勞動過程之社會的方面與自然的方面——之對立的統一出發的，但在兩者之中，演着主導作用的東西，是內的條件。爲要正確的估評自然條件的意義，我們必須從內的條件出發。在社會的初期的歷史發展階段上，原始人的生活是完全依存于自然環境的。即是說，自然環境對于原始社會，演過規定的作用。可是，社會發展的階段越是增高，經濟制度越是複雜，人類用作勞動手段和勞動對象的自然條件的性質，早已不依存于自然環境，而依存于特定經濟制度的特殊性了。所以在社會與自然之對立的統一中，演着主導作用的方面，是社會而不是自然。

因此，我們對於社會的發展過程及其發展規律的分析，必須從生產過程開始。

五　各派社會學說對於自然與社會的關係之謬論及其批判

舊派社會學說，對於社會關係的本質如何的問題，不能給以正確的解答，所以對於自然與社會的相互關係，也不能給與正確的觀念。

舊派社會學的謬見及其批判

社會學上的自然主義及機械論，把社會與自然看做抽象的同一的東西。牠們把社會看做機械的集合體，看做生物的有機體，看做物理的、生物學的個人之總體。牠們把社會生活看做生物學的特殊的領域，看做一切動物中所固有的社會本能之特殊的表現。因此，牠們把社會的規律看做生物界的規律，把社會學看做複雜的生物學的規律之體系。

此外，社會學上的唯心論，在社會與自然之間，劃分抽象的區別，使社會與自然完全分離，而把社會生活看做與有機的自然界絕對無緣的某種心理的東西。心理界與自然界截然有別。所以社會生活，决不能用自然科學所使用的一般概念去認識牠，依據這種理論，社會現象是沒有原因的，即是說，社會現象不受任何規律所支配，人們只能從所謂『目的』或『道德』的見地去考察社會現象，纔能在社會現象中決定牠的路向。所以在這種見解說來，社會學就是社會心理學或心理學的特殊部門。

但是依據前面的研究，歷史唯物論，建立了自然與社會之對立的統一，在這個統一中，考察了兩者的一切差別，考察了社會現象的一切質的特殊性。歷史唯物論，在人們的社會生活中，着到特別的特殊的質。這特殊的社會的質，决不是可以用物理學、生物學、心理學等等的概念去認識的。社會的人，與生物學上的人不同，社會與有機體的總體不同。與人類存在之自然的方面比較起來，社會是一種新的東西。社會生活，只有通過特殊的社會的聯結和規律性，纔能認識牠。而這樣的聯結和規律性，是社會所固有的，是與外界自然截然有別的社會的特殊性。同時，歷史唯物論，又承認社會的歷史的生活之特殊的關聯與規律，是存在于牠與自然的一般規律的統一之中，並不是絕對的從這一般規律分離的。所以歷史唯物論，主張社會現象與自然現象之統一，是在社會的勞動過程中實現的。而社會的勞動過程，是人類之歷史的生活全體的基礎。社會發展的原因及其規律之客觀的認識，必須從這勞動過程的分析開始。這是在前面已經說明了的。

新派社會學說的見解及其批判

其次，關于社會與自然的統一中研究那一方面演着主導作用的這一問題，舊派社會學說，固然不能答覆，但就是在新派社會學說中，也有種種的曲解。從來的地理史觀的主張者如孟德斯鳩、巴克爾、拉占霍法等人，把地理環境或一般自然條件對于歷史發展的意義和作用，作誇大的估價。他們的目的，是在于建立社會與自然之間的均衡，藉以證明現社會制度的基礎，是由這種均衡所鞏固的。所以他們把達爾文的進化論當做社會對于自然的受動的適應的理論，來適用于社會之中。因此，他們主張：自然條件，在社會適應于自然的過程中，演着主導的作用；人類社會，在這個適應過程中，只演着純粹的受動的作用；而一切歷史的發展，即是社會對于自然環境的受動的漸次的適應過程。所以他們的結論，就是：社會生活的發展規律，完全受外界自然的規律所規定，只能適應于自然環境的變化而變化。

像這樣明明謬誤的見解，在所謂新派的社會學說之中，也還是繼承着。例如古諾主張社會的勞動的技術，在最高程度上，與自然條件相聯繫。考次基在其初期著作中，也提唱了這種均衡論。他在最近所著的『唯物史觀』中，把社會對于自然的適應說，完全的展開出來。他把全部歷史的發展過程，當作社會對于自然環境的有意識的適應過程去說明，這是主張在社會對自然的適應過程中去探求社會發展的原因的。

其次，蒲列哈諾夫，也有這樣的偏見。他在他的著作中，對于地理環境的作用，作了過大的估價。他說：『地理環境的性質，規定生產力的發達。而生產力的發達，又規定經濟關係，及其他一切社會關係的發達。……結局，規定一切社會關係的發展的生產力之發達，是由地理環境之性質所規定的』。這種見解，顯然的在地理的條件中探求歷史發展的根本原因了。

還有，布哈林的『歷史唯物論』，更加發展了這種偏向。他雖然把社會的生產力做出發點，卻把生產力看做是表現自然與社會間的能力均衡的東西。因此，依據他的理論，社會與自然間的『有正符號的均衡』，是當做從自然吸取的物質能力超過人類的勞動的支出之結果而被確立了。換句話說，構成歷史的發展的原動力的東西，不是社會發展之內的規律性，而是外的自然條件。他的這種均衡論，顯然是地理觀的見解。

末了，新派社會學說中，還有分離社會與自然的唯心論的影響。例如魯賓[illegible]、[18]從社會的勞動過程中，完全排除勞動之自然的生理的方面。他忽視人與自然間的物質代謝對于社會的意義，因而他所說的勞動，變爲沒有物質性的勞動。又如盧波爾，一面把社會規定爲生產關係的總體，同時又以爲生產過程中人們的勞動結合不是社會關係之本質的根本標幟，以爲勞動不是社會的基礎。他們把人類的勞動和動物的勞動看成同一的東西。這兩種見解，都是一種唯心論的見解。

第二節 生產力

一 當作社會發展的原動力看的生產力

『社會生活的生產與再生產，是社會發展之決定的動因』。我們把勞動過程和社會關係統一起來，就到達于生產過程。

生產

但是以生產爲問題時，『生產常是意指着特定的社會發展階段上的生產，——各種社會的諸個人的生產』。這是前面已經提起過的。這裏先說社會的生產的意義。

生產是人類社會憑藉人工勞動手段而變化自然物的過程。生產是社會對于自然的關係；這個關係，是由勞動手段作媒介的。從生產上觀察勞動手段時，我們看到勞動手段是在生產以前已被給與着的東西。實際上，在生產過程開始以前，勞動手段必須當作已成的東西而存在。因爲勞動手段如不預先做成，生產就不能成爲生產。所以勞動手段，起初出現爲生產的結果，出現爲人工的物質的事物。但勞動手段，不單是人工的事物，又是充用於生產上的特殊物體。因而勞動手段，又是充用於新的生產（即再生產）的新事物。在生產上，不斷的生產出新勞動手段，所以生產又把牠自身當作新的生產而再生產出來。于是我們得到一個結論：生產過程的分析，把我們引導到再生產的分析。而再生產更成爲社會發展規律的研究的始點。

『人類社會憑藉勞動手段而變化自然物的過程』，是人與自然的關係和人們相互的關係之統一。生產只有當作社會的生產，纔是可能的。人們如不互相聯結，生產不會發生。人們『爲要生產，必須結成一定的關係。只有在這種社會關係之內，他們纔能作用于自然，纔能生產』。由此可知生產過程，是人類社會在一定的形式上共同作用于自然並互相交換其活動以從事于製造物質生活資料的過程，即是統一着人與自然間的物質交換及人與人間的勞動交換的過程。更進一層的說來、生產過程，一方面是把牠自身再生產出來的人與自然的關係，即是再生產過程；同時在另一方面是把牠自身再生產出來的人與人的關係的形態。

單純的再生產

上面的結論，是理解社會發展規律的關鍵。因此，我們要在社會生活的再生產過程之中，去探求社會發展規律。即是說，社會發展的原動力，在社會的生產過程之中，在社會憑藉生產而不斷的把自身再生產的過程之中。

『生產過程，不問社會形態如何，總是經常不輟的，即是週期的不斷的從新通過同一的階段。一個社會，正如不能停止消費一樣，也不能停止生產。所以社會的諸生產過程，如果從那不斷的關聯與更新的不斷的流動觀察起來，牠同時又成爲再生產過程』。

所謂再生產過程，又有單純的再生產過程與擴大的再生產過程的區別。先說單純的再生產過程。

『生產的條件，同時又是再生產的條件。任何社會，如果不把那生產物的一部分繼續的轉化于生產手段，于新的生產要素，就不能繼續生產，因而也不能再生產。在別種事情無變化的範圍內，社會如果不把等量同種的新物品去補充例如一年的期間所已消費的生產手段之勞動手段、原料、補助原料等，就不能以同一的規模去再生產或保存（社會的）財富。而這些物品是從一年的生產物之中分離出來而從新併入于生產過程的東西，所以每年生產物之中的一定量，是歸屬于生產的領域的」。像這樣繼續進行的生產過程，即是單純再生產過程。

擴大的再生產

再生產過程，不是每次以同一姿態而不斷反覆的停滯的過程。如果是那樣，就會沒有歷史，沒有發展，而只有永久的反覆和停滯了。但是歷史只在其一般的輪廓上是反覆的，實際上每次呈現新的相貌和新的形態。所以說明社會的發展時，再詳細檢討再生產過程。

再生產過程，只有憑藉人類與生產手段的結合，纔有可能。在這個過程中，人類是演着積極的作用的。因爲人類由于變化自然而生產新的生產手段，同時又變化他自己的性質。于是人類與生產手段及其關係的再生產，就是人類與生產手段及其關係的變化。所以再生產的一切循環，是新的再生產，結果出現了新的人類，出現了新的生產手段，出現了新的人類相互間的關係。人類與生產手段間的這種新的相互關係以及人們相互間的新關係，如後面所見，是由生產之先行的性質所決定，牠自身又成爲生產的往後的變化的基礎。于是生產的種種要素，發生聯繫。歷史的過程，不是同一的反覆的過程，而是前進的發展過程。

由其再生產過程的分析，我們就發見社會發展的原動力。再生產過程，是技術的過程，同時又是社會的關係。因爲人類憑藉勞動手段而變化自然物一事，不單是生產過程，並且是勞動手段、人類及其關係的新形態上的再生產。這是再生產的技術的過程。同時，生產及再生產，是在社會的內部實行的，離開社會便沒有生產及再生產。這是再生產的社會關係。因爲再生產是技術的方面與社會方面之統一，所以牠是社會生產的決定的動因。

社會發展的原動力——生產力

爲要說明再生產是社會生活之決定的動因，必須更進一層去考察再生產過程內部的關係。人類在其與自然的鬥爭過程中，造出了人工的生產手段；由于生產手段的創造，又改造他自己的性質——，這件事，是再生產過程內部關係的本質。于是新的人類，依據已成的生產手段去變化自然，又生產出新的生產手段；這新的生產手段，又充用爲往後的生產的要素。再生產是經常不輟的過程。在這個過程中，生產手段和人類，以及兩者間的關係，在新的形態上把自身再生產出來。當作人類和生產手段的關係看，再生產是技術的行爲，是物質事物的關係；當作人與人的關係看，再生產是社會關係，是生產關係。這兩方面的關係，在再生產過程中，相互的再生產出來。

再生產的這兩個對立方面所以形成為統一，就因為牠們都是先行的生產的結果。特定生產手段與人類，是生產的諸要素；又是為實行新生產而被產出來的。由于人類與生產手段的聯結，生產過程纔能繼續，新的生產形態纔得發生。但一切生產形態，不單是人與生產手段的關係，又是人類相互間的關係。因而新的生產形態，同時是人類相互間的新關係，是新的社會形態。由勞動手段所媒介的人與自然的關係，一旦發生變化，人類相互間的關係，也隨而發生變化。而由勞動手段所媒介的自然與人類的關係，成為社會的原動力。所謂由勞動手段所媒介的自然與人類的關係，即是人類與生產手段（勞動手段與勞動對象）的結合。人類應用勞動手段作用於勞動對象時，就發生出生產物質生活的能力，這就是生產力。這生產力是社會發展的原動力，牠是從再生產過程中發生發展的。

生產力不能離開生產關係去考察

上面說過，在再生產過程中，人類本身和生產手段是一同變化的。但所謂人類本身的變化（決不只是人體器官的變化），顯現于再生產過程中的人類相互關係的變化之中。因為再生產過程，是技術的過程，同時是社會關係，是人類相互間的關係。在再生產過程中，人類變化他們本身，同時又變化他們相互間的關係。人類的這種關係，是當作生產力看的他們的活動的形態。參加于生產的人類，當作一個生產力，結成相互關係——這就是生產關係。所以在生產上出現為生產力的人類，形成生產關係。因而一定的再生產，是人類與生產手段的一定技術關係的再生產，同時又是人類相互間的一定社會關係的再生產；即是一定的生產力的再生產，同時是一定的生產關係的再生產。一定的再生產，當作生產力與生產關係的統一顯現出來。所以生產力決不能離開生產關係去考察。

二　生產力的社會性

生產力與生產諸力的意義

「生產力是社會發展的原動力」——從這個命題出發，我們來分析生產力，指出生產力的社會性。先說明生產力與生產諸力的意義。

社會的生產力，是社會生活的生產及再生產過程中一切生產要素的總體，即是人類應用勞動手段作用於勞動對象之時發生出來的生產物質生活的能力。所謂生產要素，概括的說來，即是勞動者，勞動手段與勞動對象。而勞動者，勞動手段與勞動對象，又稱為生產力的諸要素。即是說，勞動者是生產力，勞動手段是生產力，勞動對象也是生產力，所以這些都被稱為生產力的諸要素。不過這些生產力，如果個別的分散起來，牠們只是可能的生產力，即是可供社會利用於生產的力。爲要進行生產，這些個別的生產力必須結合起來，纔能轉化爲現實的生產力。因此，我們把包括勞動者、勞動手段與勞動對象的統一體，特用社會的生產力或生產諸力的術語來表現牠：把這個統一體中的勞動者、勞動手段、勞動對象各種要素，用生產力或生產力要素的術語來表現牠們。所以我們說起社會的生產力或物質的生產諸力時，是指現實的生產力說的，即是指生產力的各種要素之統一說的。說起『生產力』之時，有時是指社會的生產力說的；有時是指各種個別的生產力說的。

此外，還有『勞動生產性』一個術語，也當在這裏提出一下。勞動生產性，和社會的生產力有區別。這個區別就是：勞動生產性，是社會的生產力之分量的指標；社會的生產力，是勞動生產性之物質的表現。這一點是要加以注意的。

生產的生產力的兩個方面

社會的生產力是生產過程之物的要素與人的要素之統一，即是生產手段與人類勞動力之統一。這個統一，就牠的內容說，是技術的過程，是技術的關係；就牠的形式說，是社會的過程，是社會的關係。從技術的方面看，社會的生產力，是勞動者與生產手段之物質的內容，是物質事物之量的表現；勞動者與生產手段的相互關係，是物理的過程或化學的反應之表現。從社會的方面看，社會的生產力，是社會的人類及其所創造的生產手段之社會的內容，是社會生活之質的表現；兩者的相互關係，是生產的過程或社會關係的形式。在特定歷史的發展階段上，單從技術方面觀察的社會的生產力，只是抽象的，不是現實的。所以我們必須把社會的生產力之技術的方面與社會的方面統一起來，牠纔是現實的，纔是具體的。這個統一，即是生產諸力之量與質的統一，是物質的一定分量及其社會形態的統一。這也和再生產過程是技術過程同時是社會過程的事實，同是一樣的。

所以社會的生產力，不能還原于技術，也不能還原于人類自身的發達（即人類的勞動力、知識、技能、熟練的發達）。因爲生產手段與活的勞動力之結合，是在社會的生產過程中顯現的。在這個結合上，人類的勞動力，具有積極的作用。生產手段只是可能的生產力，同時也是死的勞動。這死的勞動，要依靠人類的勞動力纔能發揮作用。生產手段，只有和生產過程中的勞動力結合起來，纔成爲發展勞動生產性的現實的要素，纔成爲現實的生產力。而生產力的發揮，必須在社會的生產過程之中，纔有可能。所以生產力是一個社會的範疇，決不是抽象的技術的範疇。

以下我們更進一步就各種個別的生產力，如勞動手段，勞動對象與勞動力，分別考察牠們的社會性。

勞動手段的社會性

勞動手段，是牠的技術的方面與社會的方面之統一。勞動手段，一方面是自然物，是生產的要素，同時在另一方面，牠是歷史上被加工的自然物，是社會的再生產的要素。當作自然物看，當作生產的要素看，勞動手段，顯現其技術的方面，是牠的量的表現。當作歷史上被加工的自然物看，當作社會的再生產的要素看，勞動手段顯現其社會的方面，是牠的質的表現。所以勞動手段，不單是物材，而是具有一定形態的物材。勞動手段，是社會的再生產的尺度，是牠的量與質的統一。在技術家看來，石器與鐵器，表示生產要素的優劣；在歷史家看來，同一的器具，是具體的生產過程的指示器。所以說，「勞動手段，不單是人類勞動力的發展的測度器，並且是勞動所由實行的社會諸關係的指示器」。勞動手段的社會性，實是很明顯的。

但勞動手段，雖是社會諸關係的指示器，却不是社會發展的原動力。因爲勞動手段是歸屬于一定社會的一個可能的生產力，只有在特定社會中被人們利用於生產時，纔能轉化於現實的生產力。所以勞動手段的社會性，又必須在牠與特定社會中的勞動者的關係上去考察，在牠所歸屬的特定社會的構造上去考察。如果離開牠的社會的方面而只考察其技術的方面時，牠不能成爲社會關係的指示器，也不能成爲勞動力發展的測度器。例如機械在牠與資本主義的社會的關聯上，牠是資本主義生產的特徵；但同一的機械，在牠與社會主義社會的關聯上，牠就帶有社會主義的性質。所以機械的利用雖是資本主義的特徵，而利用機械的處所不一定有資本主義；反之，在今日還未利用機械的處所，不一定沒有資本主義。又如手工器具，在封建社會中，牠是封建的社會關係的測度器；但同一的手工器具，在資本主義社會中，就帶有資本主義的性質。並且這同一的手工器具，在各個私有的生產者手中被利用之時，對于勞動力的發展上，作用比較還小；但在集體的被利用之時，對于勞動力的發展上，作用就比較的大，牠的社會性也顯然不同了。

勞動對象的社會性

其次考察當作生產力看的勞動對象的社會性。生產諸力的根本屬性，是牠們的歷史的起源，這就是牠們通過勞動過程的事實。勞動對象，如前節所述，是分為天然存在的勞動對象與人工的勞動對象（即原料）兩部分的。天然存在的勞動對象，固然也參加于生產，但牠不是再生產的決定的要素，牠充當生產力的作用是很小的。當做總體的過程看的生產，是自然物的變造，即是勞動對象的變化。生產的增加，即是轉化於勞動生產物的勞動對象之變化及增加。當勞動對象出現為生產的結果，為歷史上的要素時，牠在生產上的意義就隨着增大起來。所以在再生產過程中具有重要影響的東西，不是天然存在的勞動對象，不是最初供人們利用的勞動對象，而是有其歷史的經過的勞動對象，是社會的勞動所產出的勞動對象（即原料）。只有這樣的勞動對象，纔能影響于社會生活與生產關係。只有這樣的勞動對象，纔具有積極的性質，纔決定生產的前途，而與其他各種生產力共同指引生產的方向。

勞動對象之變化與增加，也具有其技術的方面與社會的方面。第一，勞動對象是一切勞動過程的一個必要的構成要素。所以勞動對象的屬性，是促進社會的生產力發展的一個動因。但任意的勞動對象，只有在開始供技術的利用之時，纔有這樣的作用。這種作用，依據技術的應用之性質如何而變化的。譬如加工對象若從石塊移到金屬之時，勞動的生產性就顯著的向上，這是一例。這是勞動對象之技術的方面，又是牠的量的方面。第二，勞動對象，是歸屬于社會的東西。在特定社會之中，牠歸屬于特定社會集團所有，就顯現出死的勞動支配活的勞動的現象；反之，當牠歸屬于全社會所有，就顯現出活的勞動支配死的勞動的現象。這是勞動對象依存于社會形態的證明。這是勞動對象之社會的方面，又是牠的質的方面。勞動對象是上述兩個方面的統一。在這個統一中，其技術的方面受社會的方面所規定，量的方面受質的方面所規定。因為勞動對象之變化及新的勞動對象之增加，完全依存于社會的性質。同一的勞動對象，在一種社會中很迅速的轉化于現實的生產力，在另一社會中往往因特定集團的利害而被棄置于無用之地。這是勞動對象的社會性的重要意義。

再次考察當作生產力看的勞動力的社會性。「勞動力即勞動能力，是存在于人類的活的身體之中、於活的人格之中的、當人類生產某種使用價值時而發動牠的、物理的及精神的諸能力之總

勞動力的社會性

體」。關于勞動力，也必須從其技術的方面與社會的方面去考察。參加于再生產過程的人類，從其技術的內容去看，與生產手段一樣，同是物質的事物，同是筋肉、骨骼、神經等等的總體。所以資本主義社會中的技術家，每每把生產上的人類看做能力的一定量的表現。例如技術家在能夠算出勞動者的能力之量時，就說工場有某種能力單位之類。所以資本主義社會的技術家，常把勞動者的勞動力和機器的能力一樣看待，即是把勞動者看做活的機器。再則勞動力因其熟練、技巧、及專門化的程度而顯出其特徵的。這些，都是勞動力的技術的內容。但是勞動力之技術的方面，只是抽象的，不是具體的。具體勞動力，寄存于特定社會的再生產過程中的勞動者的活的人格之中，具有其社會的方面即質的方面。先就個別的勞動者說，他的勞動力，是社會總勞動力中的一部分，他在特定的生產方法之下使用其勞動力。並且，勞動力不單是生理的能力之總體，又是精神的能力之總

總體。這些精神的能力，在勞動過程中，轉化爲智的支出，轉化爲智的勞動之支出。所以勞動過程，不單是生理的能力之支出，又是精神的能力之支出。勞動力的熟練、技巧及專門化的程度（智的支出），却不歸着于勞動力之心理的或生理的特殊性，而是在社會之中學習得來的。個別勞動者的生產性，至不及集合勞動者的生產性。所以現實的勞動力的總體，是不能當作能力爲單位的單純總體考察的。集合的勞動力，造出勞動的特殊性。例如基于分工或協業的勞動組織，不但增大個別的生產力，並且造出一個成爲集合勞動力的新的生產力。這是勞動力之社會的形式。

勞動力的質，表現于生產關係之中。前面說過，生產過程中的人們相互間的關係，是生產的關係。勞動力的質，是生產關係所構成的。生產關係，不單是技術過程中的勞動組織，其最主要的關係是特定社會中以生產手段之所有爲中心的人們相互間的關係。所以勞動力的質，實際上是表現于後者的生產關係之中。所以說，勞動者爲促進生產力的往前發展而實行的團結，也是一個生產力。勞動力的質，又因社會形態的不同而有差異。同一的勞動者，在這一社會中，不能充分的發揮其生產力作用，甚至不能變化爲現實的生產力，但是另一社會中，却能盡量發揮其生產力的作用，而促進社會的生產力之發展。這是勞動之技術的內容依存于其社會的形式之實例。

具體的勞動力，是其質與量的統一，是其技術的內容與社會的形式之統一，即是特定的生產力與生產關係之統一。

勞動力與生產手段之關係

生產力的社會性，上面已經概括的說明了。現在再就生產力的社會性，來說明勞動力與生產手段的關係。前面說過，生產力是勞動與生產手段之統一，在這個統一中，生產手段，是『人類勞動力的尺度』，是『活的勞動之物質的要素』。因爲生產手段（勞動手段與原料），都是過去的勞動，而『這過去的勞動，只有當作物質的要素而與活的勞動相接觸之時，纔有意義』。人類的勞動力，是在一定社會形態之中存在的；勞動力之變化爲勞動，爲現實的生產力，也是在一定社會形態之中進行的。勞動力的總體，在勞動過程中，常出現爲許多社會羣的勞動，而構成這些社會羣的人們，是在一定社會關係之中存在的。在非敵對的社會之中，社會全體都參加于生產，結成平等的相互關係。反之，在敵對的社會中，參加于生產過程的勞動力，常爲一定生產階級所代表，這生產階級，從其利害上說，常與其對立的非生產階級結成一定關係。

至于生產手段，原是勞動的創造物，是結晶于自然物之中的過去的勞動。這生產手段，也是在一定社會形態之中存在；生產手段之轉化爲現實的生產力，也是在一定社會形態之中實現的。在非敵對的社會中，參加于生產過程的生產手段，歸屬于全社會，供全社會所利用。反之，在敵對的社會中，生產手段常歸屬于特定階級所占有，爲非生產階級所代表，這非生產階級，從其利害上說，也必須與生產階級結成一定的社會關係。

勞動力與生產手段之統一，是在一定社會形式之中顯現的。這個統一（即社會的生產力），具有其技術的方面與社會的方面。就技術的方面說，生產手段轉化爲勞動力，因爲生產手段中之勞動手段，本是人類生理器官之延長。就社會的方面說，勞動力又轉化爲生產手段。因爲生產的階級，是一切生產手段中之最大的生產力。決定各個歷史階段上的生產力之發展的東西，不單是技術的方面，並且是社會的方面。這社會的方面，是社會的勞動組織之性質（在敵對社會是階級關係）。

勞動力與生產手段之統一，又是活的勞動與死的勞動之統一。在非敵對的社會中，勞動力支配生產手段，即活的勞動支配死的勞動；在敵對的社會中，生產手段支配勞動力，即死的勞動支配活的勞動。所以我們考察生產力的社會性，即是考察勞動力與生產手段相結合的社會性。這樣的社會性，是理解社會發展的各個階段的特殊性的關鍵。

三　生產力發展過程中技術與科學的作用

依據上面的說明，我們已經知道，社會的生產力，並不被還元于技術。但在另一方面，技術對于社會的生產力的發展，却具有重要的作用，這是不容忽視的。因爲社會的生產力，由種種複雜的事情所決定，即由（一）勞動者熟練之平均程度、（二）科學及其技術的應用之發達程度、（三）生產過程之社會的組織、（四）生產手段之規模與作用能力、以及（五）自然條件所決定。這五項事情，如果暫時離開其特定的社會形態去考察之時，社會的生產力之發展，是依存于技術的。因此，我們先把技術的作用加以考察，然後再說明與技術有關係的科學的作用。

技術對于生產力的發展的作用

技術是人類對于自然的積極關係，是人類能動的變造自然物的關係，是勞動者所使用的勞動手段及其被使用的方法之體系。技術對于生產力的發展的作用很大。因爲生產力的發展過程，包含着生產力的諸要素的發展，而生產力諸要素的發展，都在技術發展的影響之下顯現的。生產力發展的水準，由技術的水準所測定。所以說：「勞動手段，不單是人類勞動力發展的測度器，又是勞動所由實行的社會諸關係的指示器」。

技術的體系，具有其內在的發展規律。前一階段的技術，是後一階段技術的準備。例如工場手工業生產的技術，是由手工業的技術所準備的。手工業技術的發達，準備工場手工業的發達，後者的諸要素，潛伏于前者之中。其次，機械工業的技術，是在工場手工業的技術發達到一定水準時開始發生的。工場手工業內部的細密的分工，以及各種操作的簡單化，形成了把這些操作傳遞于機械的可能性」，形成了使受着限制的人類勞動力得到自由的可能性。從此以後，近代的大工業發展起來，「造出了與牠自身相適應的技術的基礎，踏定了自己的脚跟」。

生產力的諸要素的發達，依存于人類對自然的關係的規律性——技術上的規律性。這技術上的規律性，是技術學和工藝學的研究對象。本來生產諸力的發展，是在這些要素上表現出來，但生產諸力卻是更高級的運動形態，並不被還原于技術。生產諸力的發展，具有其特殊的質，而依從于社會的生產過程的規律性。因爲技術上的改良進步，不但是由技術的一定發達水準所實現，並且要由一定社會的生產諸關係所實現的。所以我們必須注意技術發展的社會性。

技術是歷史的範疇

技術是社會生產力的一個動因。當研究技術之時，決不可以忘記技術與特定社會經濟條件的關係以及勞動者對于勞動手段的關係。從這一點看來，技術同是歷史的範疇。技術之有意識的科學的應用，是不能在社會形態所造出的條件之外實現的。譬如機械工業的技術，不但與工場手工業的技術相結合，並且與資本主義社會的各種條件相結合。在這個時代，種種複雜的勞動形式已經創造出來，同時由社會必要勞動測定具體勞動的觀念也發達起來，技術的過程也離開人手的直接作用而獨立了。資本主義的經濟矛盾，在其發展過程中，要求勞動手段之更大的完成，要求技術過程的最大的獨立性。這是資本主義社會所以不斷的改良技術的原因。可是進到帝國主義的階段，技術的應用又採取不同的性質了。

技術是經濟的特徵，而經濟是技術的條件，這兩者是不可分離的結合着。各個特定的社會的生產過程，各有其一定的技術的基礎。而這一定的技術的基礎，是在特定社會形態中造成的。蒸氣製粉機是資本主義社會的特徵，不是封建社會的特徵，因爲蒸氣製粉機，非在資本主義社會的經濟組織之下不能產生。同樣，計畫的「全國的電化」，是新社會的特徵，不是資本主義社會的特徵，因爲計畫的「全國的電化」，非在新社會的經濟組織之下不能產生。在技術由經濟條件所決定的意義上，技術的基礎，能成爲社會關係的「指示器」。在社會的技術達到一定成熟的階段時，爲要成就更進步的發達，就要求一定的社會形態。所以經濟的發展，牠自身也成爲技術發展的原動力。

技術在經濟的發展上所演的作用以及經濟對於技術的發展所起的影響，在資本主義社會中表現得非常明瞭。例如資本主義發生以後，由于市場的擴大與商品的大量生產的必要，就誘起了產業革命。而產業革命是從技術上的大變革開始的。往後，更由于勞資的衝突與資本內部的自由競爭，就不斷的促進技術的改良進步。直到現在，所謂產業合理化，都是資本主義的產物。可是資本主義社會中的技術的發展已受現社會制度所限制，同時又孕育了新社會制度之物質的技術的前提。

科學對於生產力發展上的作用

綜合上面的說明，得到下述的結論：經濟的諸關係，只有在牠與社會的技術當中的結合之時，并且只有在以技術的應用爲媒介之時，纔促進社會的生產力之發展。于是更進一步去說明科學對于生產力發展上所演的作用。科學對于社會生產力的發展，演着很大的作用。科學又稱爲「一般的生產力」，牠和直接參加于生產過程的生產諸力有區別的；爲要使科學成爲社會生產力發展的强有力的要素，就必須使科學參加于生產過程而在技術上去應用牠。所以科學的勞動上，具有爲特定經濟構造所規定的社會性。例如在商品生產者的社會之中，科學的勞動，只有在牠參加于商品生產時，纔成爲生產的勞動。科學上的發明及其技術的應用，在資本主義社會中，只爲生產手段所有者的利益而服役，反之，在新社會中，就爲全社會的利益而服役了。科學上的發明，如果沒有在技術上利用牠的經濟的必要，那對於社會生產力的發展沒有什麼作用。例如火藥和印刷術，雖然很早就被人發明，而在當時卻沒有在產業上的意義。又如蒸汽機關在第十七世紀末葉已被人發明，而在當時卻沒有引起產業革命。所以科學上的發明或發見，只有在牠「與時間上的一般運動相一致」之時，纔能影響于生產力的發展。

科學與技術之關係

科學與技術兩者的發展，有互相依存的關係，技術大部分依存于科學的狀態，科學也依存於技術的狀態。瓦特所發明的蒸汽機關，德布爾所發明的金線傳電，拉姆潛所發明的煤製煤氣，在生產技術上具有偉大的意義，這是一般人所知道的。在這種意義上，我們可以說，人類全部的歷史，是從原始人的火的發見到近代人的蒸汽機關的製造的歷史。科學上的發見的這種意義，即在牠不直接供技術的應用之時，也是重要的。譬如邁爾等人所發見的能力不滅的規律，對於後來的技術的發達上，仍具有莫大的意義。

但是科學上的發見與科學的理論，不是科學家或發明家的智力所自由創造的，而是由于技術的必要與從來的技術狀態所引起的。例如幾何學，在土地所有的發展過程中，是由于測量平地的必要發生的。又如鐘錶，對于科學的發展，演着很大的作用，比例運動的理論都是依據鐘錶而建立的。又如製粉機，對于科學與技術的發展，具有同樣的意義。摩擦說與數學的形式之研究，都依據製粉機的研究而發展。

基于以上所述，我們知道：技術的狀態，是自然財富及自然力應用的條件，是經濟鬥爭的有力武器，是科學的發展之實現，是人類的勞動作用于對象的前提。所以技術是人類勞動力發展上的各個歷史階段的測度器，又是往後的經濟發展的前提。

科學與技術的成果對於社會的關係

技術與科學的發展，能夠促進社會生產力的發展，具有進步的意義。但科學與技術的成果在實際上被利用于生產過程之時，却因不同的經濟構造而顯現不同的社會的結果。例如近代生產過程的機器化，使得社會的生產力成就了空前的發展，但機器之資本主義的利用，却變爲使資本增殖的工具，變爲使勞動苦痛的惡魔。反之，機器在新的經濟構造下被全社會利用之時，就變爲增進勤勞大衆的幸福的工具了。所以科學和技術的成果，在資本主義社會中被利用于生產過程之時，使得無數的勤勞者的勞動從生產過程「遊離」出來，必然陷于失業狀態，引起貧困的增大和勞動條件的惡化。反之，科學和技術的成果，在未來社會中被利用于生產過程之時，就能縮短勞動日，造出良好的勞動條件，使勞動大衆的生活向上。

所以當我們研究科學與技術對于生產力的發展的作用時，決不可忽略科學與技術對于社會形態的關係。卽是說，科學與科學之社會的利用，技術與技術之社會的應用，是互有區別的。生產力之技術的方面與社會的方面，其區別的關鍵，就在這種地方。

第三節　生產諸關係

生產諸關係之形成

生產關係

分析了生產諸力之後，接着分析生產諸力的發展及作用的形式，即分析生產諸關係。生產諸關係，是人類在其生活資料之社會的生產過程中結成的社會的諸關係，即是一定的離他們意志獨立的，適合于生產諸力的特定發展階段的諸關係。

當分析生產諸關係之時，可以就生產的總過程的諸方面來分別說明。生產的總過程，即是綜合的生產過程。這綜合的生產過程，可分為生產過程、分配過程、消費過程及交換過程四個方面；這四種過程，包攝於綜合的生產過程中，形成為不可分立的統一。因之，生產諸關係，可分為生產關係、分配關係、消費關係及交換關係；這四種關係，包攝於生產諸關係中，形成為不可分離的統一。下面分別說明這四種關係。先說生產關係。

上述的生產關係，是上述的生產過程中人們相互間的關係。這生產過程，是社會的勞動的結合的過程，是社會的分工與協業的過程，往古社會，當生產社會生活資料時，都必須依據一定的生產方法，把社會各人員的勞動組織起來，實行分工與協業。所謂分工，廣義的解釋起來，可分為自然的分工、社會的分工、勞動的分工三種。自然的分工，即是性的分工。社會的分工，是農工商業各部門間的分工及各部門內部的分工。勞動的分工，是就製造一種生產物的勞動，依照其順序與種類，分為許多種的勞動，使許多勞動者各擔任一種勞動。自然的分工與社會的分工，是由無意識無計劃的自然發展而來的。至於勞動的分工，是有意識的、有計劃的分工，是在近代資本主義的產業出世以後纔發達起來的。其次，所謂協業，是與分割勞動相對立的共同勞動，分為單純協業與複雜協業兩種。單純協業，是許多勞動者共同參加于同一勞動。複雜協業，是多數勞動者分任共同勞動的一部分而完成一種事物，即是基于分工的協業。資本主義社會中的複雜協業，是基于勞動的分工的協業。分工與協業，在社會發展的過程中，各有其不同的性質與意義，但任何階段上的社會，都必得依從于特定的生產方法，在勞動過程中，實行分工與協業，把社會人員的勞動結合起來，纔能生產出生活資料。所以無論在任何社會中，人們必須依從于一定的生產方法，形成一定的勞動組織，結成一定的勞動關係。這些勞動關係，即是上述意義的生產關係。

具體的說來，在先階級的社會中，人們根據平等的生產方法，依照極原始的分工與單純的協業，共同採集自然物或獵取動物，以取得生活資料。其次，在奴隸制社會中，奴隸所有者依據奴隸制的生產方法，依照社會的分工與比較複雜的協業，把奴隸的勞動結合起來，監督奴隸從事農工業的生產。再次，在封建社會中，封建的領主們根據封建的生產方法，依照社會的分工與比較更複雜的協業，使農民和工人在自己領地中各從事農工業的生產。再次，在資本主義社會中，企業主根據資本制的生產方法，應用勞動的分工與最複雜的協業，把勞動者們集合于工場之內，使按步就班的分任一部分的勞動，而從事于商品的生產。這些社會形態中的種種性質不同的勞動關係，都是基本的生產關係。

分配關係

其次，說明分配關係。分配關係，是社會的人員在分配過程中結成的相互間的關係。分配過程，可以分爲三個方面去考察。

第一是生產手段的分配。人們當依據一定的分工與協業的方法而勞動之時，必須有生產手段——勞動手段與勞動對象的分配，方能進行勞動。再則這生產手段是屬于社會公有或屬于特定集團所有，也是一個問題。當生產手段歸社會公有之時，勞動的人們是分受公有的生產手段，而爲社會即爲自己而勞動的。當生產手段歸特定集團所有之時，勞動的人們，是使用所有者的生產手段而爲所有者勞動的。但無論生產手段歸屬于社會或個人所有，而生產手段必須先行分配，人們方能在社會的勞動組織中去實行勞動。

第二是生產人員的分配。這生產人員之分配，是與勞動組織相關聯的。生產的人員，必須依照特定的勞動組織而被分配于一定的位置方能進行勞動。

第三是生產物的分配。上述兩種分配已經完畢，然後纔能製造出生產物，分配給社會人員消費。這種生產物的分配方法，依從于生產方法而實行。因爲分配方法是生產方法的反面。兩者是互爲表裏的。例如在先階級社會中，生產是共同實行的，生產物的分配是平等的。又如在敵對社會中，生產是社會的，而生產物是個人領有的。這生產物的分配，依從于奴隸制的、封建的、或現代的生產方法而製其形式。勞動者（人們）所分配的生產物，祇與其勞動力的再生產所必需的價值相當；生產手段所有者所占有的部分，與直接生產者所提供的剩餘生產物或剩餘價值相當。

適應于上述的分配過程而結成的人們間的相互關係，叫做分配關係。即是說，社會的人員，在生產手段的分配過程中、在生產人員（勞動力）的分配過程中、在生產物的分配過程中結成的種種社會關係，總稱為分配關係。

消費關係

再次，說明消費關係。消費關係，是社會人員在消費過程中結成的相互關係。消費過程，也可以分為三個方面去考察。第一是生產手段的消費過程。人們從事于生產，必須消費勞動手段與勞動對象，使牠們轉化為生產物。在生產手段公有的社會中，生產者消費公有的生產手段，為社會並為自己生產生產物。在生產手段私有的社會中，直接生產者服從于各種敵對的生產方法，消費他人所有的生產手段，為他人生產生產物。第二是勞動力的消費過程。生產手段的消費，伴隨着勞動力的消費，因為沒有勞動力的消費，生產手段不能轉化于生產物。但這勞動力的消費，即是勞動力的使用——勞動。任何社會，都依從一定的生產方法而消費其勞動力。在非敵對的生產方法之下，勞動者為社會並為自己消費其勞動力；在敵對的生產方法之下，勞動者被逼迫着爲他人的利益而消費其勞動力。第三是生產物的消費。這種消費也是生產的消費。就生產手段一方面來說，這種消費，再生產出生產手段；就生產物的方面說來，這種消費，再生產出生產物；就勞動力方面說來，這種消費，再生產出勞動力。生產物的消費，也因社會形式的不同而異其性質。

適應于上述的消費過程而結成的人們相互間的社會關係，叫做消費關係。即是說，社會的人員，在勞動力的消費過程中、在生產手段的消費過程中、在生產物的消費過程中結成的種種社會關係，總稱爲消費關係。

交換關係

最後，說明交換關係。交換關係，是社會人員在交換過程中結成的相互關係。交換過程，可以分兩個方面去考察。第一是「在生產本身中發生的活動及能力之交換」。這種性質的交換，「直接的屬于生產，並且在本質上構成生產」，這是在前面所述生產過程中已經說明了的。第二是生產物的交換。這種交換，是商品的交換，是特定社會中分配生產物的形式。商品的交換之範圍與形式，「由生產的發達與編制所決定」。因爲交換以分工與財產爲前提。在先社會的階段中，經濟只帶有採集的性質，分工也只限于性的分工，人們還不知道貯藏物品，並且也沒有多餘物品供人們貯藏，因而也無所謂財產的存在。所以這時生活資料的分配，是直接實行的。往後進到氏族社會階段，生產經濟代採集經濟而起，生產力比較發展，開始有了剩餘生產物，而血族團體始有共同財產。並且，由於生產經濟的專門化（即社會的分工）之發生，就引起了交換的開始。但這種交換，最初是團體間的交換，帶有偶然的性質，往後由于私有財產的形成，分工的發展與階級之發生，社會被推進到敵對的社會的各階段，于是交換就由偶然的而變為擴大的，更變為一般的，最後採取貨幣的形態了。一般的說來，敵對的社會中，生產物的分配，經常的採取貨幣交換的形態。直到資本主義社會，生產物之採取商品的形態，已『不是例外的，單獨的，偶然的，而是一般的』，是多量的，最日常的。所以資本主義社會，被稱為商品＝資本主義社會。因而在現代資本主義世界，全世界的人類，都不能不加入于這種交換過程。

適應于上述交換過程，而結成的人們相互間的關係，叫做交換關係。即是說，社會的人員在勞動的交換過程中、在生產物的交換過程中結成的種種社會關係、總稱為交換關係。

生產諸關係與生產關係

我們在前面所分別說明了的生產關係，分配關係，消費關係及交換關係之統一，叫做生產諸關係。

為什麼把分配關係，消費關係及交換關係，叫做生產諸關係呢？這是因爲生產是一個總過程，而生產、分配、消費與交換，是這個總過程的各個成分，『構成着一個統一體中的各種差別』。生產之與分配、消費及交換，都有密切的相互作用，但四者之中，演着主導作用而能統制其他諸要素的活動的東西，只有生產。下面分別說明生產與其他各要素的關係。

就生產與分配的關係來說，分配是生產的裏面。因爲生產手段與勞動力的分配，明明是屬於生產的。其次，生產物的分配，『雖然不就是生產，但這種分配，確是完全依存于生產的一部分機能，所以牠屬于社會的綜合的生產過程』。在另一方面，分配也影響於生產。『隨着分配的變化，生產也起變化』。例如，隨着資本的集積，隨着都市與田園間的人口分布的差異，生產的規模也因而改變。但在生產與分配二者之間，生產仍演着主導作用。

其次說到生產與消費的關係。『生產，生產出消費的對象，消費的方法，消費的衝動。同樣，消費，生產出生產者的本質』，『消費的欲望也決定生產』。但消費以生產爲前提，沒有生產，就沒有消費；生產必須繼續擴大，人們的消費纔能隨着擴大，這是很明白的。『過程常從新由生產開始』，由生產占諸主導作用，而消費決不能有這樣的作用。

再次，說到生產與交換的關係。『交換也是包含于生產之中的要素』，社會人員的勞動的交換，直接的屬于生產，這是顯明的事情（例如認勞動力爲物而作爲實際的對象，即勞動者出賣其勞動力于資本家）。還有，生產物的交換，也是一樣，「牠本身即是包含于生產之中的行爲」。「至于商人間彼此的交換，在其組織上，也完全由生產所規定，牠自身也是生產的活動」。「所以，交換，在其一切要素上，顯然是直接包含于生產之中，或由生產所規定」。

因爲「生產的特定形態，規定消費、分配、及交換的特定形態，並且規定這種種要素相互間的特定關係。所以分配、消費、交換之與生產，都稱爲生產的總要素」，「構成着一個統一體的各個成分」，被統一於生產的總過程。

基于上述的說明，分配關係、消費關係、交換關係三者之與生產關係，所以總稱爲生產諸關係，其理由也就可以完全明白了。

上述意義的生產關係，是基本的生產關係或稱爲勞動關係。這是對于分配、消費與交換等的關係而說明的生產關係，也可說是狹義的生產關係。可是廣義的解釋起來，單數的生產關係，與複數的生產諸關係，又是同義語。在廣義上，生產關係實在就是生產諸關係。例如對于生產力而說的生產關係，或是說起「生產關係總體」時的生產關係，或者對于其他社會關係而說的生產關係，這都是意指着廣義的生產關係的。

二　生產諸關係的物質性與社會性

生產諸關係的意義，在前段已經解釋過了，現在更進而說明生產諸關係的物質性與社會性。

生產諸關係的物質性

生產諸關係的物質性是什麽？關于這問題，有許多人常常誤解了。例如機械論者們，把生產諸關係解釋爲「時間空間中的人（活的機械）的勞動的配列」，從物理學的見地去觀察生產諸關係的物質性。這種見解的錯誤的根源，是由于把哲學上的物質的概念和物理學或自然科學上的物質的概念，看成同一的東西，因而把物質的社會現象還元于物理的或自然的現象。這是機械論的物質觀。

「物質的唯一屬性，是客觀的實在的性質，是離開人們的意識而存在的性質」。生產諸關係的物質性，就在于這些關係離開人們的意識或意志而形成的這一事實之上。

關于生產諸關係離開人們的意識或意志而形成的這一事實，我們在這裏分爲三點，說明幾句。

第一，先有生產諸關係，然後纔有關于生產諸關係的意識。人生活于社會之中，爲要取得生活資料而維持其生存，就不得不投入于社會的生產過程而容受一定的生產諸關係，這是與自己的意志或願望無關的。例如就資本主義社會來說，人若是一個資本家，他必然利用資本，舉辦企業，雇用勞動者生產商品，以期取得利潤，否則便不能成爲資本家了。若是一個勞動者，他必然出賣其勞動力于他人，否則他便不能生活。若是一個地主，他必然把土地佃給農民耕種，收取地租；若是一個農民，他必然租種地主的土地，而以其剩餘產物交給地主。至于其他不直接從事生產的一切人們，都必然要加入于交換關係，以取得生活資料。人們的這樣加入于一定的生產諸關係，都是必然的，是離開自己的意志的。

第二，在商品生產的社會中，商品生產者們雖然都是有意識的從事于商品的生產，而這些生產商品的行爲的總結果，却出乎他們的意料之外，而形成爲一個必然。即是各個個人的自己的生產的行爲雖是有意識的，而各個個人間的生產關係，却是離開他們的意識而獨立的。

第三，社會的諸關係，複雜錯綜，不可名狀，人們要想毫無遺漏的去把捉牠們，那是不可能的。『在世界經濟之中，各個生產者雖然意識到他在生產技術上曾經引起了種種變化，各商品所有者雖然意識到與他人互相交換生產物，但是生產者或商品所有者却沒有意識到那些情形變化了』生產諸關係。現代世界經濟中所發生的這些變化的總體，是極其分歧錯綜的現象，人們要想完全知道，那是絕對不可能的。「人們所能做到的事情，只是關于這些變動的規律，發見一個主要的根本原理，並闡明這些變動的客觀的論理與歷史的發展。」

概括起來，離開人類的意識或意志而獨立形成的生產諸關係，是物質的社會現象。生產諸關係的物質性，就存在于這種地方。

生產諸關係的物質性，在某種意義上說，又是生產諸關係的必然性。生產諸關係的規律性，是從這里產生的。生產諸關係的物質性、必然性、與規律性，在任何社會之中，都各自在特殊的形式上表現出來。在無計劃的生產的社會中，生產諸關係的規律，盲目的作用于人們，支配着人們；反之，在有計劃的生產的社會中，牠被人們所意識，而服從于人們自身的統制之下。

生產諸關係的社會性

其次，說明生產諸關係的社會性。所謂生產諸關係的社會性，就是說，生產諸關係是社會的生產過程中的人類間的關係，是一種社會關係。生產諸關係的社會性，與牠們的物質性是互相關聯的。因爲社會關係是物質的關係與精神的關係之統一，而生產諸關係，即是物質的社會關係。所以生產諸關係的物質性，並不排除牠們的社會性；同樣，生產諸關係的社會性，並不排除牠們的物質性。因而生產諸關係的社會性，決不是理社的關係，這是要特別注意的。

生產諸關係的這種社會性，是決定社會的發展的客觀的實在。要理解生產諸關係的本質，最重要的事情，就是要理解牠們的這種社會性。

前節說過，生產諸力包含着技術的方面與社會的方面，而生產諸力的本質是存在于社會的方面的。基于這一點，生產諸關係，同樣包含着技術的方面與社會的方面，而生產諸關係的本質，也是存在于社會的方面的。因此，生產諸關係可分為技術的生產關係與社會的生產關係兩種。所謂技術的生產關係，即是各個種類的勞動的結合與分割，是人類間的勞動機能的分擔，是勞動組織的關係，是生產過程中人與物的配列以及兩者之自然的物理的相互作用。所謂社會的生產關係，即是人類間的生產手段的分割，是生產手段所有者對于無所有者的剝削關係，用法律的術語說來，即是財產關係。這兩種生產關係，是不可分離的統一着。一定社會的生產關係，以一定技術的生產關係為前提。一定技術的生產關係，必須在一定社會的生產關係的影響之下，纔能成立起來。這樣的技術生產關係的特徵，纔能成為生產諸關係的測度器。但是在這兩者的相互作用之中，能够成為主導作用的東西，只是社會的生產關係。只有社會的生產關係能够表現生產諸關係的本質，能够顯示社會形態的特定階段。至于技術的生產關係，雖與社會形態的特定階段相結合，而社會形態的特定階段的本質，却決不存在于特定技術的生產關係之中。

就近代社會的生產諸關係舉例來說明。例如近代（資本主義的）工場，確是現實的生產諸關係。近代的工場，是可以從技術的和社會的兩方面去觀察的。從技術的方面說，近代大規模的工場，包含着成千累萬的人，各人都依從于一定秩序，被配置於一定場所，嚴格的實行一定種類的勞動。一切都好像鐘錶一樣，布置得非常精密。這是基於勞動分工的協作，是勞動之科學的組織。這是近代工場之技術的生產關係。但是從社會的方面觀察起來，近代工場，不單是為了要求成千累萬的人實行有統制的協同作業，纔舉辦的；並且這種協同作業，是由于資本所購買的集合的勞動力在『資本的命令』之下實行的。工場的目的，在于生產剩餘價值，所以工場的基礎，是建築於生產手段從勞動力分離而被集中於企業者階級這一事實之上。這是上述意義上的社會的生產關係。所以近代工場，確是現實的生產諸關係。而這現實的生產諸關係，是技術的生產關係與社會的生產關係兩方面的統一。

所謂技術的生產關係與社會的生產關係之統一，是說明這兩方面有不可分離的密切關聯，不能抽取其一方面而捨去其另一方面，否則便都變為抽象的東西而不是具體的東西了。就上面的實例說，近代工場之社會的生產關係即資本與勞動的關係，是以近代之技術的生產關係為前提的。但是近代工場之技術的生產關係，是在近代社會的生產關係的影響之下，纔能成立並發展起來。至于能够表現近代生產諸關係的本質的東西，是在資本與勞動的關係一方面，這是很明顯的。這資本與勞動的關係，雖與技術的生產關係相關聯，却不能用技術的生產關係去規定資本與勞動的關係。

因此，我們知道，所謂技術的生產關係與社會的生產關係之統一，是說兩者互相結合，互相依存，但兩者並不互相融合。即是說，兩者的統一，並不是意指着兩者的同一。這兩者雖同是生產諸關係的成分，但兩者互有區別，技術的生產關係並不就是社會的生產關係。因此，我們更可以知道，生產諸關係，並不還元于技術的生產關係。這與前面所說生產諸力不還元于技術的意思是相同的。同時，我們要加倍注意的，生產諸關係的社會性，包含于社會的方面之中。只有社會的生產關係纔顯示社會形態的本質，決定社會發展的特定階段。如果把技術的生產關係和社會的生產關係混同起來，而把生產諸關係還元于技術關係，那就會要把技術關係作為生產關係一般，而一切社會形態就會變為抽象的一般的東西了。機械論者對于生產諸關係的謬見，就是從這種觀所發生的。

三　生產關係與生產方法

現在更進一步去說明生產諸關係之歷史的規定性。生產諸關係，是歷史上一定的諸關係。生產諸關係不是永久的不變的諸關係，而是變化的、消滅的、生成的諸關係，是在各個歷史階段上有其特殊的質的諸關係。

生產力與生產方法

各個歷史階段上的生產諸關係之特殊的質，由各個特殊的生產方法所規定。各個歷史階段上的生產方法，是各個階段上的社會形態的質——最單純的根本的規定性。所以說：『物質生活的生產方法，規定社會的、政治的、及精神的生活過程一般』。而各個歷史階段上的生產諸關係之特殊的質，由其特殊的生產方法所規定。

生產方法適應于各個階段上的生產諸力的狀態而形成。前節說過，特定社會的生產諸力，是特定社會中的勞動力與生產手段相結合所發揮的製造物質資料的能力。而這勞動力與生產手段兩者的結合，是依存于一定的方法的。勞動力與生產手段相結合的方法，就是生產方法。所以生產方法，是勞動力與生產手段之特殊的結合方法，是特定社會的生產諸力之內的構造。一般的說來，生產方法，又是人類獲得生活資料的方法，是他們的生產活動的形式，是他們使用生產諸力的形式。在這種意義上，生產方法本身，也是一個生產力。

生產方法，也具有其技術的方面與社會的方面。生產方法之技術的方面，是人的要素之勞動力與物的要素之生產手段相結合的方法，是兩者互相結合的技術的方法，是人類怎樣使用生產手段的方法。生產方法之社會的方面，是勞動力所有者與生產手段所有者相結合的方法，是決定兩者的生產的社會關係的體制。技術的方面，是生產方法之量的表現；社會的方面，是牠的質的表現。生產方法是技術的方法與人們結合的方法之統一，而生產方法的質，存在于勞動力所有者與生產手段所有者的結合之中。正因為這樣，所以生產方法規定生產諸關係。

生產方法是生產諸關係的基礎

生產方法，是一切社會的生產諸關係的現實基礎，即是說，生產諸關係是適應于生產方法而成立的。前段說過，生產以生產手段與勞動力的分配為前提。在生產手段公有的社會中，人人都從事於勞動（無論是肉體勞動或精神勞動），因而人人都是勞動者，都是生產手段所有者。這時，勞動力與生產手段相結合的方法，是平等的生產方法。基于這平等的生產方法，就成立了平等的生產諸關係。反之，在生產手段私有的社會中，勞動力與生產手段相分離，一方面是生產手段的所有者，他方面是被奪去生產手段而只成為勞動力的所有者。這時勞動力與生產手段結合的方法，是敵對的生產方法。基于敵對的生產方法而成立的生產諸關係，是敵對的生產諸關係。資本主義的生產諸關係，是適應于資本主義的生產方法，與其他生產方法比較起來，有兩個特徵。第一，牠是把生產物當做商品生產出來的，而生產物的商品化，對于生產物是支配的決定的性質。首先勞動力出現爲商品，勞動力所有者出現爲勞動力的販賣者，出現爲自由勞動者。因而這種生產方法，以勞動一般出現爲工錢勞動一事爲前提。第二，資本主義生產方法的特徵，就是：剩餘價値的生產成爲生產的直接目的和決定的動因。資本主義生產過程中生產手段與勞動力的結合方法，表現出生產手段與勞動力的分配形式。勞動力所有者所以與對方的生產手段相結合，是由于生產手段離開他們而被對方所獨占並化爲剝削手段。這是資本主義的生產方法之本質。基於這種生產方法而結成的勞動者與資本家的關係，是基本的資本主義的生產關係，其他一切生產諸關係，都是由這種基本的生產關係而形成的。

生產關係之歷史的形態

生產諸關係，是適應於生產諸力的發展階段而變化的。因爲生產諸力的發展過程中，包含着生產方法的變化。生產諸力由一個階段發展到另一個階段，生產方法也隨着由一個階段發展到另一個階段。因而生產諸關係就適應于生產諸力的發展，適應于生產方法的發展而變化。所以『人類一旦獲得新的生產諸力』，隨着就變化他們的生產方法。隨着生產方法的變化，他們就變革一切的經濟關係—只是特定生產方法之必然的關係』。這種變化，可用『生產諸力→生產方法→生產諸關係』一公式來表現牠。

人類的歷史，直到現在，經歷了四種本質不同的生產諸關係的體系。而這四種生產諸關係的體系，是適應于四種本質不同的生產方法而形成的。就其發展的順序說，可以要約如下：

第一是適應于原始社會的生產方法而形成的生產諸關係的體系。原始社會的生產方法是平等的，因而生產諸關係的體系，也是平等的。

第二是適應於奴隸制的勞動力與主人的生產手段相結合的方法而形成的生產諸關係的體系。奴隸制社會的生產方法，是奴隸的勞動力與主人的生產手段相結合的方法，奴隸本身是主人的所有物。這種生產方法，是歷史上第一種敵對的生產方法，因而人們間生產諸關係的體系是歷史上第一種敵對的體系。

第三是適應於封建的生產方法而形成的生產諸關係的體系。封建制的生產方法，是農奴的勞動力與領主的土地、職工徒弟的勞動力與店東的生產手段相結合的方法，其剝削的形態，主要的採取勞役地租，實物地租或貨幣地租等形態。這是歷史上第二種敵對的生產方法。因而人們間的生產諸關係，是封建的生產諸關係，也就是歷史上第二種敵對的體系。還有，成爲封建的生產方法之變種而出現于歷史舞台的，是所謂亞細亞的生產方法。這亞細亞的生產方法，本質上仍是封建的，不過附加幾個特殊條件而已，所以這樣形成的所謂亞細亞的生產諸關係，仍然是封建的體系。

第四是適應於資本制的生產方法而形成的生產諸關係的體系。資本制的生產方法是歷史上最後的敵對的生產方法，因而資本制的生產諸關係，是歷史上最後的敵對的體系。

還有，在目前世界中，有適應于所謂過渡期的生產方法而形成的生產諸關係的體系。這過渡期的生產方法，是社會主義的生產方法。這種生產方法是從資本主義社會到未來新社會的過渡期的生產方法，雖然仍舊含有敵對的性質，但因主要生產手段已移歸社會共有，而變爲社會主義的了。不過這種生產方法，因爲還是過渡期中的東西，還不能稱爲未來新社會的生產方法。同樣，適應于這種生產方法的生產諸關係，是社會主義的體系。

以上是生產方法與生產諸關係之歷史的順序。關於牠們的具體的發展及其轉變的說明，留在下章討論。

生產關係與階級關係

上面說過，生產諸關係的本質，存在于牠的社會方面。這便是說，本質的生產關係，是生產手段的分割的關係，是財產關係。這一層是理解生產關係的社會性與歷史性的關鍵。當生產手段屬于社會全體時，人們間的生產關係，是沒有階級性存在的。反之，當生產手段屬于私人所有時，人們間的生產關係，是不平等的，是階級的。所以在敵對的社會中，階級關係（或剝削關係），是基本的生產關係。例如奴隸制社會中主人與奴隸間的關係，封建社會中領主與農民、店東與職工徒弟間的關係，資本主義社會中資本家與勞動者間的關係，都是基本的生產關係。其他一切經濟關係，都依存于這種基本的生產關係。所以，要理解特定社會中的生產諸關係的性質時，首先要把捉住這種基本的生產關係。

第四節　生產力與生產關係的統一

一　生產力是生產關係運動的內容

生產力的狀態與生產關係的形態，是社會的經濟構造之構成的要素。社會的經濟構造，即是生產力與生產關係之對立的統一。

當作內容與形式的統一看的生產力與生產關係的統一

生產力與生產關係的這種統一，必須當作內容與形式的統一去理解。前面說過，生產力只有在特定社會形態之中，在特定生產關係的體系之中，纔能存在。所謂生產力一般那種東西是不存在的，而存在的東西，常是由特定生產關係賦以形式的生產力。同時，生產關係，沒有生產力，也不能存在。生產關係，是與生產力不可分離的結合着。所以生產力與生產關係，形成為一個統一。生產關係是生產力發展的形式，而生產力構成生產關係的內容。在形式與內容的這個統一中，生產力與生產關係，形成社會的生產過程，形成社會的經濟構造。

形式（生產關係）與內容（生產力），是互相對立，互相矛盾的。形式與內容的矛盾，是社會發展的發條。兩者的矛盾，並不排除兩者的統一，而以兩者的統一為前提。形式常是有內容的形式，離開一定的內容，形式便不存在。內容常是有一定形式的內容，離開一定的形式，內容不能存在，也沒有發展。所以當考察形式與內容的對立時，必須知道內容是有一定形式的；而形式同時又包含于內容之中，並且對于內容又是外在物。內容與形式，互相滲透，却又互相排斥。

但是內容與形式的統一，並不轉化為同一。形式與內容，互有差別，形式不還元于內容，內容也不還元于形式。在另一方面，兩者又不能互相隔離。兩者是存在于一個統一之中。

形式與內容，不單是互生作用，並且兩者的相互作用之基礎，是在于內容一方面的。形式由內容所規定，並適應于內容而成立，同時，形式也是內容的一部分。在這一點上，內容對于形式，具有優越性。

但形式對于內容，不單是一種外在物，牠並且具有能動性。形式不單是內容之受動的外被，並且是內容之能動的外被。內容只有通過形式而發展，只有以形式為媒介而發展，並且這種發展，只限于在一定的具體的歷史的時期。一旦超過這個限度，由形式所發展了的內容，就與那個形式不能兩立而把牠否定。只有基于內容本身的發展而發生的新形式，纔形成牠往後發展的條件。

以上是形式與內容的統一之一般的基礎，只有在這個基礎上，纔能正確的理解生產力與生產關係之對立的統一。

生產關係的一定體系，一旦發生以後，牠不單是生產力在其中運動的受動的外被，並且是生產力（內容）的運動的形式。所以特定生產關係，是在生產力的特定發展階段上發生的，同時，生產力的發展，也只有通過生產關係的運動而實現。這是生產力的發展之內在的特殊的歷史的發展規律。

現在更進一步，詳細考察生產力與生產關係的關係。上面說過，生產力與生產關係的統一，是內容與形式的統一。在這個統一中，具有規定的意義即所謂優越性的一方面，結局就是生產力。因此，先分析所謂生產力的優越性。

生產力是生產關係的內容

所謂生產力的優越性，就是說：（一）生產力是生產關係的內容，（二）生產關係適應于生產力而形成。這裏分別加以說明。

基于前面的研究，我們是從生產過程及其社會形態的統一出發，來理解生產力與生產關係的相互作用的。我們在本章的第一節，首先把勞動過程當作一般的勞動過程與特定社會的勞動過程之統一考察過了。基于這點，在研究生產力和生產關係之時，也是把兩者作爲技術方面及其社會形態之統一去考察的。這種考察方法，就在于說明生產力是生產關係的內容。

一般的勞動過程和社會的勞動過程，形成爲具體的統一的勞動過程。一般的勞動過程，離開了牠的特殊社會形態，不能存在。所以在研究方法上，首先考察了勞動過程的一般性質，而這一般的性質，在一切歷史上，是表現人類對于自然的積極作用的。例如農業勞動，無論是由原始人用木器石器去開挖的，或是由古代社會的奴隸用犂鋤去耕種的，或是由封建社會的農民去耕種的，都各自具有其一般的特徵。因此，這種勞動，成為一定具體的勞動種類——農業勞動。但是把同一的勞動過程當作特定社會的勞動過程而研究其特殊的特徵之時，就發見這特殊的特徵，只有在歷史的一定發展階段纔能發生，牠並且表現人類間的歷史上特定的關係（在原始社會中，這關係是平等的；在奴隸制社會中，這關係是主人剝削奴隸的關係；在封建社會中，這關係是領主剝削農民的關係）。而這種特定的關係是適應于特定的生產方法而形成的。所以在一定的生產方法之中，就看出特定社會的生產關係之生產及再生產的過程。

勞動過程之一般的性質及其社會形態之統一，是理解社會形態由低級階段進到高級階段的關鍵，是區別『真的社會的』生產及其暫時敵對的形態之標準，是區別未來無階級社會的生產力與基于勞動的榨取的社會的生產力之標準。

勞動過程的上述兩方面之統一，顯現于生產力與生產關係的統一之中。在這一點上，生產力是社會的生產全體的內容和基礎。而生產關係，是這同一的生產過程之特殊的社會的形式。因而生產力是生產關係的運動的內容。

生產關係適應于生產力的發展

其次，特定生產關係，常是以生產力的特定發展水準爲基礎而發生——生產力的優越性，又在這一點顯現出來。這就是說，生產關係必須適應於生產力的特定發展階段。

人們是不能自由選擇其生產力的。任何時代的人們，都『發見先行時代已經獲得的生產力。這種生產力，對於這個時代，能供作新生產的材料。由于這種事實就發生人類歷史的聯絡，形成人類的歷史』。一定時代的人們，爲要保存這已經獲得的生產力，就不能不變革從前傳下來的生產關係。例如，當原始社會的生產力發展到能夠產出剩餘生產物，能夠產出私有財產而勞動力感到缺乏之時，就需要找尋勞動力，而奴隸與主人的最初的階級分裂就出現于歷史舞台。於是就適應于當時的生產力而變革從前的原始的生產關係，而形成新的奴隸制的生產關係了。後來，奴隸制社會的生產力發展到牠的頂點而開始下降之時，奴隸制的生產關係，就不適應于當時的生產力，而由與牠相適應的封建的生產關係所代替。封建的生產力發展到一定階段時，封建的生產關係不與牠相適應通過鬥爭而轉變爲現代社會的生產關係。現代社會的生產力，已成就了空前的發展，而現代的生產關係不與牠相適應，也達到了成熟的境地，而將由與牠相適應的新生產關係所代替。

因此，可以知道，生產力實是生產關係運動的內容。例如，封建的生產關係，以封建的生產力狀態爲內容，即以農奴在地主的土地上從事農業勞動的生產力爲內容。又如，資本主義的生產關係，以資本主義的生產力狀態爲內容，即以工錢勞動者在工場中從事勞動的生產力爲內容。社會主義的生產關係，以具有社會主義的質的生產力爲內容。

生產力對于生產關係的優越性，具如上述。

二　生產關係是生產力發展的形式

生產力的優越性，並不是意指生產關係的受動性。生產關係，決不是生產力之受動的反映。適應於特定生產力的狀態而形成的生產關係，在其發展上，獲得相對的獨立性，獲得牠本身發展的相對獨立的內在規律。生產力對於生產關係雖占居優位，而生產關係對于生產力却是本質的東西，具有能動的積極的作用，生產關係的這種能動性、積極性，存在于生產關係對生產力的矛盾之中。生產關係，在一定時期，能促進生產力的發展，給生產力以發展的餘地；在另一時期，却成爲保守的東西，障礙生產力的發展。所謂生產關係的能動性，就在這種地方。先就生產關係促進生產力發展的情形加以說明。

生產關係促進生產力的發展

就資本主義的生產關係助長生產力發展的過程，舉例來說。我們知道，資本主義生產方法的絕對規律，是剩餘價值的生產。資本主義下的生產力的發展，就依從于這個規律。資本家為了增殖資本的價值，不惜用一切手段，來促進社會的生產力之發展，造出自由競爭的社會形態之物質的基礎。資本主義的生產方法的絕對規律，強制着支配着一切資本家，使他們不能不在自由競爭中去增殖其投在產業企業中的資本。如果他們不能繼續的擴大其資本，就會因競爭失敗而崩潰。但是他們要想增殖其資本，只有利用累進的積蓄一個方法。

資本家為要累進的積蓄其資本，只有設法發展生產力。資本主義生產的運動機構，並是強制資本家去發展生產力的東西。所以資本家擴大生產規模的動機，是占有剩餘價值，是在增大的規模上占有剩餘價值。我們知道，在採用了進步技術的企業一方面，個別價值比較市場價值低廉，其企業主能夠得到超越利潤。資本家為了追求這種超越利潤，就設法改良技術，因而促使社會的生產力的發展。

資本主義的生產方法，不但驅使貪圖剩餘價值的資本家去擴大生產，改良生產技術，並且使資本家把改良技術擴大生產，奉為競爭的絕對規律。商品廉價，是自由競爭的重要武器，所以在這個條件之下，生產的改良與擴大，出現為各種企業的存在條件。資本家在生產事業的改良與擴大一方面，如果一旦落在他人之後，他就立即要受莫大威脅。並且，由于自由競爭，一部分的企業如果擴大起來，他部分的企業，爲了自身的存在，也不得不隨着擴大起來。因此，資本主義下的生產力，就通過資本主義生產關係的運動而大大的發展起來。

但是資本主義生產的擴大，就引起資本的有機構成的高度化。而資本的有機構成的高度化，又引起利潤率降低的傾向，於是在資本主義的生產方法之下，生產力發展的矛盾性，就在表面上顯露出來。

生產關係也障礙生產力的發展

這種矛盾，『完全概括的表明出來，就存于下述一點：即資本主義生產方法本身——暫時把價值及其所包含的剩餘價值，與資本主義的生產藉以實行的社會關係，擱着不提——，包含着絕對的使生產力發展的一個傾向；同時，另一方面，又以保持已存的資本價值並盡可能的使牠增殖（即不斷的促進價值的增殖速度）爲目的』。但是社會的生產力之無限發展的這種手段，與已存資本的價值增殖的這種有限的目的，是不斷的相矛盾的。『於是，資本主義的生產方法，變爲使物質的生產力發展並造出與牠相適應的世界市場的歷史的手段，同時又變爲這種歷史的任務與適應于牠的社會關係之間的矛盾』。這種矛盾，在恐慌期中，最明白顯現出來。最近世界恐慌發生以來，無數的勞動者失業，無數的工場停業，這就是證明資本主義的生產關係不能合理的利用人類主要的生產力——勤勞大衆的勞動力。對于生產手段，也是一樣。許多技術上的發明，都不能供生產上的利用。做一句話說，資本主義的生產關係，已是『由生產力發展的形式，轉化爲牠的桎梏』

資本主義生產關係之『由生產力發展的形式』而轉化爲牠的桎梏，——這是生產關係的積極性、能動性的證明。

所以生產力對於生產關係雖具有優越性，而生產關係對於生產力却具有能動的作用。社會發展的起動力，即是生產力與生產關係之內的矛盾。

生產力本身的發展的原因，就存在于生產力與生產關係之內的矛盾中。生產力常在一定社會形式之中，受這形式所影響，在牠與社會形式的矛盾中發展，這正與社會形式在牠與生產力的矛盾中發展，是同樣的。生產關係規定生產力的發展及其發展速度。因而生產力，在生產關係之中，具有其運動形式，具有其內在的固有的社會的發展規律。這就是說，生產力在各種社會的構造之中，依從于特殊的規律而發展。

特定生產關係的能動性與特定生產方法的內容

歷史上特定的生產關係的積極性，必須從特定生產方法的內容去考察，在敵對社會中，生產關係之助長或障礙生產力發展的作用，必須從敵對的生產方法之社會的方面即階級的內容去考突。關于這一層，可就資本主義社會的實例去說明。

資本主義生產的最初的規模，是工場手工業。工場手工業的勞動的協業，是一個資本主義的生產關係。這種生產關係，是一個生產力。因為在工場手工業的勞動協業的形態之下，『創造出牠自身在本質上是集合力的一種新生產力』。這就是說，生產方法，與人類的一定共同勞動的方法，是不可分離的結合着？而『共同活動的這種方法，牠自身是一個生產力』。在這種意義上，新生的資本主義的生產關係，能助長生產力的發展。但這種生產關係，同時是階級關係，這是我們在前面說過的。並且，工場手工業的協業，是在資本制的組織之下實行的，是資本家為了取得剩餘價值而實行的。因而這種生產關係之助長生產力的發展，與階級的內容有密切關係。當機器工業代替工場手工業而出現之時，還經過一番階級的衝突，如勞動者破壞機器的運動，就是一個顯著的實例。

所以在資本主義之下，生產力之通過生產關係而發展，包含着階級衝突的過程。在初期時代，近代工場是剝削絕對剩餘價值的生產關係。往後，由于勞動者的長期的經濟的鬥爭，這剝削絕對剩餘價值的關係，就變為剝削相對剩餘價值的關係了。所謂相對剩餘價值，是靠縮短必要勞動時間延長剩餘勞動時間而得來的剩餘價值。其唯一的方法，就是發展生產力，而提高勞動的生產性。最近，資本家所實行的所謂科學的管理法，所謂產業合理化，以及所採用的許多新生產技術，都是在對付勞動運動的過程中所獲得的新的榨取手段。這些都是生產關係促進生產力發展之階級的內容。

現在，資本主義下的生產力，已經發展到超過資本家所能利用的界限，而不能再向前發展了。這完全是因爲受了資本主義的生產關係所障礙。而資本主義的生產關係，是資本剝削勞動的階級關係。所以，只有依據資本主義的生產方法之階級的內容，纔能理解資本主義生產關係對于生產力發展的積極性，纔能理解從來的新生產關係發展生產力的新內容及其發展的新條件，纔能理解直接生產者階級能擔負這種新的使命。

三 生產力和生產關係的矛盾與經濟構造的變革

生產力與生產關係的矛盾是社會的發展的原動力

生產力與生產關係的矛盾，是社會生產力的發展的最一般的規律，是社會的經濟構造變革的最一般的規律。不過這最一般的規律，在各個具體的歷史階段上的社會中，顯現出來，就帶有各個階段上的固有的特殊性。生產力與生產關係的矛盾，是一切歷史的生產方法之推進的原理。這種矛盾，在一切社會的構造中，不論是在非敵對的社會或敵對的社會中，都是存在的。不過，在敵對的社會中，這種矛盾，帶有頡頏的性質，而在非敵對的社會中，矛盾不至發展爲頡頏。因爲在非敵對的社會中，生產手段公有，一切勞動力的所有者同時都是生產手段的所有者，因而生產力與生產關係的本質中，絕不含有敵對性。但是生產力與生產關係的矛盾，却是存在的。例如，原始社會的生產關係雖不含有敵對性，但到了獲得新的生產力而原來的生產關係不能與牠相適應之時，這生產關係必然隨着改編。這樣的生產關係的改編，只要人們意識到牠與生產力的矛盾，就可以實現，決不伴隨着人與人之間的衝突，因爲這時的生產關係，並不是財產關係，只要是能夠促進生產力的發展，就可以隨時改編，決不至有人出來反對。

又如，在未來的新社會中，生產力，生產方法與生產關係雖都是平等的，而生產力與生產關係的矛盾依然存在。例如製造生產物的工場，一旦獲得了新的生產手段，或發見了使用生產手段的新方法之時，原來的勞動組織，當然不能與牠相適合而非隨着改編不可。幷且，人們之間的生產關係是極其複雜的，一旦被人們所意識之時，要加以改編幷不會發生什麽阻力，即是說，幷不含有一部分人去反對而另一部分人去擁護的事情。所以，生產力與生產關係的矛盾，正是社會發展的原動力。如果沒有矛盾，那就沒有發展了。

但是在敵對社會中，生產力與生產關係的矛盾，就發展爲不可調和的衝突，引起特定敵對的經濟構造的變革。在敵對社會中，這種矛盾，只是階級間的矛盾的表現。非生產階級，代表生產手段的舊的分配方法；生產階級，代表社會的一切生產力。前者擁護着障礙生產力發展的舊生產關係，後者反抗舊生產關係而促進生產力的發展。在特定生產方法及其物質前提的一定成熟階段上，雙方利害的矛盾，發展爲雙方的直接的衝突。衝突的結果，生產階級爲取得勝利，就變革舊生產關係而形成新生產關係，把從前的或新生的生產力，實行質的改造。于是特定經濟構造就由低級階段進到高級階段。隨着經濟構造的變革，那龐大的上層建築也或緩或急的隨着變革。

資本主義社會的生產力與生產關係的衝突

在敵對社會中，適應于生產力而形成的生產關係發展到一定程度，就由助長生產力發展的形式而轉化爲牠的桎梏。這是前面說過的。所謂生產力與生產關係的衝突，就是生產關係障礙生產力發展的狀態。這種衝突，是表現爲階級的衝突的。就現社會說，資本階級擁護資本主義的生產關係，而勞動階級却反抗這種生產關係以力謀生產力的發展。

資本主義的生產方法，包含着社會的生產與個人的占有之本質的矛盾。社會的生產，顯現出資本主義的生產力；個人的占有，顯現出資本主義的生產關係。

生產力與生產關係的矛盾，卽是社會的生產與個人的占有之矛盾。這種矛盾，發展起來，又變爲衝突。這種衝突，首先表現爲勞動與資本的衝突，其次表現爲工場的有組織性與生產的無政府性的衝突，再次表現爲占有的條件與剩餘價値實現條件的衝突——卽是恐慌。

生產力與生產關係的衝突，在恐慌的過程中，表現得特別的明瞭。恐慌顯現得勞動力與生產手段以及一切生活資料，都是『過剩』的東西，連生產力本身也是過剩的東西。但『這種過剩，變爲貧困與缺乏的源泉』。因爲這種過剩，是妨礙生產手段與生活資料轉化爲資本。而在資本主義的機構中，生產手段如不能化爲資本，是不發生作用的。于是生產過程之物的要素與人的要素，就被資本主義方法所妨礙，而不能結合了，卽是生產力的發展，陷于停頓狀態了。于是生產關係，曝露了牠自身成爲生產力發展的障礙物，而生產力本身，却是强有力的向着解放的方向邁進。一系列的螺旋狀運動的恐慌，使得代表生產力與生產關係雙方的衝突尖銳化，而資本主義的經濟構造就走上崩潰的前途。

關於經濟構造變革的普遍性與特殊性

關于生產力與生產關係的衝突引起經濟構造變革這個問題，須就其普遍性與特殊性加以正確的考察，以建立普遍與特殊的正確關係。

就一般的原則說來，生產力與生產關係的衝突，伴隨着生產階級與非生產階級的衝突，必然的引起經濟構造的轉變。這種衝突，當舊的所有關係變爲『桎梏』，而障礙生產力諸要素的發展時，（即障礙生產之技術的可能性與勞動力之肉體的精神的能力之發展時），就勃發起來。從來的所有關係，既然障礙生產力的發展，同時生產階級的生活水準，勢必降低，以至不能生存下去。這時候，生產階級，覺得到階級的利害，而形成階級意識，而担負起經濟構造變革的任務了。生產者階級能够担負這種任務的時候，必須是新的生產力在舊社會秩序不能完全供社會利用，不能有更進的發展的時候。換句話說，新經濟構造的發生，必須是『物質的條件已在舊社會母胎內成熟』，『至少也必須在發生的過程中』。但是，障礙生產力發展的歷史界限與生產階級的階級意識之成長，這兩件事是不可分離的契機。生產階級之能够形成爲階級，並且發展到能够担負改造經濟構造的任務，這便是表明：解決這種任務的必要的客觀物質條件，已經發生或正在發生了。所以當資本主義社會發展到障礙生產力發展的帝國主義時代，正是非生產階級『不能照舊生活下去』而生產階級『不願照舊生活下去』的時代。這就是資本主義社會的經濟構造已屆轉變的時代。

以上是經濟構造轉變的普遍規律。但是這個普遍規律在各個具體的經濟構造中的表現，却採取特殊的形相。所以，當研究各個特殊階段的經濟構造時，必須抓住那歷史發展的連鎖中的最重要的特殊的各環，然後纔能知道牠們各各受着特殊的規律所支配。而這特殊的諸規律，又和前面所擧的普遍規律是統一的。這樣，特殊和普遍之間的正確的具體的關係便樹立起來了。

就普遍性說來，由封建社會到資本主義社會，由資本主義社會到新社會，是循着一定程序而前進的。即是說，物質的條件如不具備，經濟構造的變革是不能實現的。但是歷史的發展的規律之普遍性，並不是把特殊的發展形相除外的，牠反而是拿特殊的發展形相作前提。『一切國民都將到達于社會主義，這是一個必然。但是牠並不是一切都精密的循着同一路線而到達于社會主義的』。這種必然性的實現，因爲各個國民的經濟的政治的種種特殊性，就會各自刻印着各自的特色。

本章已經說明了社會的經濟構造——生產力與生產關係的統一——之一般的原理，在下章再說明經濟構造之歷史的狀態。

第二章 經濟構造之歷史的形態

第一節 資本主義社會以前的各種社會的經濟構造

一 先階級社會的經濟構造

前章說明了社會的經濟構造的一般發展規律，現在更進而說明這一般發展規律在人類全部歷史的各個發展階段上的社會中所顯現的特殊的質、特殊的形態、及特殊的發展規律，並闡明由低級形態到高級形態的特殊轉變規律。

研究經濟構造的歷史形態的重要性

『社會的經濟構造，是法律的政治的上層建築在牠上面樹立，與一定社會的意識形態和牠相適應的現實基礎』。隨着這個基礎的變革，那龐大的上層建築也或緩或急的起變革。所以，一經理解了特定社會的經濟構造的性質，就可以理解牠的上層建築的性質；一經理解了經濟構造的形態由低向高的轉變規律，就可以理解歷史過程的統一。因此，人們便得到了從事社會的實踐的根據。所以說：

『人類的最高問題，在于理解一般根本路程上的經濟的進化（社會的存在之進化）之客觀的理論，而盡量顯明的批判的使人類的社會意識和一切現代國家進步的社會集團的意識與牠相適合』。

人們現在所生活着的現今世界中，已經發生了兩種經濟體系。一個是過渡期的經濟體系，一個是資本主義的經濟體系。這兩個體系中，一方面的工農業的生產日趨發展，而另一方面的經濟恐慌却日益增大。在前者一方面，文化落後，生產者的技術程度較低，生產手段也比較缺乏，而經濟狀態却是昂進，在經濟戰線上，已獲得決定的成功；反之，在後者一方面，一切都比前者較優，而經濟狀態却是恐慌嚴重，在經濟戰線上迭遭失敗。這是什麼理由呢？這個理由，無疑的是由于兩種經濟體系的差異，是由于前者對于後者的優越性。所以科學的歷史理論，必須闡明這兩個經濟體系的差異和對立；說明社會形態發展過程中的兩者之歷史的準備，兩者的特殊性與原動力；說明前者必然起而代替後者的必然性。

社會的經濟構造發展之歷史的形態，可分為下列五個順次發展的大階段：

一，原始社會的經濟構造；

二，奴隸制社會的經濟構造：

三，封建社會的經濟構造；

四，資本主義社會的經濟構造；

五，過渡期社會的經濟構造；

以上五種經濟構造的歷史形態，是由低級向高級的社會之前進的階段。由低級形態到高級形態的發展，造出歷史過程的統一。

下面依次加以說明。

先氏族社會的經濟構造

（甲）原始社會，可以分為先氏族社會與氏族社會兩大時代來說明。

人是社會的動物。人類社會之先驅，是一種動物羣。在這種動物羣之中，人類知道了製造器具。由于器具的使用與創造，人類的生活起了革命的變化，於是這種動物羣就轉化為人類社會了。人類社會的最古的形態，是『原始人羣』。

『由動物界分化出來的人類，帶着由動物進化而來的痕跡，踏進歷史的領域。他們是半動物的狀態，非常粗野，沒有抵抗自然力的能力，也不覺到自己的力量，因而是像動物一樣的貧弱』。這種原始羣，用粗野的石器和木器等把自己武裝起來。因為技術的幼稚，還不能獵取較大的動物。他們的生活方法，主要的還是採集自然界所供給的現成的自然物。

由於生產諸力的幼稚，那樣的原始人羣的集團是不能擴大的，人數至多不過數十人。集團中沒有指導者或指揮者，一切都由共同決定，人類之社會的本能，演着極大的作用。

隨着時代的進行，石製器具比較複雜化，于是依着過去技術的經驗，原始人也能獵取較大的動物了。由于狩獵的發生，由于生產諸力的稍見發展，原始人羣，開始了性別與年齡別的分工。少壯的男性擔任狩獵，老幼和婦女擔任採集自然物及其他等工作。這樣的分工，對於原始社會給以重大的影響。

由于技術成功的影響，狩獵變爲主要的生活手段以後，原始人羣就變爲原始共產的人羣，組織也比較以前緊密了。他們由飄泊生活，漸漸的轉到定居生活，一個血族與別個血族之間的界限，也比較嚴格了。血族的集團在其狩獵的區域中，土地及其他自然物，屬於集團公有。一集團中的人員，在其所屬的地界內從事狩獵與採集，一旦越出界限，就會引起集團與集團之間的戰鬥。因而集團中的人員，與他所屬的集團緊密的結合着，決不能離開他的集團而生活。

原始共產的生產關係，與原始的生產力是相適應的。但是生產力與生產關係矛盾的萌芽，却已潛伏于當時的經濟構造中，原始的生產方法的矛盾，是個人的生產與集團的占有之矛盾。因爲原始人所使用的器具是原始的器具，人人都能獨立製作。隨着技術的複雜化，少壯者與婦女老幼者在生產方面的任務便分立起來，而主要的狩獵工作是由少壯的男性擔負，社會生活也趨于複雜了。原始的採集生活者的器具，是能够自由製作，自由使用的，並且，狩獵器具是狩獵者隨身攜帶的武器。這樣的勞動手段的性質，是決定器具由個人使用的條件。在這種事實之下，就引起勞動器具之個人的私有，引起隨身的服務用品之私有。由于狩獵器具的改善，有許多動物，是容易被個人的狩獵者所獵取的。於是個人的生產的可能性便增大起來，而占有却和從前一樣，仍是集團的性質。譬如說，個人能够獵取動物，而所獵的動物，仍歸屬于其所屬的集團公有。於是形成了個人的生產與集團的占有之矛盾。這種矛盾，是原始社會所共通的發展的原動力。（不過，這種矛盾，在原始社會中，不發展爲衝突）。

先氏族社會以及後來的氏族社會，有一個共通的特徵。這就是生產關係與血統關係有密切的聯繫。在這種社會中，婚姻關係與家族關係，是生產關係的側面。因爲『勞動越是不發達，勞動生產物的量以及社會的財富越是有限，社會制度越是受血統關係所支配』。這就是說，原始社會中勞動的社會化以及自然物占有的程度，還在幼稚的狀態，血統關係在社會生活上演着莫大的作用，成爲生產者間的關係的基本形態。所以人們『在其生活之社會的生產上』所成立的勞動關係，採取血統關係的形態而出現。

在性的分工還沒有發生的原始羣之中，兩性的關係是亂婚。性的分工發生以後，狩獵的男子羣與採集的女子羣，互相爲而勞動，互相交換其勞動生產物。在這種地盤之上，狩獵的男子羣與採集的女子羣發生經常的集體的結婚關係。再次，年齡別的分工，長老者與幼弱者的分工，也各自分擔一定的生產的勞動，與少壯的男女互相交換其勞動生產物。這樣，原始人的結婚與家族關係，就是一個生產關係了。所以這種生產組織是『極其簡單而透明』。『他們的生存條件，是生產力發展的低級階段，是和這種生產力狀態相適應的物質生活創造過程中的人類的狹隘關係，同時又是人們相互間及人與自然間的狹隘關係』。『個人與種族及共同體的結合是極其緊密的，恰與個個蜜蜂之與蜂窠相結合相同』。

由于生產力的比較發展，先氏族社會中個人的生產與集團的占有之矛盾，在結婚與家族的變遷上也反映了出來。隨着經濟的發展，血族羣婚讓位于半血族羣婚，往後半血族羣婚又讓位於對偶婚。于是個人的生產與集體的占有之矛盾，最初表現爲性別和年齡別之間的矛盾，往後又表現爲家族的利害與集體的利害之矛盾。這種矛盾，由于農業與畜牧業之發生，更加發展起來，就引起了先氏族社會的崩壞，而氏族社會代與了。

氏族社會，是原始社會的後期發展階段。氏族社會的質，與先氏族社會的質，並沒有飛躍的變化；兩者的差異，只是同一的質的發展程度的差異。因爲氏族社會的生產方法，與先氏族社會

氏族社會的經濟構造

的生產方法，同是平等的生產方法，主要的生產手段（如土地及其自然物）都是屬于集團公有的。所以兩者的差異，只是生產力發展程度的差異，而不是生產力的質的差異。但是由于同質的生產力發展程度的差異，個人的生產與集體的占有之矛盾，就更加發展起來。這種矛盾的發展，即是意指着生產力的發展。由于氏族社會的生產力之發展，就產出比較複雜的社會組織——氏族組織。

由原始社會到氏族社會的推移，就勞動手段方面說，是舊石器時代到新石器時代的推移；就經濟性質方面說，是採集與狩獵的經濟到生產經濟的推移；就生產關係的一個側面之血統關係說，是集體婚家族到對偶婚家族的推移。在原始社會中，採集及狩獵的對象，都只是自然界所供給的天然的對象。就原始人說來，『土地也是他的勞動手段的武器庫，正如牠是他的本來的糧食倉一樣』。原始的狩獵者及採集者的特徵，就是占有現成的自然物和勦滅自然的資源。他們還沒有發達到應用勞動力使自然物再生產出來的程度，即是說，還沒有達到農業及畜牧的程度，即是沒有進到生產經濟的階段。

自從新石器及金屬器的出現，與勞動力的較高程度的發展，就引起農業與畜牧業的發生。農業是採集的複雜化的結果，畜牧是狩獵的複雜化的結果。于是農業與畜牧業就成爲人類的主要的生活手段了。

農業是『某種程度上鞏固的形成了的一切社會的最初生產形態。農業助長了定居的生活形態的强化，產生了生產過程的整齊的集團組織，所以能使各種人類的集團的社會組織有相當的堅固』。所以隨着農業或畜牧業的出現，人類集團的社會組織逐漸嚴整，同時，人類的物質生活也比較確實可靠，並且有了剩餘的生產物，而人口也逐漸繁殖起來。因此，人類集團內的種種分化以及集團間的分離與結合，也逐漸發展起來，社會的秩序，變爲氏族的秩序了。

氏族社會發展的原動力，是個人的生產與集團的占有之矛盾。在生產力發展的低級階段，生產的個人化，使這個矛盾得到解決，並促進氏族社會的生產力的發展。所以要理解氏族社會的發展過程，首先要把握住這種矛盾，從物質的諸關係來說明。

個人的生產與集團的占有的矛盾，在原始社會的後期，即已發生。這種矛盾，到了氏族社會，就越發循序發展了。因爲農業出現以後，原始共產羣，就定居于一定地方，形成爲血族的農業共同體。由于生活資料比較確實的可以得到，人口自然的容易繁殖，更因生產技術的幼稚和單純，共同體內部的分化，就成爲不可避免的現象。在最初的時候，這種農業共同體的生產，是採取原始協業的形式。但基本的農耕器具，是歸個人使用，歸個人所有的。于是在這種協業形式中，就產出個別的個人的强化，產出生產的個人化的傾向，而引起原始協業的崩壞。例如，最初的農業共同體，土地是屬于共有的，共同體的一切人員，都使用幼稚的農耕器具，共同從事于農業勞動。這樣生產出來的農產物，雖歸共同體所有，而這些農產物的分配，却不能不依着生產的個人化的傾向而實行，于是分配的個人化的傾向也形成了。這樣說來，在最初的血族的農業共同體之中，主要生產手段的土地是共有的，生產的勞動採取原始協業形式，生產物也是共有的；但是在另一方面，勞動手段是私有的，原始協業中的勞動是個人的，分配之後的生產物是私有的。照這樣，在生產的個人化的傾向中，就潛伏了私有財產的萌芽。

從後，由于生產力的進步，農業共同體的土地，就採取定期分配而由各種較小的血族單位（最後是氏族中的家族）去從事農業生產了。這時，土地雖歸共有，而其他生產手段却採取私有的形式，這樣得來的生產物的大部分（其一部分納付共同體，作爲公務人員的生活資料）也屬于私有，于是私有財產開始形成丁。

最後，共同體土地的定期分配，又漸漸變更，由定期分配而變爲不定期分配，甚至于久久不分配了。于是伴隨于其他的情形，私有財產便出現。（這在畜牧業的氏族共同體中，也有約莫相同的程序）。所以生產過程的個人化，與私有財產的出現相聯繫。私有財產的出現，又助長生產力的發達，而加强生產過程的個人化。這樣看來，生產的個人化，是私有財產的萌芽。

與生產的個人化及私有財產出現的程序相並行，還有一系列的其他事變。在人類文化的初期階段上，獨立的經濟單位，不是個人，而是由共通的經濟利益所團結的各種氏族共同體。各個共同體，因其地理的位置及其他特性，在其勞動生產物的性質上，表現相互間的差別。如農業氏族與畜牧氏族即是一例。這類共同體互相接觸之時，自然的發生生產物的交換（即生產物轉化爲商品）。隨着這些商業的交通之由偶然的而變爲經常的，各種共同體在經濟上就互相結合而失其獨立了。于是交換引起各共同體間的社會的分工。第一次的社會的分工是農業與畜牧的分工，第二次是農業中的手工業的專門化。于是交換就由共同體間的交換而進到共同體內部諸個人間的交換了。于是商業也成爲一種寄生的分業而出現了。生產的個人化與個人的家族的分工的萌芽，雖是交換的先驅，但交換對于原始的自然發生的分工之改造，對于原始協業的崩壞，却是強有力的因子。交換也助長了共同體的人員間財產上的私有制。生產的個人化的結果，出現了個別經濟，而這種個別經濟，又成爲私的占有的源泉，造出了動產集中于各家族長手中的地盤。這時的財產的內容，首先是家畜，貨幣及奴隸。于是同一氏族內部各家族的財產上的差別，引起了原始社會的經濟平等的破壞。最富足的，經濟上最強有力的家族，漸漸的占據了共同體所處理的生產手段的大部分，而其他比較貧弱的家族，就被奪去了生產手段的利用權了。于是，個人的生產與集團的占有的矛盾，發展到了最高階段，就轉化爲牠的反對物，就是發生質的飛躍，而成爲社會的生產與個人的占有之矛盾了。于是在氏族組織的廢墟之上，形成了新的階段。

原始社會之崩壞

原始社會之真實的歷史的經濟的基礎，是主要的生產手段之共有。生產手段的這種共有，是由于勞動生產性的比較不發達，而個人不能離開血族團體而生存。在這種意義上，原始社會的生產方法，是共同的共有的勞動的原始形態。原始社會的組織，完全適應于這樣的生產方法，當時還沒有階級貧富的區別，沒有支配和隸屬，沒有政治組織，社會組織建立在原始民主主義的原則之上。

如果人類的歷史是五十萬年，那就至少有四十九萬餘年是屬于原始社會。這便是說明現代的階級不平等，只是歷史的暫時的性質，而沒有階級的社會確實是存在過的。因而所謂原始人是『天生的』個人主義者，是孤獨的生活者的主張，所謂原始人所私有的漁獵器具即是『資本』的主張，都完全是荒唐無稽之談。

原始社會的遺物，依據民俗學及其他輔助的歷史科學所證明，在最近的世界中，却還是存在的。例如德國的『瑪爾克』，俄國的『密爾』，都存有這樣制度的遺跡。狩獵生活之原始共產的痕跡，在今日的美洲、澳洲、及西伯利亞的低級發展階段上的未開化種族中，也還是保存着。又如氏族的生活的遺物，在今日高加索的少數民族間，在中央亞細亞的遊牧民族間，也可以看到。這些遺物，與封建制度的遺物相聯繫，形成着氏族長老的權力的基礎。多少還停頓在這種狀態上的民族，將來如何纔能移到新的經濟構造的軌道，是須要考慮到那種經濟的特殊性的。但這不單是歷史上的問題，並且是實際政治上的問題。

促進原始社會的發展及其崩壞的根本原因，是勞動生產性的增大。在勞動生產性沒有達到一定水準以前，勞動者除了維持自己的生活以外，沒有剩餘的時間。勞動者沒有剩餘時間，就沒有剩餘勞動。沒有剩餘勞動，就沒有剩餘生產物，因此就沒有私有財產，沒有奴隸所有者，沒有封建領主，做一句話說，就是沒有任何大所有者的階級。由原始社會到階級社會的轉變，只有隨着勞動生產性的發達，纔有可能。

勞動生產性的增大，以勞動在一定社會條件之下實行的一事爲根本前提。爲要使勞動者把剩餘勞動支給他人，就必要有『外部的强制』。當農業與畜牧的最初的社會的分工發達起來以後，勞動生產性更加發展了。交換也隨着逐漸發展起來了。由于這種種原因 除了維持生存所必要的生產物之外，剩餘生產物也開始形成了。這剩餘生產品，在氏族的長老或家族長的手中積蓄起來，就成爲私有財產發展的源泉。私有財產與生產手段的原來的共有，是並行的存在着的。于是財產上的不平等就發展起來。隨着私有財產的發展，就引起利用勞動力的可能性，以適合于個人的目的的要求。這種勞動力的供給者，是戰爭的俘虜及不能償債的人們。于是在家內奴隸勞動的形態上，發生了社會的不平等。照這樣，就造出了一個新社會條件，使得勞動者有過剩的時間，並强制他去從事剩餘勞動了。同時，階級的敵對關係的基礎，也樹立起來了。于是『從新形成了的社會諸階級的衝突，把建築在血統關係上的舊社會打破了』。新的財產關係，侵入于社會的共有制度之中，因而『由國家所表現的新社會』，就是建築在生產手段私有的生產關係之上的。這種新社會的基礎，就是階級的不平等，以及生產手段所有者對于生產階級的支配。于是原始社會告終，而最初的階級社會出現了。

三、奴隸制社會的經濟構造

現在來說明各種階級社會的經濟構造。

階級社會的經濟構造，可分爲奴隸制的，封建的及現代的三個順序的階段。這三種階級構造，雖各有其特殊的質，但牠們之間，卻存有下述幾種共通的特性：

階級社會之共通的特性

第一，這三種經濟構造，都是敵對的形態，其基礎都是諸階級的敵對關係，支配階級都形成爲一個階級，剝削隸屬的生產階級所提供的剩餘勞動。這種階級支配之經濟的基礎，是對于生產手段私有的種種形態，即是奴隸主的所有形態，封建的所有形態，及資產階級的所有形態。

第二，這三種社會中，階級支配都各由特殊的政治組織所維持，而這些特殊的政治組織，都採取國家的形態。這些國家形態，都各由與牠們相適應的法律所鞏固。

第三，這三種社會的共通特徵，是都市與農村的對立。都市與農村的分立，是在社會的分業過程中發生的。由于社會的分業之發展，手工業便在都市發展起來，離開農業活動而獨立了。這種分離，隨着交換的發達，隨着都市的商業中心地之形成，便愈加固定。都市到處指導農村。都市集中了權力、科學及藝術的成果。因而都市人口大衆的文化水準高出于農村，而農村人口便停滯于落後的勞動形態，而安于『愚暗的農村生活』。『都市與農村的對立，只在私有財產制的內部纔能存在。這是個人被隸屬于分業及强制的一定活動——事實之最露骨的表現』。這種現象，在非敵對社會中是不存在的。

第四，階級社會的全部歷史，是由肉體勞動與精神勞動之分離與對立所貫串的。由于剩餘生產物的存在，精神的勞動，便離開物質的生產而獨立，變爲支配階級及其附屬者『思想家們』的特權了。精神勞動與肉體勞動的分工，在非敵對社會中也是存在。但這種分工，並不是意味着兩者的截然分離。在非敵對社會中，從事肉體勞動的人也從事精神勞動，即是任何人都能兼做肉體勞動與精神勞動。

指出了階級社會的共通特性之後，再進而分別考察各個敵對的經濟構造。關于這些階級社會的考察，包含着歷史的理論與社會的實踐之統一。卽是說，研究這些階級社會時，並不是單純的純粹的把牠們作『歷史的』考察，另一方面還含有社會的實踐的意義。因爲那些先資本主義的經濟構造，是與資本主義社會相結合，爲要改造資本主義社會，就必須理解這種結合的複雜性，纔能夠決定具體的改造方案。先資本主義的經濟構造的遺物，在資本主義社會中所占的比重怎樣？牠對于社會的轉變有怎樣的意義？牠對于殖民地反帝國主義運動有怎樣的意義？這些都是關于社會的實踐一方面的事情。所以，人們都應站在這種見地去考察敵對的經濟構造的問題。

奴隸制的經濟構造之發生及發展

奴隸制的經濟構造，是從先階級社會的母胎中直接發展起來的最古的生產形態，牠的萌芽是孕育于氏族社會的家內奴隸制之中。最古的階級的生產關係，是奴隸所有者與奴隸的關係。古代希臘、羅馬及中國（殷代），遺留了奴隸制生產關係的典型。奴隸制之手工業的技術，是極其幼稚的，所以需要支出多大的勞動力。這些勞動力的供給者，是戰爭時的俘虜，是沒有償債能力的債務者，是被掠奪被販賣的異族人。這些人們都被迫而為奴隸，被當做商品買賣。由于奴隸的買賣，造出了廉價的勞動力的廣大市場。奴隸被主人看做只能說話的工具，他們被剝奪了一切權利，完全變為主人的所有物，——這是奴隸制生產體系的特殊性。奴隸完全依從于主人的命令，從事種種生產的勞動；奴隸所有者，完全從生產的勞動解放出來，專從事於政治、科學、及藝術等「精神的」活動。

所以在生產力的一定發展階段上發生了的奴隸制生產關係，決定了生產力的往後的發展。勞動力被集中於奴隸所有者手中的結果，經營的能力增大起來，生產的範圍也擴張了。因此，勞動生產性增大起來，剩餘生產物就越發的積蓄起來了。所以在古代世界中，奴隸制度發展到一定階段時，一方面因為具備了取得無價的剩餘勞動的條件，一方面又助長了分工之更進的發達與勞動之更進的分化。于是交換顯著的發達起來，商業資本就出現。造出了販賣農產物于其他諸國的有利的條件。這一切事情，增大了奴隸所有者的所有，引起了奴隸數的增加。因此，在農村方面，小農的土地被剝奪，而為大土地所有者所吞併。在都市方面，自由的手工業者也次第減少了。于是農業與都市手工業，被集中于大奴隸所有者手中。他們利用多數奴隸的強制的勞動，在其莊園中與手工業作坊中，實行生產。這樣，奴隸制社會的生產力，就成就了很大的發展。于是古代世界的物質基礎發達起來，而在這物質基礎之上，成就了精神文化的莫大的發展（如古希臘的哲學、藝術與科學，如羅馬的羅馬法等）。在這種廣大的物質的及精神的文化的發展中，就顯出了古代奴隸制之進步的歷史的任務。

奴隸制的經濟構造之崩潰

奴隸制社會的生產力之發達，只是在其量的方面表現出來，而其質的方面，因為仍是無代價的奴隸勞動，並沒有發生變化。商品生產的發展，「並不會變化奴隸所有者的經濟之一般的構造』。因爲古代世界中商業的作用，仍『歸結于奴隸經濟』，至多也是『只把那以直接生活資料的生產爲目的的家長制奴隸制度，轉化爲以剩餘價值的生產爲目的的家長制奴隸制度』而已。所以奴隸所有制度，在其自然的發展上，沒有推移到更高級生產方法的可能性。

就古代世界的情形來說，奴隸制經濟的生產力，一旦發展到牠的頂點，就開始呈現崩潰的傾向。因爲奴隸的勞動形態與奴隸的低級的生產能力，塞住了生產技術的進步，而奴隸所有者和自由民，又不直接參預于生產。這是障礙生產力發展的奴隸制生產關係之根本的內在的矛盾。這種矛盾發展起來，就至于演出奴隸的叛亂。然而奴隸不是更高級的生產方法的担負者，不能指導生產力對于障礙物（生產關係）的反抗。於是生產方法之必然的變革，就採取另一種轉變規律，（即『鬥爭的兩階級並倒』）而推移到封建的形態了。

奴隸制度，不單是歷史的研究之對象。奴隸制的遺物，在現今世界中，仍有一部分保存着。雖然奴隸制度已經公然『禁止』，雖然所謂文明人在『道德上』否定這個制度，可是在事實上，仍然在或隱或現的形態中繼續存在。現今非洲及其他各國，還有幾百萬的奴隸。許多殖民地國家的『自由的』土着人民，被陷於奴隸狀態，爲帝國主義的強制者担負許多勞動義務。這種奴隸制之事實上的存在，對于帝國主義者，是有經濟上的利益的。帝國主義者把殖民地人民當作奴隸來剝削，在生產技術極幼稚的處所，就利用他們從事奴隸的勞動。所以殖民地民族為要脫離帝國主義的羈絆，就必須認識這種若隱若現的奴隸制度，認識帝國主義者把殖民地人民當作奴隸剝削的事實，——這是殖民地民族解放運動的緊急的任務。

三　封建社會的經濟構造

歷史上繼承奴隸制的經濟構造而起的，是封建的經濟構造。封建社會與奴隸制社會不同。封建『社會的基本的分裂，是農奴所有者＝地主與為農奴的農民』。在奴隸制社會中，『奴隸所有

封建的生產關係之根本特徵

者，把奴隸看做財產，法律也固執這種偏見，把奴隸看作完全屬于奴隸所有者所有的物品』。但是，在封建社會中，『對于為農奴的農民，階級的壓迫和隸屬雖照舊存在，而為農奴所有者的地主，卻不算是當作物品看的農民的所有者，他們只有對農民要求勞動的權利，強制農民履行一定的義務』。

封建的經濟，對于奴隸制的經濟，是比較進步的歷史形態。因為奴隸制經濟，是一種沒有出路的經濟，當發展到一定階段時，就必然的轉變到封建的經

濟。關于這種轉變，可以把古羅馬的歷史事實，作爲範例來說明。古代羅馬的末期，主要的生產手段的土地，已爲貴族的大地主所兼併，小所有者的平民已經沒落，而變爲靠國庫贍養的寄生者，那不堪虐待和剝削的奴隸們，又因不斷的背叛而橫受主人所毒殺。結果，奴隸制的經濟，因爲奴隸的勞動力的缺乏，因爲奴隸勞動阻礙了技術之進步，便大大的崩潰下去。在這種情形之下，就發生了農奴制度。大土地所有者把所有的領地，分發于所謂『科勞士』（Colonus）去耕種。這種『科勞士』，就是負債的小所有者及奴隸；他們對于領主擔負義務的勞動並繳納現物地租。這種制度，到三世紀中葉，已推行于羅馬全境。往後，地主的政府，爲抑制『科勞士』規避納租等義務，禁止他們遷移他處或放棄耕地，使他們變成農奴。這種制度，不但適用于農民，並且對于都市的居民也同樣適用。所以奴隸制度在這種過程中，已經轉變爲封建的農奴制度了。同時，要注意的，普及于中世紀歐洲各地的封建制度，在日爾曼人侵入羅馬以前已經普遍的存在着，並不是日爾曼人用政治力量創造出來的，日爾曼人不過在這種制度之下，把所占領的羅馬土地實行封建的分割而已。

封建的經濟構造之特徵，可分作如下的概括的說明：

第一，一切的土地，幾全爲封建領主所占領，形成大土地所有。

第二，直接生產者的農民，在人格上隸屬於封建領主。他們從領主領受土地及其他生產手段，經營農業，向地主繳納地租，終身被束縛于領主的土地之上，成爲土地的附屬物。

第三，農業經濟，主要的是自然經濟。農民的生活資料，大部分是自己的產業；領主的生活的大部分，也是由農民繳納自然物去供給（有由領主自己的耕地上供給的）。但其他的生活資料，仍不能不仰給于外部，所以商業仍是存在的。

第四，農民所耕種的面積，是小塊的土地。農民在小塊的土地上，應用低級的、停滯的農耕技術，獨立的經營小規模的農業。農民在人格上雖隸屬于領主，而這種小經營，却歸農民所有。這是所謂「大土地所有與小生產的結合」。本

第五，領主的土地，大部分分發給農民，領主自己通常留存小部分的土地，用農民的義務勞動經營農業；所得的收入，用以贍養自己的家族及武士家臣之類。

第六，農民是半解放的奴隸，除對領主繳納地租及履行一定義務勞動以外，其餘的勞動時間，是從事于家內手工業。所以，在封建制之下，農業的家內手工業是互相結合的。

第七，農民對于地主所擔負的主要義務，是繳納勞役地租與現物地租。此

外，農民還得要繳納各種苛捐雜稅，其名額任憑領主決定。

第八，地主的人物，最大的是國王，以下是公侯伯子男卿大夫等，等級非常複雜。其名稱在歐洲與亞洲各不相同。大概地主的等級，與其所有土地的大小相適應。封建政治的等級制度，與地主的等級制度相適應。

第九，封建領主，對于農民厲行超經濟的強制。「這種強制的形態與程度，從農奴狀態起到農民權利的身分限制爲止，能有許多複雜的種類」。

總起來說，在封建的剝削上演着重要作用的東西，是農民被束縛于土地，是人身的隸屬關係，是直接的支配與隸屬的關係及所謂超經濟的強制。這是基本的封建的生產關係，階級關係。

封建的手工業，商業與商業資本

封建的生產關係之特徵，不能離開封建的特殊階級關係去考察。地主對農民的剝削，表現于種種地租形態——勞役地租、現物地租、貨幣地租——之中。同時，與封建的土地所有者適應的東西，又有「都市的集團的所有及封建的手工業組織」。

封建的手工業，是從農民經濟分離出來的。當生產者把用自己的原料造成的生產物出賣于消費者之時，他便成爲手工業者。這種手工業者，大都團聚于城市之中。封建的城市，是在領主的統治之下形成的，城市的所在地，大都是交通便利的地方。都市的居民，與農村的農民一樣，最初也是在人格上隸屬于領主的人們，領主向這種都市的居民，課征種種的稅收。城市居民，多半是手工業者和商人，他們手中有貨幣，領主常常仰賴他們的經濟上的援助。因而城市的居民能够向領主取得種種的特權，可以免除封建的義務，而建築城堡以自衛。（並且，有些城市變成領主的居住地）。這是城市居民優越于農民的地方。

隨着城市經濟的發展，城市的居民，發生了階級的分化。城市的富裕的手工業者與商人，爲了自身的商業的利益與特權，形成了所謂行會的組織。手工業的行會的宗旨，是規定關于同業的種種生產的規則（如生產物的生產與販賣，生產物的品質與分量，價格的決定等，均有一定的規則）。對於保護本業的利益，對內厲行一定的秩序。關於客師的待遇以及徒弟的習藝的規則等項都有嚴格的限制，同業者均須確實遵守，不得違背。于是城市中的店東與客師徒弟之間，成爲一種嚴重的等級關係。城市手工業的店東與商人的富裕階層，是資產階級的前身，而客師及徒弟等，又是無產階級的前身。（但是先資產階級與先無產階級，並不就是資本主義社會的資產階級與無產階級，這是要特別注意的）。

手工業的技術，建立在手工勞動之上；勞動手段是簡單的器具，變化是很緩慢的。所以這種生產，是『以勞動者的生產手段私有爲基礎的小規模的經營』，並且這種經營規模，必然是狹小的。

手工業的生產，當然是商品的生產（單純商品的生產）。在這種商品生產之中，生產者『使用自己所有的、大部分由他自造的原料，使用自己的勞動手段，用自己的或家屬人員的手的勞動去造出商品』。『所以那商品當然是最初起就完全歸他所有。雖然有時借助于他人的勞力，而在通例上，這也無關重要，大都除了給工錢以外，還用別種東西去補償，行會的徒弟和客師，不是爲着食費或工錢而勞動的，而是爲了要學成一個職工纔去勞動的』。這些，是封建的手工業生產的特徵。

其次說到封建時代的商業。前面說過，封建的農業經濟，是自然經濟，大部分的生活資料，是由農民自己供給的。農民勞動的生產物，只在『除了滿足自家的要求和繳納于領主的貢物外還有剩餘之時，他們纔生產了商品。當這種剩餘生產物被投進于社會的交換而提供爲出賣品之時，牠就變爲商品了』。至於都市的手工業者，從最初起就不能不爲交換而生產』這是上面剛纔說過的。還有，領主們從領地之內的人民剝削得來的剩餘生產物，除了供自己的消費的部分以外，多餘的部分，不能不拿出交給商人，向商人換取貨幣或其他商品，以滿足他們的欲望。所以領主們也是把生產物當作商品出賣的人們。由於這種種情形，封建時代的商品交換也是盛行的，雖然市場的範圍是比較狹小。

由於商品交換的盛行，商業資本就與封建的諸關係相融合了。商業資本與其孿生兄弟高利貸資本，在封建的秩序之下，成爲一種寄生蟲，附着於封建的生產方法，吸取封建的生產方法的膏血，使得封建的再生產陷于萎縮和慘淡的境地。所以這兩種資本，在封建社會中，只演着消極的剝削的作用，而腐蝕封建的生產方法。

隨着商業資本的發展，封建的障壁與市場的孤立就被打破，使封建領主的領地經濟趨向于崩潰的途徑，使農民經濟商品化的程度加深。于是引起土地變成買賣的對象，引起農民階級的富農層與貧農層的分化。同時，在城市經濟方面，商業資本的發展，在封建的秩序下，使得城市富裕階層的勢力增高，而能夠與封建貴族相頡頏。所以在增大的經濟的商品性質上，封建政治之地方的分權消失，發生出統一的中央集團的國家，即土地所有者獨裁的國家。這是商業與商業資本對于封建的構造所演的作用，牠本身並不曾造出特定的生產方法。

以上說明了封建的經濟構造的一般特徵，現在再進而檢討所謂農奴制度的意義。

農奴制與封建制的同一

關于封建制與農奴制是不是同一的經濟構造的問題，在討論社會的經濟構造的許多學者中，曾有一種異論。這種異論，主張封建制與農奴制是截然不同的兩種經濟構造，而各有其截然不同的生產方法。這種異論的根據是這樣的：『在封建制之下，農民占有生產的基本手段和基本農具的使用權。農民在自己的經濟上，生產必要生產物與剩餘生產物。農民把這些剩餘生產物的大部分，用現物地租的形式繳納於封建領主。在農奴制之下，以徭役的生產為基礎，在這種徭役的生產下面，農民只是徭役經濟的附屬物。在封建制度及農奴制之下，有不同的生產方法及生產關係』。（以上是俄入杜布洛夫斯基的見解）。依照這種見解說來，封建制的特徵是土地所有者剝削現物地租，農奴制的特徵是剝削勞役地租，因而把現物地租和勞役地租的形態看作區別封建制與農奴制的特徵，並主張兩者是截然不同的經濟構造。這種見解，是大錯而特錯了。

勞役地租，現物地租與貨幣地租，是封建的基本的生產關係＝剝削關係之表現形式。這三種地租，都是封建的地租形態，表現出封建的經濟構造的發展的階級。這些地租形態的發展，適應于封建時代的生產力的發展狀態而變化。一般的說來，在封建時代的初期階段，農民的勞動生產性比較幼稚，土地所有者，為實行有效的剝削，不能不利用超經濟的强制力，使農民緊密的隸屬于地主，主要的强制農民提供剩餘勞動，使在自己經營的土地上從事種種的勞動。所以在這個時期，土地所有者，主要的是向農民剝削勞役地租。往後，農民勞動的生產性比較進步，農民獨立經營農業的能力比較充分，因而土地所有者對于農民剝削現物地租也比較確實可靠。所以，這時的土地所有者，主要的向農民剝削現物地租了。這是表示出封建的生產力顯然的進了一步。最後進到封建時代的後期，商品＝貨幣經濟發展起來，農業經濟趨向于商品化，而土地所有者又迫于貨幣的需要，於是在貨幣地租的形態上向農民剝削地租了。

從封建的生產力的發展狀態說來，勞役地租、現物地租與貨幣地租，形成爲封建的經濟構造的三個階段。但是這三種地租形態，也不是完全截然各別的形成爲一個階段。因爲在勞役地租爲主要的剝削形態的時期，農民的剩餘生產物，仍然是被土地所有者所剝削的。其次，在現物地租成爲主要的剝削形態時，勞役地租也並不是完全沒有。最後在貨幣地租時期，現物地租與勞役地租也是遺留着。如果嚴格的拿一種地租作爲封建經濟各個階段的特徵，要以封建的生產力發展的狀態爲前提。在這種前提之下，土地所有者所剝削的主要的地租的形態，能夠區別封建經濟內部的各個發展階段。

從上面的說明看來，那種把農奴制看成與封建制截然不同的經濟構造的主張，固然是重大的錯誤，並且把剝削勞役地租的制度看做農奴制的主張，也是一種錯誤。農奴制本身就是封建制。封建制的特徵（在前面已經說明），對于農奴制是完全適合的。就農奴制的這種制度說，農奴所有者就是封建的地主，他們有向農民要求勞動的權利，强制農民履行一定的義務。『這所謂要求農民勞動和强制農民履行義務』，主要的是向農民剝削勞役地租和現物地租。所以那種主張把剝削勞役地租作爲農奴制的基本標幟一層，顯然是錯誤的。從生產方法和生產關係看來，封建制和農奴制並沒有區別。農奴制實是封建的生產關係之特徵。

變相的封建的生產方法『亞細亞的生產方法』

在敍述封建的經濟構造時，還有一個在最近聚訟紛紜的問題，也應當提出來加以解釋。這就是關于所謂『亞細亞的生產方法』的問題。

我們在前面列舉的生產方法之歷史的發展的順序時，曾經列舉了原始的、奴隸制的、封建的、現代的、及過渡期的生產方法五種，而把『亞細亞的生產方法』叫做變相的封建的生產方法。爲什麼把『亞細亞的生產方法』叫做變相的封建的生產方法呢？這是這裏所要說明的問題。

在七十餘年以來，關于原始社會的歷史研究還沒有發達的時候，科學的社會學的創始者，曾經把『亞細亞的生產方法』當做由原始社會到奴隸制社會的過渡階段假定過。但是到了現在，關于原始社會的歷史的眞相，已經有了科學的說明，從前的那種假定已經失却必要了。並且這位創始者是把『亞細亞的生產方法』當做敵對的生產方法來說明的。所以就創始者的這個假定的說明看來，『亞細亞的生產方法』，首先是敵對的生產方法。

其次，所謂『亞細亞的生產方法』之敵對的性質，依據科學的社會學創始者之古典的文獻考察起來，更依據現今的許多先進的學者的共同研究考察起來，這是與封建社會及封建國家相結合的。『亞細亞的生產方法』，在其本質上，與封建的生產方法，並沒有根本的區別。所不同的地方，就是亞細亞諸國的幾個特殊經濟條件。即是說，所謂『亞細亞的生產方法』，就是附加幾個特殊經濟條件的封建的生產方法。

所謂特殊的經濟條件，就亞細亞諸國說來，有下述幾種：第一 對于土地的統治權，集中於最大的土地所有者國王之手。第二，關于農業方面的水利灌溉等社會的事業，是由國家組織的。第三，土地所有者的國家，干涉人民的經濟生活。第四，土地所有者的國家，向農民征取的租稅，與封建地租有同一的經濟的內容。第五，亞細亞諸國，是土地所有者的獨裁國家。以上這些條件，都是亞細亞的特殊經濟條件。這些條件，明明是與封建社會及封建國家相關聯的。但就基本的生產關係說來，亞細亞的生產方法，只是封建的生產方法之特殊的形相，即是封建的生產方法的變種。因而主張「亞細亞的生產方法」是與封建的生產方法截然不同的生產方法的異論，實是一種錯誤的見解。

封建的經濟構造之崩潰

隨着商品生產與商品流通的發展，商業資本就發展爲資本的典型的形態，使封建的生產方法發生解體的作用。牠助長封建領主們增高對于農民的剝削。因爲農產物轉化爲商品，而農民的現物貢納和剩餘勞動的大小，就不專受封建領主的消費所限制。在另一方面，有貿易來供給奢侈品，封建領主的消費，在質的方面也提高了。于是封建的土地關係漸漸解體，農民的富裕階層，就能够利用貨幣贖回封建的義務而取得土地；至于貧苦的階層，就因封建的剝削的加重而喪失土地，喪失經營農業的能力。這些被奪去土地的農民，即是自由勞動者的前身。

在城市方面，商業資本，逐漸支配着手工業者，並且也使都市手工業解體，手工業的行會的組織，就陷入於崩潰的過程。這封建的行會關係解體與農民的土地收奪，就是自由勞動者發生的歷史。

封建時代末期發展了的商業資本與高利貸資本，是資本的原始蓄積的兩個形態。這種原始蓄積的方法，是由商業和欺騙得來的很大的商業利潤，是用重利盤剝農民手工業者及地主得來的利息，是由掠奪殖民地人民得來的金銀財寶。因此，封建社會的末期，資產階級手中，蓄積了大宗的貨幣。

在上面各種條件之下，『當作貨幣看的貨幣』，開始轉變爲『當作資本看的貨幣』。『這種新的資本，首先當作貨幣，當作由一定過程轉化爲資本的貨幣，登上市場——商品市場、勞動市場、金融市場——的舞台』。于是資本家因握有足夠使用相當數目勞動者的資本，就能夠占有勞動者的剩餘勞動了。從這個時候起，原始蓄積形態上的資本的所有者，就從生產的參預轉而從事于生產，集合分散着的生產手段，用工錢雇用較多的勞動者，在一個手工業的工場中，使他們從事于商品的生產；他們自己就脫離肉體勞動，而以資本的代表人資格，專盡指導者管理者的機能。資本家的這種機能，不單是從社會的勞動過程的性質發生的機能，並且是社會的勞動過程的剝削的機能。這種剝削的機能，就是從工錢勞動者剝削剩餘價值。這樣，資本主義的生產方法，就在封建社會母胎中發生，並成爲封建的生產方法的後繼者。

隨着資本主義的生產方法之形成，封建的農村關係也適應于牠而變化。封建的領主或者轉變爲近代的地主，或者轉變爲近代兼做農業資本家的地主。封建的農民的富裕層，轉變爲近代的農業資本家；貧苦層轉變爲近代的勞動者。

于是封建的經濟構造爲現代的經濟構造所代替，更伴隨着資產階級的革命而完全轉變爲現代資產階級社會了。

封建制度的研究，不單在理解資本主義的發展過程上有極重要的意義，並且對于資本主義社會改造以及落後國家的狀態的理解，也是非常重要的。落後國家所存留着的封建關係的諸形態，常與帝國主義剝削殖民地的新形態雜然並存，並爲後者所利用。土着的封建勢力與外來的帝國主義之間的政治的經濟的聯繫，是使農民大衆停頓于奴隸狀態的基礎。所以殖民地或半殖民地的解放運動的原理，必須反映出殖民地或半殖民地的這種實際的狀態，纔能向着新社會的方向邁進。

第二節　資本主義的經濟體系

一　資本主義的成立及發展的過程

資本主義的經濟構造，和從前的社會經濟構造比較起來，是最複雜的構造。階級社會的一切矛盾，例如生產力與生產關係的矛盾，階級的對立，國法與法律的上層建築之發達，都市與農村的對立，精神勞動與肉體勞動的分離等，在資本主義之下，都完成了最高的發展。

工場手工業時期

關于資本主義經濟構造的敍述，應當分爲下列三項：（一）資本主義的成立及發展的過程；（二）資本主義的內在矛盾及其發展傾向；（三）資本主義的最後階段——帝國主義。現在先說明第一項。

資本主義生產與剩餘價值占有的最初形態，是工場手工業。應爲工場手工業及資本主義生產一般之歷史的論理的出發點的東西，是勞動的協業。勞動的協業，即是在同一資本家指導之下、生產同種商品的相當數目的勞動者在同一房屋中同時操作的有計劃的勞動。協業，在資本主義條件之下，比較同類的勞動者個別的操作的場合，却提供相對的剩餘價值。

由協業造出的相對剩餘價值，在其一切的形態上，是社會的勞動之社會的生產的結果。但在資本主義之下，這種結果，變成了爲一般的勞動而結合勞動者的資本的所有物。資本主義生產方法的矛盾的性質，在這個原始階段上即已顯現；一方面，資本家組織着並指揮着利于創造使用價值的勞動過程；另一方面，勞動過程，同時又是決定剩餘勞動的實行及其結果的占有的資本的增殖過程。

由于分業，工場手工業便從協業發展起來。

「基于分業的協業，在工場手工業中，就造出那最古典的姿態。當作資本主義的生產過程的特徵的形態看，牠是專在十六世紀中葉到十八世紀最後三分之一時期間繼續了的固有的工場手工業期中顯現的』。

工場手工業，是依着二重的方法發生的。其一，製造同一產物時依次操作的種種色色的勞動者，在資本家的指揮之下，結合于一個工作場中，共同勞動。例如馬車的製造，即是一例。其二，從前由一個手工工人製造的商品的生產，被分割爲部分的作業，各個勞動者，只把這些作業中的一部分作爲專門。

由于專門化的理由，就發展了工錢多少不同的勞動者的等級制度。在長期間專做某一部分工作的勞動者，固然提高了勞動者的技能，但他越發失掉了獨立性，轉變爲這種工作的奴隸。因爲他只能做這一部分的工作，同時就喪失了做別部分工作的能力。這樣，他除了自己的專門以外，對于別部分的工作，就變爲非熟練勞動者。因而他的勞動力的價值也降低了。工場手工業，把個別的勞動者結合起來，犧牲勞動者的獨立能力，藉以發展勞動之社會的生產力。手工業的勞動，是工場手工業的基礎。

工場手工業之技術的性質，引起資本的最低範圍之增大。

『個個資本家手中的資本的最低範圍之增大，或社會的生活資料及生產手段向着資本的轉化之增大，是由工場手工業的技術性質發生的一個規律』。

但是『工場手工業，不能在其全部範圍中抓住社會的生產，也不能從根本上變革牠。牠當做經濟上的產物聳立于都市手工業與農村的家內工業的廣汎的基礎之上。牠自身的狹隘的技術的基礎，在一定的發展階段上，弄到與牠自身所造出的生產的欲求相矛盾』。

這種矛盾，往後在最高階段上再被生產出來，由于機械的出現而被解決了。

機械的大工業

在工場手工業之下，勞動過程被分解爲極單純的部分的作業一件事，造出了作業機代替人類勞動的技術的可能性。要造一個機械去實行一切種類的手工業者的工作，當然是困難的。可是到了工場手工業把勞動過程放在極簡單的作業上編制之時，到了部分的勞動者用同一器具繼續實行同一機械的作業時，就已經顯示了把器具的操縱委諸機械的可能性。在這種意義上，工場手工業，是機械的生產與大工業之歷史的前提。

但機械的大工業，其直接的技術的基礎，是與工場手工業聯結着。因爲機械本身，是由工場手工業的方法生產的。新發明的機械，也是由于工場手工業時期中所養成的多數熟練機械工人的存在，纔能把牠製造出來。直到十九世紀最初十年間，能用機械製造機械之時，大工業纔開始發見牠的技術基礎，站住了自己的腳跟。

于是工場手工業的時期，就爲產業資本主義時期所代替了。

『在工場手工業方面，社會勞動過程之編制，是純粹主觀的，是部分的勞動者之結合；在機械體制方面 大工業却具有着勞動者把牠當作完成了的物質的生產條件發見的完全客觀的生產機構』。

機械之資本主義的使用與勞動者階級

生產過程中勞動者的任務，由于這種結果，在根本上起了變化。

『在工場手工業及手工業方面，勞動者是使用工具的：在工場方面，勞動者却伺侯機械。在那一方面，勞動器具的運用，是由他而起的；在這一方面，他要追隨于牠的運動。在工場手工業方面，死的機構，離勞動者而獨立存在，而勞動者當作活的附屬品，而合併于牠』。

機械的移入，引起勞動者階級之急速的增大。資本之使用機械，是爲了要縮少生產費，當然不是爲了要減少勞動者的勞動和苦痛的。由于機械的採用，熟練的男子勞動者，大批的被解雇，而更另用廉價的婦女與兒童的勞動者去代替他們，並且勞動時間也無限制的延長了。這是爲了要更巧妙的利用高價的機械並免除道德的消耗的緣故。于是資本提高了勞動的強度，並能在一定時間內剝削較多的勞動量。其次，機械更大量的『解放』了勞動者，使成爲產業豫備軍，創造了相對的過剩人口，結果，工錢就低落了。

機械的使用，在一切發達了的國家中，有些生產部門，非常的產出勞動者的過剩。使工錢低落到勞動力的價値以下，勞動日被延長起來。這些事實，由資本的見地看來，覺得如再使用比這種狀態更多的機械，那是不可能的。因此，一般的機械之資本主義的使用，是有一定的界限的。

機械之資本主義的使用，不但不減少勞動時間，改良勞動者地位，反而使勞動者及其家屬的全部的光陰轉化爲替資本家增殖資本的勞動時間，並使勞動大衆陷于最深刻的貧困。因此，在產業資本主義初期時代，發生了勞動者反對機械的騷擾，發生了勞動者與手工業者破壞機械與工場的運動。往後，勞動者知識的發展，能够辨別機械與機械之資本主義的使用方法，不向着死的勞動手段鬥爭，而向着機械之資本主義使用方法鬥爭了。

當作生產關係看的資本，占居支配地位

採取商業資本或高利貸資本的形式而存在于一切先資本主義的階級社會中的資本，隨着機械體制的移入，結局轉變爲產業資本。（產業資本，是分爲貨幣資本，生產資本，反商業資本的諸形態的。從前的舊形態上的資本，就轉變爲這些新形態的資本的全部或一部，而發揮其相當的機能）。

產業資本，對于其他一切形態的資本及先資本主義生產關係的遺物，是占居支配地位的。其最重要的動因，可分爲下列七項：

（一）一切生產物都採取商品形態。資本主義生產方法支配着的社會的財富，顯現爲商品的龐大集積。

（二）勞動力變爲商品。自由工錢勞動者的剩餘勞動之占有，成爲剝削之決定的形態。被占有的剩餘勞動即剩餘價值，在表面上採取利潤的形態。

（三）獨占化了的資產階級的生產手段，變成了具有提供利潤的自己增殖其價値的那種奇怪能力的資本。資本是適應于一定歷史的社會構成的生產關係；牠以創造利潤爲前提，而這種利潤之創造，表現得好像是由于生產手段的自然性質而來的。

（四）產業資本的平均利潤率，對于其他各種資本的利潤分配，是決定的東西。其他各種資本的機能，隸屬于產業資本的循環。

（五）商業資本，採取商業的＝商品的資本的形態，而在流通界又代表產業資本的地位去完成產業資本通過流通界的機能，因此能把產業資本的流通期間縮短。商業資本的利潤之大小，由產業資本的平均利潤之大小所限制。

（六）高利貸資本出現爲產業資本的補充物，以取得利息或平均利潤爲滿足。

（七）由土地獨占而得的收入，轉化爲近代地租。先資本主義的地租，轉化爲以資本主義關係爲基礎的土地私有的實現形態，即轉化爲資本主義的貨幣地租。資本主義的貨幣地租，只是剩餘價值的一部分；這一部分，是由資本主義的生產方法所規定的。地價本身，帶有利率的機能，一般是由平均利潤率決定的。

先資本主義的生產方法還被保存着的一切遺物，都隸屬于產業資本。從前的奴隸制，變爲資本主義的奴隸制。封建制的遺物卽農民對于地主的隸屬，變爲資本主義的剝削的激化的源泉。手工業者與小商人，在形式上雖是獨立的，而在其生活上，不但完全依存于產業資本，並且不斷的陷于無產階級的水準。科學不能不爲資本服役。資本關係，變爲全人類社會關係的支配形態。

二　資本主義的內在矛盾及其發展傾向

資本主義的基本矛盾

「資本，只能當作運動的東西去把握，不能當作靜止的東西去把握」。當作價值的資本的增殖，是在產業資本的運動中顯現的，在G—W…P…W′—G′的循環中顯現的。但隨着資本的發展，同時決定其發展傾向並引導到不可避免的沒落的許多矛盾，也發展起來。

構成資本主義社會制度的基本矛盾的東西，是生產的社會性質與占有的個人形式之間的矛盾。

先說明這種矛盾的內容。

資本主義的生產，是社會的生產。其理由如下：

（一）生產手段，是只有靠全體社會纔能使用的社會的生產手段；

（二）生產過程本身，表示着由各個有計劃的被組織了的許多社會的行爲。

然而占有：是在資產階級獨占生產手段一事的基礎上實行的。在生產手段歸直接生產者所私有的社會構成中，上述的矛盾是沒有的。生產物歸誰占有，在這裏並不成問題。生產物的占有，是以自己的勞動爲基礎的。至于資本主義，牠雖然使勞動者脫離生產手段而把生產手段轉化爲社會的東西，而生產物的私人占有的形式，却依舊保存着。生產手段的所有者即資本家，把那些不由他自己的勞動所生產而由他人的勞動所生產的生產物，據爲己有。

所以在今日，社會的造成出來的生產物，不歸屬于實際運動生產機關並實際造出那生產物的人們所領有，而爲資本家所領有了。生產機關及生產，在本質上雖已經是社會的，但牠仍舊被放置于以個人的私有財產爲前提，因而各個人運售其所有的生產物于市場的那種領有形式之下。生產方法雖然廢除這種領有形式的前提，却仍舊被放置于那種形式之下。這種矛盾，即是在新生產方法上加添了資本家的性質的東西。現時的一切反目衝突的萌芽，就已經孕蓄于牠的當中。這種新生產方法，對于一切重要的生產部門，對于一切在經濟上占重要的各國，越發取得了支配權，隨着個人生產的逐漸變成微弱的殘餘，社會的生產與資本家的佔有的衝突，就不得不明瞭的顯現出來。

無產階級與資產階級的對立

『最初的資本家，如前所述，發見了已經存在的工錢勞動的形式。但那種工錢勞動，是例外的、補助的、一時的東西。農村的勞動者有時雖也做雇工，而他們自己總還有幾畝土地，還能維持拮据的生活，又如在同業組合的制度之下，今日做學工的人，明日還可以進到店東的地位。但生產機關一經社會化，一經集中於資本家之手，上述的事實就變化了。個人的小生產者之生產機關及生產物，漸漸變成沒有價值，他們不能不在資本家之下做工錢勞動者。以前是例外的補充的工錢勞動，如今却變爲全生產界的通例、變爲基本形態了。以前是副業的東西，如今變爲勞動者的專一的活動了。一時的工錢勞動者，變爲終身的工錢勞動者了。又，這種終身工錢勞動者之數，由于與上述事實同時發生的封建制度的崩潰，諸侯的家臣的解體，以及農民之被逐出于田莊等事實，更增加到了可驚的程度。於是一方面的集中于資本家之手的生產機關，與另一方面的除自己的勞動力以外別無長物的生產者，這兩者之間是完全分離了。社會的生產與資本家的領有之矛盾，就顯現爲無產階級與資產階級的對立了」。

這種對立，愈加帶有激化的傾向。資本的集積與集中發展的結果，資本家之數越是相對的減少，而勞動者之數却越是相對的增加。資本主義的生產，把無數的勞動者團結起來，終至于造出了自己的掘墓人。

一 工場的有計劃組織與生產的無政府狀態

社會全體的生產的無政府狀態，是以商品生產爲基礎的生產方法之特徵。但是只有資本主義的生產方法，由于把一切生產物和勞動力都轉化爲商品，纔達到了社會生產的無計劃性的最高階段。因此，生產的社會性質與占有的個人形式之矛盾，就表現爲各個工場中計劃的生產組織與社會全體生產的無政府狀態之對立。

資本要完結由商品形態到貨幣形態的過程，纔能實現牠在生產過程中占有的剩餘價值。可是只有依靠一般等價的貨幣，纔能測定資本主義生產的目的能否達到，纔能測定資本能否自行增殖。只有依靠商品市場的流通，依靠貨幣的援助，資本家纔能知道他所投出的商品是否包含着社會的必要勞動時間，纔能知道全部生產者投出于市場的商品總量中的所占的部分是否與社會的需要相適合。

每個資本家，依照自己經驗，都知道除了好景氣的時候，供給有超過需要的傾向。他不知道這現象的原因。他和他的俗流經濟學者，都不能理解這種現象是從資本主義生產方法的本質而來的，他不能知道資本的蓄積與相對的過剩生產是一致的。他只努力賣出自己的商品，增殖自己的資本。資本主義生產方法之內的關聯，採取外的強制的競爭規律之形態。競爭引導到資本的集積。競爭驅使着資本家不斷的減低商品的生產費。競爭要求生產技術之不斷的革命。近代大工業之技術的基礎雖是革命的，而在一切從來的生產方法之上，基礎實是保守的。

技術的變革，要求投出于各種生產的資本之增加，要求資本的集積。集積是在兩個基本的形態上完成的，即是由蓄積和集中完成的。

競爭促使資本的蓄積與集中。在這個過程中，社會的生產之無政府狀態，越發的露骨的表現出來。「可是資本家的生產方法增大了這社會的生產之無政府狀態的那種主要手段，却是無政府狀態的正反對。即這種主要手段，在各種生產場中，越發使生產變為社會的組織化了」。

「大工業與世界市場的開拓，把這類戰爭弄成世界的，同時，還添加了前代未聞的猛烈性。在各個資本家之間，在產業與產業、國家與國家之間，自然的或人工的生產條件的便宜，都是決定各自的存在的東西。一次跌倒了的人，就無假僕的被排斥。這樣是把達爾文式個體的生存競爭從自然界移到人類社會而使其激烈化的東西。動物的自然狀態，好像是人類發達的絕頂似的，社會的生產與資本家的領有之矛盾，如今完全成為個個工場中的生產組織與全社會中生產的無政府狀態之對立，顯現出來了」。

都市與農村的對立

「由商品交換所媒介了的一切發達了的分業之基礎，是都市與農村的分離。可以說，社會的全部經濟史，被包括在這種對立的運動中」。資本主義的生產方法，「與合理的農業，不能並立」。第一，他把農業從一切工業的活動中解放出來，在都市中形成資本主義組織的獨立產業部門，藉以造出自己的商品的國內市場。其結果，農民一方面為土地的耕種所限制，並且變為「農村生活的農業」的俘虜。第二，農民中發生了分化。一部分農民失去土地而被農村所驅逐，他部分農民轉化為農業商品的生產者，而受他部分所剝削。

都市資本，用種種方法剝削農民。都市與農村、產業資本與農業間的交換，不是等價交換。地主所獲得的地租，用之于都市；抵押的利息，也流入于都市；國家所徵的租稅，也消費于都市。這樣，農村成了都市的營養地。

「在資本家的生產方法之下，積集于大都會的人口，愈佔優勢，因此，一方面，社會之歷史的動力蓄積起來，他方面，人類和土地的代謝機能，即人類作爲衣食資料而消費的土地成分復歸于土地的機能，遂被破壞，于是永久維持土地的肥沃所必要的自然條件，也被破壞了。並且都會勞動者身體的健康，和農村勞動者精神的生活，也破壞了。但右述原有的形成了的代謝狀態，一被破壞，同時代謝機能，又必需爲社會的生產之統制的規律，而在適合于人類的完全發展的形態上，不得不有組織的恢復起來」。

恐慌的必然性

生產的社會性質與占有的個人形式之矛盾，又表現爲占有的條件與剩餘價值實現條件之矛盾。

由于社會的生產之無政府狀態，勞動者之直接的剝削與占有了的剩餘價值實現的條件，是不一致的。

勞動生產性的增進——這是資本蓄積不可避免的結果——，引起剩餘價值率的不斷的增進，使社會的生產物中屬于勞動者的部分日益減少。直接剝削的條件，隨着資本的自己發展，對于資本愈益有利。

但是在生產過程中被占有的剩餘價值之實現條件，由于同一原因，對于資本也總是不利。因爲被占有的剩餘價值，是受社會的消費力所限制的。在商品經濟中，資本所注意的消費力是有支付能力的消費力，是以分配的對立關係爲基礎的消費能力。勞動者的購買能力，是隨着勞動生產性的發展而日益降低的。由于提高剝削的目的，把勞動者的工錢降低下去，資本就把所占有的剩餘價值量的增大的實現條件，變爲複雜。

所以蓄積過程，與不斷的相對的過剩生產相一致。

社會的被限制了的生產力，大衆的無產階級化的地位，不能不把那與蓄積相一致的不斷的相對的過剩生產提高到周期的激烈的不平衡，提高到過剩生產恐慌。

所以生產的社會性質與占有的個人形式之矛盾，就在周期的反覆的經濟恐慌中暴露出來。

「從一八二五年的恐慌起，開始了近代生活之定期的循環」。

「經濟的衝突，達到頂點，即生產方法背叛交換方法，生產力反抗牠自己所由發生了的生產方法」。

在資本主義社會史上，循環追逐循環。但這一聯的循環，在其質的方面，不是一種類的單位之單純的總和。資本主義的生產方法，不是圓運動的，而是螺旋運動的。各個恐慌，把從來獨立着的無數資本主義企業消滅下去，把殘存着的東西結合起來。于是自由競爭就轉化爲獨占。

不可避免的信用恐慌，即各個現實的恐慌，加强了大銀行的地位，助長了產業資本與銀行資本的融合。

各個恐慌，使得資本家們在世界市場中追求新的販賣市場，爲保障販賣市場，就實行征服他國。

一聯的恐慌，是產業資本主義到帝國主義的轉化的階段。

三 帝國主義

產業資本主義，在二十世紀開始，進到了帝國主義的階段。帝國主義是產業資本主義的繼續，是資本主義的新階段，決不是與資本主義不同的生產方法。資本主義的一切矛盾，在帝國主義之下，依然是以更激化的形態存續着。

生產的集積與獨占

帝國主義是獨占的資本主義。獨占—托拉斯、卡迭爾、新迪加、孔瓚恩等等，是從自由競爭發生的；由牠所引起的競爭的作用，達到極高的階段，各部門的自由競爭，轉化爲特定的部門的一企業（或一企業羣）的獨占的支配。在十九世紀六十年代開始發生了的獨占，一到二十世紀，就變成了一切經濟生活的基礎。

產業資本主義的自由競爭期，轉化爲金融資本的獨占。但獨占並不排除自由競爭，並且與自由競爭一同存在（卡迭爾與局外者的競爭，卡迭爾內部的競爭等等）。牠的結果，就發生了一系列的特別重大而深刻的矛盾、軋轢與衝突，從前由于減低價格而實行的競爭，如今由獨占來作有計劃的利用，藉以達到其破壞局外者的目的，即是最初減低價格，等到取得勝利之後，又來抬高價格，與減低價格的競爭相並行，暴力的競爭方法（如妨礙原料的輸運、拒絕購買等等）就獲得了特殊意義。

獨占意味着生產社會化的大進步。差不多全世界材料的源泉，都被結合起來了。數千里之間的運輸，都變爲有組織的東西。從採取原料起到準備消費的生產物之提供爲止，生產物製造的全部過程，都是有計劃的被組織着。

然而這種社會化，並不是「組織化的資本主義」；獨占的形成，並不能排除恐慌。因爲私的占有，仍然存在。生產的社會性質越是强有力的展開出來，社會的生產與私的占有之間的矛盾，就越是激烈。這種激烈化的最重要的動因如下。

獨占的資本主義，是把關于生產手段的事實上的支配集中于少數資本家團的手中，這就是所謂財閥政治（如美國經濟生活的主權者只握在四十八人的手中）。一方面，生產組織的計劃性，不僅限于個個工場，並且推行于工場制度與販賣組織；另一方面，社會全體的生產無政府狀態，却是更形發展。這兩者間的衝突，越發激烈，因爲無計劃性，在全體上仍然保存着。

獨占犧牲未組織的資本家，犧牲農民，攫奪總利潤中的大部分。未組織的資本家，是由于把工錢減低到勞動力價值以下而增加其利潤的。所以未經獨占化的資本之平均利潤率就愈益的低落。社會的消費力，由于這些動因，受到人工的限制。于是消費的界限的縮小與生產的無限制的擴大之間的矛盾，也激化起來，所以在獨占的資本主義之下，週期的過剩生產恐慌，不但不能避免，而且所謂繁榮期的繼續也有縮短的傾向。恐慌的週期，隨着蓄積的進行而縮短，並且在大規模上爆發出來。

銀行的新作用與金融資本

隨着產業上的獨占之形成，而銀行資本的集積與威力就同時發展。幾個最大的銀行，在世界各處開設分店，成立大動脈的系統，由此掌握全世界的貨幣資本的支配權。社會的貨幣資本之獨占，向着一切工業及商業的企業的公司關係之侵入，定期重演的信用恐慌中的銀行的地位，——這些事情，把銀行轉化爲資本主義社會的事實上的主權者。大銀行利用這種支配力，集中銀行的資本，激勵獨占的形成，把獨占的利潤一部分作爲「創業利潤」豫先占有。

對於受大銀行融通資金的企業的統制，是在大銀行與產業企業的指導者之個人的聯合形態上實現的。生產資本的相當的部分，早已不是以直接剝削勞動者爲目的而經營的資本家的財產，而是「匿名資本」，是個個「不能知道的人們」的資本。這些「不能知道的人們」，是處理着大銀行的人，是利用大銀行形成獨占以吞沒全人口的人。銀行資本與產業資本相融合，形成金融資本。

資本之輸出

獨占資本的特徵，是資本之輸出。資本之輸出，在產業資本之下，是爲了助長商品的販賣，爲了在落後民族占有較高的利潤率。但在帝國主義之下，資本的輸出，却變成資產階級世界個個國家間的關係之本質的特殊形態。這種獨占資本的主權者，與國家機構相融合，並且支配着國家的經濟政策，憑藉保護關稅，自行確保其較高的價格。獨占資本用傾銷的價格把過剩的生產投到世界市場，使國內市場不發生過剩的供給。因此，要把由獨占利潤蓄積而成的巨額資本，投資于國內，就變得非常困難。所以有好些個發達了的國家的資本主義，就顯現得「太過于成熟了」。資本在國內已缺之投資的可能性。所以資本不能不向着外國，向着落後國家投資。在這種落後國家，土地容易得到，工錢低廉，並且原料也賤，因而所得的利潤也很多。于是落後國家，就屈服于獨占資本權力之下。這種落後國家，大都是保存着封建的剝削方法（許多是奴隸制），這種剝削方法，在其資本主義的利用之下，使得土着人口本能忍受。獨占資本，爲要確保其在落後國家所投的資本，就不能不使落後國家服從其政治的統治，轉化爲殖民地。就是形式上有政治的「自由的」國家，也被陷入于金融資本的事實上的支配之下。

國際的獨占與世界分割

都市與農村的對立，取得國際的意義。先進資本主義國家，變成剝削數億殖民地農民人口——「世界農村」的「世界都市」。

進而形成更高發展階段的東西，是互相分割全世界市場的國際的獨占。爲着世界市場的銷路而實行的國民的獨占之鬥爭，逼着資本家不能不締結國際的協定。世界市場的分割，必然是「依靠資本」、「依靠力量」而行的。但經濟的政治的領域中不平衡的發展，急速的變更獨占者之間的勢力關係。所以國際的獨占是沒有永久性的。因此財閥政治，爲着投出資本、取得原料、和輸出商品，就努力在地理的意義上去設定所謂「勢力範圍」。但是資本主義發展的不平衡性，使得國際帝國主義者對于世界的分割與再分割，就由和平而轉到戰爭——帝國主義戰爭。資產階級世界，事實上已爲帝國主義者所分割。所以爲世界的再分割而實行的戰爭，在帝國主義時代，是不能避免的。不平衡的發展，是資本主義的一般規律。構成這一般規律的東西，是生產的無政府狀態與資本主義固有的不斷的技術革命。在各個個別資本的種種力量之下，產生出個個企業的飛躍之發展的可能性。技術上的發明，引起一系列的新產業部門之飛躍的發展，技術的進步，成爲變化散處各地的原料的重要性的原因，並且造出國內各地方的飛躍的發展之基礎。（他方面，爲資本服役的自然科學的任務，是造出種種把稀有原料在工業上利用的條件，牠越發廣泛的解決這種任務）。

在帝國主義之下，不平衡的發展，更趨于尖銳化，強力具有決定的意義。戰爭以及他國領土的隸屬化。犧牲他國以助長本國之飛躍的發展。不平衡的發展，決定着衝破帝國主義戰線的脆弱的一環（例如俄國）的可能性。牠也決定一國的社會主義勝利的可能性。資本主義的頹廢，是帝國主義之本質的特徵。生產力，一般的在資本之下，決不能得到完全的發展。

生產力與生產關係衝突的尖銳化

「資本不是對於所使用的勞動支付（報酬）的，而且是對於所使用的勞動力的價值支付（報酬）的，所以就資本說來，機械的使用，由機械的價值與機械所代替的勞動力價值之差額所限制」。

採用新機械之時，如果所節省的工錢超過新機械的價格，資本纔能使用這新機械，並且還新機械會提高勞動的生產力。

「在這種情形，資本主義的生產方法，陷入于一種新的矛盾。其歷史的任務，是在于不顧社會勞動的生產性，而使牠循等比級數前進而展開出來。資本主義的生產方法，和在這種情形的一樣，一到障礙生產性的展開時，牠就不忠實于這種任務了。因比，資本主義的生產方法，只是從新證明牠老衰下去而苟延殘喘罷了。」

產業資本主義，在全體上是助長生產力的發展的，而獨占資本主義，卻阻礙這種發展。因爲競爭與獨占一同存在，所以技術的進步，在任何情形都不停滯。但這種技術的進步，因各種產業部門和各個國家的情形不同，表現得非常的不平衡。而技術的發展的現階段上之事實的進步與可能的進步，其差異越甚增大。再資本主義的頹廢，在別的方面也是有的。股份公司的形成，把資本的所有及其對於生產過程的指導機能，截然分割，指導的機能是由使用人實行的。所以，資產階級，當作生產要素看，是多餘的，還是由事實本身所指示的。他們的任務，只限于消費他們所分發的利潤。此外，蓄積的機能是由股份公司實行的。資產階級的大部分，轉化爲怠惰的金利生活者。由國債制度而來的，特別是由外國投資及殖民地剝削而來的，帝國主義諸國資產階級的收入，大大的把金利生活者階層增加了。資產階級轉化爲不勞而食的寄生蟲階級。

勞動者階級上層的收買，是帝國主義本質的特性之一。個個產業部門或落後國家產業的超越的獨占利潤，給資本家以一種可能性，去買收勞動者的某一階層，作爲自己的爪牙。帝國主義有分裂勞動者階級爲「上層」與「無產者下層」的傾向。帝國主義，把在國內外獲得的獨占利潤的殘滓，收買這個「上層」——特別是改良主義的勞動指導者。資產階級買收這個「上層」的必要，第一是由於各帝國主義者間相互的鬥爭發生的。這種鬥爭，使得他們不能不去喚起勞動階級的一部分對於「祖國」的誠意，藉以保障資產階級的勝利。第二是由於急速發展着的集中而發生的。集中的結果，使得那些與私產有關係的「中間層」（小資產階級，商人，手工業者及農民），在數量上減少下去，而轉變爲無產階級。所以財閥政治，爲對付無產者大衆起見，不能不買收這個「上層」，作爲自己的爪牙。

「帝國主義，是獨占與金融資本的支配確立、資本輸出取得顯著意義、國際托拉斯分割世界開始、並且最大的資本主義諸國所實行的地球上全領土的分割完竣的那樣階段上的資本主義」。

帝國主義是資本主義最高階段，同時是最後的階段。牠在大規模上提高生產力的發展，並且因此以終結資本主義之歷史的使命。牠澈底的促進生產之一般的社會化，同時證明資產階級已成爲寄生蟲的無用的長物，他們已被驅逐于生產過程之外。

帝國主義越發在大規模上發展着資產階級的頽敗及崩潰的要素，並誘導到新的變革。

「所以，帝國主義是垂死的資本主義。牠是資本主義發展的最後階段」。

第三節　社會主義的經濟體系

一　過渡期經濟的特徵

過渡期經濟的一般特徵

過渡期經濟，既不是資本主義，也不是完全的社會主義。在這種經濟中，存在着許多不同的形態的生產關係（由舊社會經濟構成中遺留下來的及在新政治機構下從新發生的），即在這種經濟中，存在着資本主義與社會主義的「諸要素、小部分、小片」。革命初期的蘇聯經濟，存在着下列各種經濟形態的要素：

（一）家長制的、自然的農民經濟。

（二）小商品生產——即自己買賣生產品的農業經濟。

（三）私人經營的資本主義——主要的是小工業者、小商人、以及農村中的富農。

（四）國家資本主義——即在國家監督之下的特許業、租賃業、合辦公司等。

（五）社會主義——國業企業和合作企業。

在革命初期的蘇聯，這些不同形態的社會經濟制度互相交錯的存續着，其範圍廣大而複雜。過渡期經濟狀態的特殊性，就在這種地方。

我們知道，在各種社會中都存有前一時期的經濟殘餘。例如在資本主義社會中保有封建社會和奴隸社會的殘餘，不過這後面兩種社會和資本主義社會是同一形態，即牠們都以生產手段私有爲基礎。但過渡期經濟却完全不然。在過渡期中，舊的經濟形態（資本主義的、小商品生產的、家族經濟的）以生產手段的私有爲基礎，而新的社會主義經濟形態以生產手段的公有爲基礎，這就是過渡期經濟的多樣性的特點。

在過渡期經濟中，不僅有上述種種經濟要素同時混合存在，而且在資本主義要素與社會主義要素之間，必然要發生不斷的激烈的鬥爭。

一種理論上，在資本主義與社會主義之間，無疑的存在着一定的過渡期，這個時代，必然兼有兩種社會經濟制度的特徵或屬性。這個過渡期，是垂死的資本主義與新生的社會主義的鬥爭時期，換句話說，即是被打敗而未消滅的資本主義與新發生而未鞏固的社會主義的鬥爭時代」。

列寧曾經指示出過渡期經濟的發展之特徵的三個根本的經濟形態及三個根本的階級力量。

「這三個新的社會經濟形態，是資本主義、小商品生產及社會主義。三個根本的勢力，是資產階級、小資產階級（農民也在內）及無產階級。無產階級專政的俄國的經濟，是社會主義的結合起來的——在全國的、統一的規模上——勞動的初步組織與在小商品生產的基礎之上復活起來的資本主義的鬥爭」。過渡期的幾個階段中的小商品生產的存在，是決定資本主義與社會主義的鬥爭的形態與條件的最重要的契機。

過渡期經濟的特殊性，不僅是在這種經濟中存在着經濟制度的種種形態及相互的鬥爭，並且在于這些經濟制度的相互關係在過渡期的種種階段中發生變化一點。換句話說，過渡期經濟的特殊性，在經濟構造的改革過程中，在克服並驅逐其他各種經濟制度的過程中，展開了最高度的生產方法的建設，即社會主義的發展。換一句話說，過渡期經濟的最大特徵，是社會主義要素對于資本主義要素的克服。

在無產階級獲得政權以前，任何社會主義的生產關係都不存在，在革命的變革過程中，『社會主義的經濟構成的要素、小片、部分』，才發生出來。這就是無產階級革命的特殊性。俄國的無產階級，利用創設的權力去消滅資本主義的生產關係，根本改造小商品關係的秩序，『組織社會主義的生產』，『建設新的社會主義經濟』。在這種變革中，必然的引起尖銳的鬥爭，同時解決了『誰戰勝誰』的問題。

所以，過渡期決不是『平和的進化』、現存秩序的『固定』、『市民的平和』，而是新形態的無產階級的鬥爭的繼續。同時，過渡期也就是社會主義的發展、建設和生成的時代。社會主義制度，漸漸征服其他一切的經濟制度，然而這件事必須要無產階級在社會主義建設的種種階段上，對于代表各種經濟制度的根本的階級勢力，設定種種相互關係，才有可能。因此，在過渡期中，就出現了異于資本主義的完全新的鬥爭形態。在過渡期中，無產階級對于以前的剝削階級及勤勞大衆的態度，和以前是完全不同。這種特有的鬥爭形態，就是無產階級與中農大衆的同盟，是無產階級對于廣泛的勤勞大衆之系統的指導的影響。現在獲得特別重要意義的新社會主義規律的創造與涵養，也是這種新的鬥爭的形態。在激烈的鬥爭過程中，蘇維埃經濟的多樣性被肅清了。

過渡期經濟的根本規律

關于過渡期經濟的運動規律，有普列奧布拉仁斯基的社會主義原始蓄積規律與布哈林的勞動支出規律這兩種錯誤的見解。

普列奧布拉仁斯基以爲『國家經濟內的經濟生活的一切根本過程，都依從于社會主義原始蓄積的規律』。據普氏的意見，無論資本主義或社會主義，牠們的發展，都要從『原始蓄積』開始，並且這種『蓄積』，無論在資本主義之下，或在社會主義之下，必然是由于剝削小農民生產的物質資源而完成的。普氏以爲這個命題對于落後的農民國家具有特別重要的意義。他說：『轉變爲社會主義的生產組織的國家，經濟上越落後，越是小資產階級的或農民的，社會主義的蓄積，越要依存于先社會主義的經濟形態的剝削』。

這種理論之方法論的謬誤的根元，在于牠的機械論的與形而上學的性質。據普氏的見解，過渡期的經濟，是在兩個規律——即價值規律與社會主義蓄積規律——之上構成的。這兩個規律，代表着兩個經濟體系——『社會主義體系』與『私經濟的商品體系』（主要是農民生產）。普氏使社會主義的蓄積規律與『價值規律』抽象的對立起來，以爲前者由于對後者的鬥爭，而『變化並部分的廢除

135

後者』。他以爲在社會主義體系與私經濟的商品體系之間，『不能存有長期的均衡，因爲一個體系必然要蠶食他一體系』。

普氏這種見解混同了中農經濟之特徵的『私經濟的商品』生産及單純商品生産與資本主義的商品生産，抹殺了兩者本質的區別。他忽視無産階級與中農的同盟，忽視社會主義之通過協同組合而影響農民經濟發展的可能性，所以他想求合『均衡』，使『被蠶食的農民商品生産』與蠶食牠的『社會主義體系』抽象的對立起來。他使『社會主義的體系』與『私經濟的商品經濟』及兩個『規律』完全孤立起來，因而分裂了經濟的現實的統一性。

關於過渡期經濟的根本規律的問題，布哈林採取了與普氏不同的立場。布哈林以爲『勞動支出的規律』，是過渡期經濟的根本規律。『勞動支出的規律』，在商品－資本主義社會穿過價值規律之物神的外衣而顯現，在過渡期經濟，脫去了『價值的』外衣而顯現。即在過渡期經濟，隨着社會主義原理的勝利，發生了『勞動支出的規律』與其價值的『外衣』的合體過程，『勞動支出的規律』，脫去了物化的神秘性，而變爲過渡期經濟發展之特徵的『單純的』勞動支出的規律。換句話說，布哈林以爲這個規律的物質內容是不變的，只是牠所表現的歷史形態，隨着社會構成的變動而不同。

在布哈林看來，『單純的』勞動支出的規律與事實上『價值規律』之外衣的同規律的差異，只在于後者的勞動比例是自然發生的，自動的確立的，而前者是有意識的確立的。所以，他認爲過渡期的經濟，是資本主義與社會主義的均衡。

布哈林的這種『規律』，和普列奧布拉仁斯基的『規律』一樣，不能說明過渡期經濟的本質。勞動支出的規律，是空虛的超歷史的抽象，完全不能說明過渡期的現實的、可變的規律性。他忘記了社會的勞動分配的比例是由于社會關係的性質及一定階級的支配之如何而變化的。在資本主義之下，社會勞動的分配比例，由于資本主義的生產和分配關係而決定，在社會主義制度之下，社會勞動的分配比例，完全帶有不同的性質。布哈林從某種一般的超歷史的前提出發，不能正確的理解過渡期經濟的統一性。

然則對于過渡期經濟的根本運動規律之正確的解決，究竟怎樣呢？

社會主義是人們建設起來的東西，不是自然發生的東西。資本主義的生產關係，在封建社會的胎內，已經自然的生長並成熟了，但是，在資本主義社會裏面，只造出了社會主義的物質前提，而社會主義的生產關係，在資本主義社會中既未發生也未成熟。因爲社會主義的生產關係，是有計劃的有組織的生產關係。從牠發生的瞬間起，就是要在無產階級有意識的實現的經濟政策的推動之下才能向前發展。

新經濟政策的主要內容，是社會主義建設的過程，即是社會主義生產關係的發展過程或社會主義的社會化的過程。這種社會主義的社會化，是由三個重要方向——社會主義部分的擴大再生產、小商品生產之社會主義的改造及資本主義要素的限制和消滅——來實現的。

這樣，由上面三個方向來實現的社會主義社會化的規律，就是過渡期經濟的根本運動規律。這個規律的內容，是過渡期全部經濟的根本規律，不僅是社會主義部分的根本規律。如果沒有這個規律，就不能建設社會主義，也就不會有過渡期經濟。

社會主義社會化的規律，是通過新經濟政策的計劃而實現的。蘇聯國家的經濟計劃，是實現社會主義社會化的規律的形式。在這種意義上，計劃就是過渡期經濟的根本運動規律。

資本主義社會的發展規律，是以一種盲目的必然性和自然性而活動。例如反映商品生產者社會關係的價值規律，是在生產者背後發生作用，而成爲一種盲目的必然性，因而體現價值的東西反而支配了價值的創造者。

蘇維埃過渡期經濟，却完全不然。在過渡期經濟中，絕沒有獨立于人類意志和工作以外的自然的發展規律。蘇聯國家，是依據勞動大衆所了解的預定計劃，去指導生產力向工業化和集體化的道路發展，應用新的技術，分配勞動力于國民經濟的各部門，分配勞動成果，以及準備新的幹部人材等等。在這裏是以一種理智的集團意志去完成一切的。所以蘇聯的計劃，是蘇維埃經濟發展的基礎，是蘇維埃經濟的生產關係之必要的一個因素。

蘇聯的政治機構，與其政治或政治鬥爭密切的結合着。因爲這種政治機構，不僅是政治的組織，同時是國家的經濟機構，是直接推動巨大的生產手段的經濟機構。

當作政治組織的無產階級政權，是解決無產階級革命的經濟任務的基礎。而經濟問題之解決，即蘇聯社會主義建設的經濟組織任務的解決，因而又擴大並加强無產階級政權的基礎。所以政治一方面是經濟的一種表現，同時又是推動經濟的推動力。這就是過渡期的政治和經濟的相互關係之辯證法的理解。

資本主義經濟的範疇不適用于過渡期經濟

資本主義的範疇，是資本主義經濟所固有的東西，自然不能適用于過渡期經濟。現在就過渡期經濟中的幾種重要的範疇，加以簡單的說明。

首先說明商品和貨幣。蘇聯一國營的生產，即與農民糧食相交換的社會主義工場的生產品」決不是資本主義的意義上的商品」。蘇聯的商品與貨幣，與資本主義的商品和貨幣，盡了完全不同的作用。

蘇聯的商業和貨幣的根本特徵在于：牠們不是體現商品＝資本主義經濟運動之盲目的規律——價值規律，不是統治人們的力量，而是新政治機構之下的社會主義建設的工具。

新政治形態下的商業，是發展社會主義工業的工具，是爲社會主義蓄積而動員內在的資源的手段，是計算蘇聯勞動大衆的消費和需要以及刺激新商品之生產的手段。蘇聯的商業，是克服資本主義成份的工農團結的工具之一。

蘇聯的貨幣，在建設社會主義的過程中，也盡了極重要的作用。牠首先是計算社會勞動的工具。在蘇聯社會勞動的計算，採取了貨幣的形式，然而這是有計劃的計算，所以牠不是盲目的價值規律的表現形態，而是計劃領導的工具。

當作社會主義建設的工具的蘇聯貨幣之主要機能，在于『盧布管理』。卽利用貨幣去控制工業計劃之執行，供給企業以資源，實現對商品流通之管理，使供給的事業合理化。利用牠作爲聯絡並指導小商品生產的手段，作爲社會主義的改造小商品生產的手段，作爲發展並鞏固集體農場的手段，作爲實現社會主義工業化而重分資源于各部門的手段。

蘇聯的商品貨幣形態之存在，是由于社會主義生產關係本質中發生出來的。只有在高度社會主義社會的條件之下，才能消除貨幣的必需性，才能直接以生產品交換，實行分配，直接以勞動時間計算。

其次，資本主義社會的基本範疇——資本和剩餘價值，在過渡期是否存在？自然在過渡期經濟中，有資本主義的分子（富農、耐普曼）和小商品生產存在，所以在資本主義的經濟要素中，即在富農經濟、個人工場及國家資本主義的企業中，存在着資本主義的生產關係，勞動力被剝削，因而有資本和剩餘價值。但是，我們要知道，這些企業中勞動者的資本主義的剝削，由于無產階級的國家，通過租稅工資的取締、勞動日的縮短等等，而受了種種的限制。並且隨着集體化的普及與富農的肅清，這種剝削必然消滅。

在單純的商品經濟要素中，生產手段屬于生產者所有，他們的勞動力不是商品。所以在這種經營中，資本主義的生產關係不存在，因而沒有資本和剩餘價值。

在社會主義的企業中，資本和剩餘價值當然更不能存在了。國營企業（國營工業和國營農業），是澈底的社會主義形態的企業，在這裏，生產手段不是資本家私有，而是屬于國家，屬于勞動者階級全體。勞動者與生產手段既不分離，勞動力便不是商品，勞動者沒有把勞動力賣給資本家。所以在國家企業中，沒有兩個階級，沒有剝削，只有新的社會主義的生產關係——這是種種階級間的生產關係，是同一階級內部的生產關係。至于集體農業，雖不是澈底的社會主義的企業，而牠的生產關係也帶着社會主義的性質了。

所以，在國營企業或集體農業中，資本主義的生產關係是不存在的，因而不能適用資本和剩餘價值的範疇。

根據上面的說明，在蘇聯的社會主義企業中，勞動力已經不是商品，那末，蘇聯的工資，本質上根本與資本主義的不同，工資的水準，不是由勞動力的價值去決定，而是由別的因素去決定。

蘇聯的工資，以適應于勞動之質和量的分配的社會主義原則為基礎。牠首先是體現着個人消費的基金與社會主義蓄積的基金間的關係，牠不外是勞動階級因滿足個人需要而領得的社會勞動證券。

工資的主要的水準，是根據兩種因素決定的：一方面，必須保證社會主義建設之應有的速度，於最短期間，在經濟＝技術關係上，『趕上並超過』最先進的資本主義國家；他方面，必須有系統的提高勞動階級的生活水準。這一點，與在資本主義之下，工資盲目的被價值規律所規定的事實，是根本不同的。

蘇聯過渡期經濟的再生產過程，與資本主義的再生產根本不同。我們知道，資本主義的再生產，是資本主義生產關係的再生產，牠漸次再生產出奴使工資勞動者及保證資本家之剝削作用的條件。擴大再生產的結果，增大了資本對于勞動的統治權力，使小生產者破產，使勞動階級更加窮困了。

過渡期的擴大再生產的意義

蘇聯的擴大再生產，是社會主義生產關係的擴大再生產，牠是以消滅剝削的一切原因，提高勞動者的生產力及勞動者物質的和文化的生活水準。

社會主義關係的擴大再生產，首先表現出蘇聯經濟中社會主義部分的絕對的與相對的增加和鞏固。譬如社會主義的工業在全工業中的比重，在一九二六——二七年爲百分之九七·七，在一九三三年爲百分之九九·九三。由此看來，可以知道因爲第一五年計劃成功的結果，使「社會主義的經濟體系，在蘇聯工業中，已經成爲唯一的獨占的體系了」。

在農業方面，因爲小農經營之大批的集體化與國營農場的增大，農村經濟的社會主義成分，到一九三四年初，已佔全部耕地的百分之八四·五，而農村中個人的農業經濟，已「降爲次要的地位了」。

所以社會主義關係的再生產，變化了蘇聯經濟中的成分，現在，國家資本主義與私人資本主義的成分已經沒有了，小商品生產的成分，已降居次要的地位了，而「社會主義的成分，在蘇聯全部國民經濟中，是統治的與唯一領導的力量」。

社會主義關係的擴大再生產，不僅根本上改變了各種經濟體系的關係，而且根本改變了各部門的關係。即創設了許多新的工業部門，如紡織機器廠、汽車工廠、耕種機器廠、化學工業及飛機製造廠等，這都是舊俄時代所不知道的東西。

二、社會主義生產關係之偉大的增長，是在提高生產力的基礎之上來完成的。而蘇聯工業發展的速度所以能超出于資本主義的發展速度，也在于社會主義經濟的優點與社會主義的蓄積及資本主義的原則上的差異。

三、我們知道，在蘇聯社會主義的經濟中，生產手段不是和勞動者相對立，而是全體的公有物。這一點可以說明勞動者對于勞動的關係和在資本主義社會中原則上是不同的。所以，大衆勞動的活躍、社會主義的競賽與突擊隊等等，給社會主義的蓄積造成新的資源，促進生產力之空前的發展，這是在資本主義生產方法之下夢想不到的事情。

同時，蘇聯經濟是有計劃的經濟，政府自覺的使牠走上社會主義關係的擴大再生產的路線。而且蘇聯經濟沒有生產社會性與私的占有之間的矛盾，所以在牠

144

的增長與發展上，不會發生生產過剩的經濟恐慌。所有這些優點，給予蘇聯以飛躍發展的可能性。

二　過渡期經濟的發展

關于過渡期經濟及其發展，不能抽象的、「普遍的」去考察，必須顧慮到社會主義經濟體系發展中的個個階段，不能忽視種種經濟制度相互關係的變化，顧慮到社會主義建設各階段的生產力的狀態。以下試就蘇聯過渡期經濟的發展，加以簡單分析。

戰時共產主義

十月革命以來，蘇聯便走上了社會主義發展的道路。從無產階級獲得政權之日起，就宣佈把一切有全國意義的企業，如大工業、銀行、鐵路、航業、礦山等等，收歸國有。無條件的沒收地主、皇室、教會的私有地，由國家分給農民耕種，嚴禁私人間的土地貸借及雇傭勞動的耕作。這就是所謂戰時共產主義時代。

這時代的蘇聯國家的經濟政策的任務，必然的只限于社會主義工業的主力之強化及重要生產力的勞動階級之維持。戰時共產主義，表面上是社會主義的、集中化的、計劃的生產與分配之整然的制度，實際上，這個制度的全體，是順應內亂之必要的新政治形態。

但當時，一方面由于不斷的內亂和外患，他方面由于新政權尚未臻于鞏固，所以，雖然嚴重的適用社會主義的原則，把大產業和土地收歸國有，但是並未能促進生產力的增大。尤其農民的怠耕。在農業國的俄國，尤其革命後的俄國，正困處于資本主義各國的經濟封鎖之中，再加以農民的怠耕，那眞是致命傷了。

所以，『在小農國中，由于無產階級國家直接的命令來共產主義的統制生產物之國家的生產和國家的分配』的企圖失敗了。『在俄國實現社會主義的前提條件，尚未具備，蘇維埃政府過去所採的戰時共產主義政策，是應付難關的非常手段。現在非退一步先把實現社會主義的前提條件造出來不可了』。于是在內亂停止後，就放棄了直接的社會主義的攻擊方法，而採取了創造實現社會主義的前提條件的途徑。

新經濟政策時代——復興期

蘇聯國家，首先要保證穀物、原料、燃料的運輸和工業的發展，因而要用斷然的應急手段，促進農業的發達。

于是蘇聯政府，就施行現物稅，代替穀物徵收制，允許商品交換的一定的自由——這是數百萬小商品生產者經濟發展的必要手段。

但是，中農經濟發達的自由，是資本主義發達的自由，『交換的自由，是商業的自由，是資本主義的自由』。所以蘇聯政府當征收現物稅，允許商業的自由時，第一要限制資本主義的成長，第二要掌握把農業加以社會主義的改造。

所以『新經濟政策，是無產階級國家的特殊的政策，這個政策，是在無產階級國家掌握支配的地位之下，允許資本主義的存在；是資本主義要素與社會主義要素的鬥爭，是資本主義要素的減少與社會主義要素的作用的增大，是社會主義要素對于資本主義要素的勝利』。

新經濟政策之基本的決定的任務，是要在社會主義經濟與農民經濟之間設定聯合——主要的是聯合中農。

國營商業、合作社及小信用制度，是結合小農經濟與社會主義的大工業的經濟紐帶。牠給予無產階級以指導中農使他們脫離耐普曼的影響的可能性。無產階級利用合作社相當的克服了農民經濟的分散性、無政府性、無組織性。在新政治形態之下，農民合作社，是結合農民經濟與社會主義經濟的結合體。

復興期的本質，是基于社會主義諸關係之發展的工業的復興，是基于商品關係之發展的農業的復興。這就是充分的表現着復興期經濟的二重性。所以驅逐和限制資本主義要素的政策，是同時與資本主義要素並存的，因為那時根本消滅資本主義的充分的經濟基礎，尚未存在。

在社會主義要素的質與量的生長發展之下，在加強對于中農的聯合之下，允許無產階級去開始攻擊都市和農村的資本主義的分子。

大工業的復興，尤其是重工業的生長與電氣化的發達，是這種攻擊的準備條件。農業上技術變革的基礎之創設，決定了農民經濟之大量的社會主義改造之實在的可能性。

第一五年計劃——改造期

復興期經濟的成功，造出了變更國民經濟的技術的基礎。于是在第十五次黨大會上，提出了集團經營化的口號，指示出國民經濟發展的五年計劃的根本原則。改造期的新任務是：社會主義的工業化，由農業國向生產生產手段的工業國的轉化，國民經濟全體的改造及社會主義經濟基礎的建設。

但是，社會主義的工業化，緊密的依存于原料資源的增大及農業的發展。因為「無論到什麼時候，即無論經過多長期間，決不能使蘇維埃的權力與社會主義的建設立腳于兩個不同的基礎——結合起來的最大的社會主義的工業與分散的落後的小商品的農民經濟——之上。必須有系統的堅決的將農業樹立在新的技術基礎之上、于大生產的基礎之上，使牠接近于社會主義工業」。

但是，農業上技術的變革，必然需要農民經濟的社會關係之經濟的變革，而後者的變革，只在農民經濟的改造之下才有可能」。

所以，社會主義的工業化，必然的要求農村關係的變革—分散的小農民生產向大集團的農業形態的轉化。于是通過農業的集體化，而生出無產階級與農民結合的新的生產形態。

農業技術的改造，在數百萬小農經營的集體化的過程中實現了。技術的改造，在農村中，掃蕩了資本主義的要素，消滅了資本主義的主要基礎—個人的小農經營。

在改造期中，所謂「誰戰勝誰」的問題，在農村已得到根本的解決了。社會主義的諸關係，變成了全國民經濟的支配關係。

三　蘇聯經濟的現階段

社會主義經濟基礎的建設之完成

上面說過，過渡期是社會主義的生長、發展的時期，我們不能認爲牠是和社會主義時代絕對隔離的時代。從過渡期的開始，社會主義經濟形態的生長和發展就開始了。在上述五種經濟制度中，社會主義的制度，是處在主導的形態。社會主義的這種主導作用，影響于新經濟政策的一切生產關係，而給予牠的生產力以新的社會主義的質。新的社會主義的構成，在牠的發展上，經過了幾個階段，這些階段，反映着社會主義的制度在激烈的階級鬥爭之下逐漸驅逐了其他一切制度的過程。只有在經濟基礎的建設成功以後，才能保證社會主義的勝利。

所謂社會主義經濟的本質或經濟基礎，不外是使農業和社會主義的工業結合爲一個全體的經濟，使農業服從社會主義的工業的指導，基于農業和工業的生產物之直接的交換而設定都市與農村的關係，斷絕或排除資本和階級所由發生的道路，造出消滅階級的生產和分配的條件。

這種社會主義的經濟基礎，在第一五年計劃完成後，已經建設起來了。第一五年計劃的成功，造出了『完成國民經濟全體的改造的根本基礎』，造成了社會主義的大機械工業的基礎，引起農業上根本的變革，使蘇聯變爲一個『基于集體農場與國營農場的展開及機械技術之廣泛的應用的世界中最大的農業國』。第一五年計劃的社會主義勝利的建設，徹底斷絕了農村中資本主義的根源，肅清資本主義的要素，完全的消滅了階級。

所以，現在蘇聯，已經達到了社會主義建設的轉向點，揚棄了新經濟政策的最初階段，克服了社會主義的改造的困難與敵對階級的抵抗，脫離了舊意義的過渡期，走入了社會主義的時代。

蘇聯由過渡期轉向到社會主義時代，是在堅忍鬥爭的過程中完成的。在工業方面，最後的驅逐了資本主義的殘存物，以空前的速度趕上資本主義國家，將農業國轉化爲工業國，完成了社會主義形態對于小商品生產形態以及資本主義形態占居優勢的工業化。在農業方面，由于集體農場的成功，肅清了富農分子。小農經營之社會主義的改造，空前的提高了農業生產力。國營農場與集體農場的建設之顯著的成功，農業的機械化，農業設施的計劃與實際的指導，以及穀物畜產等問題的解決等等，證明了農業與社會主義的工業逐漸結合爲一個全體的經濟，農業越加依從于社會主義工業之計劃的指導了。蘇維埃商業的組織，及勤勞大衆物質的文化的生活水準的向上，顯示着社會主義經濟基礎的建設已經完成，階級消滅的經濟前提已經造出了。

社會主義經濟建設的前提條件

根據上面的說明，現在蘇聯已經完成了社會主義經濟基礎的建設工作，而走上了社會主義建設的途程。在這個社會主義建設的工作上，必須從下面幾個前提出發。

一、生產的機械化與國民經濟技術的改造。勞動過程的機械化，對于社會主義的建設，是新的決定的力量。沒有牠就不能維持生產的速度與新的生產規模。這裏所說的技術的改造，並不是現存的社會主義的國營企業借用先進的資本主義的技術，而是要創造在經濟上=技術上結合工業與農業的新的社會主義形態。即要求新產業部門與社會主義國家之完全的技術獨立。按照地域有計劃的分配生產力，在社會主義條件之下，創造新形態的技術，並且使資本主義的最進步的技術與社會主義的勞動組織結合起來。

二、失業的消滅。由于農民經濟之社會主義的改造，而停止了農村的分化過程及農民的流入都市，因而消滅了利用勞動市場以「自然放任的」取得勞動力的可能性。利用集體農場的契約及勞動組合的動員，代替市場上勞動力的買賣，樹立召集勞動力的社會主義的新組織。

三、勞動支付的變化。在社會主義的條件之下，勞動者沒有創造出剩餘價值，而是生產出失去從來敵對形態的社會主義的生產物。勞動力已不是商品。勞動者的工資，不依存于資本主義的價值規律，而依存于社會主義建設之一般的成功。但是，在社會主義經濟體系中，勞動的支付，也並不是不分勞動的性質和資格而一律「平等」的。

四、生產過程的正確的組織、企業中勞動力之正當的分配以及各勞動者對于自己應作的勞動嚴格的負責。在社會主義的條件之下，勞動者對于勞動質和量要切實負責，從勞動階級本身中養成社會主義發展上所必要的生產上＝技術上的人才，全面的利用舊技術的知識和經驗于社會主義建設的事業中，把社會主義的勞動組織，置于科學的基礎之上。

五、社會主義生產基礎之長足的發展與社會主義對于其他經濟制度殘存物之完全的勝利。這是要以社會主義的生產力與生產關係的擴大再生產作前提的。社會主義的再生產，只在社會主義的蓄積存在時才有可能。所以在社會主義經濟體系之下，必須加强經濟計算的原理，消滅放浪經營，爲減低原價而鬥爭，動員工業內的資源，保持嚴格的節約制度，以保證社會主義的蓄積和再生產。

第二五年計劃的任務

第一五年計劃之社會主義建設的成功，準備了蘇聯社會主義今後强大發展的基礎，于是更樹立了第二五年計劃，以爭取社會主義經濟之最後的勝利。

第二五年計劃的根本任務，第一、在于最後的肅清資本主義要素與階級一般，完全的消滅產生階級差異與剝削的原因，克服經濟上及人類意識上資本主義的殘滓，將國內全體勤勞人口轉化爲無階級的社會主義社會之意識的能動的建設者。第二、提高勞動者及參加集體農場的大衆的生活水準。第三、完成工業、運輸及農業之技術的改造。

第一五年計劃的完成，即社會主義經濟的基礎工事的完竣，最後的掃除了階級剝削的經濟基礎，然而這只是完全的社會主義改造的開始，只是保證了在都市和農村中社會主義經濟最後的前進的勝利，而經濟上及勞動者意識上資本主義一切殘滓之最後的肅清，必須以澈底的廢除生產手段的私有爲前提，這種私有之最終的廢除，只有在社會主義的技術基礎及技術改造的展開之下才有可能。所以第二五年計劃之根本的決定的經濟的任務，就是要在國民經濟的各部門造出最新的技術基礎。實現了這個任務，才能保證蘇聯經濟在技術方面脫離資本主義世界而獨立。

技術的改造，是勤勞者意識中資本主義殘滓之決定的肅清與他們文化水準之決定的向上的必要條件。但同時，如果大衆的文化沒有提高，國民教育沒有普及，經濟幹部未能學得必要的技術，新的無產階級的技術人才未能養成，以及各種民族經濟上文化上的落後狀態未能掃除，那末，技術改造的任務，便不能完成。所以技術改造與文化革命之辯證法的相互作用，才能保證蘇聯全體勤勞者轉化爲有意識的能動的社會主義建設者。

社會主義經濟的將來

社會主義在牠的發展上，可以分爲兩個階段，即低級的社會主義階段與高級的社會主義階段。現在蘇聯便是走上了低級的社會主義階段。低級的社會主義社會，是剛從資本主義社會脫化出來的，實際上，在新組織中還遺留着舊社會的殘存物。所以在這個階段中，無論在經濟上、在道德上、在精神上、在其他一切關係上，都還沒有脫除舊社會的痕跡，因此，生產機關雖然國有，階級的區別與階級的剝削雖然消滅，但在分配上，還只能實行『各盡所能，各取所值』的原則。

在這種社會裏，一切人都成爲社會的勞動者而勞動，各人都是按照他提供于社會的勞動而從社會領受一定的報酬。在這種場合之下，自然要發生許多不公平的事情。因爲把勞動當作尺度使用，這就于不知不覺之中，把不平等的個人的天分和勞動能力，認做『自然的特權』了。

然而這些弊害，在低級的社會主義社會中，是不可避免的現象。只有『在社會主義的高級形態中，在由于人類受制于分工的原則而造成奴役人類的隸屬消滅之後，精神勞動和肉體勞動的對立廢除之後，在勞動不僅爲維持生活的手段而成爲第一個生活要求之後，在生產力隨着各個人全面的發展一同增加而社會財富的一切源泉都十分流出了之後，到了這個時候，社會才能完全克服了資產階級權利的狹隘的界限，而在旗幟上寫着：各盡所能，各取所需』。